CB067549

DECIO VIEIRA

FUNDAÇÃO GETULIO VARGAS

primeiro presidente fundador
founder and first president
Luiz Simões Lopes

presidente president
Carlos Ivan Simonsen Leal

vice-presidentes vice-presidents
Sergio Franklin Quintella
Francisco Oswaldo Neves Dornelles
Marcos Cintra Cavalcante de Albuquerque

FGV PROJETOS

diretor director
Cesar Cunha Campos

diretor técnico technical director
Ricardo Simonsen

diretor de controle director of control
Antônio Carlos Kfouri Aidar

diretor de qualidade director of quality
Francisco Eduardo Torres de Sá

diretor de mercado market director
Sidnei Gonzalez

diretores-adjuntos de mercado
market deputy directors
Carlos Augusto Costa
José Bento Carlos Amaral

Ficha catalográfica elaborada pela Biblioteca Mario Henrique Simonsen/FGV

Décio Vieira / FGV Projetos; textos de Paulo Herkenhoff e Frederico Morais. – Rio de Janeiro: FGV Projetos, 2015.

428 p. : il.

Inclui bibliografia.

ISBN: 978-85-99616-11-6

1. Vieira, Décio, 1922-1988. 2. Pintores – Brasil. 3. Arte neoconcreta. 4. Fundação Getulio Vargas. I. Herkenhoff, Paulo, 1949 - . II. Morais, Frederico, 1936 - . III. FGV Projetos.

CDD – 927.5

EDITORIAL

organização organization
FGV Projetos

coordenação do projeto project coordination
Silvia Finguerut

direção editorial editorial direction
Paulo Herkenhoff

textos texts
Paulo Herkenhoff
Frederico Morais

projeto gráfico graphic design
Patricia Werner

edição e revisão edition and proof reading
Juliana Gagliardi

coordenação de pesquisa research coordination
Ana Regina Machado Carneiro

produção editorial editorial production
Mariana Riscado

pesquisa bibliográfica bibliographic research
Izabela Pucu

pesquisa museológica museological research
Sandra Sautter

pesquisa iconográfica image research
Camila Feijó Leal

colaboração colaboration
Dulce Holzmeister
Fernando Leite
Monica Pinho
Ronie Mesquita

tradução translation
Patricia Schachtitz
John Mark Norman
Izabel Murat Burbridge

fotografia photography
Pat Kilgore e outros
(ver Agradecimentos)

DECIO VIEIRA

Paulo Herkenhoff

2014

SUMÁRIO

CONTENT

Cesar Cunha Campos
Apresentação   6
Presentation

Paulo Herkenhoff
Introdução   14
Introduction

O curso da Fundação Getulio Vargas   54
The course at Fundação Getulio Vargas

Grupo Frente   78
Frente Group

Neoconcretismo   110
Neo-concretism

Gesto, ato e traço   166
Gesture, act and trace

Efeito Quitandinha: inteligência no design   206
Quitandinha effect: intelligence in design

Desenho, corpo e paisagem   236
Drawing, body and landscape

Momento órfico: zênite da cor   264
Orphic moment: zenith of the color

Malhas ortogonais e dissonantes: entre o prumo e o desvio de um mito modernista   304
Orthogonal and dissonant meshes: between the plumb line and the deviation of a modernist myth

Sob o mando das crianças: a arte, o paraíso, o imaginário e a educação   338
Under the command of children: art, paradise, imaginary and education

Considerações finais   354
Final considerations

Frederico Morais
Decio Vieira e o neoconcretismo: vigor e lirismo   382
Decio Vieira and neo-concretism: vigor and lyricism

Izabela Pucu
Cronologia   402
Chronology

Agradecimentos   424
Acknowledgements

APRESENTAÇÃO

PRESENTATION

DECIO VIEIRA

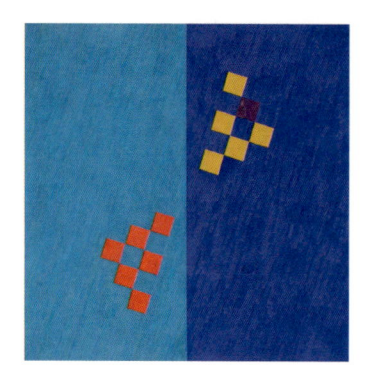

S/ título, c. 1960, Têmpera s/ tela, 83,5 x 83,5 cm, Coleção Particular

No title, c.1960, Tempera on canvas, Private collection

The decade of the 1950s marks the emergence of artists from the concrete and neo-concrete movements, especially in São Paulo and Rio de Janeiro. These movements have allowed the assimilation of the results of the visual language that had been developed in Europe since cubism, mainly by Mondrian and Malevich, and have gained their own traction and aesthetics that distinguish the Brazilian artists. Among them is Decio Vieira, an artist from Petrópolis who perhaps due to his shyness is barely known by a larger audience, but who stood out among his peers, and who was a leader of the Frente Group, created in 1954.

Curator Paulo Herkenhoff, a partner of FGV Projetos in several projects focused on art and culture, found out that Decio Vieira had initiated his art studies at Fundação Getulio Vargas (FGV), and this was the starting point to the present book. The opportunity gained momentum with the proximity of the 70th anniversary celebrations of FGV, and prompted FGV Projetos team to dedicate themselves to this editorial project, which is completed with an original contribution by Frederico Morais about the artist.

In fact, Decio Vieira's artistic trajectory started at the Course of Advertising Design and Graphic Arts offered by Fundação Getulio Vargas in Rio de Janeiro in the second half of 1946, and where he got acquainted with teachers like Axl Leskoschek, Carlos Oswald, and Hanna Levy; and with colleagues like Ivan Serpa, Fayga Ostrower, Renina Katz, Edith Behring, and Almir Mavignier.

The course's goal was to serve "professionals working in private graphic companies, official or partially state-run institutes that run activities in the field of technical design", as happened with some of the students enrolled, but not with Decio Vieira who had barely initiated his learnings. Another goal was to "provide basic-level students with the firm command of advertising and graphic arts design, a specialization becoming increasingly necessary, due to the technical advances of advertising". The full-time course spanned from June 29th through December 19th and had as many as 39 students enrolled. By that time, Decio Vieira got familiar with and befriended artists who later gave him the conceptual foundations that he would develop throughout his career and would get him to stand out among the neo-concrete artists from his generation.

In order to accomplish the task he undertook, Paulo Herkenhoff set forth to learn about the artist's personal life. He interviewed Dulce Holzmeister, Decio Vieira's widow, his partner since the 1960s until his death in 1988. It ended up in over 20 hours of talks about the couple's life, reminiscing their quotidian in the São Conrado house, remembering friends, readings, identifying dates of works, recollecting Decio's interest for color and fabrics. The elaborate research developed along two years also allowed, with the help from gallery owners and collectors, to identify and photograph works gathered in this book, and which most certainly will allow those who are interested in knowing all the phases and tendencies in Decio Vieira's work.

This book is not organized in the chronological order of the artist's life. The first chapter lends perspective to his education, first exhibits, friendships, readings and influences, with a special place for Ivan Serpa, and also includes references of the limited bibliography available about his work. It also shows the collaboration between the artist and Alfredo Volpi, depicting the partnership they established to work together on the panel of Dom Bosco, at the Palácio dos Arcos, in Brasília in 1966. The relationship between the two artists begins through Decio's sister, Gilda Vieira, who was Volpi's muse.

A década de 1950 registra o surgimento de artistas ligados aos movimentos concreto e neoconcreto, especialmente em São Paulo e no Rio de Janeiro. Esses movimentos permitiram a assimilação dos resultados das inovações da linguagem visual desenvolvidas desde o cubismo, na Europa, sobretudo por Mondrian e Malevich, e ganharam uma força e uma estética próprias que distinguem os artistas brasileiros. Entre eles está Decio Vieira, artista petropolitano que talvez por sua timidez seja pouco conhecido do grande público, mas que teve uma destacada atuação entre seus pares, tendo assumido inclusive a liderança do Grupo Frente, criado em 1954.

O curador Paulo Herkenhoff, parceiro da FGV Projetos em diversos trabalhos voltados para a arte e a cultura, descobriu que Decio Vieira havia iniciado seus estudos de arte na Fundação Getulio Vargas (FGV), e este foi o ponto de partida para o presente livro. A oportunidade consolidou-se com a proximidade da celebração dos 70 anos da FGV, o que levou a equipe da FGV Projetos a se dedicar a este projeto editorial, que se completa com uma contribuição inédita de Frederico Morais sobre o artista.

De fato, a trajetória artística de Decio Vieira se iniciou no Curso de Desenho de Propaganda e de Artes Gráficas oferecido pela FGV, na cidade do Rio de Janeiro, no segundo semestre de 1946, no qual teve contato com professores como Axl Leskoschek, Carlos Oswald, Hanna Levy e com colegas como Ivan Serpa, Fayga Ostrower, Renina Katz, Edith Behring e Almir Mavignier.

O objetivo do curso era atender a "profissionais em atividade em empresas gráficas particulares e em institutos oficiais ou paraestatais que mantêm serviços nesse ramo de desenho técnico", como ocorria com alguns dos matriculados, mas não com um Decio Vieira que mal se iniciava no aprendizado. Objetivava ainda a "dar aos conhecedores do desenho básico o domínio seguro do desenho de propaganda e artes gráficas, especialização que dia a dia se torna mais necessária, em face do avanço da técnica de publicidade". O curso, em tempo integral, estendeu-se de 29 de junho a 19 de dezembro e chegou a ter 39 alunos inscritos. Na ocasião, Decio Vieira conviveu e firmou laços de amizade com artistas que lhe deram a base conceitual que desenvolveria ao longo de sua carreira e que o levaria a destacar-se em meio aos artistas neoconcretos de sua geração.

Para dar conta da tarefa que se propôs, Paulo Herkenhoff buscou conhecer a vida pessoal do artista. Entrevistou assim Dulce Holzmeister, viúva de Decio Vieira, sua companheira desde o final dos anos 1960 até sua morte em 1988. Foram mais de 20 horas de conversas sobre a vida do casal, revivendo o cotidiano na casa de São Conrado, lembrando amigos, leituras, identificando datas de obras, rememorando o interesse de Decio pelas cores e pelos tecidos. A pesquisa cuidadosa, que se desenvolveu ao longo de dois anos, permitiu também, com a colaboração de galeristas e colecionadores, identificar e fotografar as obras reunidas neste livro, que certamente permitirão aos interessados conhecer todas as fases e tendências do trabalho de Decio Vieira.

Este livro não se organiza a partir da ordem cronológica da vida do artista. O primeiro capítulo contextualiza sua formação, as primeiras exposições, as amizades, leituras e influências, com especial destaque para Ivan Serpa, trazendo ainda referências à limitada bibliografia disponível sobre a sua obra. Apresenta também a colaboração entre o artista e Alfredo Volpi, a partir da parceria que estabeleceram ao trabalhar juntos no painel Dom Bosco, no Palácio dos Arcos, em Brasília, em 1966. A relação entre os dois artistas se inicia por intermédio da irmã de Decio, Gilda Vieira, que foi musa inspiradora de Volpi.

Decio Vieira e Dulce Holzmeister, sem data

Decio Vieira and Dulce Holzmeister, no date

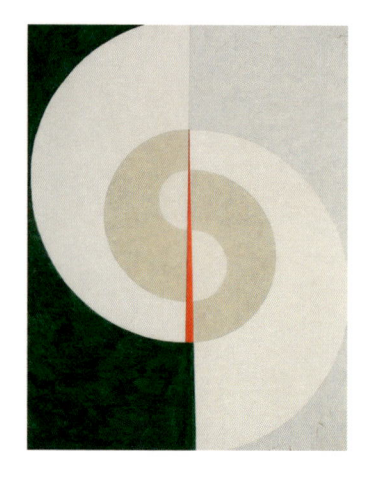

S/ título, c. 1970, Têmpera s/ tela, 65 x 50 cm, Coleção particular

No title, no date, Tempera on canvas, Private collection

The chapter about the course at FGV recovers a Decio Vieira still in pursuit of an aesthetic path, observing contemporary artists, guided by remarkable teachers, especially those focused on metal and wood engraving. At this point noteworthy is Hanna Levy's theoretical frame, which opened new horizons for the group of young artists. The Course of Advertising Design and Graphic Arts, which deeply marked Decio's career, attained a big success and gained much more repercussion than expected. Critic Mário Pedrosa demonstrated special interest on the exhibit that concluded the course showing the students' works, and dedicating them interesting comments and analyses. Furthermore the practical focus of the course ensured the foundation for the partnership between Decio and Fayga Ostrower. Together they created the company Interiores Modernos Tecidos Ltda., to design fabrics for modern furniture, like those designed by Joaquim Tenreiro.

In 1953, Decio Vieira was one of the organizers of the I Exhibit of Abstract Art at the Quitandinha Hotel in Petrópolis, which gathered, besides himself, Antonio Bandeira, Aluísio Carvão, Lygia Clark, Anna Bella Geiger, Fayga Ostrower, Abraham Palatnik, and Ivan Serpa. The jury was formed by Mário Pedrosa and Niomar Muniz Sodré. In the following year, the Frente group was created. Formed initially by eight members, most of them from Ivan Serpa's course at the Museum of Modern Art in Rio de Janeiro, the group would gather 30 members two years later, and would remain united under the desire to constitute an "aesthetic of heterogeneity, pure visuality, constructive will, chromatic indiscipline, intuition in the dynamization of the numerical unconscious, the geometrization of the space", according to Paulo Herkenhoff in the chapter Frente Group. It was during this period in 1954 that Decio Vieira participated of the São Paulo Biennale, organized by Mário Pedrosa, and who became a close friend.

The Neo-concrete Manifesto, created in 1959 by Ferreira Gullar, gathered Lygia Clark, Hélio Oiticica, Lygia Pape, Decio Vieira, Franz Weissmann, Amílcar de Castro, and Aluísio Carvão, in Rio de Janeiro, in addition to Willys de Castro and Hércules Barsotti in São Paulo, even being a clear carioca movement. Decio also participated in the Exhibit of Neo-concrete Art, organized in 1960 at the Gustavo Capanema Palace, downtown Rio. The articulations, debates, interpretations, and tendencies of these artists, their exhibits and conceptual and theoretical alignments are discussed in the chapter Neo-concretism.

A large solo exhibit carried out in one of the most prestigious venues of Rio de Janeiro, the Copacabana Palace Hotel, in 1966, reflected the maturity of the artist's 20-year career. On that occasion, Decio exhibited the works in which he had abandoned the geometric canons, using an architecture of imperfect traces and forms, organized almost as a jazz concert. This is the subject of the chapter Gesture, Act and Trace, which also reveals Decio Vieira's political and social engagement.

Stimulated by the Quitandinha Hotel architecture – built as per Joaquim Rolla's project and with its internal decoration signed by the American decorator Dorothy Draper –, a reference in the 1940s and a cultural portrait of that time; and by the aspects of the industrial practice developed during the course at FGV, Decio Vieira was also one of the artists who simultaneously used painting and design in his creations. Supported on the textile industry vocation of Petrópolis, Decio dedicated himself to create fabric patterns to upholster furniture designed by his contemporary fellows, like Joaquim Tenreiro's Poltrona Leve, whose fabric he produced in partnership with Fayga Ostrower. Also from this time are the "jogos americanos" painted by Decio with informal abstract patterns. This is the register offered in the chapter dedicated to the Quitandinha Effect: Intelligence in Design.

Já o capítulo sobre o curso da FGV resgata um Decio Vieira ainda em busca de um caminho estético, observando os contemporâneos, orientado por professores de destaque, em especial aqueles voltados para a gravação em metal e madeira. Ressalta-se, neste ponto, o aparato teórico de Hanna Levy, que trouxe novos horizontes ao grupo de jovens artistas. O Curso de Desenho de Propaganda e de Artes Gráficas, que marcou profundamente a carreira de Decio, obteve grande êxito e teve mais repercussão do que se poderia esperar. O crítico Mário Pedrosa demonstrou especial interesse na exposição que encerrou o curso com os trabalhos dos alunos, dedicando-lhe interessantes comentários e análises. O foco prático do curso garantiu ainda as bases para o início da parceria entre Decio e Fayga Ostrower. Juntos, os dois criaram a firma Interiores Modernos Tecidos Ltda., dedicada ao desenho de tecidos para móveis modernos, como os projetados por Joaquim Tenreiro.

Em 1953, Decio Vieira foi um dos organizadores da I Exposição de Arte Abstrata no Hotel Quitandinha, em Petrópolis, que reuniu, além dele próprio, Antonio Bandeira, Aluísio Carvão, Lygia Clark, Anna Bella Geiger, Fayga Ostrower, Abraham Palatnik e Ivan Serpa. Do júri fizeram parte Mário Pedrosa e Niomar Muniz Sodré. No ano seguinte, seria criado o Grupo Frente. Formado inicialmente por oito membros, em sua maioria oriundos do curso de Ivan Serpa no Museu de Arte Moderna do Rio de Janeiro, o grupo chegaria a reunir 30 membros dois anos mais tarde, e se manteria unido sob o desejo de constituir uma "estética da heterogeneidade, da visualidade pura, da vontade construtiva, da indisciplina cromática, da intuição na dinamização do inconsciente numérico, da geometrização do espaço", conforme afirma Paulo Herkenhoff no capítulo *Grupo Frente*. Foi nesse período, em 1954, que Decio Vieira participou da Bienal de São Paulo, organizada por Mário Pedrosa, de quem se tornou amigo pessoal.

O Manifesto Neoconcreto, elaborado em 1959 por Ferreira Gullar, reuniu Lygia Clark, Hélio Oiticica, Lygia Pape, Decio Vieira, Franz Weissmann, Amílcar de Castro e Aluísio Carvão, no Rio de Janeiro, além Willys de Castro e Hércules Barsotti em São Paulo, ainda que o movimento tenha sido eminentemente carioca. Decio também participou da Exposição de Arte Neoconcreta, organizada em 1960 no Palácio Gustavo Capanema, no Centro do Rio. As articulações, os debates, as interpretações, as tendências desses artistas, suas exposições e alinhamentos conceituais e teóricos são discutidos no capítulo intitulado *Neoconcretismo*.

Uma ampla exposição individual realizada em um dos mais prestigiosos espaços da cidade do Rio de Janeiro, o Hotel Copacabana Palace, em 1966, refletiu a maturidade da carreira de 20 anos do artista. Na ocasião, Decio expôs obras nas quais abandonava os cânones geométricos, apoiando-se em uma arquitetura de traços e de formas imperfeitas, organizada quase como um concerto de jazz. Sobre isso versa o capítulo *Gesto, Ato e Traço*, que revela também o engajamento político e social de Decio Vieira.

Estimulado pela arquitetura do Hotel Quitandinha – construído a partir do projeto de Joaquim Rolla e com decoração interna assinada pela americana Dorothy Draper –, referência na década de 1940 e retrato cultural da época, e pelos aspectos de prática industrial desenvolvidos durante o curso da FGV, Decio Vieira foi também um dos artistas que uniu simultaneamente a pintura e o design em suas criações. Apoiado na vocação da indústria têxtil de Petrópolis, Decio dedicou-se a criar padronagens de tecidos que revestiam móveis desenhados por seus contemporâneos, como a Poltrona Leve de Joaquim Tenreiro, cujo tecido produziu junto com a parceira Fayga Ostrower. Também datam dessa época os "conjuntos americanos" pintados por Decio com padrões abstratos informais. Esse é o registro oferecido no capítulo dedicado ao *Efeito Quitandinha: Inteligência no Design*.

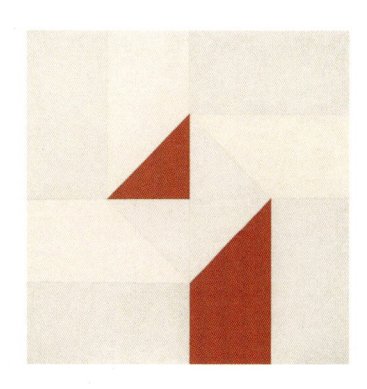

S/ título, s.d., Têmpera s/ tela, 125 x 125 cm, Coleção particular
No title, no date, Tempera on canvas, Private collection

Ed. Sede da Fundação Getulio Vargas, s.d., Rio de Janeiro

Headquarters building Fundação Getulio Vargas, no date, Rio de Janeiro

The second half of the 1960s was the consolidation moment of his career, when Decio participated in several exhibits and also married Dulce Holzmeister. According to Paulo Herkenhoff, "in neo-concretism, Hélio Oiticica, Aluísio Carvão and Decio Vieira are the artists who were mostly involved with the sensoriality of the color and have never driven apart from it". Still according to the author, from then on color took a fundamental role in Decio's work, after the symptoms of the "syndrome of Dulce", result of his passion and a life full of trips, aesthetic and cultural experiences, and by the presence of jazz in the meetings held in the artist's studio. These discussions are the contribution of the chapter Orphic moment: Zenith of the color, whose content can be summarized in Herkenhoff's statement: "a set of oil or pastel paintings by Decio Vieira could be taken as a repertoire of tunes and color-forms".

The chapter Orthogonal and dissonant meshes – between the plumb line and the deviation of a modernist myth is focused on the works where the artist used mesh, grids and the orthogonality of the Frente group, revisiting them and experimenting new combinations between colors and lines. According to the painter, "the picture cannot be a field for absolute rest, but either could it be an anxious seizure". They are meshes that provoke the eye and challenge the observer's perception.

In the 1970s, Decio moved to the modernist house in the neighborhood of São Conrado, and where along Dulce, he carried out a project of artistic education for children from Rocinha. This rich experience is the object of the chapter Under the children's command – art, paradise, imaginary and Education, and that shows a set of photographs of the group of students working and enjoying the house's swimming pool. The scene was described by Noemia Varela, who worked with Augusto Rodrigues at the Movement Escolinhas de Arte, as a "utopian and always necessary intention to supply the absence of creativity in our educational system". Dulce played a preponderant role in these activities, once she had already been developing a social work in the same community since the 1950s.

In order to situate this vast and complex web of experiences and events the book ends with a timeline of Decio Vieira's life and career, prepared by Izabela Pacu.

This book would not have been made possible without the help from Dulce Holzmeister, Mônica and José Luiz Pinho, who awakened us for the artist's work, and the FGV Projetos team. I thank mainly Paulo Herkenhoff and Frederico Morais, who undertook the difficult task of filling the bibliographic gap about the artist. Special thanks are also owed to all collectors and gallery owners who gave permission to register the works and authorized its reproduction in this book.

A segunda metade da década de 1960 foi o momento da consolidação da carreira, quando Decio participou de diversas exposições e também se casou com Dulce Holzmeister. Segundo Paulo Herkenhoff, "no neoconcretismo, Hélio Oiticica, Aluísio Carvão e Decio Vieira são os artistas mais envolvidos com a sensorialidade da cor e dela nunca se despregaram". Ainda de acordo com o autor, a cor assumiu, a partir daí, um papel fundamental na obra de Decio, após os sintomas da "síndrome de Dulce", resultado da paixão e de uma vida preenchida por viagens, experiências estéticas e culturais, e pela presença do jazz nas reuniões realizadas no ateliê do artista. Essas discussões são a contribuição do capítulo *Momento órfico: zênite da cor*, cujo teor pode ser resumido na afirmação de Herkenhoff: "um conjunto de quadros de Decio Vieira a óleo ou pastel poderia ser tomado como um repertório de melodias de cores-forma".

Já o capítulo *Malhas ortogonais e dissonantes – entre o prumo e o desvio de um mito modernista* tem foco nas obras em que o artista utilizou as malhas, as quadrículas e a ortogonalidade do Grupo Frente, revisitando-as e experimentando novas formas de combinação entre cores e linhas. Segundo o pintor, "o quadro pode não ser um campo de repouso absoluto, mas tampouco seria uma convulsão ansiosa". São malhas que provocam o olhar e desafiam a percepção do observador.

Na década de 1970, Decio foi morar na casa modernista do bairro de São Conrado, onde, junto com Dulce, realizou um projeto de educação artística para crianças da Rocinha. Essa rica experiência é o objeto do capítulo *Sob o mando das crianças – a arte, o paraíso, o imaginário e a Educação*, que traz um conjunto de fotos do grupo de alunos realizando atividades e usufruindo da piscina da casa. A cena foi descrita por Noemia Varela, que trabalhou com Augusto Rodrigues no Movimento Escolinhas de Arte, como uma "utópica e sempre necessária intencionalidade de suprir a ausência de criatividade de nosso sistema educacional". Dulce teve papel preponderante nessas atividades, uma vez que já desenvolvia um trabalho social na mesma comunidade desde a década de 1950.

Para situar essa vasta e complexa teia de experiências e eventos, o livro termina com uma cronologia da vida e da carreira de Decio Vieira, elaborada por Izabela Pucu.

Este livro não teria sido possível sem a colaboração de Dulce Holzmeister, Mônica e José Luiz Pinho, que nos despertaram para a obra do artista, e da equipe da FGV Projetos. Agradeço sobretudo a Paulo Herkenhoff e a Frederico Morais, que encararam a difícil tarefa de preencher a lacuna bibliográfica sobre o artista. Merecem, ainda, um agradecimento especial todos os colecionadores e galeristas que permitiram o registro de suas obras e autorizaram sua reprodução neste livro.

Torre Oscar Niemeyer, 2014, Fundação Getulio Vargas, Rio de Janeiro
Oscar Niemeyer Tower, 2014, Fundação Getulio Vargas, Rio de Janeiro

CESAR CUNHA CAMPOS
Diretor da FGV Projetos
Director of FGV Projetos

INTRODUÇÃO

INTRODUCTION

DV 1.1 • S/ TÍTULO, S.D. • TÊMPERA S/ AGLOMERADO • 40 X 31,2 CM
COLEÇÃO MUSEU DE ARTE DO RIO (MAR) / FUNDO Z

NO TITLE, NO DATE • TEMPERA ON CHIPBOARD
MAR COLLECTION

DV 1.2 • S/ TÍTULO, S.D. • PASTEL S/ PAPEL • 65 X 49,5 CM
COLEÇÃO PARTICULAR

NO TITLE, NO DATE • PASTEL ON PAPER
PRIVATE COLLECTION

DV 1.3 • S/ TÍTULO, S.D. • GUACHE S/ PAPEL • 50 X 50 CM
COLEÇÃO MUSEU DE ARTE DO RIO (MAR) / FUNDO Z

NO TITLE, NO DATE • GOUACHE ON PAPER
MAR COLLECTION

DV 1.4 • S/ TÍTULO, S.D. • PASTEL S/ PAPEL • 72,5 X 55 CM
COLEÇÃO PARTICULAR

NO TITLE, NO DATE • PASTEL ON PAPER
PRIVATE COLLECTION

DV 1.5 • S/ TÍTULO, S.D. • PASTEL S/ PAPEL • 99,4 X 69,5 CM
COLEÇÃO PARTICULAR

NO TITLE, NO DATE • PASTEL ON PAPER
PRIVATE COLLECTION

20

DV 1.6 • S/ TÍTULO, S.D. • PASTEL S/ PAPEL • 24 X 24 CM
COLEÇÃO PARTICULAR

NO TITLE, NO DATE • PASTEL ON PAPER
PRIVATE COLLECTION

DV 1.7 • S/ TÍTULO, C. 1970 • GRAFITE S/ PAPEL • 13,5 X 13,5 CM
COLEÇÃO PARTICULAR

NO TITLE, C.1970 • GRAPHITE ON PAPER
PRIVATE COLLECTION

DV 1.8 • DECIO VIEIRA TRABALHA COMO ASSISTENTE DE ALFREDO VOLPI
NA PINTURA DOS PAINÉIS DA COMPANHIA COSTEIRA DE NAVEGAÇÃO

*DECIO VIEIRA WORKING AS ALFREDO VOLPI'S ASSISTANT
AT THE COMPANHIA COSTEIRA DE NAVEGAÇÃO PANNELS*

DV 1.9 • DECIO VIEIRA TRABALHA COMO ASSISTENTE DE ALFREDO VOLPI
NA PINTURA DOS PAINÉIS DA COMPANHIA COSTEIRA DE NAVEGAÇÃO

*DECIO VIEIRA WORKING AS ALFREDO VOLPI'S ASSISTANT
AT THE COMPANHIA COSTEIRA DE NAVEGAÇÃO PANNELS*

DV 1.10 • S/ TÍTULO, S.D. • PASTEL S/ PAPEL • 93,5 X 70,5 CM
COLEÇÃO PARTICULAR

NO TITLE, NO DATE • PASTEL ON PAPER
PRIVATE COLLECTION

DV 1.11 • S/ TÍTULO, S.D. • PASTEL S/ PAPEL • 78 X 58,5 CM
COLEÇÃO PARTICULAR

NO TITLE, NO DATE • PASTEL ON PAPER
PRIVATE COLLECTION

DV 1.12 • S/ TÍTULO, S.D. • PASTEL S/ CARTÃO • 22 X 70 CM
COLEÇÃO PARTICULAR

NO TITLE, NO DATE • PASTEL ON CARDBOARD
PRVATE COLLECTION

DV 1.13 • S/ TÍTULO, C. 1970 • PASTEL S/ PAPEL • 24 X 24 CM
COLEÇÃO PARTICULAR

NO TITLE, NO DATE • PASTEL ON PAPER
PRIVATE COLLECTION

DV 1.13 • S/ TÍTULO, 1958 • PASTEL SOBRE PAPEL • 100 X 70 CM
COLEÇÃO PARTICULAR

NO TITLE, 1958 • PASTEL ON PAPER
PRIVATE COLLECTION

DV 1.14 • S/ TÍTULO, S.D. • PASTEL S/ PAPEL • 86,5 X 57 CM
COLEÇÃO PARTICULAR

NO TITLE, NO DATE • PASTEL ON PAPER
PRIVATE COLLECTION

DV 1.15 • S/ TÍTULO, S.D. • GUACHE S/ PAPELÃO • 39 X 50 CM
COLEÇÃO MUSEU DE ARTE DO RIO (MAR) / FUNDO Z

NO TITLE, NO DATE • GOUACHE ON CARDBOARD
MAR COLLECTION / Z FUND

DV 1.16 • S/ TÍTULO, S.D. • GUACHE S/ PAPELÃO • 36 X 48 CM
COLEÇÃO MUSEU DE ARTE DO RIO (MAR) / FUNDO Z

NO TITLE, NO DATE • GOUACHE ON CARDBOARD

MAR COLLECTION / Z FUND

DV 1.17 • S/ TÍTULO, S.D. • GUACHE S/ PAPELÃO • 39 X 50 CM
COLEÇÃO MUSEU DE ARTE DO RIO (MAR) / FUNDO Z

NO TITLE, NO DATE • GOUACHE ON CARDBOARD
MAR COLLECTION / Z FUND

DV 1.18 • S/ TÍTULO, S.D. • GUACHE S/ PAPELÃO • 39 X 50 CM
COLEÇÃO MUSEU DE ARTE DO RIO (MAR) / FUNDO Z

NO TITLE, NO DATE • GOUACHE ON CARDBOARD

MAR COLLECTION / Z FUND

INTRODUCTION

[1] *His name carries no acute accent.*

[2] *This is the case, for instance, of Guy Brett, the English critic who was tacitly commissioned by European institutions to address the Brazilian art and has always systematically ignored Decio Vieira's and Abraham Palatnik's existence, while both were disregarded by his mainstream critic circle and the commercial lobby associated with it.*

[3] *In this chapter the author admits to write in the first person in light of his work as a director in cultural institutions in Rio de Janeiro and his activities as an art critic and curator that involved Decio Vieira.*

[4] *Herkenhoff, Paulo. Glosas sobre pintura e método no Brasil – projeções da década de 50. In: Pincelada: pintura e método no Brasil – projeções da década de 1950. [Notes on paiting and method in Brazil- projection of the 1950s. In Brushstoke] São Paulo: Instituto Tomie Ohtake, 2009. p. 371*

He was an ascetic, like Goeldi. He had a delicate eye, like Volpi. Throughout his serene and sound trajectory, Decio Vieira[1] behaved like the most discreet of the neo-concretist artists. Today he is the least known artist from this movement, and along with other forgotten artists like visual artist-poet Osmar Dillon, the most absent from institutional and private collections. The scanty knowledge of the historic meaning of Decio Vieira's trajectory, the lack of a survey about the multiplicity of his interests, the absence of studies about the basic developments of the geometric language throughout three decades of work, and the constitution processes of the material signs of his discourse are more than voids. They reveal the difficulties of the Brazilian university to deeply map out the constructive project and its excessive attachment to the mainstream, the main names already celebrated by the art system, primarily due to an obscure connection between the academia and the market.[2] So, rather than adopting a proactive stand, the Brazilian university appears to operate in the wake of the market or, in the opposite direction, of the movement of foreign institutions in recognizing some of Brazil's artists. These are some of the dimensions of the historiographical problems challenging the present research and edition of a book about Decio Vieira's work, especially the survey and analysis of his semantic dimension. Where are his rupture points? Symptomatically it remains unknown how he elaborates his discourse and which are the foundations of his poetics.

As an introductory note, I inform that the books I write[3] simultaneously address three groups of readers to serve different intellectual possibilities to capture the discussed facts: (a) scholars who read the entire book, because I dedicate them the academic accuracy when writing the text and its finishes expecting to stimulate new research and analyses; (b) the hasty readers who read only parts, but pay more attention to the images and the historiographical and critical organization in the terms presented in the book; and (c) the quick or non-verbal readers, for whatever reasons they have to only leaf through a book, for them to reach some sort of visual capture of the work and the artist's trajectory by means of the simple manipulation of the volume. In all of the three hypotheses, I hope that Decio Vieira's work will be better known and that new studies and exhibits of his work will be stimulated. Through discreet or severe covers, I avoid that they are reduced to a mere decorative element, as are the so-called coffee-table books. This is the necessary irreducibility of a book dedicated to Decio Vieira. The entire effort to organize the present book will be the revelation of the plural artist and his formal inventions and aesthetic experiences. It is basically an attempt to increase the response hypotheses to the essay's structuring question: what is thinkable in Decio Vieira? Some paragraphs recover some of the ideas that had been introduced in the section dedicated to Decio Vieira's work in the text Glosas sobre pintura e método no Brasil – projeções da década de 50[4] and re-emerge here revised or re-contextualized.

INTRODUÇÃO

Era um asceta, como Goeldi. Tinha um olhar delicado, como Volpi. Ao longo de sua trajetória serena e sólida, Decio Vieira[1] comportou-se como o mais discreto dos artistas neoconcretistas. É, hoje, o nome menos conhecido desse movimento, e, ao lado de outros esquecidos como o artista-poeta visual Osmar Dillon, o mais ausente deles em coleções institucionais ou particulares. O parco conhecimento do significado histórico da trajetória de Decio Vieira, a falta de um levantamento da multiplicidade de seus interesses, a ausência de estudos sobre os desdobramentos básicos da linguagem geométrica ao longo de três décadas de trabalho e dos processos de constituição do signo material de seu discurso são mais do que lacunas. Revelam as dificuldades da universidade brasileira em mapear o projeto construtivo em profundidade e o excessivo apego ao *mainstream*, isto é, aos principais nomes já consagrados pelo sistema de arte, sobretudo por conta de uma obscura união entre academia e mercado.[2] Assim, mais que proativa, muito da universidade brasileira parece atuar a reboque do mercado ou, na direção oposta, do movimento de instituições estrangeiras no reconhecimento de alguns artistas do Brasil. Essas são algumas das dimensões dos problemas historiográficos que desafiam a presente pesquisa e a edição de um livro sobre a obra de Decio Vieira e, especialmente, o levantamento e a análise de sua dimensão semântica. Onde estão seus pontos de ruptura? Sintomaticamente, desconhece-se como ele elabora seu discurso e quais são as bases de sua poética.

Como nota introdutória, informo que os livros que escrevo[3] endereçam-se simultaneamente a três grupos de leitores para servir a possibilidades intelectuais diferentes na apreensão dos fatos discutidos: (a) aos estudiosos que leem todo o livro, pois a eles dedico o cuidado acadêmico na elaboração do texto e de seu acabamento na expectativa que possa estimular novas pesquisas e análises; (b) aos apressados que leem partes, mas prestam mais atenção às imagens e a sua organização historiográfica e crítica nos termos apresentados no livro; e (c) aos rápidos, ou não leitores verbais, qualquer que seja o motivo pelos quais apenas folheiam um livro, para que, no entanto, cheguem a alguma espécie de apreensão visual da obra e da trajetória do artista através da simples manipulação do volume. Nas três hipóteses, espera-se que a produção de Decio Vieira venha a ser melhor conhecida e que novos estudos e exposições de sua obra possam ser estimulados. Através de capas discretas ou severas, evito que sejam reduzidos a mero elemento decorativo, como são os ditos *coffee table books*. Essa é a irredutibilidade necessária a um livro dedicado a Decio Vieira. Todo o esforço na organização do presente livro será a revelação do artista plural e de seus inventos formais e experiências estéticas. Ele é basicamente uma tentativa de ampliar as hipóteses de resposta para a pergunta estruturante do ensaio: o que é pensável em Decio Vieira? Alguns parágrafos retomam algumas ideias que haviam sido lançadas na seção dedicada à obra de Decio Vieira no texto "Glosas sobre pintura e método no Brasil – projeções da década de 50"[4] e ressurgem aqui revistos ou recontextualizados.

[1] A grafia de seu prenome não tem acento agudo.

[2] É o caso, por exemplo, de Guy Brett, o crítico inglês que tacitamente recebeu das instituições europeias a incumbência de tratar da arte brasileira, e sempre ignorou, de modo sistemático, a existência de Decio Vieira e de Abraham Palatnik, enquanto ambos estiveram desconsiderados por seu círculo de crítica *mainstream* e pelo *lobby* comercial a ela associada.

[3] Neste capítulo, o autor admite escrever na primeira pessoa, tendo em vista sua atuação na direção de instituições culturais no Rio de Janeiro e suas atividades de crítico e curador que envolveram Decio Vieira.

[4] Herkenhoff, Paulo. Glosas sobre pintura e método no Brasil – projeções da década de 50. In: *Pincelada: pintura e método no Brasil – projeções da década de 1950*. São Paulo: Instituto Tomie Ohtake, 2009. p. 371.

[5] Pleynet, Marcelin. *Système de la peinture*. Paris: Seuil, 1977.

[6] Boulanger, Pascal. *Pleynet en son temp* (2012). In: *Itinéraires de Marcelin Pleynet*. Paris, Revue Faire Part (2012). Available at the website: <http://www.pileface.com/sollers/article.php3?id_article=1285>. Accessed on October 8th, 2014.

[7] Apud Boulanger, Pascal, ibidem. Stephen Bann wrote *Marcelin Pleynet and the system of painting*. In: Parallax, vol 4, n. 1, p. 55-62, 1998. See p. 55 and next pages.

[8] Bois, Yve-Alain. *Painting as model*. Cambridge: The MIT Press, 1993.

The present essay lends a diachronic treatment to Decio Vieira's trajectory when opting to discuss transversal aspects in his production. The contact with the text Painting and system by Marcelin Pleynet's, editor of the Tel Quel magazine in the 1980s was a first warning about the need to address painting in a systematic fashion.[5] Pascal Boulanger observed that the writer and critic with the

> *résistance au dressage social (et aux poètes du social) et la radicalité du retrait qui ont toujours fait pour moi actualité dans les oeuvres lues. En puisant dans la bibliothèque et en découvrant, à l'âge de 18 ans, les écritures de Rimbaud et de Pleynet, j'ai compris que la société n'était qu'un crime organisé sous la masque progressiste de la solidarité et des droits de l'homme.[6]*

Philippe Sollers considers that Pleynet had to confront the "le vieux bassin à sublime".[7] In the sequence, Yves-Alan Bois, mainly in his classic Painting as model,[8] defines the analytical parameters and offers models to address modern painters.

The editorial choice of this book avoids following a rigid timeline because it does not consider the artist's work as a uniform linear development. Neither is the research determined by the painter's biographical logic. Much less so does it treat Decio Vieira's intellectual trajectory as a sequence of "phases", expression that during a certain period reduced any sort of transformation – conceptual, formal or thematic – in the work of any artist in Brazil. Here we privileged the plastic problems that have occupied his knowledge process and the linguistic element in his production of paintings under the perspective of language and poetics. Decio Vieira's biographical aspects will however emerge throughout this essay, preferably in connection with the critical subjects of the addressed thematic body. In this introduction a summary of only a few overall details is presented as a small base or backdrop of his trajectory.

Decio Luiz Monteiro Vieira was born in Petrópolis, on June 4th, 1922. He was the second of six children to Gabriela Monteiro Vieira and lawyer João Vieira Filho. He attended Colégio Municipal São Vicente de Paulo in his home town. In 1953 he moved to Rio, where he lived until his death on May 31st, 1988. He kept studios at rua Djalma Ulrich in Copacabana and then in São Conrado. In 1970 Decio Vieira married Rio de Janeiro native Dulce Holzmeister, whom he had been dating since the late 1960s.

"I knew Decio from exhibit openings", says Dulce in one of the interviews she gave me between 2012 and 2014, and which ended up in over 20 hours of testimonial. All her lines reproduced in this book come from this material. According to her, Decio Vieira moved to her house in São Conrado gradually, carrying just a few things at a time, in order to not frightening her mother, with whom she shared the house. Dulce was a widow with five children from her first marriage (Lilian, Monica, Claudia, João Paulo and Sylvia), and 15 grandchildren, for whom Decio Vieira nurtured an enormous affection. The couple led an extremely integrated life, with shared activities, such as visits to exhibits and bookstores, meetings with friends to listen to jazz, the passion for art books, trips, a school for children at the Rocinha "favela", the care with the grandchildren, visits to Monica, Dulce's daughter who lived abroad, and discussions about ongoing paintings. "Decio was not much into traveling", she says, reminiscing that "he had gone to Europe with his brother João." Afterwards the couple traveled twice, once to Europe and once to New York. In Finland they visited Alvar Aalto's house and they were struck by the population's discretion – "it was such a silent country!" During that trip, concludes Dulce, Decio Vieira has expanded his contact with Paul Klee's work and thoughts in museums, exhibits and books. Dulce Holzmeister's reports, assisted by her daughter Monica Pinho, brought precious information about the artist's personality and universe.

O presente ensaio dá um tratamento diacrônico à trajetória de Decio Vieira ao optar por discussões de aspectos transversais em sua produção. O contato com o texto *Pintura e sistema* de Marcelin Pleynet, editor da revista *Tel Quel*, na década de 1980, foi um primeiro alerta para a necessidade de abordar a pintura de modo sistemático.[5] Pascal Boulanger observou que o escritor e crítico com a

> résistance au dressage social (et aux poètes du social) et la radicalité du retrait qui ont toujours fait pour moi actualité dans les oeuvres lues. En puisant dans la bibliothèque et en découvrant, à l'âge de 18 ans, les écritures de Rimbaud et de Pleynet, j'ai compris que la société n'était qu'un crime organisé sous la masque progressiste de la solidarité et des droits de l'homme.[6]

Philippe Sollers considera que Pleynet teve que se confrontar com "le vieux bassin à sublime".[7] Na sequência, Yve-Alain Bois, sobretudo em seu clássico *Painting as model*,[8] define parâmetros analíticos e oferece modelos de abordagem de pintores modernos.

O partido editorial deste livro evita seguir rigidamente a cronologia, pois não toma a obra do artista como um desdobramento linear uniforme. A pesquisa também não se determina pela lógica da biografia do pintor. Muito menos trata a trajetória intelectual de Decio Vieira como uma sequência de "fases", expressão à qual se reduzia, em certo período, qualquer tipo de transformação – conceitual, formal ou temática – na obra de qualquer artista no Brasil. Foram aqui privilegiados os problemas plásticos que ocuparam seu processo de conhecimento e o elemento linguístico em sua produção de pintura sob a ótica da linguagem e da poética. Aspectos biográficos de Decio Vieira surgirão, no entanto, ao longo deste ensaio, preferencialmente se correlacionados à própria pauta crítica do temário abordado. Nesta introdução apresentam-se, de modo resumido, apenas algumas informações mais gerais como uma pequena base ou pano de fundo de sua trajetória.

Decio Luiz Monteiro Vieira nasceu no dia 4 de junho de 1922, em Petrópolis. Foi o segundo dos seis filhos de Gabriela Monteiro Vieira e do advogado João Vieira Filho. Estudou no Colégio Municipal São Vicente de Paulo em sua cidade natal. Em 1953, mudou-se para o Rio, onde viveu até sua morte, em 31 de maio de 1988. Manteve ateliês na rua Djalma Ulrich em Copacabana e, depois, no bairro de São Conrado. Em 1970 Decio Vieira casou-se com a carioca Dulce Holzmeister, com quem havia começado a namorar no final da década de 1960.

"Conhecia o Decio de vernissages," diz Dulce em uma das entrevistas que me foram concedidas entre 2012 e 2014 e que somaram mais de 20 horas de depoimento. Desse material, são oriundas todas as suas falas reproduzidas neste livro. De acordo com ela, Decio foi se mudando devagar para sua casa em São Conrado, levando um pouco de suas coisas de cada vez, para não assustar a mãe, com quem ele morava. Dulce era viúva, tinha cinco filhos de seu primeiro casamento (Lílian, Monica, Cláudia, João Paulo e Sylvia) e 15 netos, aos quais Decio Vieira dedicou enorme afeto. O casal teve uma vida extremamente integrada, com atividades compartilhadas como visitas a exposições e livrarias, ouvir jazz com amigos, a paixão por livros de arte, viagens, a escola para crianças da favela da Rocinha, cuidados com os netos, visitas a Monica, filha de Dulce, que vivia no exterior, discussões sobre as pinturas em andamento. "O Decio não era muito de viajar," avalia ela, lembrando que "ele havia ido à Europa com o irmão, João." Depois o casal fez duas viagens, uma à Europa e outra a Nova York. Na Finlândia visitaram a casa de Alvar Aalto e chamou-lhes a atenção a discrição da população – "era um país de um silêncio!". Nessa viagem, completa Dulce, Decio Vieira expandiu seu contato com a obra e o pensamento de Paul Klee em museus, exposições e livros. Os relatos de Dulce Holzmeister, assistida por sua filha Monica Pinho, trouxeram informações preciosas sobre a personalidade e o universo do artista.

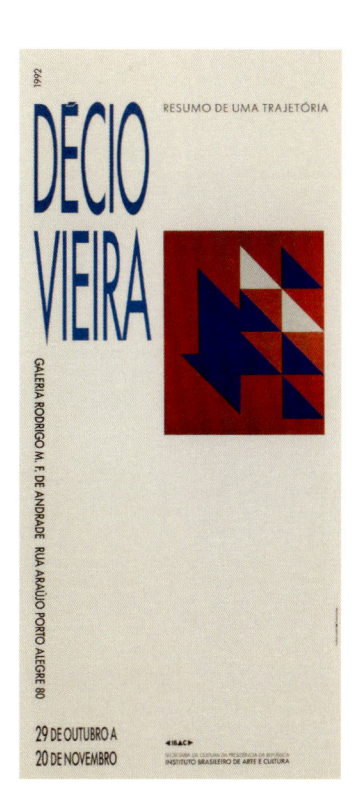

---

[5] Pleynet, Marcelin. *Système de la peinture*. Paris: Seuil, 1977.

[6] Boulanger, Pascal. Pleynet en son temp (2012). In: *Itinéraires de Marcelin Pleynet*. Paris, Revue Faire Part (2012). Disponível em: <http://www.pileface.com/sollers/article.php3?id_article=1285>. Acesso em 8 de outubro de 2014.

[7] Apud Boulanger, Pascal, ibidem. Stephen Bann escreveu *Marcelin Pleynet and the system of painting*. In: Parallax, vol 4, n. 1, p. 55-62, 1998. Ver p. 55 e seguintes.

[8] Bois, Yve-Alain. *Painting as model*. Cambridge: The MIT Press, 1993.

[9] Text *Um depoimento*, by João de Souza Leite, published at *Sinal – Esdi Electronic Newsletter*, no. 466, on December 12th, 2012. Available at the website: <http://www.esdi.uerj.br/sinal/ev_jsl-um_depoimento.pdf>. Accessed on October 10th, 2014.

A picture of Decio Vieira's exhibit at the Copacabana Palace Gallery, in 1966, shows the presence of art critics and friends. The neo-concretist reference critical literature, mainly with Maurice Merleau-Ponty, Susanne Langer and Ernst Cassirer, critic Mário Pedrosa and Ferreira Gullar, and artists Lygia Clark and Hélio Oiticica form the analytical foundation of Decio Vieira's work. Frederico Morais, Aracy Amaral, Roberto Pontual, and Ronaldo Brito also deserve a place in the historiographical review. In the Argentinean environment, the contact with Tomás Maldonado and Romero Brecht also marked Decio Vieira. Dulce Holzmeister also highlights the painter's friends in the Rio de Janeiro constructive scene: his teacher Ivan Serpa, who died in 1973; critics Mário Pedrosa and Ferreira Gullar, who early on recognized the quality of his work; neo-concretist artists Aluísio Carvão, the color artist, and Lygia Clark, the space artist; concretist Rubem Ludolf, perhaps his most frequent interlocutor about painting since the early 1950s (when they studied with Serpa at MAM); kinetic artist Abraham Palatnik, a worldwide pioneer; refined Milton Dacosta, and in São Paulo Alfredo Volpi. Still regarding his friends, Decio Vieira's affective life bears two Gildas. Both had connections with the art market in Rio de Janeiro. His sister-in-law Gilda Azevedo, his wife Dulce Holzmeister's sister, was an art dealer. His own sister Gilda Vieira was a muse to Volpi and Milton Dacosta and owned many paintings of the first, which have been scattered by a Rio art dealer.

Decio Vieira's long-standing friendship with Abraham Palatnik and Fayga Ostrower started during the course at FGV, back in 1946. The three also dedicated themselves to design. In the vibrant didactic environment at the Rio de Janeiro Museum of Modern Art (MAM Rio), in addition to Serpa and Carvão, engravers Anna Letycia, Thereza Miranda and Eduardo Sued, who later would become an abstract-geometric painter in the 1970s, also took part of Decio Vieira's affective circle. This generation saw MAM Rio, a symbol of the city's cultural boldness, be erected, perhaps as the last big architectural monument with aesthetic quality to be built in Rio de Janeiro in the 20th century; but they also witnessed the disorganization of the Rio de Janeiro bourgeoisie to manage cultural institutions with the fire that devastated the museum in 1978. The MAM Rio's pilot program integrated exhibit rooms, an auditorium for the arts and an art school, all contemplated by Affonso Eduardo Reidy.

Graphic and product design played a key role in the post-war Brazilian development and Decio Vieira's own education. For his generation, the FGV's Course of advertising design and graphic arts introduced some of the foundations of their technical and professional education. Design in Rio de Janeiro had a strong German origin through the activities of the German teacher Hannah Levy, but before that the lengthy work of gallery owner Theodor Heuberger took place starting in 1924, who in the early days organized exhibits of German "applied art" and afterwards, when establishing himself in Rio in 1928, he founded the Pró-Arte gallery of art, an institution dedicated to intense cultural activities, and that edited a magazine about the subject. Ever since the courses at MAM Rio in the 1950s, Decio Vieira had been friends with designer Goebel Weyne. According to João Souza Leite, "Gustavo" (Goebel Weyne) at Esdi (University of the State of Rio de Janeiro Superior School of Industrial Design) has always provided "a kind and constant exchange of ideas, sometimes conflicting, sometimes even reaching some degree of exaltation, but always appropriately objective for the intellectual debate".[9]

Uma foto da exposição de Decio Vieira na galeria do Copacabana Palace, em 1966, registra a presença de críticos de arte e de amigos. A literatura crítica referencial do neoconcretismo, sobretudo com Maurice Merleau-Ponty, Susanne Langer e Ernst Cassirer, os textos dos críticos Mário Pedrosa e Ferreira Gullar e dos artistas Lygia Clark e Hélio Oiticica constituem a base analítica da obra de Decio Vieira. Na revisão historiográfica, também merecem lugar Frederico Morais, Aracy Amaral, Roberto Pontual e Ronaldo Brito. No ambiente argentino, o contato com Tomás Maldonado e Romero Brecht também marcou Decio Vieira. Dulce Holzmeister destaca, ainda, o círculo de amizades do pintor no ambiente construtivo carioca: seu professor Ivan Serpa, falecido em 1973; os críticos Mário Pedrosa e Ferreira Gullar, que cedo reconheceram a qualidade de sua obra; os neoconcretistas Aluísio Carvão, artista da cor, e Lygia Clark, artista do espaço; o concretista Rubem Ludolf, talvez seu mais constante interlocutor com relação à pintura desde o início da década de 1950 (quando estudaram com Serpa no Museu de Arte Moderna); o artista cinético Abraham Palatnik, um precursor mundial; o refinado Milton Dacosta e, em São Paulo, Alfredo Volpi. Ainda com relação a seus amigos, na história afetiva de Decio Vieira houve duas Gildas. Ambas tinham vínculos com o mercado de arte no Rio de Janeiro. Sua cunhada Gilda Azevedo, irmã de sua mulher Dulce Holzmeister, era *marchande*. Sua irmã Gilda Vieira era uma musa de Volpi e de Milton Dacosta e possuía muitos quadros do primeiro, que foram dispersados por um *marchand* do Rio.

A longa amizade de Decio Vieira com Abraham Palatnik e Fayga Ostrower firmou-se desde o curso da FGV, em 1946. Os três também se dedicaram ao design. No vibrante ambiente didático do Museu de Arte Moderna do Rio de Janeiro (MAM Rio), além de Serpa e Carvão, os gravadores Anna Letycia, Thereza Miranda e Eduardo Sued, que se tornaria pintor abstrato-geométrico na década de 1970, também compuseram o círculo afetivo de Decio Vieira. Essa geração viu o MAM Rio, símbolo do arrojo cultural da cidade, ser erguido, talvez como o último grande monumento arquitetônico com qualidade estética a ser construído no Rio de Janeiro no século XX; mas, também testemunhou o despreparo da burguesia carioca para gerir instituições culturais com o incêndio que devastou o mesmo museu em 1978. O programa piloto do MAM carioca integrava salões de exposição, um auditório para as artes e uma escola de arte, que foram contemplados por Affonso Eduardo Reidy.

O design gráfico e de produto teve um papel fundamental no desenvolvimentismo brasileiro no pós-guerra e na própria formação de Decio Vieira. Para sua geração, o "Curso de desenho de propaganda e artes gráficas" da FGV lançou algumas bases para a formação técnica e profissional. O design no Rio de Janeiro teve uma forte matriz alemã, com a atividade da professora alemã Hannah Levy, mas antes houve o longo trabalho do galerista e animador cultural Theodor Heuberger a partir de 1924, que, inicialmente, organizava exposições de "arte aplicada" alemã e depois, ao fixar-se no Rio em 1928, fundou uma galeria de arte, criou a Pró-Arte, instituição dedicada a intensas atividades culturais, e editou uma revista da área. Decio Vieira era amigo, desde os tempos dos cursos do MAM Rio, na década de 1950, do designer Goebel Weyne. Segundo João de Souza Leite, o "Gustavo" (Goebel Weyne) propiciava sempre, no ambiente da Esdi (Escola Superior de Desenho Industrial da Universidade do Estado do Rio de Janeiro), "uma gentil e constante troca de ideias, por vezes conflitantes, por vezes chegando a alguma exaltação, mas sempre com a objetividade adequada ao debate intelectual".[9]

Bruno Giorgi, Lygia Clark e Jorge Moreira na exposição de Decio Vieira na galeria do Copacabana Palace, em 1966.
Bruno Giorgi, Lygia Clark and Jorge Moreira at Decio Vieira exhibit in Copacabana Palace Gallery, in 1966.

[9] Texto *Um depoimento*, de João de Souza Leite, publicado no Sinal – Boletim Eletrônico da Esdi, n. 466, em 12 de dezembro de 2012. Disponível em: <http://www.esdi.uerj.br/sinal/ev_jsl-um_depoimento.pdf>. Acesso em 10 de outubro de 2014.

[10] There are reports of counterfeiting of Decio Vieira's works. His legacy therefore is not exempt as it occurs with a large portion of the Brazilian art from a double attack: counterfeiters and impunity, with the connivance of the State, encouraging the counterfeiting market.

[11] Marin, Louis. Études sémiologiques/Écritures peintures. Paris: Klincksieck, 1971.

[12] See Herkenhoff, Paulo, op. cit.

[13] Vieira, Decio. Testimonial to the Banerj art gallery team. In: Grupo Frente/1954-1956; I Exposição Nacional de Arte Abstrata Hotel Quitandinha/1953. Rio de Janeiro: Galeria de Arte Banerj, 1984. (Ciclo de Exposições sobre Arte no Rio de Janeiro).

[14] According to the already mentioned interview given by Dulce Holzmeister to the author. Dora Basilio was an engraver of Decio Vieira's generation.

Founded in 1963, with Weyne's participation, Esdi was the last chapter of the previous decade democratic development and the ultimate act of belief in the utopic rationalism of the Hochschule für Gestaltung (Superior School of Gestalt) in Ulm, Germany, in its reflections in Brazil. Decio Vieira's pathfinder generation, initially marked by the post-war developmentalist optimism under the presidency of Juscelino Kubitschek, also benefitted from narrower contacts with the international art through MAM Rio and the São Paulo Biennale. They therefore developed a critical conscience and suffered the radical traumas of the 1964 dictatorship and the fire of the Rio de Janeiro museum.

The pictorial corpus left by Decio Vieira had yet to be more thoroughly surveyed and analyzed. While not extensive it was scarcely disseminated until the years 2000. For this essay, around two hundred works produced from 1946 until shortly before his death, have been found.[10] The understanding of his trajectory, the way he structured drawing and painting throughout four decades and the intrinsic particularities in his painting project deserve a scholar's detailed analysis. Mind you that this is no catalogue raisonné of the artist. The mission of the present book is to draft a first reading that explains the uniqueness of his art, the way he constituted the pictorial sign and the parameters with which he gave substance to his abstract-geometric program in order to build his poiesis. The systematization of the plastic developments in his work is almost non-existent or minimal. However, first with Ferreira Gullar, in the involvement with the Frente Group and neo-concretist artists with issues like semantics, and then the three São Paulo constructive poets – brothers Augusto and Haroldo de Campos and Decio Pignatari –, Decio Vieira's constructive generation was the first in Brazil whose production has been analyzed as a language and from the linguistics standpoint. Louis Marin's[11] semiological studies addressing the materiality of the sign have shed light onto the understanding of Decio Vieira's visual thinking.

It is now necessary to consider that the first generation artists who introduced and developed the geometric abstraction in Brazil have rarely had solo exhibits during the 1950 decade, if any , with Lygia Clark being and exception. In the following decades there weren't that many either. With Decio Vieira the practice was no different, and his first solo exhibit took place as late as 1966 – almost twenty years after he had started his career – at the Copacabana Palace gallery, in Rio de Janeiro. During his life he had only three solo exhibits; all in this city. In a testimonial to Mercedes Viegas and Norma Vilhena Soares, then members of the curators team at the Banerj Art Gallery, he reported the difficulties of the young abstract artists of the Frente Group during the early 1950s: "we wanted to conquer our own space, during a time when there were no art galleries and the newspapers and discussions were dominated by Portinari and Di Cavalcanti, giving no opportunities for anybody else to stand out. We were very hostile to these two artists."[13]

His second exhibit took place only fifteen years later. Dulce Holzmeister has a complementary vision for this scarce public presence: "sometimes he thought that he had no works [to show]. He was never sought after by anybody. Only by Nuchy, because of Dora Basílio and she stimulated Decio to exhibit".[14] Art Gallery Nuchy, owned by a distant relative of Dulce's, promoted an exhibit of the artist in 1981. His third and last solo exhibit when he was still alive took place at the Thomas Cohn Gallery in Rio de Janeiro in 1987. Decio Vieira's personal discretion led him to an almost paradoxical situation of being a light-color painter working under the political shades of the environment.

Fundada em 1963 com a participação de Weyne, a Esdi foi o último capítulo do desenvolvimentismo democrático da década anterior e o ato derradeiro de crença no racionalismo utopista da *Hochschule für Gestaltung* (Escola Superior da Forma) em Ulm, na Alemanha, e em seus reflexos no Brasil. A geração desbravadora de Decio Vieira, inicialmente marcada pelo otimismo desenvolvimentista do pós-guerra, sob a presidência de Juscelino Kubitschek, foi também beneficiada por maiores contatos com a arte internacional através do MAM Rio e da Bienal de São Paulo. Desenvolveu, assim, uma consciência crítica e sofreu os traumas radicais da ditadura de 1964 e do incêndio do museu carioca.

O *corpus* pictórico legado por Decio Vieira estava por ser levantado e analisado de modo mais detalhado. Embora não seja extenso, foi pouco disseminado até a década de 2000. Para a elaboração deste ensaio, foram localizadas cerca de duzentas obras produzidas a partir de 1946 a até pouco antes de sua morte.[10] A compreensão de sua trajetória, do modo como ele estruturou o desenho e a pintura ao longo de quatro décadas e das particularidades intrínsecas em seu projeto de pintura merecem a análise minuciosa do pesquisador acadêmico. Reitere-se que este não é um *catalogue raisonné* do artista. A missão do presente livro é esboçar uma primeira leitura que dê conta da singularidade de sua arte, do modo como constituiu o signo pictórico e dos parâmetros com que conferiu substância a seu programa abstrato-geométrico para a construção de sua *poiesis*. É quase nula ou ínfima a sistematização existente que dê conta dos desdobramentos plásticos de sua produção. No entanto, primeiro com Ferreira Gullar, no envolvimento com os artistas do Grupo Frente e neoconcretos com questões como semântica, e, depois, com a tríade de poetas construtivos de São Paulo – os irmão Augusto e Haroldo de Campos e Decio Pignatari –, a geração construtiva de Decio Vieira foi a primeira no Brasil cuja produção foi analisada como linguagem e do ponto de vista da linguística. Os estudos semiológicos de Louis Marin,[11] com abordagem da materialidade do signo, lançaram luzes sobre o entendimento do pensamento visual de Decio Vieira.

É necessário considerar agora que os artistas da primeira geração que implantou e desenvolveu a abstração geométrica no Brasil frequentemente fizeram poucas exposições individuais na década de 1950, quando realizaram alguma,[12] no que Lygia Clark foi uma exceção. Nas décadas seguintes também não foram muitas. Com Decio Vieira, a praxe não foi diferente, pois sua primeira mostra individual só ocorreu em 1966 – quase vinte anos depois do início da carreira – na galeria do Copacabana Palace, no Rio de Janeiro. Em vida, realizou apenas três exposições individuais; todas nessa cidade. Em depoimento a Mercedes Viegas e Norma Vilhena Soares, então na equipe curatorial da Galeria de Arte Banerj, ele relatava as dificuldades dos jovens artistas abstratos do Grupo Frente na primeira metade da década de 1950: "nós queríamos conquistar um espaço, numa época em que não havia galerias de arte e que os jornais e discussões eram dominadas por Portinari e Di Cavalcanti, não dando chance a ninguém mais de aparecer. Éramos muito hostis a esses dois artistas."[13]

Sua segunda exibição só veio a acontecer quinze anos depois. Dulce Holzmeister tem uma visão complementar para esta parca presença pública: "às vezes ele achava que não tinha trabalhos [para exibir]. Nunca foi procurado por ninguém. Só pela Nuchy, por causa da Dora Basílio e foi ela que incentivou o Decio a expor".[14] A Nuchy Galeria de Arte, que pertencia a uma parente distante da própria Dulce, promoveu uma exposição do artista em 1981. Sua terceira e última mostra individual em vida foi na Galeria Thomas Cohn no Rio de Janeiro, em 1987. A discrição pessoal de Decio Vieira levou-o à situação quase paradoxal de ser um pintor da luz-cor que atua sob as sombras políticas do ambiente.

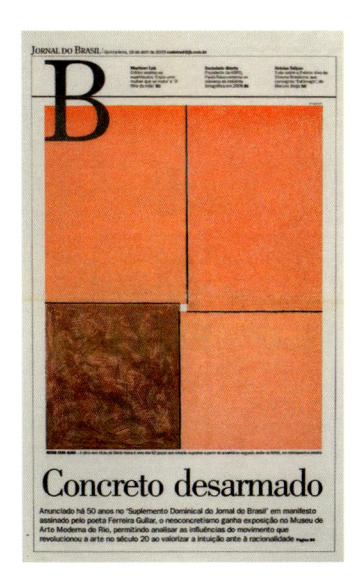

---

[10] Há notícias de falsificação de obras de Decio Vieira. Seu legado não fica, portanto, isento, como ocorre com muito na arte brasileira, de um duplo ataque: o dos falsificadores e o da impunidade, uma maneira de conivência do Estado estimuladora desse mercado de falsos.

[11] Marin, Louis. *Études sémilogiques/Écritures peintures*. Paris: Klincksieck, 1971.

[12] Ver Herkenhoff, Paulo, *op. cit.*

[13] Vieira, Decio. Depoimento à equipe da galeria de arte do Banerj. In: *Grupo Frente/1954-1956; I Exposição Nacional de Arte Abstrata Hotel Quitandinha/1953*. Rio de Janeiro: Galeria de Arte Banerj, 1984.

[14] Conforme a já mencionada entrevista concedida por Dulce Holzmeister ao autor. Dora Basílio foi gravadora da geração de Decio Vieira.

[15] Herkenhoff, Paulo, op. cit.

[16] Notwithstanding the undeniable importance of the initiative, it takes place due to a coincidence of private life and not the logic of the academic process at the Federal University of Rio de Janeiro, where the curator is a professor. It was the relationship between the curator and the artist's family that allowed for the possibility to hold the exhibit with the collection kept by the heirs.

[17] Scovino, Felipe. Decio Vieira, investigações geométricas. Exhibit opening text (2010). Available at: <http://daniname.wordpress.com/2010/03/22/decio-vieira/>. Accessed on May 13th, 2013.

[18] Idem.

Due to the artist's personal withdrawn temperament, his work circulated only parsimoniously until the 21st century, when recognition has accelerated in two phases. The first posthumous exhibit of his work took place four years after the artist's death. It was the exhibit Decio Vieira: resumo de uma trajetória – Exposição retrospectiva, organized by the National Arts Foundation (Funarte) and the National Institute of Plastic Arts (Inap) at the Rodrigo de Mello Franco de Andrade Gallery, in Rio de Janeiro in 1992. After saying that Decio Vieira has scarce exhibits, in 2009 I highlighted that "there had never existed a retrospective analysis of his trajectory or even an anthological presentation of his work".[15] After the historiographical gap has been identified, the present book emerged as an initiative of Cesar Cunha Campos, director of FGV Projetos. Neither are there books or catalogs that properly explain Decio Vieira's production. Regarding the market work, first there was a frantic search for geometric works by Brazilian and foreign art collectors stimulated by the work of art dealers like Ronie Mesquita and Gustavo Rebello, of Guanabara Studio in the 1990s, and then by some Rio de Janeiro auction houses.

Only almost twenty years after the aforementioned Funarte/Inap event did São Paulo see the artist's first exhibit: Decio Vieira: investigações geométricas, at Maria Antonia Center (2010), organized by Felipe Scovino.[16] The purpose of Scovino's significant curatorial project was to shed "an eye on the artist's traversing of narratives and techniques" (with accentuated pastels and tempera) and turn to the investigation which guided Decio Vieira's production. When doing his work, Scovino argues in a generic fashion in favor of the artist's intellectual authority: "Decio Vieira's work is key to understand the modern transition whereby Brazil was undergoing, as well as the new formal conceptions and techniques employed in the Brazilian visual arts".[17] In addition to other problems that will be discussed later, Scovino also highlights that "Vieira joined this feature to light, allowing for a complex construction, using thrifty elements, almost always starting with the crossing of planes",[18] which, by the way, are diffuse and general characteristics of neo-concretist artists, like Aluísio Carvão (Claroverde and Clarovermelho, both from 1959), Lygia Clark (Unidade and Ovo, 1959) and Hélio Oiticica (Relevo espacial, 1959), respectively. Therefore, they do not explain Decio Vieira's specific logic, but do indicate some issues to which he dedicated. Those two aforementioned exhibits, at Funarte and Maria Antonia Center, did not result in an extensive critical survey of Decio Vieira's production; neither were they followed by a historiographical reference catalog.

Por conta do temperamento pessoal arredio do artista, sua obra circulou parcimoniosamente até o século XXI, quando o reconhecimento se acelerou em duas etapas. A primeira exposição póstuma sobre sua obra ocorreu quatro anos depois de sua morte. Foi a mostra *Decio Vieira: resumo de uma trajetória – Exposição retrospectiva*, organizada pela Fundação Nacional de Artes (Funarte) e pelo Instituto Nacional de Artes Plásticas (Inap) na Galeria Rodrigo de Mello Franco de Andrade, no Rio de Janeiro, em 1992. Depois de afirmar que Decio Vieira expunha pouco, ressaltei, em 2009, que nunca houvera "uma mostra de análise retrospectiva de sua trajetória ou mesmo uma apresentação antológica de seu trabalho".[15] Feito o diagnóstico da lacuna historiográfica, o presente livro surgiu por iniciativa de Cesar Cunha Campos, diretor da FGV Projetos. Tampouco, existem livros ou catálogos que possam dar conta da produção de Decio Vieira de modo adequado. Com relação ao trabalho do mercado, primeiro houve uma corrida a obras geométricas por colecionadores brasileiros e estrangeiros a partir do trabalho de *marchands* cariocas como Ronie Mesquita e Gustavo Rebello, do Studio Guanabara, na década de 1990 e depois de casas de leilões do Rio de Janeiro.

Só quase vinte anos depois do referido evento da Funarte/Inap, a cidade de São Paulo viu a primeira mostra do artista: *Decio Vieira: investigações geométricas*, no Centro Maria Antonia (2010), organizada por Felipe Scovino.[16] O significativo projeto curatorial de Scovino tinha como objetivo lançar "um olhar sobre o atravessamento de narrativas e técnicas do artista" (com acento nos pastéis e têmpera) e voltar-se para a investigação que norteou a produção de Decio Vieira. Por ocasião de seu trabalho, Scovino argumenta de modo mais genérico em favor da autoridade intelectual do artista: "a obra de Decio Vieira é fundamental para se entender a transição moderna pela qual o Brasil passava, assim como as novas concepções formais e técnicas empregadas nas artes visuais brasileiras".[17] À parte outros problemas adiante retomados, Scovino ainda ressalta que "Vieira aliava essa característica à luz, permitindo uma construção complexa, usando uma economia de elementos, quase sempre partindo do cruzamento de planos",[18] que, aliás, são características difusas e gerais de artistas neoconcretos, como Aluísio Carvão (*Claroverde e Clarovermelho*, ambos de 1959), Lygia Clark (*Unidade e Ovo*, 1959) e Hélio Oiticica (*Relevo espacial*, 1959), respectivamente. Portanto, não esclarecem sobre a lógica específica de Decio Vieira, mas indiciam algumas questões a que se dedicou. Aquelas duas exposições supracitadas, na Funarte e no Centro Maria Antonia, não resultaram num extensivo levantamento crítico da produção de Decio Vieira; tampouco foram seguidas por um catálogo historiográfico de referência.

[15] Herkenhoff, Paulo, op. cit.

[16] Malgrado a inegável importância da iniciativa, ela ocorre por uma coincidência da vida privada e não da lógica própria do processo acadêmico da Universidade Federal do Rio de Janeiro, onde o curador é professor. Foi do relacionamento entre o curador e a família do artista que surgiu a possibilidade da exposição com o acervo guardado entre os herdeiros.

[17] Scovino, Felipe. Decio Vieira, investigações geométricas. Texto de abertura da exposição (2010). Disponível em: <http://daniname.wordpress.com/2010/03/22/decio-vieira/>. Acesso em 13 de maio de 2013.

[18] Idem.

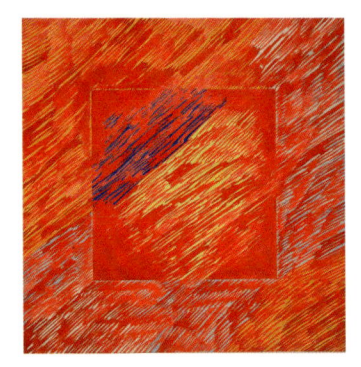

Decio Vieira
S/ título, s.d., Guache s/ papel, 50 x 50 cm, Coleção Museu de Arte do Rio (MAR) / Fundo Z

No title, no date, Gouache on paper, MAR collection

[19] *Um salão oficial transformado em revolta em preto e branco* [An official salon transformed into a black and white riot], Correio da Manhã, Rio de Janeiro, May 16th, 1954, p. 8 and 12.

[20] The so-called Salão Preto e Branco [Black and White Salon] was re-edited by Funarte in Rio de Janeiro in 1985, as a special room of the National Salon of Plastic Arts. After submitting the idea to the National Committee of Plastic Arts, as director of Inap I was in charge of indicating Maria da Gloria Ferreira as the exhibit's curator.

[21] Amaral, Aracy (Coord.). *Projeto construtivo brasileiro na arte (1950-1962)* [Brazilian constructive project in art (1950-1962)].

[22] Cavalcanti, Lauro. *Quando o Brasil era moderno nas artes plásticas do Rio de Janeiro 1905-1960* [When Brazil was modern at the visual art 1905-1960].

In a personal perspective, Decio Vieira appeared to almost wish to be an absence, though having organized or participated in historical collective exhibits. While having scarcely exhibited in the 1950s, he didn't refrain however from participating through cultural activism during the combative years of the introduction of the geometric art in Brazil, during the conflicting period of its introduction in the political environment in the 1950s. He was one of the organizers of the I National Exhibit of Abstract Art at the Quitandinha Hotel in 1953 – this initiative has assured him a historic role, both pioneer and relevant, in building a public place for the abstract art in Brazil. In the upcoming year he participated in the Salão Preto e Branco (Black and White Salon), a protest of artists against the high taxes on imported art ink and materials in Brazil. A diversified roster of artists participated, including Antonio Bandeira, Aldo Bonadei, Adir Botelho, Iberê Camargo, Quirino Campofiorito, Darel, Djanira, Renina Katz, Maria Leontina, Candido Portinari, Francisco Rebolo, Zelia Salgado, among others. Painter Iberê Camargo, main political articulator of the Salão Preto e Branco said at the time that the initiative meant the artists' fight for survival:

> *regarding its results we need to believe in something, even if it is the absurd. Victory is essential for the class. We have the world's largest biennale, the world's largest stadium. The reality, as nobody says it, is this, and only this: we have the world's largest misery. How great can be a people whose artists have not even materials to work?*[19]

While emerging as a class demand of the plastic artists' category, the Salão Preto e Branco carried its own merits, among which were organizing as a curatorial process and carrying an impacting plastic unity.[20]

Regarding collective exhibits, Decio Vieira appeared in the historical II Biennale of São Paulo, in 1954, with two works and then in the III Biennale. In the scope of holding an aesthetic position he participated in the aforementioned I National Exhibit of Abstract Art (1953) and the exhibits of the Frente Group (from 1954 to 1956), in the I National Exhibit of Concrete Art at the São Paulo Museum of Modern Art (1956) and at MAM Rio (1957), and also in the first and second National Exhibition of Neo-concretism in Rio de Janeiro in 1959 and 1960, respectively, which will be discussed later. His production has also been selected for the exhibit konkrete kunst: 50 jahre entwicklung [concrete art: 50 years of development], organized by Max Bill at Helmhaus, in Zurich, in 1960 – a historic milestone that practically ceases the heroic period of adopting the abstract-geometric form in Brazil. His work was also included in the historic retrospect Projeto construtivo brasileiro na arte (1950-1962), under the thorough curatorship of Aracy Amaral, at MAM Rio and the Pinacoteca of the State of São Paulo, in 1977.[21] *The exhibit Quando o Brasil era moderno nas artes plásticas do Rio de Janeiro 1905-1960*[22] *was a symptom of the historic process of modernity, because the curator Lauro Cavalcanti's critical and historiographical focus moved the analysis of the Brazilian process to Rio de Janeiro, which was contumaciously excluded or disdained by historiography at the University of São Paulo (USP).*

Em termos pessoais, Decio Vieira parecia querer-se quase como uma ausência, apesar de ter organizado ou participado de mostras coletivas históricas. Se pouco exibiu na década de 1950, não deixou, no entanto, de atuar por vias de um ativismo cultural nos anos combativos de implantação da arte geométrica no Brasil, nos tempos conflitados de sua introdução no ambiente político da década de 1950. Foi um dos organizadores da *I Exposição Nacional de Arte Abstrata* no Hotel Quitandinha, em 1953 – esta iniciativa lhe garante um papel histórico, igualmente pioneiro e relevante, na constituição de um lugar público da arte abstrata no Brasil. No ano seguinte, tomou parte no Salão Preto e Branco, protesto de artistas contra a alta taxação das tintas e materiais de arte importados no Brasil. Participaram artistas muito diversos, como Antonio Bandeira, Aldo Bonadei, Adir Botelho, Iberê Camargo, Quirino Campofiorito, Darel, Djanira, Renina Katz, Maria Leontina, Candido Portinari, Francisco Rebolo, Zelia Salgado, entre outros. O pintor Iberê Camargo, principal articulador político do Salão Preto e Branco afirmou na época que a iniciativa significava a luta dos artistas pela sobrevivência:

> no tocante a seus resultados, precisamos acreditar em alguma coisa, ainda que seja no absurdo. A vitória é essencial para a classe. Temos a maior bienal do mundo, o maior estádio do mundo. A realidade, como ninguém diz, é esta, e apenas esta: temos a maior miséria do mundo. Como pode ser grande um povo cujos artistas não têm sequer material para trabalhar?[19]

Embora surgido de uma demanda corporativista da categoria dos artistas plásticos, o Salão Preto e Branco tinha alguns méritos, entre os quais se organizar como processo curatorial e com impactante unidade plástica.[20]

No âmbito das exposições coletivas, Decio Vieira apresentou-se ainda na histórica II Bienal de São Paulo, em 1954, com duas obras e na III Bienal. Em termos de mostra de tomada de posição estética, ele esteve na já citada *I Exposição Nacional de Arte Abstrata* (1953) e nas mostras do Grupo Frente (de 1954 a 1956), na *I Exposição Nacional de Arte Concreta* no Museu de Arte Moderna de São Paulo (1956) e no MAM Rio (1957) e, ainda, na primeira e na segunda *Exposição Nacional do Neoconcretismo* no Rio de Janeiro, em 1959 e 1960, respectivamente, abordadas adiante. Sua produção também foi selecionada para a mostra *konkrete kunst: 50 jahre entwicklung (arte concreta: 50 anos de desenvolvimento)*, organizada por Max Bill na *Helmhaus*, em Zurique, em 1960 – marco histórico que praticamente encerra os tempos heroicos de adoção da forma abstrato-geométrica no Brasil, Sua obra foi incluída, ainda, no histórico retrospecto *Projeto construtivo brasileiro na arte (1950-1962)*, sob a criteriosa curadoria de Aracy Amaral, no MAM Rio e na Pinacoteca do Estado de São Paulo, em 1977.[21] A exposição *Quando o Brasil era moderno nas artes plásticas do Rio de Janeiro 1905-1960*[22] foi um sintoma desse processo histórico da modernidade, pois o foco crítico e historiográfico do curador Lauro Cavalcanti deslocava a análise do processo brasileiro para o Rio de Janeiro, que de modo contumaz, sempre foi excluído ou desdenhado pela historiografia paulistana da Universidade de São Paulo (USP).

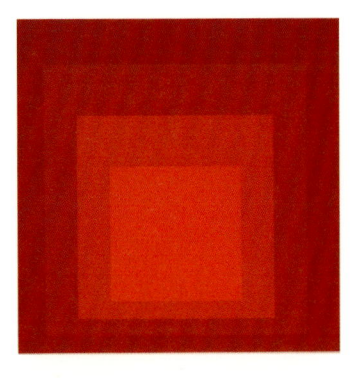

Josef Albers
Homenagem ao quadrado I-Sa, 1968, Serigrafia, 54,6 × 54,6 cm, Dallas Museum of Art

Tribute to square I-Sa, 1968, Silkscreen, Dallas Museum of Art

[19] Um salão oficial transformado em revolta em preto e branco, *Correio da Manhã*, Rio de Janeiro, 16 de maio de 1954, p. 8 e 12.

[20] O dito Salão Preto e Branco foi remontado pela FUNARTE no Rio de Janeiro em 1985, como sala especial do Salão Nacional de Artes Plásticas. Depois de submeter a ideia à Comissão Nacional de Artes Plásticas, coube-me, na condição de diretor do INAP apontar Maria da Gloria Ferreira como curadora da exposição.

[21] Amaral, Aracy (coord.). *Projeto construtivo brasileiro na arte (1950-1962)*. Rio de Janeiro: Museu de Arte Moderna; São Paulo: Pinacoteca do Estado, 1977.

[22] Cavalcanti, Lauro. *Quando o Brasil era moderno nas artes plásticas do Rio de Janeiro 1905-1960*. Rio de Janeiro: Aeroplano, 2001.

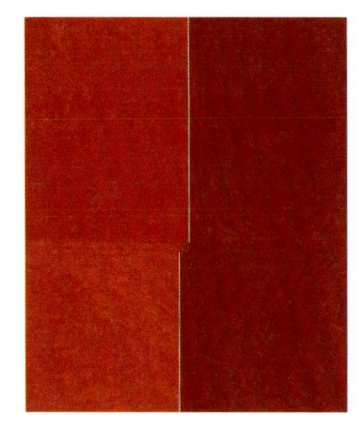

Decio Vieira
S/ título, S/D, Guache s/ papel,
50 x 42 cm, Coleção MAM Rio
No title, no date, Gouache on paper
MAM RJ collection

[23] As a consequence, José Paulo Gandra Martins made a generous donation of a serigraphy of Decio Vieira to MAM Rio. Perhaps this was the artist's first work to become part of a public collection.

[24] MAM Rio, MAR, MAC USP and the important collections Patrícia Cisneros, Hecilda and Sergio Fadel, Adolpho Leirner, Márcia and Luiz de Oliveira and João Sattamini harbor works by Decio Vieira.

[25] The exception is the excellent book by Roberto Conduru. Conduru, Roberto. *Willys de Castro*. São Paulo: Cosac Naify, 2005.

[26] Martins, Sérgio Bruno. *Décio [sic] Vieira: Geometric Investigations*. Enclave Review, Issue 1, p. 4-5, Summer 2010. All Martins's quotes have been extracted from this text.

In an action of responsibility when managing the museum, curator Fernando Cocchiarale acquired three important works by Decio Vieira in 2001 for the MAM Rio collection, resuming and continuing the institution's policy to form a neo-concrete collection, a process that had started back in 1987 and was interrupted by other chief curators over the 1990s. So Cocchiarale deserves the credit for the exemplary initiative to include the artist's work in MAM Rio's collection. It is evident that in Rio de Janeiro there are no sound institutional policies to form public collections, but only individual efforts of curators, not of museum management, because discontinuity used to be the rule. With Decio Vieira's complex process it was no different. Creating the present book, however, also served as a new institutional experiment to reverse the city's public collection problem. The formation of a collection of the new Art Museum of Rio (MAR) has led to the articulation of social forces that were able to accomplish a museum's tasks. In less than one year several individuals contributed for a project gathering an important collection of Decio Vieira's work. The result was the artist's largest collection of works in a museum, mounting to around 100 pieces (1/4 of drawings, gouaches, paintings, and 3/4 of pieces of decorative art), in addition to documents and memorabilia which also attest the variety of his interests. The Houston Museum of Fines Arts owns a pastel by Decio Vieira, sole work existing in Adolpho Leirner's collection. Over the 1980s during the formation of MAM's neo-concrete collection, I visited the artist in his studio in São Conrado. At that time he indicated he possessed no paintings from this period, saying that collector José Paulo Gandra Martins could be a source.[23] Absent from most of the public collections, however, he is present in some much meaningful others.[24] MAR harbors today part of Decio Vieira's archives and an expressive set of finished works, tens of decorative art items and studies donated by Dulce Holzmeister, an anonymous donator (Z Fund), and the fair ArtRio.

The scarce references about art history in Brazil is impressive, mainly in regard of certain solid artists, in addition to Decio Vieira, namely, Antônio Maluf, João José da Costa, Judith Lauand and Rubem Ludolf. Books and catalogs about Sérgio Camargo abound, with commercial and critical exposure, but paradoxically there is no history about his oeuvre. This script has frequently been toxically used at the service of the market. While neo-concrete art was the turning point of the 20th century Brazilian art, distinctive for its fairness between the conceptual program and the art actual practice, some of its artists however have been improperly studied so far. There are rare titles about Willys de Castro[25] or Hércules Barsotti, among the paulista (how people native from São Paulo are called) artists of the movement. There is yet a larger silence about Decio Vieira. Absent from most of the Brazilian museums, his painting is present in collections of MAM Rio, USP's Museum of Contemporary Art, Edson Queiroz Foundation in Fortaleza, and in some private collections.

As an artist working in Rio de Janeiro the city's universities are the ones who owe the artist the most, for they dedicated too little efforts to his production. Critic Sérgio Bruno Martins deplores the ignorance about Decio Vieira's work, but even so, and despite his intentions, he barely advances in the critical understanding of his specificity.[26] Martins does not explain how the problem evolves neither dares he to say that the princes of the Brazilian greenbergian critics of the abstract-geometrical art have never given the importance – which he announces himself – to Decio Vieira's art. Neither does he note that the main Rio de Janeiro magazines from the 1970s through the 1990s, Malasartes and Gávea, have

Em ação de responsabilidade na condução de um museu, o curador Fernando Cocchiarale adquiriu três importantes obras de Decio Vieira, em 2001, para o acervo do MAM Rio, retomando e dando continuidade à política da instituição de formação de uma coleção neoconcreta, processo que fora iniciado em 1987 e interrompido por outros curadores-chefes do museu a partir da década de 1990. Deve-se, portanto, creditar a Cocchiarale a exemplar iniciativa de inclusão da obra do artista no acervo do MAM carioca. Fica evidenciado que, no Rio de Janeiro, não há políticas institucionais sólidas na formação de acervos públicos, mas tão somente esforços individuais de curadores e não da presidência ou diretoria dos museus, pois a descontinuidade foi a regra. Com a complexa produção de Decio Vieira o processo não foi diferente. A elaboração do presente livro, no entanto, também serviu para um novo experimento institucional de reversão do problema do colecionismo público na cidade. A formação do acervo do novo Museu de Arte do Rio (MAR) tem implicado na articulação das forças sociais capazes de cumprir as tarefas de uma instituição museológica. Em menos de um ano, indivíduos diversos contribuíram para o projeto de reunião de um conjunto importante de obras de Decio Vieira. Disso resultou o maior acervo de obras do artista num museu, chegando a cerca de cem peças (1/4 de desenhos, guaches, pinturas e 3/4 de peças de artes decorativas), além de documentos e *memorabilia*, que, ademais, testemunham a variedade de seus interesses. O *Museum of Fine Arts* de Houston possui um pastel de Decio Vieira, única obra que existia na coleção Adolpho Leirner. Na década de 1980, durante o processo de formação do acervo neoconcretista do MAM, visitei o artista em seu ateliê em São Conrado. Na ocasião, ele indicou que, já não possuindo pinturas desse período, o colecionador José Paulo Gandra Martins poderia ser uma fonte.[23] Ausente na maioria dos acervos públicos e em algumas coleções privadas, no entanto, está presente em outras bastantes significativas.[24] O MAR guarda hoje parte dos arquivos de Decio Vieira e um expressivo conjunto de obras acabadas, dezenas de objetos de artes decorativas e de estudos doados por Dulce Holzmeister, um doador anônimo (Fundo Z), e a feira ArtRio.

A escassez de bibliografia sobre a história da arte no Brasil impressiona, sobretudo com respeito a certos artistas sólidos como, além de Decio Vieira, Antônio Maluf, João José da Costa, Judith Lauand e Rubem Ludolf. Abundam livros e catálogos sobre Sérgio Camargo, com exposição crítica e comercial, mas, paradoxalmente, não existe uma história de sua *oeuvre*. Essa escrita muitas vezes esteve toxicamente a serviço do mercado. Se o neoconcretismo foi o divisor de águas da arte brasileira do século XX, distinguindo-se pela justeza entre o programa conceitual e a práxis real da arte, no entanto, alguns de seus artistas têm sido inadequadamente estudados até aqui. Raros são os títulos sobre Willys de Castro[25] ou Hércules Barsotti, entre os pintores paulistas do movimento. Maior silêncio paira, ainda, sobre Decio Vieira. Ausente na maioria dos museus brasileiros, sua pintura está presente nos acervos do MAM Rio, no Museu de Arte Contemporânea da USP, no MAR, na Fundação Edson Queiroz, em Fortaleza e em algumas coleções pessoais.

Tendo sido um artista atuante no Rio de Janeiro, as universidades da cidade são as que têm maior débito com o artista, pois pouco se dedicaram a sua produção. O crítico Sérgio Bruno Martins deplora o desconhecimento da obra de Decio Vieira, mas ainda assim, malgrado sua intenção, pouco avança na compreensão crítica de sua especificidade.[26] Martins não explica como ocorre o problema, nem ousa afirmar que os príncipes da crítica brasileira greenbergiana da arte abstrato-geométrica jamais deram a importância, que ele próprio anuncia, à obra de Decio Vieira. Tampouco, ele nota que as principais revistas do Rio de Janeiro nas décadas de 1970 a 1990, *Malasartes* e *Gávea*, não dedicaram qualquer

Decio Vieira
S/ título, S/D, Guache s/ papel,
49,8 x 42 cm, Coleção MAM Rio
*No title, no date, Gouache on paper
MAM RJ collection*

[23] Em consequência, José Paulo Gandra Martins fez a generosa doação de uma serigrafia de Decio Vieira ao MAM Rio. Talvez tenha sido a primeira obra do artista a entrar para uma coleção pública.

[24] O MAM Rio, o MAR, o MAC USP e as importantes coleções Patrícia Cisneros, Hecilda e Sergio Fadel, Adolpho Leirner, Márcia e Luiz de Oliveira e João Sattamini guardam obras de Decio Vieira.

[25] A exceção é o excelente livro de Roberto Conduru. Conduru, Roberto. *Willys de Castro*. São Paulo: Cosac Naify, 2005.

[26] Martins, Sérgio Bruno. Décio [sic] Vieira: Geometric Investigations. *Enclave Review*, Issue 1, p. 4-5, Summer 2010. Todas as citações de Martins foram extraídas desse texto.

Decio Vieira
S/ titulo, c. 1958, Óleo e colagem s/ tela, 99,5 x 81 cm, Coleção Particular

No title, c.1958, Oil and collage on canvas, Private collection

[27] Vollaro, Ivana (Ed.). Blanco sobre blanco Buenos Aires, ano 1, número 1, September 2011.

[28] García, Maria Amalia. El arte abstracto: intercambios culturales entre Argentina y Brasil. Buenos Aires: Siglo Veintiuno Editores, 2011. p. 213-248.

[29] The three exhibits were curated by the author, with the last being shared with Roberto Conduru.

never dedicated any sort of reflection about Decio Vieira's work. Throughout three decades there were no signs in the post-graduation courses at the Federal University of Rio de Janeiro (UFRJ) or the Pontifical Catholic University of Rio de Janeiro (PUC-RJ) of any expressive uneasiness around the artist, i.e., be it in the production of monographs or theses, publication of articles or curatorship of exhibits by their professors and students until 2010. Out of the market until the late 1990s, Decio Vieira's work is not inscribed in the historiography of these two academic organizations.

The aphorism of philosopher Edmund Husserl, founder of phenomenology, and who recommends the "return to the thing itself" in the analysis of the object, is much mentioned in Brazil, but nevertheless very little actually practiced in terms of a careful analysis of the very own work as a phenomenon. The situation is more dramatic in regard of the constructive project, where frequently everything appears to be reduced to geometric images with no unique constructive and conceptual intricacies that distinguish artists among themselves and the specific problems of their individual production. The differences are torn, as in the "one-fits-all" criticism that does not go beyond the primary observation of the form when not distinguishing, for example, the concrete fact from the neo-concrete fact. The singularities are replaced by impressionist description, biographical indications and complaints, or in the more intellectually sophisticated cases, by the critical storytelling unpinned from the confrontation with the work itself. The pictorial material sign and the passage of the reaction through the cerebral mechanics, according to the Gestalt laws, to the phenomenology of perception in its psychological and philosophical dimensions, in the terms raised by neo-concretism. In the imbrication between language and psychoanalysis, by the same token, the idea of the mathematical unconsciousness and the constructive desire will be summoned as the foundations of the sign in Decio Vieira's painting.

Worse and even more complicated is denying or omitting Decio Vieira's participation in the neo-concrete group or cogitate his absence from the movement. Decio Vieira's production requires insight and an analytical eye to understand his plastic discourse within its complexity, and not to reiterate the mere vision of his geometry. Texts, catalogs and exhibits are not necessarily a product of the eye and reflection, once they can be pure market manipulations and naive curatorial actions that serve more the curator's prestige and power than to discuss the artist's work. In this case the cultural pseudo-action can be taken as a symptom of the work's repression. Marginalized artist of the Brazilian canon and mainstream, it is not surprising that even a carefully edited 2011 number of the Argentinean magazine Blanco sobre blanco,[27] in a dossier focused on the South American white monochromatic works left Decio Vieira's unique and multifaceted production out of the debate. Maria Amalia García's thorough study El arte abstracto: intercambios culturales entre Argentina y Brasil (2011)[28] also appears to reproduce Scovino's hesitations. Not represented in the white monochromes room of the Núcleo Histórico at the 24th Biennale of São Paulo (1998), Decio Vieira's painting appeared however in exhibits like Trajetória da luz na arte brasileira (2001), Pincelada: pintura e método no Brasil, projeções da década de 1950 (2008) and Vontade construtiva na coleção Fadel (2013).[29]

reflexão à obra de Decio Vieira. Ao longo de três décadas, não se nota nos cursos de pós-graduação da Universidade Federal do Rio de Janeiro (UFRJ) ou da Pontifícia Universidade Católica do Rio de Janeiro (PUC-RJ) qualquer inquietação expressiva em torno do artista, seja na produção de monografias e teses, seja na publicação de artigos ou curadoria de exposições por seus professores e alunos até 2010. Fora do mercado até fins da década de 1990, a obra de Decio Vieira não se inscreve na historiografia desses dois centros acadêmicos.

O aforismo do filósofo Edmund Husserl, fundador da fenomenologia, que recomenda "o retorno à coisa mesma" na análise do objeto é muito citado no Brasil, mas é pouco praticado de fato em termos de análise detida da obra mesma como fenômeno. A situação é mais dramática no campo do projeto construtivo, em que muitas vezes tudo parece se reduzir a imagens geométricas sem intrincâncias construtivas e conceituais singulares que distinguem os artistas entre si e os problemas específicos da produção de cada um. As diferenças são arrasadas, como no caso do vale-tudo crítico que não supera a observação primária da forma ao não distinguir, por exemplo, o fato concreto do fato neoconcreto. As singularidades são substituídas por descrição impressionista, indicações biográficas e reclamações ou, nos casos intelectualmente mais sofisticados, pela fabulação crítica despregada do confronto com a própria obra. O signo material pictórico e a passagem da reação pela mecânica cerebral, conforme as leis da Gestalt, para a fenomenologia da percepção em suas dimensões psíquicas e filosóficas, nos termos suscitados pelo neoconcretismo. No imbricamento entre linguagem e psicanálise, do mesmo modo, será convocada a ideia do inconsciente matemático e a vontade construtiva como bases da formação do signo na pintura de Decio Vieira.

Pior e ainda mais complicado é negar ou omitir a participação de Decio Vieira no grupo neoconcreto ou cogitar sua ausência no movimento. A produção de Decio Vieira solicita discernimento e olhar analítico para apreender seu discurso plástico em sua complexidade e não para reiterar a mera visão de sua geometria. Textos, catálogos e exposições não são necessariamente produção de olhar e de reflexão, já que podem ser puras manobras do mercado e ações curatoriais ingênuas que mais servem ao prestígio e poder do curador do que a debater a obra do artista. Nesse caso, a pseudoação cultural pode ser tomada como sintoma do recalque da obra. Artista marginalizado do cânon e do *mainstream* brasileiros, não é de admirar que mesmo uma edição de 2011 tão bem cuidada da revista argentina *Blanco sobre blanco*,[27] em dossiê focalizado nas obras monocromáticas brancas na América do Sul, deixa de incluir no debate a singular e multifacetada produção monocromática de Decio Vieira. Também o cuidadoso estudo de Maria Amalia García, *El arte abstracto: intecambios culturales entre Argentina e Brasil (2011)*,[28] parece replicar as hesitações de Scovino. Não representada na sala dos monocromos brancos do Núcleo Histórico da XXIV Bienal de São Paulo (1998), a pintura de Decio Vieira já aparecia, no entanto, nas exposições *Trajetória da luz na arte brasileira (2001)*, P*incelada: pintura e método no Brasil, projeções da década de 1950 (2008)* e *Vontade construtiva na coleção Fadel (2013)*.[29]

Decio Veira
S/ título, s.d., Têmpera s/ aglomerado, 40 x 31,2 cm, Coleção Museu de Arte do Rio / Fundo Z

No title, no date, Tempera on chipboard, MAR collection / Z Fund

[27] Vollaro, Ivana (Ed.). *Blanco sobre blanco* Buenos Aires, ano 1, número 1, setembro de 2011.

[28] García, Maria Amalia. *El arte abstracto: intecambios culturales entre Argentina y Brasil.* Buenos Aires: Siglo Veintiuno Editores, 2011. p. 213-248.

[29] As três exposições tiveram curadoria do autor, sendo a última dividida com Roberto Conduru.

[30] Badiou, Alain. Number and numbers. Translation Robin Mackay. Malden: Polity, 2008.

[31] Analyse et Traitement Informatique de la Langue Française. Le Trésor de la langue française informatisé. Available at: <http://atilf.atilf.fr/>. Accessed on October 9th, 2014.

[32] Vigny, Alfred de apud Charpier, Jacques e Seghers, Pierre. L'Art Poétique. Paris: Éditions Seghers, 1956. p. 273, 274 e 277 respectively.

[33] Pontual, Roberto. América Latina: Geometria sensível. Rio de Janeiro: Edições Jornal do Brasil/GBM, 1978. p. 8.

[34] Oiticica, Hélio. Esquema Geral da Nova Objetividade (1967). In: Basualdo, Carlos (Org.) Tropicália: uma revolução na cultura brasileira [1967-1972]. São Paulo: Cosac Naify, 2007. p. 221-231.

Due to a contraditio in terminis it is difficult to sustain the definition of Decio Vieira's work as a "lyric concretist painting", as announced by Felipe Scovino. The concrete production of the carioca (how people native from Rio de Janeiro are called) artists coincided with the Frente Group and would become the most rationalist moment of Decio Vieira's work. However, the demanding concretist canon in Brazil, required specially by Waldemar Cordeiro, did not admit poetic licenses to the rigid program of color mathematics and scientism that could graze to "lyricism", which would be taken as an unacceptable corruption of the objectivity because it was based on the subject's inscription by the poetic act. Regarding this concretist semantic perversion, Cordeiro could have accused Decio Vieira of "solipsism", as he did with Ivan Serpa. However, the subject's critical relation with objectivity within the neo-concrete experience finds conciliation possibilities with the mathematics unconsciousness and the experience of the modern philosophy of Alain Badiou's mathematics.[30] What should be used however in Scovino's definition efforts is precisely the term "lyric". Lyricism is connected with Romanticism, defined as the "state of exaltation sustained in an exuberant behavior and/or in the effusion of feelings", according to Le Trésor de la langue française informatisé.[31] Romantic poet Alfred Vigny who loved orphic lyrics said "poetry is at the same time science and passion" and that the "French lyre has only the string of Elegy",[32] a gentle and sad tone. Orpheus used his lyre to settle conflicts. Talking about a "lyric concretist painting" could seem like an attempt to avoid using the term "sensitive geometry" to designate certain less rigid features of the geometric abstraction program in Latin America. The orphic moment of color in Decio Vieira's work is precisely the opposite of the "sad tone" mentioned by Vigny. Neither is it possible to agree with Waldemar Cordeiro's inclusion in the exhibit Homenagem à Geometria Sensível at Cecília de Torres Gallery in New York in 2003, because this artist has always held a position as the rationalist antithesis of that dimension of the abstraction-geometric. Cordeiro's insertion there occurred as a market manipulation.

In the remarkable exhibit Geometria sensível (MAM Rio, 1978), a milestone of the Brazilian curatorial history, Roberto Pontual gathered historic pioneers and artists from the second constructive generation (Sérgio Camargo and Eduardo Sued) around the concept of "sensitive geometry" as a unique trait of the geometric abstraction in Latin America, emanated from Joaquín Torres García's paradigm. The term "sensitive geometry" was coined by Argentinean artists Damián Bayón and Aldo Pellegrini.[33] The exclusion of this concept from the debate in Brazil started in Rio de Janeiro during the 1980s and consolidated in the índex librorum of certain academic groups that agree with the obliteration of critics like Roberto Pontual and Frederico Morais from classes, seminars, and texts. In São Paulo this takes place with Ferreira Gullar. Mentioning them was like breaking the authoritative father's rule. Just a few were able to break up with the power system of the university guild, which requires some autonomy from the student. In addition to addressing the sensitive geometry, the structure of the present essay privileges Decio Vieira's idea of "general constructive desire",[34] a mark of the Brazilian art according to Hélio Oiticica. Therefore, regardless of the chronological order of facts, the chapters unrelated with that focus have been gathered in the beginning, focusing the final part of the book on the artist's constructive logic.

Por uma *contraditio in terminis*, é difícil sustentar a definição da obra de Decio Vieira como "pintura concretista lírica", conforme anunciado por Felipe Scovino. A produção concretista dos cariocas coincidiu com o período do Grupo Frente e seria o momento mais racionalista da obra de Decio Vieira. No entanto, o exigente cânon concretista, no Brasil, exigido em especial por Waldemar Cordeiro, não admitia licenças poéticas ao rígido programa da matemática e do cientificismo da cor que pudessem resvalar para o "lirismo", que seria tomado como corrupção inaceitável da objetividade porque baseada na inscrição do sujeito pelo ato poético. A essa perversão semântica concretista, Cordeiro poderia ter lançado sobre Decio Vieira a acusação de "solipsismo", como fez com relação a Ivan Serpa. No entanto, a relação crítica do sujeito com a objetividade na experiência neoconcreta, encontra possibilidades de conciliação a partir da questão do inconsciente matemático e da experiência da moderna filosofia da matemática de Alain Badiou.[30] O que se deve aproveitar, no entanto, no esforço de definição de Scovino é justamente o termo "lírica". O lirismo está vinculado ao Romantismo, definindo-se como "estado de exaltação que se sustenta num comportamento exuberante e/ou na efusão de sentimentos", segundo *Le Trésor de la langue française informatisé*.[31] O poeta romântico Alfred de Vigny, que amava a lírica órfica, afirmou que "a poesia é ao mesmo tempo uma ciência e uma paixão" e que "a lira francesa tem apenas a corda da Elegia",[32] isto é, um tom terno e triste. Orfeu recorria a sua lira para acalmar conflitos. Falar de uma "pintura concretista lírica" poderia parecer uma tentativa de evitar utilizar o termo "geometria sensível" para designar certas características menos rígidas do programa da abstração geométrica na América Latina. O momento órfico da cor em Decio Vieira é justamente o oposto daquele "tom triste" cogitado por Vigny. Tampouco é possível concordar com a inclusão de Waldemar Cordeiro na exposição *Homenagem à Geometria Sensível*, na Galeria Cecília de Torres, em Nova York, em 2003, porque este artista posicionou-se sempre como a antítese racionalista daquela dimensão da abstração-geométrica. A inserção de Cordeiro ocorreu ali por manobra do mercado.

Na notável exposição *Geometria sensível* (MAM Rio, 1978), um marco da história curatorial brasileira, Roberto Pontual reuniu precursores históricos e artistas da segunda geração construtiva (Sérgio Camargo e Eduardo Sued) em torno do conceito de "geometria sensível" como um traço singular da abstração geométrica na América Latina, a partir do paradigma de Joaquín Torres García. O termo "geometria sensível" foi cunhado pelos críticos argentinos Damián Bayón e Aldo Pellegrini.[33] A exclusão desse conceito do debate no Brasil iniciou-se no Rio de Janeiro na década de 1980 e consolidou-se no *index librorum* de certos bolsões da academia que pactuam com a obliteração de críticos como Roberto Pontual e Frederico Morais de aulas, seminários e textos. Em São Paulo, isso ocorre com relação a Ferreira Gullar. Citá-los era quebrar a norma do pai autoritário. Poucos foram capazes de romper com o sistema de poder da guilda universitária, o que exige um grau de autonomia do aluno. Além de abordar a geometria sensível, a estruturação do presente ensaio privilegia em Decio Vieira a ideia de "vontade construtiva geral",[34] marca da arte brasileira segundo Hélio Oiticica. Por isso, independentemente da ordem cronológica de seus fatos, os capítulos não atinentes àquele foco foram concentrados no início, dedicando-se à discussão da lógica construtiva do artista a parte final do livro.

[30] Badiou, Alain. *Number and numbers*. Trad. Robin Mackay. Malden: Polity, 2008.

[31] Analyse et Traitement Informatique de la Langue Française. *Le Trésor de la langue française informatisé*. Disponível em: <http://atilf.atilf.fr/>. Acesso em 9 de outubro de 2014.

[32] Vigny, Alfred de apud Charpier, Jacques e Seghers, Pierre. L'Art Poétique. Paris: Éditions Seghers, 1956. p. 273, 274 e 277, respectivamente.

[33] Pontual, Roberto. *América Latina: Geometria sensível*. Rio de Janeiro: Edições Jornal do Brasil/GBM, 1978. p. 8.

[34] Oiticica, Hélio. Esquema Geral da Nova Objetividade (1967). In: Basualdo, Carlos (Org.) Tropicália: uma revolução na cultura brasileira [1967-1972]. São Paulo: Cosac Naify, 2007. p. 221-231.

[35] Testimonial given by Ladi Biezus to the author on June 22nd, 2006.

[36] Decio Vieira. In: Enciclopédia Itaú Cultural Artes Visuais. Available at: <http://www.itaucultural.org.br/aplicexternas/enciclopedia_ic/index.cfm?fuseaction=artistas_biografia&cd_verbete=1513&lst_palavras=&cd_idioma=28555&cd_item=1>. Accessed on August 31st, 2013.

[37] Mayer, Ralph. The artist's handbook of materials and techniques. New York: Viking, 1991.

[38] Bloch, Ernst. The Utopian Function of Art and Literature – Selected essays. Translation Jack Zipes and Frank Mecklenburg. Cambridge: The MIT Press, 1988.

An example of this treatment in the chapter dedicated to color are the references to Sonia Delaunay's Orphist work, a dear artist to Decio Vieira, and who increases the reference spectrum of the European modern art history for the so-called "Brazilian constructive project in art". Delaunay joins the Russian artists (Kazimir Malevich, El Lissitzky and Alexander Rodchenko), the Dutch neo-plastics (Piet Mondrian, Theo van Doesburg and J. J. Oud) and the concrete (Max Bill and Josef Albers), in addition to Wassily Kandinsky and Paul Klee, with his courses that reflected the didactic experience of Bauhaus, which were seminal for the Brazilians in the 1950s. Adding Delaunay means increasing the compass but also, in the case of Decio Vieira, break the widely-spread notion that he was strongly marked by Volpi only because he used the same painting material. What do exist between the two are other sorts of affinities, like the precision of the brushstroke. Volpi with earth pigments sometimes prepared by Ladi Biezus, who describes the artist's way of painting: "he worked with the paint on a tile, soaked the brush in the emulsion (vehicle) and then with the brush he wet a small portion of pigment. If he erred a single brushstroke he might trash the painting".[35] Other color references for Decio Vieira, like the Persian miniature art, will be unraveled throughout the essay.

The lineage of modern color in Brazil throughout the 20th century grazes the painting of Eliseu Visconti, Belmiro de Almeida, Timóteo da Costa, Tarsila do Amaral, Bruno Lechowski, Alberto da Veiga Guignard, Djanira, Alfredo Volpi, and in neo-concretism, Hélio Oiticica, Aluísio Carvão, Decio Vieira and Franz Weismann. The analysis perspective will include the isolation of some problems of painting, including the color, in Decio Vieira's program developments. His relationship with Alfredo Volpi, when commented with no foundation or observation of facts, has inspired all sorts of mistakes. There is no way to confuse the operation of color in both artists. The introduction of Decio Vieira's entry in the Enciclopédia Itaú reads: "in 1966, in São Paulo he works with Alfredo Volpi (1896-1988) on the Dom Bosco fresco for the Palácio dos Arcos in Brasília, and with him he studies the tempera technique and starts to present an abstract production".[36] The mistaken historiographical folly is absolute, for not only was Vieira a neo-concrete artist (how could a neo-concrete not be "abstract"?), but also because he produced abstract work before Volpi. When Waldemar Cordeiro makes an effort to attract and incorporate Volpi to the concretist movement around the 1950s, Decio Vieira had already been a geometric-abstract painter of the Frente Group. The excessive exaltation of the fact that Decio Vieira used the same technique as Volpi results in downgrading him as an autonomous artist and constructor of his own language. It is a vice of the low Brazilian academy, with its grudge and contempt for the necessary work of critical knowledge about techniques. Therefore it is not acceptable that this historiographical and analytical omission pontificates that by adopting tempera he became a volpian artist. Both artists used tempera in entirely distinct ways. That argument therefore penalizes Decio Vieira and has distorted the sense of his work in the understanding process of his entire production of nearly four decades of disciplined work and research. The true question is: "why tempera?" For him the technical means bore a crucial language problem. This is something the critics of the exaltation of the use of tempera in the condition of Volpi's technical feature did not bother to discuss. In the field of painting methods and its materials, the classical manual The Artist's Handbook, by Ralph Mayer,[37] has always offered good indications for the analysis of tempera and its pictorial behavior, while Ernst Bloch makes the criticism of the social dimension of the sign and the materials.[38] This essay is an effort to explore gaps and open questions, both empirical and theoretical, of Decio Vieira's historiography. With no intention of being a definitive text, its purpose is to serve as a stimulus for new reflections about the meaning of the artist's work.

Um exemplo desse tratamento no capítulo dedicado à cor são as referências à obra orfista de Sonia Delaunay, artista tão cara a Decio Vieira, que amplia o espectro das referências da história da arte moderna europeia para o dito "projeto construtivo brasileiro na arte". Delaunay, junta-se aos artistas russos (Kazimir Malevich, El Lissitzky e Alexander Rodchenko), aos neoplásticos holandeses (Piet Mondrian, Theo van Doesburg e J. J. Oud) e aos concretos (Max Bill e Josef Albers), além de Wassily Kandinsky e Paul Klee, com seus cursos que refletiam a experiência didática da Bauhaus, que foram seminais para os brasileiros na década de 1950. Agregar Delaunay significa ampliar o compasso, mas também, no caso de Decio Vieira, quebrar a disseminada noção de que ele foi muito marcado por Volpi só porque usou o mesmo material de pintura. O que existe entre eles são afinidades de outra ordem, como a precisão da pincelada. Volpi, com pigmentos de terra por vezes preparados por Ladi Biezus, que descreve o modo de pintar do artista: "trabalhava a tinta sobre um azulejo, molhava o pincel na emulsão (veículo) e depois com o pincel molhava num montinho de pigmento. Se errasse uma única pincelada poderia por o quadro a perder".[35] Outras referências de cor para Decio Vieira, como a arte das miniaturas persas, serão desfiadas ao longo do ensaio.

A linhagem da cor moderna no Brasil ao longo do século XX perpassa a pintura de Eliseu Visconti, Belmiro de Almeida, Timóteo da Costa, Tarsila do Amaral, Bruno Lechowski, Alberto da Veiga Guignard, Djanira, Alfredo Volpi, e, no neoconcretismo, Hélio Oiticica, Aluísio Carvão, Decio Vieira e Franz Weissman. A perspectiva de análise incluirá o isolamento de alguns problemas da pintura, inclusive da cor, nos desdobramentos do programa de Decio Vieira. Sua relação com Alfredo Volpi quando comentada sem fundamento ou observação dos fatos tem inspirado equívocos de toda ordem. Não há como confundir as operações da cor nos dois artistas. Na introdução do verbete Decio Vieira na Enciclopédia Itaú lê-se: "em 1966, em São Paulo, trabalha com Alfredo Volpi (1896-1988) no afresco *Dom Bosco*, para o Palácio dos Arcos, em Brasília, e com ele estuda a técnica da têmpera e passa a apresentar uma produção abstrata".[36] A equivocada ligeireza historiográfica é absoluta, posto que não só Vieira fora artista neoconcreto (como poderia um neoconcreto não ser "abstrato"?), mas até porque produziu obra abstrata antes de Volpi. Quando Waldemar Cordeiro fez um esforço para atrair e incorporar Volpi ao movimento concretista por volta na década de 1950, Decio Vieira já era um pintor abstrato-geométrico do Grupo Frente. A excessiva exaltação do fato de que Decio Vieira tenha usado a mesma técnica de Volpi resulta em degradá-lo como artista autônomo e construtor de linguagem própria. É um vício da baixa academia brasileira, com sua ojeriza e desprezo pelo necessário trabalho de conhecimento crítico das técnicas. Por isso, não se deve aceitar que essa omissão historiográfica e analítica pontifique que a adoção da têmpera tenha feito dele um artista volpiano. Os dois pintores usaram a têmpera de modo totalmente distinto. Aquela argumentação, portanto, penaliza o próprio Decio Vieira e tem deturpado o sentido de sua obra no processo de compreensão de toda sua produção de quase quatro décadas de trabalho disciplinado e de pesquisa. A verdadeira indagação é: "por que a têmpera?". Os meios técnicos, para ele, eram um problema crucial de linguagem. Isso os críticos da exaltação do uso da têmpera na condição da técnica característica de Volpi não se preocuparam até aqui em responder. No campo do método de pintura e seus materiais, o manual clássico *The Artist's Handbook*, de Ralph Mayer,[37] sempre ofereceu boas indicações para a análise da têmpera e de seu comportamento pictórico, enquanto Ernst Bloch faz a crítica da dimensão social do signo e dos materiais.[38] Este ensaio esforça-se em explorar lacunas e questões abertas, empíricas e teóricas, da historiografia de Decio Vieira. Sem pretender ser um texto definitivo, propõe-se a ser um estímulo a novas reflexões sobre o significado da obra do artista.

[35] Depoimento concedido por Ladi Biezus ao autor em 22 de julho de 2006.

[36] Decio Vieira. In: *Enciclopédia Itaú Cultural Artes Visuais*. Disponível em: <http://www.itaucultural.org.br/aplicexternas/enciclopedia_ic/index.cfm?fuseaction=artistas_biografia&cd_verbete=1513&lst_palavras=&cd_idioma=28555&cd_item=1>. Acesso em 31 de agosto de 2013.

[37] Mayer, Ralph. *The artist's handbook of materials and techniques*. Nova York: Viking, 1991.

[38] Bloch, Ernst. *The Utopian Function of Art and Literature – Selected essays*. Trad. Jack Zipes e Frank Mecklenburg. Cambridge: The MIT Press, 1988.

O CURSO DA FUNDAÇÃO GETULIO VARGAS

THE COURSE AT FUNDAÇÃO GETULIO VARGAS

DV 2.1 • PRAIA GRANDE, 1950 • AQUARELA S/ PAPEL • 36 X 54 CM
COLEÇÃO PARTICULAR

PRAIA GRANDE, 1950 • WATERCOLOR ON PAPER
PRIVATE COLLECTION

DV 2.2 • S/ TÍTULO, S.D. • CARVÃO E PASTEL S/ PAPEL • 31 X 48 CM
COLEÇÃO PARTICULAR

NO TITLE, NO DATE • CHARCOAL AND PASTEL ON PAPER
PRIVATE COLLECTION

DV 2.3 • IGREJA NA PRAIA DOS ANJOS, S.D. • CARVÃO E GUACHE S/ PAPEL •50,3 X 70 CM
COLEÇÃO PARTICULAR

CHURCH AT ANJOS BEACH, ARRAIAL DO CABO, NO DATE • CHARCOAL AND GOUACHE ON PAPER
PRIVATE COLLECTION

58

DV 2.4 • PRAIA DOS ANJOS, ARRAIAL DO CABO, 1950 • AQUARELA SOBRE PAPEL • 36 X 53,7 CM
COLEÇÃO PARTICULAR

ANJOS BEACH, ARRAIAL DO CABO, C.1950 • WATERCOLOR ON PAPER
PRIVATE COLLECTION

DV 2.5 • IGREJA NA PRAIA DOS ANJOS, ARRAIAL DO CABO, S.D. • AQUARELA SOBRE PAPEL • 36 X 53,7 CM
COLEÇÃO PARTICULAR

CHURCH AT ANJOS BEACH, ARRAIAL DO CABO, NO DATE • WATERCOLOR ON PAPER
PRIVATE COLLECTION

DV 2.6 • RUA PEDRO SEQUEIRA, PETRÓPOLIS, 1946 • AQUARELA E NANQUIM (BICO-DE-PENA) S/ PAPEL • 26,6 X 32,2 CM
COLEÇÃO PARTICULAR

RUA PEDRO SEQUEIRA, PETRÓPOLIS, 1946 • WATERCOLOR AND INDIAN INK DRAWING ON PAPER
PRIVATE COLLECTION

DV 2.7 • S/TÍTULO, 1947 • AQUARELA E CARVÃO S/ PAPEL • 33,5 X 40,3 CM
COLEÇÃO PARTICULAR

NO TITLE, 1947 • WATERCOLOR AND CHARCOAL ON PAPER
PRIVATE COLLECTION

DV 2.8 • S/TÍTULO, S.D. • AQUARELA S/ PAPEL • 53,7 X 36 CM
COLEÇÃO PARTICULAR

NO TITLE, NO DATE • WATERCOLOR ON PAPER
PRIVATE COLLECTION

DV 2.9 • S/ TÍTULO, S.D. • ÓLEO S/ PAPEL • 54 X 36,2 CM
COLEÇÃO PARTICULAR

NO TITLE, NO DATE • OIL ON PAPER
PRIVATE COLLECTION

64

DV 2.10 • S/ TÍTULO, 1947 • AQUARELA S/ PAPEL • 24 X 33 CM
COLEÇÃO PARTICULAR

NO TITLE, 1947 • WATERCOLOR ON PAPER
PRIVATE COLLECTION

DV 2.11 • S/ TÍTULO, S.D. • GUACHE S/ PAPEL • 25,5 X 33,2 CM
COLEÇÃO PARTICULAR

NO TITLE, NO DATE • GOUACHE ON PAPER
PRIVATE COLLECTION

THE COURSE AT FUNDAÇÃO GETULIO VARGAS

[1] Uma escola de desenho e gravura [A school of drawing and engraving]. Revista Sombra, Rio de Janeiro, ano VI, n. 59, Oct. 1946, p.58-61.

The decisive experience in Decio Vieira's formative process was the Course of Advertising Design and Graphic Arts offered by FGV in Rio de Janeiro in the second half of 1946. The course represented an innovative experience, with a didactic program that mobilized ideas and new transmission paradigms to young people who were initiating their studies of art. Still living in Petrópolis, Decio Vieira had a rich opportunity to understand the possibilities of choice in learning arts and to encounter intellectual affinities among vocation fellows. The proposal of the course emerged in an environment dominated by the modernist presence in plastic arts – marked by names like Candido Portinari, Emiliano Di Cavalcanti, and Tarsila do Amaral – because even if the nationalism platform was exhausted, such vision knew how to remain hegemonic.

FGV, founded on December 20th, 1944 with the objective of preparing qualified professionals for the public and private business administration in the country, has understood from early on that the modernization of the Brazilian society would necessarily be crossed by culture. The Course of Advertising Design and Graphic Arts, according to a flier, intended to serve "professionals working in private graphic companies, official or partially state-run institutes" that had "services in this field of technical design" – as happened with some of the students enrolled, but not with Decio Vieira who had barely initiated his learnings. The same flier announced that the objectives of the course were to "provide basic-level students with the firm command of advertising and graphic arts design, a specialization becoming increasingly necessary, due to the technical advances of advertising". The full-time course spanned from June 29th through December 19th and had as many as 39 students enrolled.[1]

The experience provided by FGV, with its generic and soundly structured course, would result in a paradigmatic leap in the artist's education in Brazil, and unexpectedly, would also prepare the adjustment of the pace with some of the cultural movements of our visual culture that appeared to be under gestation in the historical process of urbanization and industrialization. The faculty was formed by Tomás Santa Rosa (Applied drawing/decorative composition and Publicity techniques), Axl Leskoschek (Applied drawing /engraving), Carlos Oswald (Applied drawing /metal engraving), Silvio Signorelli (Applied drawing / lithography), and the German historian Hanna Levy in the theoretical field (History of art and graphic arts). Among the students were names who would take diverse paths in the field of art, like Ivan Serpa (1923-1973), Fayga Ostrower (1920-2001), Renina Katz (1926), Edith Behring (1916-1996), Almir Mavignier (1925), Eisaburo Nagasawa (1910), Danúbio Gonçalves (1925), and Decio Vieira (1922-1988), among others.

The course took the path opened by the first experiences of artistic teaching focused on modern art itself. Three initiatives that started in Rio de Janeiro in 1931 had already helped to modernize the artistic teaching in country. In that year, Lucio Costa undertook a plan to reform the teaching at the National School of Fine Arts, and which suffered opposite pressure coming from all sides.

O CURSO DA
FUNDAÇÃO GETULIO VARGAS

A experiência decisiva no processo formativo de Decio Vieira foi o Curso de Desenho de Propaganda e de Artes Gráficas oferecido pela FGV, no Rio de Janeiro, no segundo semestre de 1946. O curso representou uma experiência inovadora, com um programa didático que mobilizava ideias e novos paradigmas de transmissão para jovens que se iniciavam na arte. Ainda morador de Petrópolis, Decio Vieira teve então uma rica oportunidade de compreensão das possibilidades de escolhas no campo do aprendizado da arte e de encontro de afinidades intelectuais entre colegas de vocação. A proposta do curso surgia em um ambiente dominado pela presença modernista nas artes plásticas – marcada por nomes como Candido Portinari, Emiliano Di Cavalcanti e Tarsila do Amaral –, pois, ainda que esgotada a plataforma do nacionalismo, tal visão soube manter-se hegemônica.

A FGV, criada em 20 de dezembro de 1944 com o objetivo de preparar pessoal qualificado para a administração pública e privada do país, entendeu também desde o início que a modernização da sociedade brasileira teria de ser atravessada pela cultura. O Curso de Desenho de Propaganda e de Artes Gráficas, segundo o folheto de divulgação, pretendia assim atender a "profissionais em atividade em empresas gráficas particulares, em institutos oficiais ou paraestatais" que mantivessem "serviços nesse ramo de desenho técnico" – era o que ocorria com alguns dos matriculados, mas não com um Decio Vieira, que mal se iniciava no aprendizado. O mesmo folheto anunciava como objetivos do curso "dar aos conhecedores do desenho básico o domínio seguro do desenho de propaganda e artes gráficas, especialização que dia a dia" se tornava "mais necessária, em face do avanço da técnica de publicidade". O curso, em tempo integral, estendeu-se de 29 de junho a 19 de dezembro e chegou a ter 39 alunos inscritos.[1]

A experiência proporcionada pela FGV, com seu curso genérico e solidamente estruturado, resultaria num salto paradigmático na formação do artista no Brasil e, inesperadamente, prepararia o ajustamento do compasso com alguns movimentos de nossa cultura visual que parecem estar em gestação no processo histórico de urbanização e industrialização. O corpo de professores era formado por Tomás Santa Rosa (Desenho aplicado/composição decorativa e Técnica de publicidade), Axl Leskoschek (Desenho aplicado/xilogravura), Carlos Oswald (Desenho aplicado/gravura em metal), Silvio Signorelli (Desenho aplicado/litografia) e, ainda, pela historiadora alemã Hanna Levy no campo teórico (História da artes e das artes gráficas). Já entre os alunos, figuravam nomes que tomariam caminhos diversos no campo da arte, como Ivan Serpa (1923-1973), Fayga Ostrower (1920-2001), Renina Katz (1926), Edith Behring (1916-1996), Almir Mavignier (1925), Eisaburo Nagasawa (1910), Danúbio Gonçalves (1925) e Decio Vieira (1922-1988), entre outros.

O curso trilhava o caminho aberto pelas primeiras experiências de ensino artístico focado na própria arte moderna. Três iniciativas surgidas no Rio de Janeiro em 1931 já haviam contribuído para a virada de modernização do ensino artístico no país. Naquele ano, Lucio Costa empreendeu um plano de reforma do ensino da Escola Nacional de Belas Artes, que sofreu pressões contrárias vindas de todas as partes do país.

[1] Uma escola de desenho e gravura. *Revista Sombra*, Rio de Janeiro, ano VI, n. 59, out. 1946, p.58-61.

[2] Zílio, Carlos. O centro na margem: algumas anotações sobre a cor na arte brasileira. [The center at the margin: some notes about color in Brazilian art]. Gávea, Revista de História da Arte e Arquitetura, Rio de Janeiro, PUC, v. 10, n. 4, p. 37-51, 1993.

[3] Information from Orlando Dasilva, mentioned by: Tavora, Maria Luisa Luz. A experiência moderna: gravura no Curso de Desenho de Propaganda e de Artes Gráficas – Fundação Getulio Vargas 1946. In: Anais do Encontro da Associação Nacional de Pesquisadores em Artes Plásticas, org. por Sheila Cabo Geraldo e Luiz Cláudio da Costa. Rio de Janeiro: ANPAP, 2012. Available at: <http://www.anpap.org.br/anais/2012/pdf/simposio9/maria_luisa_tavora.pdf>.

[4] See Tavora, Maria Luisa Luz, op. cit., p. 1616.

[5] See Tavora, Maria Luisa Luz, ibid., p. 1612.

The Pró-Arte Sociedade de Artes, Letras e Ciências, created by Theodor Heuberger, introduced as a teacher Guignard, a painter with a solid modern education; and also the Núcleo Bernardelli, formed by workers and artists from the middle class, with Bruno Lechowski, a teacher with international experience close to the Polish vanguards, and with students like José Pancetti, Milton Dacosta, Joaquim Tenreiro and others – the first generation of artists who, according to Carlos Zílio, "are searching for a painting, not a Brazil any longer".[2] Interestingly some of Decio Vieira's landscapes, for its chromatic severity and consciousness of surface, present connections with marines like Praia Grande and Igreja na Praia dos Anjos, by Pancetti, who had been a student of Lechowski's. The didactic model of the Núcleo Bernardelli also influenced the formation of groups in São Paulo, like Clube dos Artistas Modernos (CAM, 1932), Sociedade Pró-Arte Moderna (SPAM, 1932), Grupo Santa Helena (1934), and Família Artística Paulista (FAP, 1937).

Tomás Santa Rosa (1909-1956), a faculty member of the Course of Advertising Design and Graphic Arts, was a polyvalent artist, illustrator and stage designer, who had worked with the theater director Zbigniew Ziembinski, with whom in 1943 he had worked together putting on Nelson Rodrigues's play Vestido de noiva, at the Municipal Theater – this was the trio that revolutionized theater in Brazil. Santa Rosa's stage design was characterized by constituting phenomenological spaces formed by voids, psychical planes, vastness, that dissented from the stage design prevalent until then. The program of the discipline Applied Design / Decorative Composition, given by Santa Rosa at the FGV course included the study of drawing, form, line, arabesques, and space concepts; the exploration between nature, art and reality; the study of the human figure and composition. With Santa Rosa, Applied Design had everything to call Decio Vieira's and Fayga Ostrower's attention, who would later partner to produce pattern design for furniture. Printing modes, working techniques and tools, complemented the extensive program proposed by the teacher.[3] Michel Kamenha, quoted by Maria Luisa Luz Tavora, commented at the time about the way Santa Rosa and the other teachers of the course encouraged the individual interpretation by the students: they "demand proof of individuality from the very first steps: instead of imposing their own way of seeing, they try and do extract personal reactions before a plastic problem, be it a landscape, a still life or a portrait".[4] When examining some of Decio Vieira's drawings, one can observe how his dedication to still life and landscape strode in large steps within a short period of time, thus corroborating Kamenha's arguments.

The Austrian Axl Leskoschek (1889-1975) devoted to engravings on wood, with which he built the most powerful portion of his aesthetic discourse. In 1939, Leskoschek exiled himself in Rio de Janeiro, which at that time harbored an expressive number of artists fleeing from Nazism, including Maria Helena Vieira da Silva (1905-1992) and her husband Arpad Szenes (1897-1965), Wilhelm Woeller (1907-1954), Tadashi Kaminagai (1899-1992), Jan Zach (1914-1986), Roger van Rogger (1914-1983), and others.[5] Leskoschek's engravings in a refined sophisticated cut differed from the rough form of engravings on wood by Gauguin or others of his contemporary fellows German expressionists.

A Pró-Arte Sociedade de Artes, Letras e Ciências, criada por Theodor Heuberger, lançou como professor Guignard, pintor com sólida formação moderna; e criou-se, ainda, o Núcleo Bernardelli, formado por operários e artistas de classe média, contando com Bruno Lechowski, professor com vivência internacional próxima das vanguardas polonesas, e tendo como alunos José Pancetti, Milton Dacosta, Joaquim Tenreiro e outros – a primeira geração de artistas que, segundo Carlos Zílio, "vão buscar a pintura e não mais um Brasil".[2] É interessante observar que algumas paisagens de Decio Vieira, por sua severidade cromática e consciência da superfície, apresentam vínculos com marinhas como *Praia Grande* e *Igreja na Praia dos Anjos*, de Pancetti, que foi aluno de Lechowski. O modelo didático do Núcleo Bernardelli também influenciou a formação de grupos em São Paulo, como o Clube dos Artistas Modernos (CAM, 1932), a Sociedade Pró-Arte Moderna (SPAM, 1932), o Grupo Santa Helena (1934) e a Família Artística Paulista (FAP, 1937).

Tomás Santa Rosa (1909-1956), integrante do corpo docente do Curso de Desenho de Propaganda e de Artes Gráficas, era um artista polivalente, ilustrador e cenógrafo, que vinha do trabalho com o diretor de teatro Zbigniew Ziembinski, com quem participou em 1943 da montagem da peça *O vestido de noiva*, de Nelson Rodrigues, no Teatro Municipal – essa foi a tríade que revolucionou o teatro no Brasil. A cenografia de Santa Rosa tinha como característica a constituição de espaços fenomenológicos formados por vazios, planos psíquicos, vastidões, que discrepavam da cenotécnica até então prevalecente. O programa da disciplina Desenho Aplicado/Composição Decorativa, ministrada por Santa Rosa no curso da FGV incluía o estudo de conceitos de desenho, forma, linha, arabesco e espaço; a exploração das relações entre natureza, arte e realidade; o estudo da figura humana e da composição. A partir de Santa Rosa, Desenho Aplicado teve tudo para despertar o interesse de Decio Vieira e Fayga Ostrower, que se associariam mais tarde na produção de desenho de estamparia para móveis. Modos de impressão, técnicas e instrumental de trabalho complementavam a extensa programação proposta pelo professor.[3] Michel Kamenha, citado por Maria Luisa Luz Tavora, comentou à época o modo como Santa Rosa e os demais professores do curso estimulavam a interpretação individual pelos estudantes: eles "exigem provas de individualidade desde os primeiros passos: ao invés de impor o seu modo de ver, procuram e conseguem provocar reações pessoais diante do problema plástico, seja uma paisagem, uma natureza morta ou um retrato".[4] Ao se examinar alguns desenhos de Decio Vieira, nota-se como sua dedicação à natureza morta e à paisagem caminhou a passos largos em curto espaço de tempo, corroborando os argumentos de Kamenha.

O austríaco Axl Leskoschek (1889-1975) dedicava-se à gravura sobre madeira, com a qual construiu a parte mais potente de seu discurso estético. Em 1939, Leskoschek exilou-se no Rio de Janeiro, que naquele momento abrigava um expressivo número de artistas refugiados do nazismo, como Maria Helena Vieira da Silva (1905-1992) e seu marido Arpad Szenes (1897-1965), Wilhelm Woeller (1907-1954), Tadashi Kaminagai (1899-1992), Jan Zach (1914-1986), Roger van Rogger (1914-1983) e outros.[5] A xilogravura de Leskoschek, em refinado corte erudito, diferia da forma tosca da gravura sobre madeira de um Gauguin ou dos expressionistas alemães seus contemporâneos.

Axl Leskoschek
Saudade: Odysseia: Penélope, 1942, Xilogravura, 27 x 18,6 cm, Coleção Museu de Arte do Rio (MAR), Doação Fundação Roberto Marinho.

Nostalgia: Odysseia: Penelope, 1942, Woodcut, MAR Collection

[2] Zílio, Carlos. O centro na margem: algumas anotações sobre a cor na arte brasileira. *Gávea, Revista de História da Arte e Arquitetura*, Rio de Janeiro, PUC, v. 10, n. 4, p. 37-51, 1993.

[3] Informações de Orlando Dasilva, citado por: Tavora, Maria Luisa Luz. A experiência moderna: gravura no Curso de Desenho de Propaganda e de Artes Gráficas – Fundação Getulio Vargas 1946. In: *Anais do Encontro da Associação Nacional de Pesquisadores em Artes Plásticas*, org. por Sheila Cabo Geraldo e Luiz Cláudio da Costa. Rio de Janeiro: ANPAP, 2012. Disponível em: <http://www.anpap.org.br/anais/2012/pdf/simposio9/maria_luisa_tavora.pdf>.

[4] Ver Tavora, Maria Luisa Luz, op. cit., p. 1616.

[5] Ver Tavora, Maria Luisa Luz, ibid., p. 1612.

[6] Leskoschek, Axl. *Odysseus. Ein Zyklus in zwanzig Holzschnitten mit einem Geleitwort v. E. Fischer*. Viena: Globus, 1960.

[7] Morais, Frederico. *Axl Leskoschek e seus alunos Brasil/ 1940-1948*. Rio de Janeiro: Galeria de Arte Banerj, 1985.

[8] Ostrower, Fayga. Testimonial to the Banerj Art Gallery team. In: *Grupo Frente/ 1954-1956; I Exposição Nacional de Arte Abstrata Hotel Quitandinha / 1953*. Rio de Janeiro: Galeria de Arte Banerj, 1984. (Ciclo de Exposições sobre Arte no Rio de Janeiro).

[9] Ostrower, Fayga. In: Leskoschek, Axl. *O mestre gravador: xilogravuras do período brasileiro: 1940-1948*. Porto Alegre: Caixa Econômica Estadual, 1989. p. 5-6.

[10] Letter from Rodrigo Melo Franco de Andrade to Mary Abell Watson dated March 22nd, 1948, apud Nakamuta, Adriana Sanajotti. Hanna Levy at SPHAN (1946-1948). *Nos Arquivos do IPHAN – Revista Eletrônica de Pesquisa e Documentação*, December 2009. Available at: <http://portal.iphan.gov.br/portal/baixaFcdAnexo.do?id=1541>.

[11] Nakamuta, Adriana Sanajotti, op. cit.

With Oswald Goeldi, Leskoschek would revolutionize the illustration of books in Brazil, mainly through his work at Editora José Olympio, which consolidated the modern graphic culture in the country. His album Odysseus (1960),[6] a metaphor of the experience in exile, produced an impact on the carioca environment. There were vast spaces of mystery, drama situations, while the board Saudade, an image of Penelope weaving, was a subtle construction recreating the cubist mesh of modernity without mathematical excesses. This image, much appreciated by Decio Vieira, certainly comprised the artist's affective universe.[7]

At the FGV course, Leskoschek's teaching method encouraged the students "to participate in the criticism of their own work (...). His method was simple and efficacious: it provided technical information and at the same time encouraged the young artist to understand and evaluate what he or she was doing", as described by his student Fayga Ostrower.[8] This method appears to have been absorbed by Ivan Serpa, a student in the same course, and shortly afterwards, a teacher at MAM. Still according to Ostrower, Leskoschek,

> *at the time he was the sole modern teacher and therefore much sought after. After completing the course at FGV, a small group went on to have classes in his studio. There the classes were not only about engraving, but also painting, drawing, and composition. He showed that were rules, but they were not principles.[9]*

Decio Vieira was among those who frequented Leskoschek's studio in Glória. As already mentioned, the theoretical dimension of the Course of Advertising Design and Graphic Arts was handed over to Hanna Levy (1912-1984). Rodrigo Melo Franco de Andrade, founder of SPHAN (Serviço do Patrimônio Histórico e Artístico Nacional [Service of the National Historic and Artistic Heritage]), in a letter mentioned by Adriana Nakamuta, summarized the tasks and roles performed by the historian, over the period she had lived in Brazil, highlighting her didactic effort in the scarce Brazilian environment, mainly in the Rio de Janeiro scene. According to Nakamuta, Rodrigo wrote that Hanna Levy "over a three-year period had managed an improvement course in Art History for the technical staff at the agency". She also added that afterwards she gave "courses on the same subject organized in Rio de Janeiro by Casa do Estudante do Brasil and Fundação Getulio Vargas, in addition to private courses".[10] Her didactic inclination indicated toward a crucial desire to transform the environment of historians. For this very reason she can be considered a sign of the seriousness in Decio Vieira's or Fayga Ostrower's historiographical initiation, both students at the FGV course.

Levy represented an epistemological cut in the knowledge of colonial art in Brazil, especially for her ability to articulate concepts regarding the baroque. She arrived in Brazil in 1937, fleeing from Nazism, after having defended her thesis in the previous year about the Swiss historian Heinrich Wölfflin (1864-1945). She then started to contribute at Revista do Patrimônio, for which she wrote articles that became notable for their argumentation, articulation of concepts, academic methodology, and sense of research. In the first of these articles, in the 1940 edition, was "Valor artístico, valor histórico: importante problema de História da Arte" [Artistic value, historical value: important problem in Art History]. Soon afterwards, the historian introduced a theoretical theme that was poorly discussed in Brazil: "A propósito de três teorias sobre o barroco" [About three theories on baroque]. According to Adriana Nakamuta, Rodrigo Melo Franco de Andrade acknowledged Levy's solid background, both from the titles she obtained in European universities and "the learning she acquired in Brazil through original research about the aspects of artistic evolution in the country".[11] Only after researching, did she open the study series about art in Brazil, which included the article "A pintura colonial no Rio de Janeiro: notas sobre suas fontes e alguns de seus aspectos" [Colonial painting in Rio de Janeiro: notes about its sources and some of its aspects], in the 1942 edition, and two texts written just before her course at FGV: "Modelos europeus na pintura colonial" [European models in colonial painting], in 1944, and "Retratos coloniais" [Colonial portraits], in 1945.

Com Oswaldo Goeldi, Leskoschek revolucionaria a ilustração de livros de literatura no Brasil, sobretudo através de seu trabalho na Editora José Olympio, que consolidou a cultura gráfica moderna no país. Seu álbum *Odysseus* (1960),[6] uma metáfora da experiência do exílio, produziu impacto no ambiente carioca. Havia vastos espaços de mistério, situações de drama, enquanto a prancha *Saudade*, imagem de Penélope tecendo, era uma sutil construção que recriava, sem exageros matemáticos, a malha cubista da modernidade. Essa imagem, muito apreciada por Decio Vieira, seguramente compôs o universo afetivo do artista.[7]

No curso da FGV, o método de ensino de Leskoschek estimulava os alunos "a participarem da crítica de seu próprio trabalho (...). Sua metodologia era simples e eficaz: dava informações técnicas, ao mesmo tempo que incentivava o jovem a compreender e avaliar aquilo que estava fazendo", conforme descreve sua aluna Fayga Ostrower.[8] Essa metodologia parece ter sido absorvida por Ivan Serpa, aluno do mesmo curso e, pouco depois, professor do curso do MAM. Ainda segundo Ostrower, Leskoschek,

> na época era o único professor moderno e, por isso, foi muito procurado. Terminado o curso na Fundação, um pequeno grupo foi tomar aulas com ele no seu ateliê. Aí, as aulas não eram apenas de xilogravura, mas também de pintura, desenho e composição. Ele mostrava que existiam regras, mas que estas não eram preceitos.[9]

Decio Vieira foi um dos que frequentaram o ateliê de Leskoschek, na Glória. Como já foi dito, a dimensão teórica do Curso de Desenho de Propaganda e de Artes Gráficas foi confiada a Hanna Levy (1912-1984). Rodrigo Melo Franco de Andrade, fundador do Serviço do Patrimônio Histórico e Artístico Nacional (SPHAN), resumiu, em carta mencionada por Adriana Nakamuta, as tarefas e papéis desempenhados pela historiadora no período em que viveu no Brasil, ressaltando seu esforço didático no escasso ambiente brasileiro, sobretudo na cena do Rio de Janeiro. Segundo Nakamuta, Rodrigo escreveu que Hanna Levy "regera por cerca de três anos um curso de aperfeiçoamento de História da Arte para o pessoal técnico da repartição". Acrescentou ainda que, posteriormente, ela ministrara "cursos da mesma matéria organizados no Rio de Janeiro pela Casa do Estudante do Brasil e pela Fundação Getulio Vargas, além de cursos particulares".[10] Sua vocação didática apontava para uma crucial vontade de transformação do ambiente dos historiadores. Por isso mesmo ela pode ser considerada um índice da seriedade da iniciação historiográfica de Decio Vieira ou de Fayga Ostrower, ambos alunos do curso da FGV.

Levy representou um corte epistemológico no conhecimento da arte colonial no Brasil, sobretudo por sua capacidade de articular conceitos relativos ao barroco. Chegou ao Brasil em 1937, fugindo do nazismo, após ter defendido, no ano anterior, sua tese sobre o historiador suíço Heinrich Wölfflin (1864-1945), na Sorbonne. Passou então a colaborar na *Revista do Patrimônio*, na qual escreveu artigos que se notabilizaram pela forma de argumentação, articulação de conceitos, metodologia acadêmica e senso de pesquisa. O primeiro desses artigos, no número de 1940, foi "Valor artístico, valor histórico: importante problema de História da Arte". Em seguida, em 1941, a historiadora introduziu um tema teórico mal discutido no Brasil: "A propósito de três teorias sobre o barroco". Conforme Adriana Nakamuta, Rodrigo Melo Franco de Andrade reconhecia a sólida formação de Levy, tanto pelos títulos acadêmicos obtidos em universidades europeias, como "pelo aprendizado que adquiriu no Brasil através de pesquisas originais sobre os aspectos da evolução artística no país".[11] Só depois de pesquisar, ela abriu a série de estudos sobre a arte do Brasil, que incluiu o artigo "A pintura colonial no Rio de Janeiro: notas sobre suas fontes e alguns de seus aspectos", na edição de 1942, e dois textos escritos nas vésperas de seu curso na FGV: "Modelos europeus na pintura colonial", em 1944, e "Retratos coloniais", em 1945.

Fayga Ostrower
S/ título, 1948, Água-tinta e Água-forte em verde sobre papel, 22,6 x 20,0 cm, Instituto Fayga Ostrower
No title, 1948, Acquatint and green etching on paper, Fayga Ostrower Institute

[6] Leskoschek, Axl. *Odysseus. Ein Zyklus in zwanzig Holzschnitten mit einem Geleitwort v. E. Fischer*. Viena: Globus, 1960.

[7] Morais, Frederico. *Axl Leskoscheck e seus alunos Brasil / 1940-1948*. Rio de Janeiro: Galeria de Arte Banerj, 1985.

[8] Ostrower, Fayga. Depoimento à equipe da Galeria de Arte Banerj. In: *Grupo Frente / 1954-1956; I Exposição Nacional de Arte Abstrata Hotel Quitandinha / 1953*. Rio de Janeiro: Galeria de Arte Banerj, 1984. (Ciclo de Exposições sobre Arte no Rio de Janeiro).

[9] Ostrower, Fayga. In: *Leskoschek, Axl. O mestre gravador: xilogravuras do período brasileiro: 1940-1948*. Porto Alegre: Caixa Econômica Estadual, 1989. p. 5-6.

[10] Carta de Rodrigo Melo Franco de Andrade a Mary Abell Watson datada de 22 de março de 1948, apud Nakamuta, Adriana Sanajotti. Hanna Levy no SPHAN (1946-1948). *Nos Arquivos do IPHAN – Revista Eletrônica de Pesquisa e Documentação*, dezembro de 2009. Disponível em: <http://portal.iphan.gov.br/portal/baixaFcdAnexo.do?id=1541>.

[11] Nakamuta, Adriana Sanajotti, op. cit.

[12] Bonomo, Mario Roberto. *A arte barroca na trajetória da modernidade: a historiografia e a Revista do Patrimônio Histórico e Artístico Nacional*. XXII Colóquio Brasileiro de História da Arte, 2002. Available at: <http://www.cbha.art.br/coloquios/2002/textos/texto32.pdf>.

[13] Tavora, Maria Luisa Luz, op. cit., p. 1617.

[14] Bento, Antonio. *O curso da Fundação Getulio Vargas.* [The Getulio vargas foundation course] Diário Carioca, Rio de Janeiro, February, 13, 1947, p. 6. VSee also from the same author, *Alunos da FGV na ABI.* [FGV students at ABI]

With Levy, Dom Clemente Maria da Silva-Nigri, Lucio Costa, Francisco Marques dos Santos, and Noronha Santos, SPHAN became a center for baroque studies, a singular experience in Brazil's academic life. In the education of a young artist like Decio Vieira, who would extract his intellectual choice for neo-concretism from the geometric abstraction, being close to a baroque expert only reiterates the presence of baroque ideas in the constructive environment in Rio de Janeiro.

In the article "A pintura colonial no Rio de Janeiro", Hanna Levy explained the commitments of the scientific methodology for the art historiography and the methods of analytical reading of images. SPHAN was a working opportunity in the scarce Brazilian environment. At Revista do Patrimônio, the historian worked as a scholar of Heinrich Wölfflin theories, who in his essay "Renaissance und Barock" (1888) recovered the baroque's aesthetic category, with its stylistic aspects. But in "A propósito de três teorias sobre o barroco", she introduced other theses for the study of this style, clearly intending to expand the theoretical field. "Modernity was in this scientific character employed by Revista do Patrimônio in regard of the methods employed in the surveys of old documents", analyzes Mario Roberto Bonomo.[12]

In 1948, having already immigrated to New York, the professor, now signing Hanna Deinhard, got acquainted with a theorist as important as Meyer Shapiro and started to teach at the School for Social Research, then the most experimental study center in New York, and a think tank in The United States. In courses and articles, she also introduced Konrad Fiedler's theory of the pure visuality in Brazil, as well as Wölfflin's thinking, as mentioned. The way how the ideas of these two theorists have been absorbed by Decio Vieira will be addressed here opportunely.

A word is noteworthy about Carlos Oswald (1882-1971), a key figure in the teaching of engraving in the context of art in Brazil with the implementation of workshops at the Lyceum of Arts and Crafts in Rio de Janeiro in 1914. Educated in Europe, Oswald was a modern artist before the 1922 modernism. The Lyceum was located in a large building at Avenida Rio Branco, close to the National Museum of Fine Arts and the Municipal Theater. Carlos Oswald was a pioneer in organizing shows, like the First Carioca Exhibit of Etching and the First Artistic-Industrial Carioca Exhibit of Lithographs, in the Lyceum's rooms. In 1946 he was invited by Tomás Santa Rosa to teach at the FGV course, an environment where, according to Maria Luisa Luz Tavora, "the work continued and many steps were taken towards the integration between the engraving language and the artistic production in Brazil".[13] According to the critic Antonio Bento, the course "helped to democratize the teaching of the several engraving techniques in Rio. Only this was a revolution in its own right." Still according to his words, "in only seven months, considering the different scales, they accomplished what had never been done in the country's official establishments". Referring to the exhibit that was held after the course, the critic completed his evaluation by saying that "the group of artists showing is of first order, compared with what we know from analog shows at the National School of Fine Arts and the Lyceum of Arts and Crafts".[14]

Com Levy, Dom Clemente Maria da Silva-Nigri, Lucio Costa, Francisco Marques dos Santos e Noronha Santos, o SPHAN tornou-se um centro de estudos do barroco, experiência singular na vida acadêmica do Brasil. Na formação de um jovem pintor como Decio Vieira, que a partir da abstração geométrica faria a opção intelectual pelo neoconcretismo, a convivência com uma especialista no tema apenas reitera a presença de ideias sobre o barroco no ambiente construtivo do Rio de Janeiro.

No artigo "A pintura colonial no Rio de Janeiro", Hanna Levy expunha os compromissos da metodologia científica para a historiografia da arte e os métodos de leitura analítica de imagens. O SPHAN era uma oportunidade de trabalho no escasso ambiente brasileiro. Na *Revista do Patrimônio*, a historiadora atuou como a estudiosa das teorias de Heinrich Wölfflin, que, em seu ensaio "Renaissance und Barock" (1888), recuperava a categoria estética do barroco, com seus aspectos estilísticos. Já em "A propósito de três teorias sobre o barroco", apresentava outras teses para o estudo desse estilo, com a clara intenção de expandir o campo teórico. "A modernidade estava nesse caráter científico empregado pela *Revista do Patrimônio* quanto aos métodos aplicados nas pesquisas em documentos antigos", avalia Mario Roberto Bonomo.[12]

Em 1948, já tendo emigrado para Nova York, a professora, agora assinando Hanna Deinhard, travou conhecimento com um teórico da grandeza de Meyer Shapiro e passou a lecionar na *School for Social Research*, então o mais experimental centro de estudos em Nova York e um *think tank* dos Estados Unidos. Em cursos e artigos, também introduziu a teoria da visualidade pura de Konrad Fiedler no Brasil, além do pensamento de Wölfflin, conforme mencionado. O modo como as ideias desses dois teóricos foram absorvidas por Decio Vieira será aqui tempestivamente abordado.

Cabe ainda uma palavra sobre Carlos Oswald (1882-1971), que foi a figura-chave do ensino da gravura no contexto da arte no Brasil, com a implantação de oficinas no Liceu de Artes e Ofícios, no Rio de Janeiro, em 1914. Com formação na Europa, Oswald foi um artista moderno antes do modernismo de 1922. O Liceu ocupava um grande edifício na Avenida Rio Branco, nas cercanias do Museu Nacional de Belas Artes e do Teatro Municipal. Carlos Oswald foi pioneiro na organização de mostras, como a *Primeira Exposição Carioca de Gravura a Água-Forte* e a *Primeira Exposição Carioca Artístico-Industrial de Litografia*, nos salões do Liceu. Em 1946 foi convidado por Tomás Santa Rosa para lecionar no curso da FGV, ambiente onde, segundo Maria Luisa Luz Tavora, "se deu continuidade e muitos passos em direção à integração da linguagem da gravura à produção artística no Brasil."[13] Segundo o crítico Antonio Bento, o curso "veio democratizar no Rio o ensino das técnicas diversas de gravura. Só isto constituiu uma revolução". Ainda conforme suas palavras, "em sete meses apenas, guardadas as devidas proporções, foi feito o que nunca se conseguiu realizar nos estabelecimentos oficiais do país". Referindo-se à exposição que se seguiu ao curso, o crítico completava sua avaliação afirmando que "a turma de expositores é de primeira ordem, comparada com o que se conhece nas mostras análogas da Escola Nacional de Belas Artes e do Liceu de Artes e Ofícios". [14]

Renina Katz
S/ título, s.d., Xilogravura, 27 x 21 cm, Acervo Banco Itaú (São Paulo, SP)
No title, no date, Woodcut, Banco Itaú Collection (Sao Paulo, SP)

[12] Bonomo, Mario Roberto. A arte barroca na trajetória da modernidade: a historiografia e a *Revista do Patrimônio Histórico e Artístico Nacional*. XXII Colóquio Brasileiro de História da Arte, 2002. Disponível em: <http://www.cbha.art.br/coloquios/2002/textos/texto32.pdf>.

[13] Tavora, Maria Luisa Luz, op. cit., p. 1617.

[14] Bento, Antonio. O curso da Fundação Getulio Vargas. *Diário Carioca*, Rio de Janeiro, 13 de fevereiro de 1947, p. 6. Ver também, do mesmo autor, Alunos da FGV na ABI. *Diário Carioca*, 11 de março de 1947, p.6.

Raul Anguiano
S/ título, s.d., Litografia do Taller de Grafica Popular, México

No title, no date- lithography, Taller de Grafica Popular, Mexico

[15] Leite, José Roberto Teixeira. A gravura brasileira contemporânea. Rio de Janeiro: Expressão e Cultura, 1966.

[16] Bento, Antonio. Desaparecerá o curso da FGV? [Will the FGV course disappear?] Diário Carioca, Rio de Janeiro, February 14th, 1947, p. 6.

[17] Pedrosa, Mário. Curso de Desenho e Artes Gráficas. [Course of Design and Graphic Arts]. Correio da Manhã, Rio de Janeiro, February 15th, 1947, p.9.

[18] Kelly, Celso. Uma legítima escola de arte. [A legitimate art school]. A Noite, Rio de Janeiro, February 20th, 1947, p. 14.

Due to historical circumstances, the Course of Advertising Design and Graphic Arts brought together the experienced Carlos Oswald – the greatest teacher of metal engraving in Rio de Janeiro in the first half of the 20th century – and some emerging artists like Edith Behring, Renina Katz, and Fayga Ostrower, who would follow his example in expanding the place of engraving in the context of the post-war modern expression. These three artists have initially developed a graphic work of social interest, under the impact of Taller de Grafica Popular (1937) from Mexico, which gathered artists like Leopoldo Mendez, Luis Arenal, and Raul Anguiano, among others. A meeting between Carlos Scliar and Leopoldo Mendez resulted in the introduction of the Clubes da Gravura [Engraving Clubs] in Brazil, in which Danúbio Gonçalves participated, also a student at the FGV course.

Although social art did not dominate his horizon, one can for example establish a parallel between a drawing by Decio Vieira from these formative years and an engraving by Anguiano in regard of the almond-shaped eyes anatomy, the way of sitting on the floor and the position of the female figure. Carlos Oswald's graphic trace, since the beginning of the 20th century, was characterized by lightness and rhythm, elegance and decision. Some drawings produced in Decio Vieira's formative years appear to have included the observation of wisdom of Oswald's drawing.

Hannah Levy's theoretical lessons can be thought of having drawn most of the course's students, including Decio Vieira, apart from the Stalinist ideological model of the Taller de Grafica Popular. Regarding Fayga Ostrower and Edith Behring, they became key figures at MAM's engraving studio, responsible for the enormous success of Brazil's graphic arts in the international scene of the late 1950s and the next decade.[15]

The Exhibit of Drawing and Graphic Arts mentioned by Antonio Bento, and which gathered the works done by the students at the conclusion of the course, was held from February 6th through 20th, 1947, at the headquarters of FGV, at Praia de Botafogo. The big interest it raised and the extremely favorable critical reception led to its reopening on the 9th floor of the Brazilian Press Association (ABI) in March, where debates and conferences were held. In addition to Antonio Bento, who when visiting the exhibit said he "was sincerely excited about the course's success",[16] the works of the FGV students also prompted comments and analyses by Mário Pedrosa, José Lins do Rego, Celso Kelly, Mário Barata and Michel Kamenha, representing the city's most active group of critics at that time. It is from this time that Decio Vieira and Mário Pedrosa became closer, a friendship that would last for the rest of their lives.

In his first evaluation of the Course of Adverstising Design and Graphic Arts, Mário Pedrosa showed enthusiasm by saying that

> *the initiative is of great importance for the artistic life in Rio. Until now engraving was a mystery for half a dozen connoisseurs who held it under lock and key. Etching had the privilege of the rare and unknown things (...) Now, Carlos Oswald, Santa Rosa and Leskoschek ended the mystery and the secret is open for everybody who wants to come and learn.[17]*

With the same enthusiasm, Celso Kelly said that

> *the course at the Foundation gets rid of the prejudices dominating in the fine arts schools, and by offering a wide range of techniques, it is greatly enriching the sensibility and expression of the group of artists who work there devotedly (...) The referred course is absolutely different.[18]*

Por circunstâncias históricas, o Curso de Desenho de Propaganda e de Artes Gráficas reuniu o experiente Carlos Oswald – o maior professor de gravura em metal no Rio de Janeiro na primeira metade do século XX – a algumas artistas emergentes, como Edith Behring, Renina Katz e Fayga Ostrower, que seguiriam seu exemplo na expansão do lugar da gravura no contexto da expressão moderna no pós-guerra. Essas três artistas desenvolveram inicialmente uma obra gráfica de interesse social, sob o impacto da experiência do *Taller de Grafica Popular* (1937) do México, que reuniu artistas como Leopoldo Mendez, Luis Arenal, Raul Anguiano, entre outros. Um encontro entre Carlos Scliar e Leopoldo Mendez resultou na introdução dos Clubes da Gravura no Brasil, de que participou Danúbio Gonçalves, também aluno do curso da FGV.

Embora a arte social não dominasse seu horizonte, pode-se, por exemplo, estabelecer um paralelo entre um desenho de Decio Vieira desses anos formativos e uma gravura de Anguiano no que se refere à anatomia dos olhos amendoados, ao modo de sentar no chão e à posição de perfil da figura feminina. O traço gráfico de Carlos Oswald, desde o início do século XX, caracterizou-se pela leveza e ritmo, elegância e decisão. Alguns desenhos produzidos nos anos formativos de Decio Vieira parecem ter incluído a observação da sabedoria do desenho de Oswald.

Pode-se atribuir às lições teóricas de Hannah Levy o afastamento, pela maioria dos estudantes do curso, inclusive Decio Vieira, do modelo ideológico stalinista do Taller de Grafica Popular. Quanto a Fayga Ostrower e Edith Behring, tornaram-se figuras-chave do ateliê da gravura do MAM, responsável pelo enorme sucesso das artes gráficas do Brasil na cena internacional na segunda metade da década de 1950 e na década seguinte.[15]

A Exposição de Desenho e Artes Gráficas mencionada por Antonio Bento, que reuniu os trabalhos dos alunos na ocasião do encerramento do curso, foi realizada no período de 6 a 20 de fevereiro de 1947, na sede da Fundação Getulio Vargas, situada à Praia de Botafogo. O grande interesse que despertou e a recepção crítica, extremamente favorável, levaram à sua reabertura no 9º andar da Associação Brasileira de Imprensa (ABI), em março, onde foram realizados debates e conferências. Além de Antonio Bento, que ao visitar a exposição se disse "sinceramente entusiasmado pelo êxito do curso",[16] as obras dos alunos da FGV suscitaram comentários e análises de Mário Pedrosa, José Lins do Rego, Celso Kelly, Mário Barata e Michel Kamenha, que representavam a crítica mais atuante na cidade naquele momento. Data dessa época a aproximação de Decio Vieira com Mário Pedrosa, uma amizade que perduraria pelo resto da vida de ambos.

Em sua primeira avaliação do Curso de Desenho de Propaganda e de Artes Gráficas, Mário Pedrosa demonstrou entusiasmado ao declarar que

> a iniciativa é da maior importância para a vida artística do Rio. Até agora, a gravura era um mistério para meia dúzia de entendidos que o guardavam a sete chaves. A água-forte tinha o privilégio das coisas raras e desconhecidas (...) Agora, Carlos Oswald, Santa Rosa e o Leskoschek acabaram com o mistério e o segredo está aberto para quem quiser vir e aprender.[17]

Com o mesmo entusiasmo, Celso Kelly afirmou que

> o curso da Fundação foge aos preconceitos dominantes nas escolas de belas artes, e, oferecendo as mais variadas técnicas, está enriquecendo, sobremodo, a sensibilidade e a expressão do grupo de artistas que ali trabalham dedicadamente (...) O curso em questão é absolutamente diferente.[18]

Carlos Oswald
Um Bosque, 1908, Água-forte, 24 x 30 cm
Woods, 1908, Etching

[15] Leite, José Roberto Teixeira. *A gravura brasileira contemporânea*. Rio de Janeiro: Expressão e Cultura, 1966.

[16] Bento, Antonio. Desaparecerá o curso da FGV? *Diário Carioca*, Rio de Janeiro, 14 de fevereiro de 1947, p. 6.

[17] Pedrosa, Mario. Curso de Desenho e Artes Gráficas. *Correio da Manhã*, Rio de Janeiro, 15 de fevereiro de 1947, p.9.

[18] Kelly, Celso. Uma legítima escola de arte. *A Noite*, Rio de Janeiro, 20 de fevereiro de 1947, p. 14.

José Pancetti
Praia da Gávea, Óleo sobre tela, Coleção Gilberto Chateaubriand, MAM Rio

Gavea beach, Oil on canvas, Gilberto Chateaubriand collection, MAM Rio

[19] Pedrosa, Mário. *Selvageria à la Goering.* [Wildness à la Goering]. Correio da Manhã, Rio de Janeiro, February 21st, 1947, p.9.

[20] Tavora, Maria Luisa Luz, op. cit., p. 1617.

Once again, Mário Pedrosa, who had lived in Germany and the United States, made observations about the sense of experience for the contemporary challenges:

> *an expert engraver has in front of him an avenue that poses much wider possibilities than any other citizen who just learned to use the square and the ruling pen. The industrial yield of the former is infinitely superior to the latter. The Brazilian graphic industries will not be able to expand in volume and quality without technicians, that is, concretely without a good team of artisanal engravers.[19]*

Actually, with the course Decio Vieira and Fayga Ostrower unfolded more immediately design projects. They partnered in the company Interiores Modernos Tecidos Ltda., devoted to the design of fabrics for modern furniture, like those designed by Joaquim Tenreiro.

Despite the enormous success of the Course of Advertising Design and Graphic Arts, a decision at the FGV level would bring some discomfort to the environment. The foundation's president, Luiz Simões Lopes, evaluated that priority should be given to the industrial design course, focusing on technical design, and a greater commitment with practicality for the industry. The environment in Rio, however, was not yet prepared for a proposal with such pragmatic vision of the development of the industrial aesthetic. A former student, Renina Katz, would make the bridge between the FGV course and the foundation, in 1962, of the Escola Superior de Desenho Industrial (Esdi), where she taught in the early years, before becoming a professor at USP. The also former student Almir Mavignier would further his design studies at the Hochschule für Gestaltung (School of Gestalt High Studies), in Ulm, invited by Max Bill, and become a professor at the Hochschule für Bildende Kunste, in Hamburg, between 1965 and 1990, in addition to participating in the Zero Group (1958-1964) of the European vanguard.

Historian Maria Luisa Luz Távora argues that,

> *even if refreshing the horizons of the graphic industry would be enough to warrant the continuity of the course, it did not survive the first group. The hopes to deepen this well-succeeded experience have been buried by the president of Fundação Getúlio Vargas. (...) Withdrawing the institutional support translated into the emptying of the modernizing proposal of the teachers. Such decision, grounded on a questionable argument, caused reaction and polemic in the city's artistic and intellectual arena.[20]*

As a matter of fact, in spite of the success of that first class, FGV decided that it was not in its plan to constitute a course to form artists. Within a few years, MAM Rio would take over this task. Anyway, the course at FGV carried a merit: it showed young students of art, like Ivan Serpa, Decio Vieira or Fayga Ostrower, that modernity cannot be reduced to a set of findings and improvisations updated according to the international vogue, but rather, it presupposes a theoretical learning in order to choose between aesthetic paths and the definition of political principles of the artistic work.

Mais uma vez Mário Pedrosa, que havia vivido na Alemanha e nos Estados Unidos, fez observações sobre o sentido da experiência para os desafios contemporâneos:

> um gravador emérito tem diante de si uma avenida muito mais ampla de possibilidades do que qualquer outro cidadão que aprendeu apenas a usar a esquadria e o tira-linhas. O rendimento industrial daquele é infinitamente superior ao do último. As indústrias gráficas brasileiras não poderão expandir-se em quantidade e qualidade sem técnicos, isto é, concretamente, sem uma boa equipe de artífices gravadores.[19]

De fato, a partir dos objetivos do curso, Decio Vieira e Fayga Ostrower desdobraram mais imediatamente projetos no campo do design. Associaram-se, assim, na firma Interiores Modernos Tecidos Ltda., dedicada ao desenho de tecidos para móveis modernos, como os projetados por Joaquim Tenreiro.

Malgrado o enorme sucesso do Curso de Desenho de Propaganda e de Artes Gráficas, uma decisão no âmbito da FGV traria mal-estar ao ambiente. O presidente da instituição, Luiz Simões Lopes, avaliou que a prioridade deveria ser dada a um curso de desenho industrial, com foco em desenho técnico e maior compromisso com a praticidade para a indústria. O ambiente carioca, porém, ainda não estava preparado para uma proposta com essa visão pragmática de desenvolvimento da estética industrial. Uma ex-aluna, Renina Katz, faria a ponte entre o curso da FGV e a fundação, em 1962, da Escola Superior de Desenho Industrial (Esdi), onde ensinou nos primeiros anos, antes de se tornar professora da USP. O também ex-aluno Almir Mavignier seguiria os estudos de design na *Hochschule für Gestaltung* (Escola Superior da Forma), em Ulm, a convite de Max Bill e tornar-se-ia professor da *Hochschule für Bildende Kunste*, em Hamburgo, entre 1965 e 1990, além de participar do Grupo Zero (1958-1964) da vanguarda europeia.

A historiadora Maria Luisa Luz Tavora argumenta que,

> ainda que o aspecto de renovação dos horizontes para a indústria gráfica fosse por si só suficiente para justificar a continuidade do curso, este não passou da primeira turma. As esperanças de aprofundamento dessa bem-sucedida experiência foram enterradas pelo presidente da Fundação Getulio Vargas. (...) A retirada do apoio institucional traduziu-se no esvaziamento da proposta modernizadora dos mestres. Tal decisão, apoiada em argumento questionável, provocou reação e polêmica no meio artístico e intelectual da cidade.[20]

De fato, a FGV decidiu que, malgrado a sedução do sucesso daquela primeira turma, não estava em seu projeto constituir um curso de formação de artistas. Em poucos anos, o MAM Rio assumiria essa tarefa. De toda forma, o curso da FGV teve um mérito: o de indicar a jovens estudantes de arte, como Ivan Serpa, Decio Vieira ou Fayga Ostrower, que a modernidade não pode ser reduzida a um conjunto de achados e improvisos atualizados com a voga internacional, mas, sim, pressupõe um aprendizado teórico para a escolha de caminhos estéticos e a definição de princípios políticos da prática artística.

Decio Vieira
Praia Grande, 1950, Aquarela s/ papel, 36 x 54 cm, Coleção particular
Grande beach, 1950, Watercolor on paper, Private collection

[19] Pedrosa, Mário. Selvageria à la Goering. *Correio da Manhã*, Rio de Janeiro, 21 de fevereiro de 1947, p.9.

[20] Tavora, Maria Luisa Luz, op. cit., p. 1617.

GRUPO FRENTE
FRENTE GROUP

DV 3.1 • S/ TÍTULO, S.D. • COLAGEM DE PAPEL S/ PAPEL • 63 X 48 CM
COLEÇÃO PARTICULAR

NO TITLE, NO DATE • PAPER COLLAGE ON PAPER
PRIVATE COLLECTION

80

DV 3.2 • S/ TÍTULO, 1956 • ÓLEO S/ CARTÃO • 59,5 X 44 CM
COLEÇÃO PARTICULAR

NO TITLE, 1956 • OIL ON CARDBOARD
PRIVATE COLLECTION

DV 3.3 • ESPAÇO CONSTRUÍDO, 1954 • TÊMPERA S/ PAPELÃO • 50 X 39 CM
COLEÇÃO PARTICULAR

BUILT SPACE, 1954 • TEMPERA ON CARDBOARD
PRIVATE COLLECTION

DV 3.4 • ESPAÇO CONSTRUÍDO, 1954 • GUACHE S/ PAPELÃO • 54 X 36 CM
COLEÇÃO PARTICULAR

BUILT SPACE, 1954 • GOUACHE ON CARDBOARD
PRIVATE COLLECTION

DV 3.5 • S/ TÍTULO, 1954 • TÊMPERA S/ TELA • 65 X 81 CM
COLEÇÃO PARTICULAR

NO TITLE, 1954 • TEMPERA ON CANVAS
PRIVATE COLLECTION

DV 3.6 • S/ TÍTULO, 1955 • PASTEL S/ PAPEL • 75 X 57 CM
COLEÇÃO PARTICULAR

NO TITLE, 1955 • PASTEL ON PAPER
PRIVATE COLLECTION

DV 3.7 • COMPOSIÇÃO, 1959 • ÓLEO S/ MADEIRA • 70 X 42 CM
COLEÇÃO PARTICULAR

COMPOSITION, 1959 • OIL ON WOOD BOARD
PRIVATE COLLECTION

Meu caro Mario: conhecimento do texto

Só agora tive ~~noticia~~ de sua amá-
vel carta, que me foi lida pelo telefone pela Ligia,
mulher d'Ivan, ~~pelo telefone~~. Como você pode imaginar,
sôbre a visita do Max Bill, foi muito
movimentada, provocou um barulho da-
nado e ainda hoje se discute sôbre êle.

~~Muitas~~ Algumas pessoas o acharam
um pouco "mascarado"; pessoalmente
o achei muito inteligente e franco e
nada "mascarado". Na esplêndida fes-
ta que ~~A.~~ Moniz Sodré Niemar lhe ofereceu, Ivan e eu
tivemos ocasião de conversar bastante com
êle. As fotografias que lhe envio foram
feitas por mim na visita que Bill
fez ao Ivan.

A única coisa q êle elogiou pública-
mente aqui foi o conjunto residencial do Pedre-
gulho. Quanto ao resto do q êle viu, disse
que ia ~~meditar~~ "refletir" a respeito.

~~Como você poderá~~ imaginar, alguns "críticos" ficaram furiosos, e ainda hoje não
com as opiniões ~~dele emitidas~~ ou atribuidas a êle

estar com êle   2

perdemos oportunidade p. desancar o pobre
do Bill! Seria ótimo se você pudesse
~~vê-lo aí na Europa~~ ~~e incontrar com êle aí~~ e saber sua opinião sôbre o que êle viu ~~no Brasil~~ aqui.

Acabei de entregar 5 trabalhos (óleos sôbre
tela) p.ª II Bienal. Acho, sem nenhuma falsa modéstia, q. não estão bastante
maduros p. uma exposição concorrer a com essa, mas,
obrigado pelo Ivan, ~~concorrei~~ concorrerei assim mesmo.

Os trabalhos d'Ivan, todos em
Duralack sôbre compensado, são magníficos,
e estou certo de q. você irá apreciá-los
muito.

Tivemos há pouco uma belíssima
exposição ~~dos~~ do grupo abstrato concreto
de Buenos Aires ~~da pintura~~ que você deve
conhecer. Durante a exp. aqui estiveram
o Romero Brest, q. fez duas extraordi-
nárias conferências ( ) sôbre a pintura abstrata
~~e concreta~~ e os pintores Maldonado e Ocampo,
participantes da exposição.
Na minha opinião, esta foi a melhor ex-

3

exposição feita pelo Museu; mas, a visitação pública foi mínima. Felizmente o Maldonado e o Ocampo foram embora logo em seguida à inauguração, do contrário ficariam desapontados com a ausência quase total de público em p/ exposição de pintura não figurativa aqui no Rio.

Lamentamos muitíssimo que você não pudesse vir p. o juri de seleção da Bienal. Quem lhe substituiu foi o Flavio de Aquino, e esperamos que êle se ~~sm~~ pôsse a altura.

Nossa ~~turma aqui~~ ~~eu~~ ~~Petrópolis~~ continua trabalhando com bastante apetite e um dêles, o Antonio Luiz, concorre tambem à Bienal.

Esperando revê-lo breve aqui no Brasil, apesar de todas as "coisas belas e abstratas" que o prendem ainda na Europa, com minhas recomendações a D. Mary e Vera, ~~~~ envia-lhe um forte abraço o

Decio ~~Vieira~~

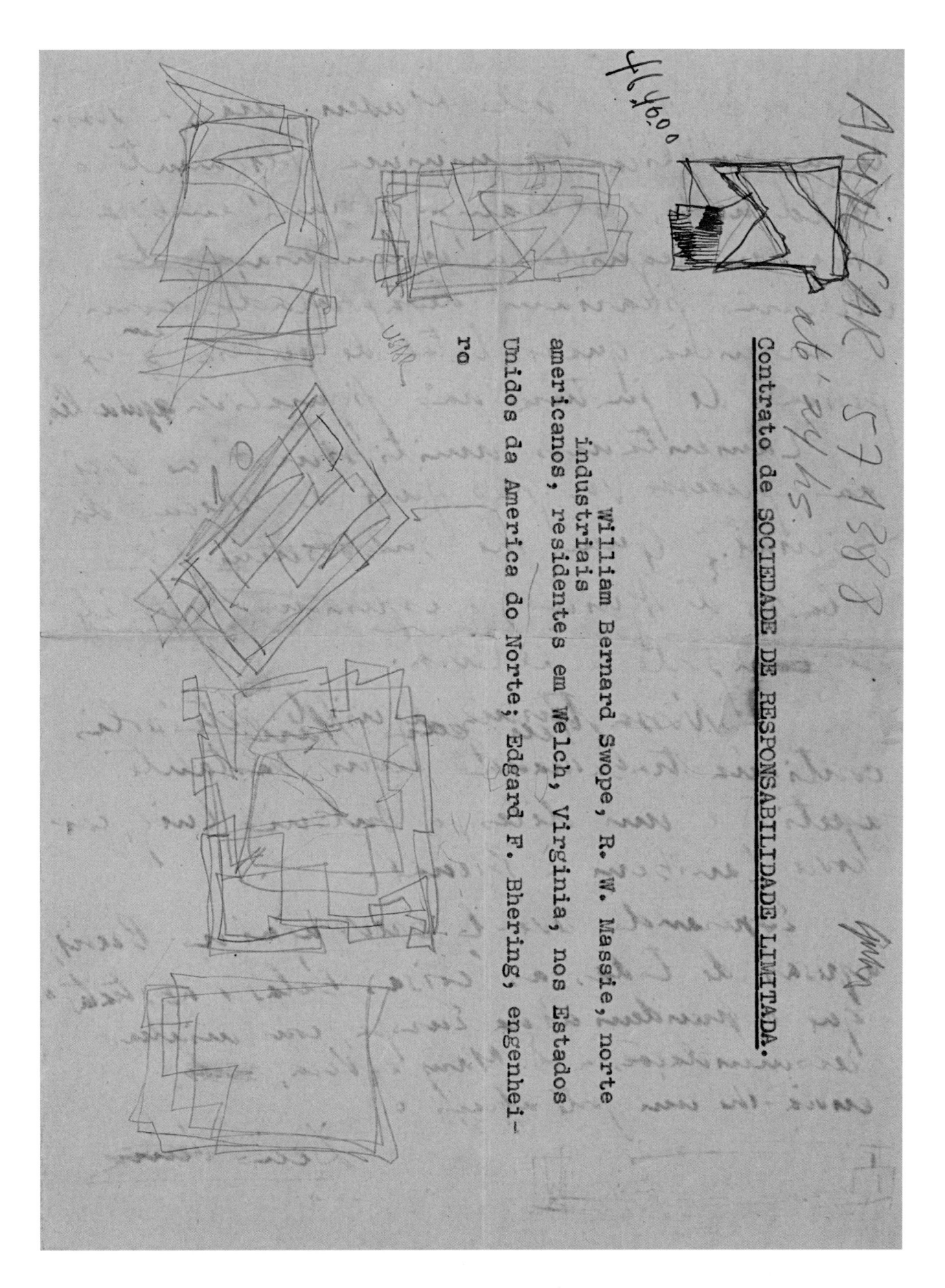

DV 3.11 • CARTA DE DECIO VIEIRA A MÁRIO PEDROSA • PG 4
COLEÇÃO PARTICULAR

*DECIO VIEIRA'S LETTER TO MÁRIO PEDROSA • PAGE 3
PRIVATE COLLECTION*

FRENTE GROUP

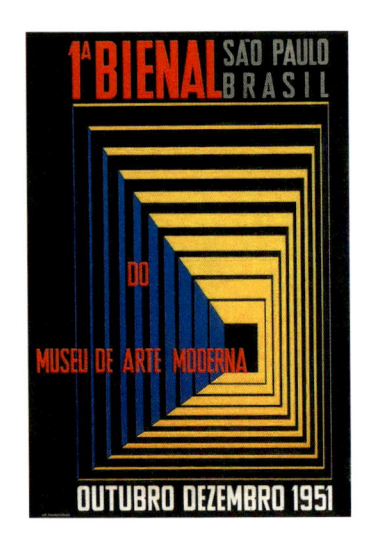

Antonio Maluf

Cartaz da I Bienal de São Paulo (versão com fundo preto), 1951

I São Paulo Biennale poster (black background version), 1951

[1] Morais, Frederico. In: Grupo Frente, op. cit. This is the best existing work about the Frente Group and much of the historical data of this chapter has been extracted from it.

[2] Idem.

[3] Idem.

[4] In the letter, Decio Vieira refers to Ivan Serpa as Yvan. The first Biennales in São Paulo chose artists by enrollment and selection by a jury. Decio Vieira participated in the 2nd Biennale with two works.

The existence of the Frente Group was publicly announced in 1954, during its first joint exhibit at the Brazil-United States Institute (Ibeu) in Rio de Janeiro. Frederico Morais, a scholar of the group's history, considers however that its members had already been meeting since 1953 or even earlier.[1] Decio was a forefront member of this exhibit and by that time he already had the experience of having organized the 1st Abstract Art Exhibit at the Quitandinha Hotel in Petrópolis, which had gathered in addition to himself, Antonio Bandeira, Aluísio Carvão, Lygia Clark, Anna Bella Geiger, Fayga Ostrower, Abraham Palatnik, and Ivan Serpa, and had in its jury the art critic Mário Pedrosa and the president of MAM Niomar Muniz Sodré.

The group emerged from the articulation of Ivan Serpa who gathered a heterogeneous line-up of artists. A pioneer in adopting the geometric abstractionism since the late 1940s, at the moment in which it had become a watershed from modernism, Serpa had participated in the I Biennale of São Paulo in 1951, where he was awarded his first prize, and since 1952 he had been a teacher at the MAM painting course. Geometric art "confronted" Mário de Andrade's and Di Cavalcanti's defense of the figurative representation and their fight against abstraction. "Serpa was the group's mentor", informs João José da Costa, mentioned by Frederico Morais, "but the theorist was Gullar".[2] As for Decio Vieira, Mário Pedrosa marked the beginning of the group, with poet and critic Ferreira Gullar's strong participation appearing later. It is true that Pedrosa, in charge of organizing the II Biennale of São Paulo in 1954 had traveled a lot during 1953, must have been busy with the event over some time after its opening.

The fact is that both salons played an important role in Rio de Janeiro in the 1950s and 1960s – Mário Pedrosa's house, open to artists and intellectuals, and Ivan Serpa's who hosted his colleagues and students on Sundays in Méier, a neighborhood in the city's Northern region. Frederico Morais, based on artists' testimonials, informs that Decio Vieira's house, at rua Djalma Ulrich, in Copacabana, was also a place where the Frente Group met.[3] These were meetings for critical debates about culture, particularly about art and its conceptual fundaments. In the case of Serpa, the discussions commonly were around specific works. He frequently shared his recent and ongoing works or presented art books and magazines recently delivered from abroad.

The Frente Group started with eight members – Ivan Serpa himself, Lygia Clark, and Lygia Pape in addition to five artists from Serpa's first class at MAM: Aluísio Carvão, João José da Silva Costa, Vincent Ibberson, Carlos Val, and Decio Vieira – and did not regularly meet with the presence of all students from MAM. Two years later, when it was dissolved, it had 30 participants. Ivan Serpa's didactic process involved a strict treatment for the lazy and for those who did not have the vocation for art and, on the other hand, encouragement to promising and diligent students, which may have meant for some of them the inclusion in the Frente Group. In a manuscript draft of a letter to Mário Pedrosa in 1953, Decio Vieira mentioned he had enrolled five works in the II Biennale of São Paulo and said that "with no false modesty, they were not mature enough to compete in an exhibit like this, [but] forced by Yvan [sic], I did anyway".[4] Once again Ivan Serpa's generous influence can be observed in his students' working process in the scarce Brazilian environment open to non-figurative artists.

GRUPO FRENTE

A existência do Grupo Frente foi publicamente anunciada em 1954, na ocasião de sua primeira exposição conjunta, realizada, no Instituto Brasil-Estados Unidos (Ibeu), no Rio de Janeiro. Frederico Morais, estudioso da história do grupo, cogita, no entanto, que seus integrantes já se reunissem desde 1953 ou mesmo antes.[1] Decio foi um participante de proa dessa mostra e já contava, naquele momento, com a experiência de ter organizado no ano anterior a *I Exposição de Arte Abstrata* no Hotel Quitandinha, em Petrópolis, que havia reunido, além dele próprio, Antonio Bandeira, Aluísio Carvão, Lygia Clark, Anna Bella Geiger, Fayga Ostrower, Abraham Palatnik e Ivan Serpa, e contou, em seu júri, com o crítico Mário Pedrosa e com a presidente do MAM Niomar Muniz Sodré.

O grupo surgiu da articulação de Ivan Serpa, que arregimentou um conjunto heterogêneo de artistas. Pioneiro na adoção do abstracionismo geométrico desde o final da década de 1940, no momento em que este se tornou um divisor de águas com relação ao modernismo, Serpa participou da *I Bienal de São Paulo* em 1951, onde recebeu seu primeiro prêmio, e, desde 1952, era professor do curso de pintura do MAM. A arte geométrica "fazia frente" à defesa de Mário de Andrade e de Di Cavalcanti da representação figurativa e ao combate por eles movido à abstração. "Serpa era o mentor do grupo", informa João José da Costa, citado por Frederico Morais, "mas o teórico era o Gullar".[2] Já para Decio Vieira, Mário Pedrosa marcou o início do grupo, tendo surgido só depois a forte participação do poeta e crítico Ferreira Gullar. É verdade que Pedrosa, encarregado de organizar a *II Bienal de São Paulo* em 1954, viajou muito no ano de 1953 e deve ter se ocupado do evento por algum tempo depois de sua inauguração.

O fato é que dois *salons* tiveram papel importante no Rio de Janeiro nos anos 1950 e 1960 – a casa de Mário Pedrosa, aberta a artistas e outros intelectuais, e a de Ivan Serpa, que recebia seus colegas e alunos aos domingos no bairro do Méier, na Zona Norte da cidade. Frederico Morais, baseado em depoimentos de artistas, informa que também a casa de Decio Vieira, na rua Djalma Ulrich, em Copacabana, foi um lugar de reunião do Grupo Frente.[3] Eram reuniões de debate crítico sobre a cultura, mais especificamente sobre a arte e seus fundamentos conceituais. No caso de Serpa, era comum a discussão de obras específicas. Com frequência ele compartilhava seus trabalhos recentes e aqueles em andamento ou apresentava livros e revistas de arte recentemente chegados do exterior.

O Grupo Frente começou com oito membros – o próprio Ivan Serpa, Lygia Clark, Lygia Pape, além de cinco artistas oriundos da primeira turma do curso de Serpa no MAM: Aluísio Carvão, João José da Silva Costa, Vincent Ibberson, Carlos Val e Decio Vieira – e não se reunia habitualmente com todos os alunos do MAM. Dois anos depois, quando se dissolveu, chegava a 30 participantes. O processo didático de Ivan Serpa envolvia tratamento severo para os relapsos e para os que não demonstrassem vocação para a arte e, por outro lado, estímulos aos alunos promissores e aplicados, o que pode ter significado, para alguns, a inclusão no Grupo Frente. No rascunho manuscrito de uma carta a Mário Pedrosa de 1953, Decio Vieira mencionou ter inscrito cinco obras na *II Bienal de São Paulo* e afirmou que, "sem falsa modéstia, não estavam bastante maduras para concorrer a uma exposição como essa, [mas] obrigado pelo Yvan [sic], concorri assim mesmo".[4] Nota-se aí, uma vez mais, a influência generosa de Ivan Serpa no processo de atuação de seus alunos no escasso ambiente brasileiro aberto a artistas não figurativos.

Decio Vieira
S/ título, s.d., Colagem de papel s/ papel, 63 x 48 cm, Coleção Particular
No title, no date, paper collage on paper, Private collection

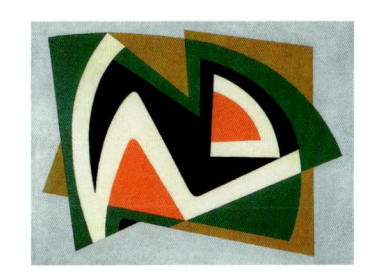

Aluísio Carvão
S/ título, s.d.
No title, no date.

[1] Morais, Frederico. In: *Grupo Frente*, op. cit. Este é o melhor trabalho existente sobre o Grupo Frente e dele foram extraídos muitos dos dados históricos deste capítulo.

[2] Idem.

[3] Idem.

[4] Na carta, Decio Vieira refere-se a Ivan Serpa como Yvan. As primeiras Bienais de São Paulo tinham, entre suas formas de seleção de artistas, a inscrição e a escolha por um júri. Decio Vieira participou da II Bienal com duas obras.

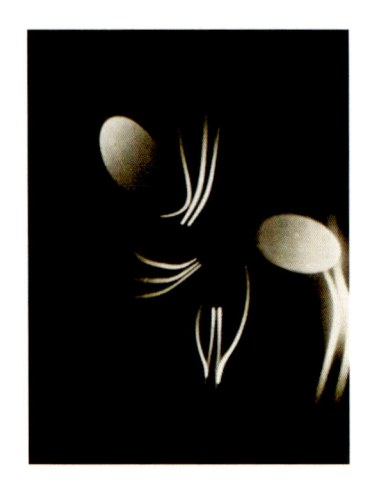

Abraham Palatnik

Azul e Roxo em Primeiro Movimento, 1951, Projeção no écran

Blue and Purple in First Movement, 1951, Screen Projection

---

[5] See the related elucidative article by Menezes, Paulo Roberto Arruda de. Seibi Group: o nascimento da pintura nipo-brasileira [the emergence of the Nippo-Brazilian painting], Revista USP, n. 37, p. 104, Sep. /Oct. /Nov. 1995. In the case of Seibi, the group had a well-defined mission.

[6] Vieira, Decio. Depoimento [Testimonial]. In: Ferreira, Maria da Glória. et al. A arte e seus materiais - Salão Preto e Branco: 3º Salão Nacional de Arte Moderna, [Art and its materials- Black and White Salon - 3rd Natinal Exhibit of Modern Art] 1954. Rio de Janeiro: Funarte,1985. p. 37.

[7] According to e-mail of César Oiticica, sent to the author on June 6th, 2006.

[8] Interview given by Rubem Ludolf to the author in 2004.

[9] Kandinsky, Wassily. Point – ligne – plan: contribution à l'analyse des éléments picturaux. Translation Susanne and Jean Leppien. Paris: Denoël/Gonthier, 1970. p. 63 and onward of the Appendix

[10] Pedrosa, Mário. Apresentação. Grupo Frente:segunda mostra coletiva [Presentation. Frente Group: 2nd collective exhibit]. MAM RJ, July 1955.

[11] Pedrosa, Mário. Iniciativa que pode brotar em cimento. [Initiative that can sprout in cement]. Tribuna da Imprensa, Rio de Janeiro, March 17th, 1956.

The name Frente Group indicated in its own right the political inclination of the artists involved and their strategies to produce meaning in the artistic environment, in terms of Ivan Serpa's choice. The articulation principle was the diffuse idea of an "aesthetic transformation front". The term "frente", extracted from the military strategies, indicating an advanced position in the expression "linha de frente" [front line], served to designate a group of people in articulate opposition against a common target, associated in an occasional process of cohesion above internal differences or contradictions. On the other hand, calling any gathering of artists a "group", more than a rhetorical effort, was traditionally used as a political solution, mainly in São Paulo, to lend visibility and power to certain art episodes and not actual aesthetic movements. In modernism, for instance, the names of groups gathered with no logic sometimes referred to the number of members (Grupo of the Five and Group 19), ethnical origins (Seibi Group or Seibi-Kan, formed in São Paulo by Japanese immigrants),[5] or even local (Santa Helena Group, due to the fact that its members owned studios in the same building, or Guanabara Group, because its members were customers at the same frame shop at Guanabara place in São Paulo). In a testimonial to Gloria Ferreira, Decio Vieira unlocks the key to the genesis of the carioca group formed around geometric abstractionism: "Serpa thought that those artists who wanted to propose a new form of art should get together, and so the Frente Group was created."[6]

When recognizing a promising student, it was Ivan Serpa's praxis to treat them like a peer, including them in exhibits or exchanging works. As occurred in the first exhibit of the Frente Group, in the next ones students from MAM were also present, like Rubem Ludolf and brothers Hélio and César Oiticica. Hélio Oiticica's great series of gouaches Metaesquemas, so-called "dry",[7] followed Serpa's rigorous guidance for the geometry, precision and cleanliness of the work,[8] but also the demand for an intense weekly production among his students as a way to accelerate the results. Oiticica was crossing the limit of the phenomenological questions of perception with experimental results of the "psychology of structure". Also Franz Weissmann, already dedicated to the construction of the void and the linear drawing, Abraham Palatnik, with his kinetic art, and Emil Baruch participated of the Frente Group. Decio Vieira, who was initiating his experience in geometric abstraction, articulated loose forms-color on a background with still no logical-structural reasoning, in an intuitive process that appeared to problematize the forms, their weight and decentralization, as in the images presented by Kandinsky to expose his visual arguments.[9]

While Frente Group's eclecticism was negatively judged by painter Waldemar Cordeiro, critic Mário Pedrosa highlighted its ethical and strategic qualities twice. In the introduction of the group's second exhibit, the critic argued that "their greatest virtue continues to be what it has always been: their horror to eclecticism. They are all men and women of faith, convinced of the revolutionary mission, the regenerating mission of art. One thing connects them, and with which they do not compromise, ready to defend it against everything and everybody, placing it above everything and everybody – the freedom to create. In defense of this moral postulation they do not give, they do not demand a shelter".[10] In the following year, for the third exhibit of the Frente Group, Pedrosa would highlight their qualities, "so to say moral, for a well-designed aesthetic line and for an intransigent research of artisanal quality".[11]

O nome do Grupo Frente indicava por si só a disposição política dos artistas envolvidos e suas estratégias de produção de sentido no ambiente artístico, nos termos da escolha de Ivan Serpa. O princípio articulador era a ideia difusa de "frente de transformação estética". O termo "frente", extraído das estratégias militares, indicando posição avançada na expressão "linha de frente", prestava-se a designar um conjunto de pessoas em oposição articulada a um alvo em comum, associadas num processo ocasional de coesão acima das diferenças ou contradições internas. Por outro lado, denominar "grupo" qualquer agrupamento de artistas, mais do que um esforço retórico, foi tradicionalmente um expediente político usado, sobretudo em São Paulo, para conferir visibilidade e poder a certos episódios da arte e não a reais movimentos estéticos. No modernismo, por exemplo, os nomes de grupos unidos sem qualquer lógica consequente referiram-se algumas vezes ao número de membros (Grupo dos Cinco e Grupo 19), a origens étnicas (Grupo Seibi ou Seibi-Kan, formado em São Paulo por imigrantes japoneses),[5] ou mesmo a locais (Grupo Santa Helena, pelo fato de seus membros terem ateliês no mesmo prédio, ou Grupo Guanabara, por seus membros serem clientes de uma molduraria no largo da Guanabara em São Paulo). Em depoimento a Gloria Ferreira, Decio Vieira dá a chave da gênese do grupo carioca formado em torno do abstracionismo geométrico: "O Serpa achou que os artistas que queriam propor alguma forma nova de arte deveriam se reunir e então criou-se o Grupo Frente."[6]

Reconhecido um aluno promissor, era praxe Ivan Serpa tratá-lo como igual, incluindo-o em exposições ou com ele trocando obras. Assim como aconteceu na primeira mostra do Grupo Frente, nas seguintes também estiveram presentes alunos do MAM, como Rubem Ludolf e os irmãos Hélio e César Oiticica. A grande série de guaches *Metaesquemas* de Hélio Oiticica, ditos "secos",[7] seguia a rigorosa orientação de Serpa para a geometria, precisão e limpeza na obra,[8] mas também a exigência de intensa produção semanal entre seus alunos como pressuposto para a aceleração de resultados. Oiticica atravessava o limiar das questões fenomenológicas da percepção com resultados experimentais da "psicologia da estrutura". Também Franz Weissmann, já dedicado à construção do vazio e ao desenho linear, Abraham Palatnik, com sua arte cinética, e Emil Baruch participaram do Grupo Frente. Decio Vieira, que se iniciava na abstração geométrica, articulava formas-cor soltas sobre o fundo ainda sem um raciocínio lógico-estrutural, num processo intuitivo que parecia problematizar as formas, seu peso e descentramento, como nas imagens apresentadas por Kandinsky para expor seus argumentos visuais.[9]

Se o ecletismo do Grupo Frente foi julgado negativamente pelo pintor Waldemar Cordeiro, o crítico Mário Pedrosa, por duas vezes, nele ressaltou qualidades éticas e estratégicas. Na apresentação da segunda mostra do grupo, o crítico argumentava que "a virtude maior deles continua a ser a que sempre foi: horror ao ecletismo. São todos eles homens e mulheres de fé, convencidos da missão revolucionária, da missão regeneradora da arte. Uma coisa os une, e com a qual não transigem, dispostos a defendê-la contra tudo e contra todos, colocando-a acima de tudo e de todos – a liberdade de criação. Em defesa desse postulado moral não dão, não pedem quartel".[10] No ano seguinte, por ocasião da terceira mostra do Grupo Frente, Pedrosa ressaltaria suas qualidades, "por assim dizer morais, por uma linha estética bem traçada e por uma intransigente pesquisa de qualidade artesanal".[11]

Ivan Serpa
Formas, 1951, Óleo sobre tela, 97 x 130,2 cm, Coleção MAC-USP
Forms, 1951, Oil on canvas, MAC-USP collection

[5] Ver a propósito o elucidativo artigo de Menezes, Paulo Roberto Arruda de. Grupo Seibi: o nascimento da pintura nipo-brasileira, *Revista USP*, n. 37, p. 104, set./out./nov. 1995. No caso do Seibi, o agrupamento tinha uma missão bem definida.

[6] Vieira, Decio. Depoimento. In: Ferreira, Maria da Glória. et al. *A arte e seus materiais - Salão Preto e Branco: 3º Salão Nacional de Arte Moderna, 1954*. Rio de Janeiro: Funarte, 1985. p. 37.

[7] Conforme e-mail de César Oiticica, enviado ao autor em 6 de junho de 2006.

[8] Entrevista concedida por Rubem Ludolf ao autor em 2004.

[9] Kandinsky, Wassily. *Point – ligne – plan:* contribution à l'analyse des éléments picturaux. Trad. Susanne e Jean Leppien. Paris: Denoël / Gonthier, 1970. p. 63 e seguintes do Apêndice.

[10] Pedrosa, Mário. Apresentação. *Grupo Frente:* segunda mostra coletiva. Museu de Arte Moderna do Rio de Janeiro, julho de 1955.

[11] Pedrosa, Mário. Iniciativa que pode brotar em cimento. *Tribuna da Imprensa*, Rio de Janeiro, 17 de março de 1956.

Capa do catálogo da I Exposição do Grupo Frente, Galeria do IBEU, Rio de Janeiro, 1954

I Frente Group exhibit, Catalog cover IBEU Gallery, Rio de Janeiro, 1954

[12] This painting is an integral part of the MAR collection offered by an anonymous donator (Fundo Z).

[13] Braga, Rubem. Três primitivos. Rio de Janeiro: Ministério da Educação/Serviço de Documentação, série Os Cadernos de Cultura n. 63, 1953. p. 14. N.T.: Free translation.

[14] Ávila, Patricia Miranda. Primitivo, naïf, ingênuo: um estudo da recepção e notas para uma interpretação da pintura de Heitor dos Prazeres (2009). Available at: <www.teses.usp.br/teses/disponiveis/27/27160/tde...164133/.../1280263.pdf>. Accessed on May 22nd, 2013.

[15] Idem, p. 4.

[16] Cunha, Eileen. Grupo Frente e o experimentalismo emergente de Lygia Pape, Lygia Clark e Helio Oiticica. Arte e Ensaios – Revista do Mestrado em História da Arte (EBA/UFRJ), Rio de Janeiro, v. 1, n. 1, p. 39-52, 1994.

[17] Apud Guerra, Tatiana Rysevas; Peccini, Daisy. Grupo Frente. Available at: <http://www.macvirtual.usp.br/mac/templates/projetos/seculoxx/modulo3/frente/index.html>. Accessed on September 20th, 2014.

Along with artists such as Decio Vieira, Aluísio Carvão and Hélio Oiticica, Serpa included in the Frente Group the Elisa Martins da Silveira of the urban scenes,[12] who while naive admitted the logic of geometry in the architecture of row houses and the patterns of her characters' clothing. They were small geometric structures, articulations of color or modulation planes that underpinned the logic of representation. This wide open range of aesthetic positions of the Frente Group, in its eclecticism of options, has led Mário Pedrosa, as already seen, and Ferreira Gullar, to note political and ethical qualities in the group. Even the presence of an ingenuous, naïf, or "primitive" artist as Elisa Martins da Silveira would not be deprived of political sense and constructive will.

By the way, in 1953 Rubem Braga published the book Três primitivos, supporting the work of Cardosinho, Heitor dos Prazeres and José Antonio da Silva. The short-story writer highlighted the relationship between Heitor dos Prazeres's art, music and life, "whose life and love affairs are so well described in another art; but his inner wealth gained in painting an expression we can call the sister of samba: it would be easy to recognize the percussionist in the composition of his paintings, the consummate craftsman in their meticulous finish, the bohemian in the streetwise motifs that inspire him".[13] Patricia Miranda d'Ávila discusses the concepts primitive, naïf and ingenuous in art.[14] Perhaps it would be appropriate to think about Elisa Martins da Silveira's work from Rubem Braga's analysis axis, when valuing the "frame of life and environment", which would be "legitimate zones of the Brazilian reality and sentiment".[15] In 1953, Elisa Martins da Silveira was a beginner if compared to Braga's "three primitivos", much more experienced. In the 1950s, in the wake of Douanier Rousseau's success in the beginning of the European modernism, MAM has put great emphasis on the formation of a so-called naïf, ingenuous or primitive art, especially in the Americas. This production had already been admitted at the Museum of Modern Art (MoMA), mainly through the action of Lincoln Kirstein in his trips to Latin America, in the context of the US cultural diplomacy during the World War II. By the time Kirstein was connected with the Communist Party, thus his inclination toward Candido Portinari in Rio and Antonio Berni in Buenos Aires. MoMA then acquired several naïf artists, like Cardosinho in Brazil, and drove the success of Haitian painters, which reflected in MAM's first collection. This action therefore influenced the acquisition policy of Brazilian museums and the formation of the Frente Group.

The Frente Group has carried out four exhibits between 1954 and 1956. The first, already mentioned, took place in the headquarters of Ibeu, at rua Senador Vergueiro 103, Flamengo, and gathered 24 works. The second took place at MAM in July 1955 and showed 15 artists. The third and fourth were carried out respectively at the Itatiaia Country Club in Resende, and at the Companhia Siderúrgica Nacional, in Volta Redonda, in 1956,[16] with the latter being the last exhibit with the celebrated presence of Argentinean artist Tomás Maldonado. In the foreword of the second exhibit catalog, Mário Pedrosa noted that "its members are all young. (...) This means that the group is open to the future, for generations still being formed. Even more promising is the fact that the group is not a closed clique, and much less so the academy where hackneyed rules and recipes are taught and learned to make Abstractionism, Concretism, Expressionism, Futurism, Cubism, realisms, and neo-realisms and other isms. There it is Elisa next to Serpa, Val along with Lygia Clark, there they are Franz Weissmann and Lygia Pape, Vincent [Ibberson], a romantic close to João José, a concrete, and Decio Vieira and Aluísio Carvão, brothers and yet so different! And let's not even start on Abraham Palatnik, inventor, constructor, and novelist".[17] With an increased number of participants, its heterogeneity and even their differences inside the geometric abstraction appeared to move the Frente Group toward a large group that associated more to exhibit than to discuss. The maturing process of the constructive project of some artists appears therefore to have led the solid nucleus of the constructive thinking to develop other ways of dialog.

Ao lado de artistas como Decio Vieira, Aluísio Carvão e Hélio Oiticica, Serpa incluiu no Grupo Frente a Elisa Martins da Silveira das cenas urbanas,[12] que, ainda que ingênua, admitia a lógica da geometria na arquitetura dos casarios e no estampado das roupas de seus personagens. Eram pequenas estruturas geométricas, articulação de planos de cor ou modulação que pontuavam a lógica da representação. Essa gama bastante aberta de posições estéticas no Grupo Frente, em seu ecletismo de opções, conduziu Mário Pedrosa, como já se viu, e também Ferreira Gullar, a notar qualidades políticas e éticas no grupo. Mesmo a presença de uma artista ingênua, naïf ou "primitiva", como Elisa Martins da Silveira, não estaria destituída de sentido político e de vontade construtiva.

A propósito, em 1953 Rubem Braga publicou o livro *Três primitivos*, avalizando a obra de Cardosinho, Heitor dos Prazeres e José Antonio da Silva. O cronista ressaltava a relação entre a arte, a música e a vida de Heitor dos Prazeres, "cuja vida e amores já conta de maneira tão boa em outra arte, mas sua riqueza interna veio ganhar na pintura uma expressão irmã do samba, e seria fácil reconhecer o ritmista na composição dos quadros, o 'envernizador técnico' no seu acabamento caprichado, o boêmio nos motivos malandros que o inspiram".[13] Patricia Miranda d'Ávila debate os conceitos de primitivo, naïf e ingênuo na arte.[14] Talvez coubesse pensar a obra de Elisa Martins da Silveira a partir do eixo de análise de Rubem Braga, na valoração do "fundo de vida e ambiente", que seriam "zonas legítimas da realidade e do sentimento brasileiros".[15] Em 1953, Elisa Martins da Silveira era uma iniciante se comparada aos "três primitivos" de Braga, bem mais experientes. Na década de 1950, o MAM, na esteira do sucesso do *Douanier* Rousseau no início do modernismo europeu, deu grande ênfase à formação de um acervo de arte dita naïf, ingênua ou primitiva, especialmente das Américas. Essa produção já fora admitida no *Museum of Modern Art* (MoMA), sobretudo através da ação de Lincoln Kirstein em suas viagens pela América Latina, no contexto da diplomacia cultural dos Estados Unidos durante a Segunda Guerra. Na época Kirstein estava vinculado ao Partido Comunista, daí sua orientação para Candido Portinari no Rio e Antonio Berni em Buenos Aires. O MoMA adquiriu então vários artistas naïfs, como Cardosinho, no Brasil, e impulsionou o sucesso dos pintores haitianos, que se refletiu na primeira coleção do MAM. Essa ação teve, pois, consequência na política de aquisição dos museus brasileiros e na formação do Grupo Frente.

O Grupo Frente realizou quatro exposições entre 1954 e 1956. A primeira, já mencionada, foi na sede do Ibeu, na rua Senador Vergueiro, 103, no Flamengo, e reuniu 24 obras. A segunda, realizada no MAM em julho de 1955, contou com a participação de 15 artistas. A terceira e a quarta foram montadas respectivamente no Itatiaia Country Clube, em Resende, e na Companhia Siderúrgica Nacional, em Volta Redonda, em 1956,[16] tendo sido a última mostra prestigiada pelo artista argentino Tomás Maldonado. No prefácio do catálogo da segunda mostra, Mário Pedrosa notou que "seus membros são todos jovens. (...) Isso quer dizer que o grupo está aberto para o futuro, para as gerações em formação. Mais promissor ainda é o fato de o grupo não ser uma panelinha fechada, nem muito menos a academia onde se ensinam e se aprendem regrinhas e receitas para fazer Abstracionismo, Concretismo, Expressionismo, Futurismo, Cubismo, realismos e neorrealismos e outros ismos. Aí está Elisa ao lado de Serpa, Val junto a Lygia Clark, aí estão Franz Weissmann e Lygia Pape, Vincent [Ibberson], romântico, encostado a João José, concretista, e Decio Vieira e Aluísio Carvão, irmãos mas tão diferentes! E não falemos nesse terrível Abraham Palatnik, inventor, construtor, novelista".[17] Com o aumento do número de participantes, sua heterogeneidade e mesmo suas diferenças no interior da abstração geométrica pareciam deslocar o Grupo Frente na direção de um grupo amplo que se associava para expor mais do que para debater. O amadurecimento do projeto construtivo de alguns artistas parece assim ter levado o núcleo sólido do pensamento construtivo a desenvolver outros caminhos de diálogo.

Lygia Pape
Composição, 1955, Xilogravura, 33 x 48 cm, Fundação Biblioteca Nacional (Rio de Janeiro, RJ)

Composition, 1955, Woodcut, Fundação Biblioteca Nacional (Rio de Janeiro, RJ)

[12] Esta pintura integra a coleção do MAR por oferecimento de um doador anônimo (Fundo Z).

[13] Braga, Rubem. *Três primitivos*. Rio de Janeiro: Ministério da Educação/Serviço de Documentação, série Os Cadernos de Cultura n. 63, 1953. p. 14.

[14] D'Ávila, Patricia Miranda. *Primitivo, naïf, ingênuo*: um estudo da recepção e notas para uma interpretação da pintura de Heitor dos Prazeres. 2009. 115 p. Dissertação (Mestrado em Artes Visuais). Escola de Comunicações e Artes, Universidade de São Paulo, São Paulo. Disponível em: <http://www.teses.usp.br/teses/disponiveis/27/27160/tde-26102010-164133/pt-br.php>. Consultado em 22 de maio de 2013.

[15] Idem, p. 4.

[16] Cunha, Eileen. Grupo Frente e o experimentalismo emergente de Lygia Pape, Lygia Clark e Helio Oiticica. *Arte e Ensaios – Revista do Mestrado em História da Arte (EBA/UFRJ)*, Rio de Janeiro, v. 1, n. 1, p. 39-52, 1994.

[17] Apud Guerra, Tatiana Rysevas; Peccini, Daisy. *Grupo Frente*. Disponível em: <http://www.macvirtual.usp.br/mac/templates/projetos/seculoxx/modulo3/frente/index.html>. Acesso em 20 de setembro de 2014.

Grupo Frente na casa de Vincent Ibberson. A partir da esquerda: César Oiticica, Vincent Ibberson, Lygia Pape, Ivan Serpa, Erik Baruch e Abraham Palatnik

Frente Group at Vincent Ibberson's house. From the left: César Oiticica, Vincent Ibberson, Lygia Pape, Ivan Serpa, Erik Baruch and Abraham Palatnik

[18] Gullar, Ferreira. In: Grupo Frente. Rio de Janeiro: IBEU Gallery, 1954. Folder.

[19] Maurício, Jayme. Interview with Ivan Serpa. Correio da Manhã, Rio de Janeiro, July 16th, 1957.

[20] Costa, João José da. In a testimonial to Ferreira Gullar. In: Grupo Frente/1954-1956; I Exposição Nacional de Arte Abstrata Hotel Quitandinha / 1953. Rio de Janeiro: Galeria de Arte Banerj, 1984. (Art Exhibits Cycle in Rio de Janeiro).

[21] Quadros, Anna Letycia. Forma, Rio de Janeiro, n. 3.

[22] Cordeiro, Waldemar apud Bandeira, João (org.). Arte concreta paulista: documentos. [São Paulo concrete art: documents.] São Paulo: Cosac Naify, Centro Universitário Maria Antonia (USP), 2002. Text originally published on the newspaper Correio Paulistano, on January 11th, 1953.

[23] Fiedler, Konrad. Afforismi sull'arte. Translation by Rosana Rossanda. Milano: Alessandro Minuziano, 1945.

[24] In Art Concret, n. 1, Paris, 1930.

[25] Cordeiro, Waldemar apud Bandeira, João (org.), op. cit.

[26] Gullar, Ferreira. Da arte concreta à arte neoconcreta [From concrete art to neo-concrete art], Jornal do Brasil, Rio de Janeiro, July 18th, 1959, p.3. (Sunday Supplement)

Regarding the aesthetic program of the Frente Group, some predominant modes can be grouped, like the aesthetic of heterogeneity, pure visuality, constructive will, chromatic indiscipline, intuition in the dynamization of the numeric unconsciousness, the geometrization of space, but also the predominance of the non-figurativism, admitting the exception already mentioned. The dominant plastic thinking among the group's artists, yet fluid and not ruled was "abstract". Or, as defined by Ferreira Gullar in a comment about the first exhibit, most of the artists worked with a "pure visual world".[18] The heterogeneity of the art's modes of discourse, however, did not result in an eclecticism that would attenuate the constructive will and rigor among the artists involved with the concreteness of the form. In a testimonial to Jayme Maurício, Ivan Serpa informed that each member "tried to express themselves in art through their own experiences, lending their works a personal, intimate and spontaneous view of things and facts. Overall, we are in agreement with some of the aesthetic viewpoints, like in the case of the non-figurative artists who predominate in the Frente Group. This circumstance, however, is merely accidental".[19]

A rigorous artist, João José da Costa considered that each work bore an initial "organizing will", "which is not needed, but can be confused with no other".[20] Anna Letycia, in an article on Forma magazine, observed their mathematical sense.[21] Twenty years after the heated disputes between the concrete and the future neo-concrete artists, Lygia Pape says that "Ivan Serpa's geometry was a well-calculated thing, it developed over mathematical progressions". She also reminds that all those who were connected to Ivan Serpa adopted an interest in geometry, "by a natural tendency; she ascertains in her remarks that it "was intuitive mathematics, but we knew the Fibonacci sequence, we have read Max Bill and Vantongerloo". The Fibonacci series is a sequence of natural numbers – non-negative whole numbers – where the first two are 0 and 1, and in which each subsequent term corresponds to the sum of the two preceding numbers (0, 1, 1, 2, 3, 5, 8, 13, 21, 34, 55...). At the time of this testimonial given by Lygia Pape, the vision of Lygia Serpa, the painter's widow, was paradoxically opposite: "By the time of concrete art [roughly corresponding to the Frente Group period], Ivan used to say: 'If I studied mathematics I could reach the results I pursue in my painting much quicker'." Some of the most disseminated principles among the members of the Frente Group included the geometrization of the space, intuition and experimentation, the dynamics between line and plane, the chromatic indiscipline, the notion of structure, the modulation of forms and the orthogonality, as seen in Decio Vieira. In Weissmann's work and in the organic line of Clark's painting resides the incorporation of the void.

In his article "Ruptura", of 1953,[22] Waldemar Cordeiro mentioned the philosopher Konrad Fiedler (1841-1895) twice in the 1945[23] Italian translation, mentioning him as the "founder of the theory of the 'pure visuality' [from where his notion of pre-visualization of the form would derive], and who inspired Walter Gropius, creator of the Bauhaus", and positioned him in the relationship between art and concept. Cordeiro expanded and detailed the notions of his manifesto Ruptura from the previous year to consolidate the foundation of concretism in São Paulo which he intended to be hegemonic. Theo van Doesburg, Hélion and others said in 1930 in the Manifeste de l'art concret: "The work must be entirely conceived in the spirit before its execution."[24] In the manifesto Ruptura Cordeiro responded professing the same pre-formism of the European concrete art, claiming that it was necessary to "give art a defined place in the framework of the contemporary spiritual work, considering it a means of knowledge deductible of concepts, positioning it above opinion, requiring previous knowledge for its judgment".[25] None of this would touch the inventive experimentalism that was already being outlined in the concretist landscape in Rio. While neo-concretism replaced intuition in the core of the poetic work, as proclaimed by Ferreira Gullar,[26] this task only consolidated more productively due to the experience of the Frente Group.

Sobre o programa estético do Grupo Frente, pode-se agrupar alguns modos predominantes, como a estética da heterogeneidade, da visualidade pura, da vontade construtiva, da indisciplina cromática, da intuição na dinamização do inconsciente numérico, da geometrização do espaço, mas também da predominância do não figurativismo, admitida a exceção já abordada. O pensamento plástico dominante entre os artistas do grupo, ainda que fluido e não legislado, era "abstrato". Ou, como definiu Ferreira Gullar em comentário sobre a primeira mostra, a maioria dos artistas trabalhava um "mundo visual puro".[18] A heterogeneidade dos modos de discurso da arte não resultou, no entanto, num ecletismo que atenuasse a vontade construtiva e o rigor entre os artistas envolvidos com a concretude da forma. Em depoimento a Jayme Maurício, Ivan Serpa informava que cada membro "procurou exprimir-se em arte através de suas próprias experiências, imprimindo aos seus trabalhos uma visão pessoal, íntima e espontânea das coisas e fatos. De um modo geral, estamos de acordo com determinados pontos de vista estéticos, como no caso dos não figurativos que no Grupo Frente predominam. Essa circunstância, porém, é meramente acidental".[19]

Artista rigoroso, João José da Costa considerava que havia uma "vontade organizadora" inicial em cada obra, "que não se precisa, mas que não se confunde com nenhuma outra".[20] Anna Letycia, em artigo na revista *Forma*, observou seu senso matemático.[21] Vinte anos depois do calor das disputas entre os concretistas e futuros neoconcretos, Lygia Pape conta que "a geometria de Ivan Serpa era uma coisa muito calculada, desenvolvia-se em cima de progressões matemáticas". Lembra ainda que todos os que estavam ligados a Ivan Serpa adotaram um interesse na geometria, "por uma tendência natural"; certifica em suas ressalvas que "era uma matemática intuitiva, mas conhecíamos a série de Fibonacci, líamos textos de Max Bill e Vantongerloo". A sucessão de Fibonacci é uma sequência de números naturais – números inteiros não negativos – em que os dois primeiros termos são 0 e 1, e em que cada termo subsequente corresponde à soma dos dois precedentes (0, 1, 1, 2, 3, 5, 8, 13, 21, 34, 55...). Na mesma época desse depoimento de Lygia Pape, a visão de Lygia Serpa, viúva do pintor, era paradoxalmente oposta: "À época concretista [correspondente, *grosso modo*, ao período do Grupo Frente], Ivan me dizia: 'Se eu estudasse matemática poderia alcançar mais rapidamente os resultados que persigo em minha pintura'." Alguns dos princípios mais difundidos entre os afiliados ao Grupo Frente incluíam a geometrização do espaço, a intuição e a experimentação, a dinâmica entre linha e plano, a indisciplina cromática, a noção de estrutura, a modulação das formas e a ortogonalidade, como se vê em Decio Vieira. Na obra de Weissmann e na linha orgânica da pintura de Clark está a incorporação do vazio.

No artigo "Ruptura", de 1953,[22] Waldemar Cordeiro citava duas vezes o filósofo Konrad Fiedler (1841-1895) na tradução italiana de 1945,[23] mencionando-o como o "fundador da teoria da 'pura visualidade' [de onde derivaria sua noção de pré-visualização da forma], o inspirador de Walter Gropius, que criou a Bauhaus", e situava-o na relação entre arte e conceito. Cordeiro expandia e detalhava as noções de seu manifesto *Ruptura* do ano anterior para consolidar a base do concretismo paulistano que pretendia hegemônico. Theo van Doesburg, Hélion e outros declararam em 1930 no *Manifeste de l'art concret*: "A obra deve ser inteiramente concebida no espírito antes de sua execução."[24] Um replicante, Cordeiro preconizou no manifesto *Ruptura* o mesmo pré-formismo da arte concreta europeia, reivindicando ser necessário "conferir à arte um lugar definido no quadro do trabalho espiritual contemporâneo, considerando-a um meio de conhecimento dedutível de conceitos, situando-a acima da opinião, exigindo para o seu juízo o conhecimento prévio".[25] Nada disso poderia comover o experimentalismo inventivo que já se esboçava no panorama concretista do Rio. Se o neoconcretismo repôs a intuição no centro do trabalho poético, como proclama Ferreira Gullar,[26] essa tarefa só se consolidou mais produtivamente por conta da experiência do Grupo Frente.

III Exposição do Grupo Frente no Itatiaia Country Club, Resende, 1956. A partir da esquerda: Oliveira Bastos, Hélio Oiticica (encoberto), Ferreira Gullar, Teresa Aragão, Bezerra, Mário Pedrosa, Lygia Clark, Vera Pedrosa, Ivan Serpa, Léa e Abraham Palatnik. Arquivo Ferreira Gullar

III Frente Group exhibit at Itatiaia Country Club, Resende, 1956. From the left: Oliveira Bastos, Hélio Oiticica (covered), Ferreira Gullar, Teresa Aragão, Bezerra, Mário Pedrosa, Lygia Clark, Vera Pedrosa, Ivan Serpa, Léa and Abraham Palatnik. Ferreira Gullar collection

[18] Gullar, Ferreira. In: *Grupo Frente*. Rio de Janeiro: Galeria IBEU, 1954. Folheto.

[19] Maurício, Jayme. Entrevista com Ivan Serpa. *Correio da Manhã*, Rio de Janeiro, 16 de julho de 1957.

[20] Costa, João José da. Em depoimento a Ferreira Gullar. In: *Grupo Frente/1954-1956; Primeira Exposição Nacional de Arte Abstrata Hotel Quitandinha/1953*. Rio de Janeiro: Galeria de Arte Banerj, 1984. (Ciclo de Exposições sobre Arte no Rio de Janeiro).

[21] Quadros, Anna Letycia. *Forma*, Rio de Janeiro, n. 3.

[22] Cordeiro, Waldemar apud Bandeira, João (org.). *Arte concreta paulista*: documentos. São Paulo: Cosac Naify, Centro Universitário Maria Antonia (USP), 2002. Texto publicado originalmente no jornal *Correio Paulistano*, em 11 de janeiro de 1953.

[23] Fiedler, Konrad. *Afforismi sull'arte*. Trad. de Rosana Rossanda. Milano: Alessandro Minuziano, 1945.

[24] In *Art Concret*, n. 1, Paris, 1930.

[25] Cordeiro, Waldemar apud Bandeira, João (org.), op. cit.

[26] Gullar, Ferreira. Da arte concreta à arte neoconcreta, *Jornal do Brasil*, Rio de Janeiro, 18 de julho de 1959, p.3. (Suplemento Dominical)

Theo van Doesburg
Prancha de um álbum da Biblioteca de Decio Vieira
Album sheet from Decio Vieira's library

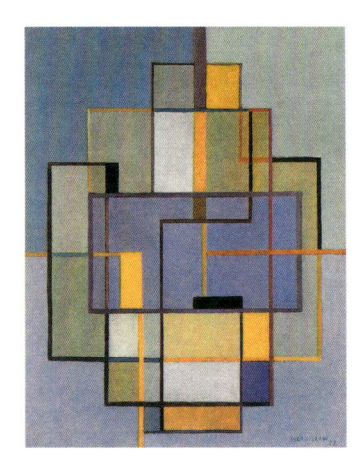

Anatol Wladyslaw
Composição ortogonal n° 2, 1952, óleo sobre tela, 72 x 58,5 cm, Coleção particular

Orthogonal Composition n. 2, 1952, Oil on canvas, Private collection

[27] Morais, Frederico. *A vocação construtiva da arte latino-americana (mas o caos permanece)*. In: Pontual, Roberto. *América Latina: geometria sensível*. Rio de Janeiro: Edições Jornal do Brasil/GBM, 1978. p. 13.

[28] Scovino, Felipe, op. cit.

[29] Ferreira, Maria da Glória. et al., op. cit.

[30] Vieira, Decio. Testimonial. In: Ferreira, Maria da Glória, op. cit.

Before the big epistemological leap of neo-concretism, some models of the European art impressed the environment in Rio, such as Joseph Albers, perhaps more than Max Bill, and painter Gildewart Vordemberg, for the delicacy of the use of experimental materials (as sand) and the spatial game of forms. These artists were present in Rio de Janeiro MAM's collection by the time the Frente Group emerged. Frederico Morais called attention to the relationship between Decio Vieira's painting and Tatlin's counter-reliefs.[27] The new paradigms of Malevich's and Mondrian's (present with one gouache in Niomar Muniz Sodré's collection) neo-concretism were yet to be completely established. Over the Frente Group period, Lygia Pape started her engraving work, which then articulated organic and geometric forms, and shortly moved to the phenomenological reasoning which resulted in the series Tecelares. It was also during the Frente Group period that Lygia Pape produced the great leap of the plastic space reasoning with the invention of the organic line, the disarticulation of the frame toward the integral constitution of the notion of space, and the continuous investigation of the modulation spatial phenomenon. It was in the pastels of this period, as raised by Felipe Scovino, that Decio Vieira took over the task of "engendering space from the game between line, color and void".[28] Decio Vieira frequently worked articulating decentralization forces of the space whereas Clark worked on modulation. To this lexicon the incessant passage from the line to the planar dimension should be added as the foundation of the artist's wish for space. Juxtaposing lines to constitute two-dimensional forms and color fields (and not using lines only to mark the planes) is experimenting the passage from the one-dimensional line to the plane.

During the Frente Group period, Decio Vieira actively participated in the Salão Preto & Branco, a protest action in the scope of the National Salon of Modern Art in 1954. The movement was called the "strike of colors", because the artists agreed that all works enrolled would be black, white and gray as a way to denounce the problem of access to quality imported art materials. In 1952 the Carteira de Exportação e Importação [foreign trade agency] of Banco do Brasil revoked the license to import foreign paints saying that they could be replaced by nationally manufactured materials. In a document of April 1954 the artists argued that the prohibition was a "serious attack against the artist's professional life and against the high interests of the national artistic heritage".[29] Decio Vieira reports about his participation: "I was working with oil painting, and my drawing was geometric abstract. I already participated in the Frente Group. I do not recall if I made a specific work, because I already worked in white. I think I used one of these paintings. (...) The Salon became a beautiful thing, unusual, all paintings in black and white, and some in gray, a very weird thing, as if colors had run out, a very weird experience. The figurative works were even weirder, a black and white landscape became a very strange thing. Actually, you would better understand the abstract".[30] The testimonial attests that the artist already worked with white, a problem that would accompany his trajectory in different moments – this also means that the invitation to participate in the Salão Preto & Branco was a trial balloon for the process of economical reduction of the color and non-color in the Brazilian concrete art.

Antes do grande salto epistemológico do neoconcretismo, alguns modelos da arte europeia impressionavam o ambiente do Rio, tais como Josef Albers, talvez mais que Max Bill, e o pintor Gildewart Vordemberg, pela delicadeza do uso dos materiais experimentais da modernidade (como a areia) e do jogo espacial das formas. Esses artistas estavam presentes no acervo do MAM carioca por ocasião do surgimento do Grupo Frente. Frederico Morais alertou para a relação entre a pintura de Decio Vieira e os *contrarrelevos* de Tatlin.[27] Ainda não estavam completamente assentados os futuros paradigmas do neoconcretismo de Malevich e de Mondrian (presente com um guache na coleção de Niomar Muniz Sodré). No período do Grupo Frente, Lygia Pape iniciou suas xilogravuras, que então articulavam formas orgânicas e geométricas, e logo passou ao raciocínio fenomenológico que resultou na série *Tecelares*. Foi também no período do Grupo Frente que Lygia Clark produziu o grande salto do raciocínio do espaço plástico com a invenção da linha orgânica, da desarticulação da moldura na direção da constituição íntegra da noção de espaço e a contínua investigação do fenômeno espacial da modulação. Foi nos pastéis desse período que, como levantou Felipe Scovino, Decio Vieira assumiu a tarefa de "engendrar espaço a partir do jogo entre linha, cor e vazio".[28] Decio Vieira atuava frequentemente articulando forças de descentramento do espaço, onde Clark operava a modulação. A esse léxico deveria ser agregada a incessante passagem da linha à dimensão planar como uma base da vontade de espaço nesse artista. Justapor linhas para constituir formas bidimensionais e campos de cor (e não usar linhas apenas para demarcar os planos) é experimentar a passagem do linear unidimensional ao plano.

No período do Grupo Frente, Decio Vieira participou ativamente do Salão Preto e Branco, uma ação de protesto no âmbito do Salão Nacional de Arte Moderna de 1954. O movimento foi chamado de "greve das cores", pois os artistas convencionaram que todos os trabalhos inscritos seriam em preto, branco e cinza como denúncia do problema de acesso aos bons materiais de arte importados. Em 1952, a Carteira de Exportação e Importação do Banco do Brasil cassou a licença de importação de tintas estrangeiras sob a argumentação de que poderiam ser substituídas por material de fabricação nacional. Em documento de abril de 1954, os artistas argumentaram que a proibição era "um grave atentado contra a vida profissional do artista e contra os altos interesses do patrimônio artístico nacional."[29] Decio Vieira dá conta de sua participação: "Eu trabalhava com pintura a óleo, e meu desenho era abstrato geométrico. Já participava do Grupo Frente. Não me lembro se fiz um trabalho específico, porque já trabalhava em branco. Acho que usei um desses quadros. (...) o Salão ficou uma coisa bonita, inusitada, todos os quadros em preto e branco e uns cinzas, uma coisa estranhíssima, como se a cor tivesse acabado, uma experiência muito interessante. Os trabalhos figurativos ficaram mais estranhos ainda, uma paisagem em branco e preto ficou uma coisa esquisitíssima. Na verdade, você entendia melhor o abstrato".[30] O depoimento indica que o artista já trabalhava com o branco, um problema que acompanharia sua trajetória em diferentes momentos – isso vale dizer também que o convite para participar no Salão Preto e Branco se constituiu num balão de ensaio para o processo de redução econômica da cor e da não cor na arte concreta brasileira.

César Oiticica

Sem título, 1959, guache sobre papel, 39 x 59,5 cm, Coleção Museum of Fine Arts Houston

No title, 1959, Gouache on paper, Museum of Fine Arts Houston collection

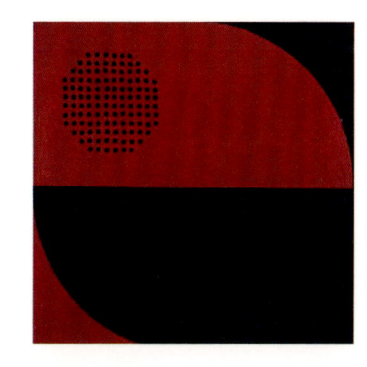

Hélio Oiticica

S/ título (Grupo Frente), 1957, Coleção Patricia Cisneros

No title (Frente Group), 1957, Patricia Cisneros collection

[27] Morais, Frederico. A vocação construtiva da arte latino-americana (mas o caos permanece). In: Pontual, Roberto. *América Latina:* geometria sensível. Rio de Janeiro: Edições Jornal do Brasil/GBM, 1978. p. 13.

[28] Scovino, Felipe, op. cit.

[29] Ferreira, Maria da Glória. et al., op. cit.

[30] Vieira, Decio. Depoimento. In: Ferreira, Maria da Glória, op. cit.

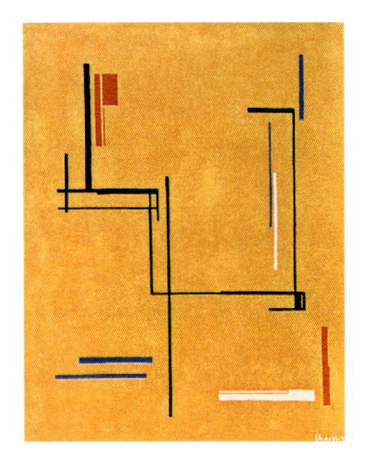

Lothar Charoux
Abstrato Geométrico, 1952, Óleo sobre tela, 60,5 x 49 cm, Coleção particular
Geometric Abstract, 1952, Oil on canvas, Private Collection

Manifesto Ruptura, 1952
Ruptura Manifest, 1952

[31] *Cordeiro, Waldemar, op. cit.*

[32] *Cordeiro, Waldemar. Teoria e prática do concretismo carioca [Theory and practice of the Rio de Janeiro practice]. Arquitetura e Decoração, São Paulo, April 1957.*

[33] *Cordeiro, Waldemar. O objeto. [The object]. Arquitetura e Decoração, São Paulo, December 1956.*

[34] *Pedrosa, Mário. Paulistas e cariocas. In: Amaral, Aracy (coord.). Arte construtiva no Brasil. São Paulo: DBA, 1998. p. 136-138.*

The beginning of Decio Vieira's abstract-geometric painting coincided with the political arrival of Waldemar Cordeiro in the Brazilian artistic scene, author of the manifesto Ruptura in 1952. Cordeiro was interested in developing the "laws of painting". Cícero Dias's "non-figurativism" was deemed hedonist because it created "new forms of old principles";[31] he did precisely this in the painting Desenvolvimento óptico da espiral de Arquimedes (1952). At the time of the 1st National Exhibit of Concrete Art, in 1957 he diagnosed that the production was reduced to Rio and São Paulo: "Look at Ivan Serpa, to have an idea of how lost were our colleagues in Rio. He uses even brown in these paintings".[32] He also criticized the "clichéd problem of neo-plasticism", although in December of the previous year he had said that "spatial painting found its apogee with Malevich and Mondrian".[33] Paradoxically it took the aggressive Cordeiro, so sure about his formulas, some years to overcome the large dissonance between the theory, which he claimed against all differences, and his effective practice of painting.

The philosopher makes philosophy and not mathematics, argues a vehement Ludwig Wittgenstein, but perhaps the artist Waldemar Cordeiro thought that the painter made only mathematics. Reason was for him the absolute commitment of language, as in the paradigmatic case of the painting Desenvolvimento óptico da espiral de Arquimedes, where the recognition in terms of polar coordinators (r, 0) produced only an equation painted over a chromatic background, i.e., a drawing on a background. In the beginning the challenging problem of the visible ideas, in philosopher Konrad Fiedler's logic, was expressed in this confusion between the postulate and its simple geometric representation, because the painter's task seems to be painting the polar coordinates (r, 0), Archimedes' spiral, as a theme, instead of it being the possible engine of the construction of the concrete space, which he claimed with such violence of himself and artists in general, not only from the Frente Group, as he did at the time of the edition of the manifesto Ruptura in 1952. Everything in that painting is described as a graphic demonstration of the equation $r = a + b0$, where a and b are the explanation of real numbers, as a mere figure on a background. In the 1957 article "Paulistas e cariocas", Mário Pedrosa lists the differences between São Paulo and Rio concrete artists, most from the Frente Group, highlighting São Paulo artists' "sapience" and cariocas' intuition. "Rio artists are far away from this severe concrete conscious of their paulista colleagues", says Pedrosa.[34] Decio Vieira's visual poetics, in turn, has always escaped from the hegemonic ruling of any absolute mathematical model for the ruling of his discourse, which would take on a more hedonist inflection drawing from his becoming mature in the 1960s and 1970s.

About Decio Vieira, in that same article, Pedrosa observes that practically the last physical-sensorial contact of the paulista artists is the canvas, and they love the idea. The critic afterwards masterly synthetizes the significance of the Petrópolis painter. Pedrosa's argumentation in "Paulistas e cariocas" justifies the long citation: "Decio Vieira is, in this sense, a sensual cat, transpiring aristocratic indolence, agility, intelligence. What concerns him is the canvas, which he articulates with subtle precision, although disguised by the porous brushstroke, in an all personal color, infusive and non-delimiting. He is an abstract rather than a concrete. The other carioca painters also commit sins of heresy."

O início da pintura abstrato-geométrica de Decio Vieira coincidiu com a entrada política na cena artística brasileira de Waldemar Cordeiro, autor do manifesto *Ruptura* em 1952. Cordeiro estava interessado em desenvolver as "leis da pintura". Julgava hedonista "o não figurativismo" de Cícero Dias, porque criava "formas novas de princípios velhos";[31] fez exatamente isto na tela *Desenvolvimento óptico da espiral de Arquimedes* (1952). Por ocasião da *I Exposição Nacional de Arte Concreta*, diagnosticou em 1957 que a produção estava reduzida ao Rio e a São Paulo: "Veja-se Ivan Serpa, para se ter uma ideia do grau de desnorteamento dos nossos colegas cariocas. Até marrom usa nesses quadros".[32] Criticava ainda a "problemática surrada do neoplasticismo", embora em dezembro do ano anterior houvesse apontado que "a pintura espacial encontra seu apogeu com Malevich e Mondrian".[33] Paradoxalmente, foram necessários alguns anos para que o agressivo Cordeiro, tão seguro de suas fórmulas, superasse o enorme descompasso entre a teoria, que reivindicava contra todas as diferenças, e sua prática efetiva da pintura.

O filósofo faz filosofia e não matemática, argumenta um veemente Ludwig Wittgenstein, mas talvez o artista Waldemar Cordeiro pensasse que o pintor fizesse só matemática. A razão era, para ele, o absoluto compromisso da linguagem, como no caso paradigmático do quadro *Desenvolvimento óptico da espiral de Arquimedes*, no qual o reconhecimento, em termos de coordenadas polares $(r, 0)$, gerou apenas uma equação pintada sobre um fundo cromático, isto é, um desenho sobre fundo. No início, o problema desafiador das ideias visíveis, na lógica do filósofo Konrad Fiedler, enunciava-se nessa confusão entre postulado e sua simples representação geométrica, pois a tarefa do pintor parece ser pintar as coordenadas polares $(r, 0)$, a espiral de Arquimedes, como tema, em lugar de ser ela o possível motor da construção do espaço concreto, que ele reivindicava com tanta violência de si e dos artistas em geral, não apenas do Grupo Frente, como fez por ocasião da edição do manifesto *Ruptura* em 1952. Tudo se descreve naquela pintura como demonstração gráfica da equação $r = a + b0$, sendo a e b em explanação dos números reais, como mera figura sobre fundo. No artigo "Paulistas e cariocas", de 1957, Mário Pedrosa enumera as diferenças entre os concretistas paulistas e os cariocas, na maioria egressos do Grupo Frente, ressaltando a "sabença" dos artistas de São Paulo e a intuição dos cariocas. "Os artistas cariocas estão longe dessa severa consciência concretista de seus colegas paulistas", diz Pedrosa.[34] Por seu turno, a poética visual de Decio Vieira evadiu-se sempre da regência hegemônica de qualquer modelo matemático absoluto para a regência de seu discurso, que tomaria uma inflexão mais hedonista a partir de seu amadurecimento nas décadas de 1960 e 1970.

A propósito de Decio Vieira, naquele mesmo artigo Pedrosa observa que praticamente o último contato físico-sensorial dos paulistas é a tela e eles amam a ideia. Em seguida, o crítico sintetiza magistralmente o significado do pintor petropolitano. A argumentação de Pedrosa em "Paulistas e cariocas" justifica a longa citação: "Decio Vieira é, nesse sentido, um gato sensual, que transpira indolência aristocrática, agilidade, inteligência. O que o preocupa é o espaço da tela que articula com sutil precisão, embora disfarçada pela pincelada porosa, numa cor toda pessoal, infusiva e não delimitadora. É antes um abstrato que um concretista. Os outros pintores cariocas também cometem pecados de heresia."

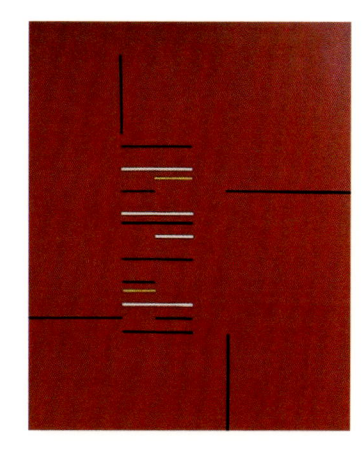

Aluísio Carvão

S/ Título, 1956, Óleo sobre tela, 46 x 38 cm, Coleção Particular

No title, 1956, Oil on canvas, Private collection

[31] Cordeiro, Waldemar, op. cit.

[32] Cordeiro, Waldemar. Teoria e prática do concretismo carioca. *Arquitetura e Decoração*, São Paulo, abril de 1957.

[33] Cordeiro, Waldemar. O objeto. *Arquitetura e Decoração*, São Paulo, dezembro de 1956.

[34] Pedrosa, Mário. "Paulistas e cariocas". In: Amaral, Aracy (coord.). *Arte construtiva no Brasil:* coleção Adolpho Leirner. São Paulo: DBA, 1998. p. 136-138.

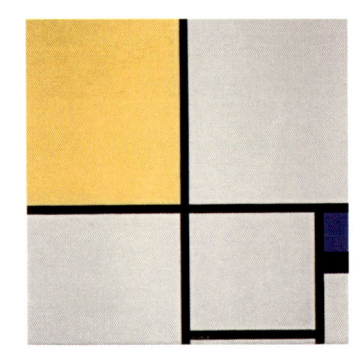

Piet Mondrian
Composition N. II with Yellow and Blue, 1931, Óleo sobre tela, 50,8 x 50,8 cm, Coleção Patricia Cisneros

Composition N. II with Yellow and Blue, 1931, Oil on canvas, Patricia Cisneros collection

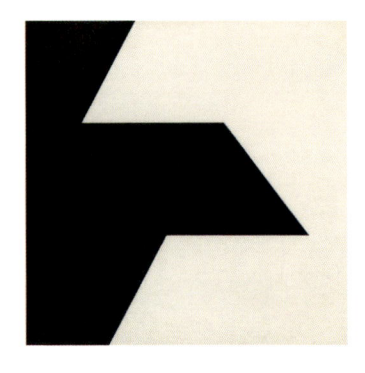

Lygia Clark
Planos em Superfície Modulada série B n°1, 1958, Tinta industrial sobre madeira, 100 x 100 cm

Plans on Modulate Surface series B n°1, 1958, Industrial ink on wood

[35] Scovino, Felipe, op. cit.

[36] Leskoschek, Axl, op. cit.

Rio's artists' absolutely anticanonical experimental drive was already being observed. Waldemar Cordeiro's derogatory expression about Ivan Serpa – "even brown is present in these paintings" – is indicative of the chromatic indiscipline (and perhaps one of the sins of heresy, mentioned by Mário Pedrosa) which, not reaching Lygia Clark, was opposite to the color lexicon to which Ruptura intended to reduce in São Paulo concretism with the primary colors, occasionally allowing for the secondary with moderation. The term "lost" here gains a political cartographic meaning. It appears more than a symptom of Cordeiro's demand for an adjustment to the European canon (Northern hemisphere) and also his distance in regard of Joaquín Torres García's investigations. The Uruguayan painter employed brown in abundance and had had an intellectual dispute with Theo van Doesburg, Cordeiro's cardinal point of his aesthetic direction. Torres García peremptorily claimed that our north, for the Latin American artists, was the South, as a call for cultural independence and autonomy in invention. Lygia Pape adds in her aforementioned testimonial that the artists of the group who worked around Serpa use "very few colors". Cordeiro had taken Theo van Doesburg's Manifesto da arte concreta (1930) guidance and others with extreme rigor. Intuitive in the geometric structure, the artists from the Frente Group betrayed, or better saying, ignored Cordeiro's mandatory concrete creed in his plastic and conceptual axis, formed by Doesburg's visual rules and the practical requirements extracted from Fiedler's thought, respected as a catechism. Libertarian indiscipline will be present in the foundation of Decio Vieira's poetics of chromatic sensoriality.

During the time of their articulation the artists with a constructive tendency in the Frente Group developed some investigations about the relationship between space and ontology of the art object, which would later become fiercer with the leap of neo-concretism. Felipe Scovino's laudable effort in his defining analysis of Decio Vieira's work uniqueness would seem founded on the expression "a method rarely used by the Brazilian constructive artists: distortions of perspective by means of some sort of lyric concrete painting".[35] However until now we have been unsuccessful in the pursuit of using such a perspective in Decio Vieira's corpus in meaningful yet distorted density. The program of space, common to some artists of the Frente Group, included the mesh, the orthogonality, the structure, the modulation, and the temporalization of the form, the void, the negative space, the spatialization of the color, the planar dimension in sculpture, among other aspects.

It is possible to correlate the first draft of the "constructive will" in certain Decio Vieira's drawings, still in his formation period, with some engravings by Axl Leskoschek, like the image of Penelope at her weaving loom in the series Odisseia.[36] The mesh as a weaving loom is in the foundation of the engravings Tecelares of Lygia Pape, a student of Fayga Ostrower, who in turn had been Leskoschek's student, who returned to Vienna in 1949. One can then think of the first half of the 1950s, Oswaldo Goeldi's collection of engravings in Günther and Lygia Pape's collection, the association between Decio Vieira and Fayga Ostrower around design, and the presence of Livio Abramo in Rio, period when his friendship with Ostrower had started. One can also think of the triad relationship between Decio Vieira, Fayga Ostrower and Lygia Pape. During this period appear the first Pape's Tecelares, which with their isolated organic forms and crossed by geometric insertions, would better bear witness to aesthetics more consistent with the paradigms of Frente Group's artists, some of them still to become aligned with the neat finishes of the object or the concrete objectivity of the form.

Já se observava a vocação experimental, absolutamente anticanônica dos artistas do Rio. Aquela expressão derrogatória de Waldemar Cordeiro a respeito de Ivan Serpa – "até marrom há nesses quadros" – é indicativa da indisciplina cromática (e talvez um dos pecados de heresia, aventado por Mário Pedrosa) que, não atingindo uma Lygia Clark, era oposta ao léxico da cor a que o *Ruptura* quis reduzir-se no concretismo paulistano com as cores primárias, eventualmente abrindo-se às secundárias com comedimento. O termo "desnorteamento" ganha aqui uma conotação cartográfica política. Aparece como mais um sintoma da demanda de Cordeiro por um ajustamento ao cânon europeu (o hemisfério Norte) e também indica sua distância com relação às investigações de Joaquín Torres García. O pintor uruguaio empregava abundantemente o marrom e havia tido uma rixa intelectual com Theo van Doesburg, o ponto cardeal da orientação estética de Cordeiro. Torres García reivindicou peremptório que o nosso norte, para os artistas da América Latina, é o Sul, como um chamado por independência cultural e autonomia da invenção. Lygia Pape acrescenta, em seu citado depoimento, que os artistas do grupo que atuavam em torno de Serpa trabalhavam com "pouquíssimas cores". Cordeiro havia tomado a orientação do *Manifesto da arte concreta* (1930) de Theo van Doesburg e outros com extremo rigor. Intuitivos na estruturação geométrica e indisciplinados na articulação da cor, os artistas do Grupo Frente traíam ou, melhor, simplesmente ignoravam o credo concretista mandatório de Cordeiro em seu eixo plástico e conceitual, formado pelas regras visuais de Doesburg e pelas exigências práticas extraídas do pensamento de Fiedler, respeitado como catecismo. Uma indisciplina libertária estará na base da importância da poética da sensorialidade cromática de Decio Vieira.

Os artistas de tendência construtiva no Grupo Frente desenvolveram no período de vigência de sua articulação algumas investigações sobre a relação entre espaço e ontologia do objeto da arte que depois iriam se acirrar com o salto do neoconcretismo. O esforço louvável de Felipe Scovino na análise definidora da singularidade da obra de Decio Vieira pareceria assentado na expressão "um método pouco usado pelos artistas construtivos brasileiros: distorções da perspectiva por meio de uma espécie de pintura concretista lírica".³⁵ No entanto, temos sido até aqui malsucedidos na busca de tal uso da perspectiva no corpus de Decio Vieira em densidade significativa, ainda que distorcida. O programa de espaço, comum a alguns artistas do Grupo Frente, incluía a malha, a ortogonalidade, a estrutura, a modulação e a temporalização da forma, o vazio, o espaço negativo, a espacialização da cor, a dimensão planar na escultura, entre outros aspectos.

É possível correlacionar o primeiro esboço da "vontade construtiva" em certos desenhos de Decio Vieira, ainda em seu período de formação, a algumas xilogravuras de Axl Leskoschek, como a imagem de Penélope em seu tear na série *Odisséia*.³⁶ A malha como tear está na base das gravuras Tecelares de Lygia Pape, aluna de Fayga Ostrower, que por sua vez fora aluna de Leskoschek, que retornou a Viena em 1949. Pode-se então, pensar, na primeira metade da década de 1950, a coleção de xilogravuras de Oswaldo Goeldi na coleção de Günther e Lygia Pape, a associação entre Decio Vieira e Fayga Ostrower em torno do design e a presença de Livio Abramo no Rio, período em que se fundou sua amizade com Ostrower. Pode-se pensar também na relação triádica entre Decio Vieira, Fayga Ostrower e Lygia Pape. Nesse período surgem os primeiros *Tecelares* de Pape, que, com suas formas orgânicas isoladas e atravessadas por inserções geométricas, testemunhariam melhor uma estética mais consistente com os paradigmas dos artistas do Grupo Frente, nem todos já afinados com o acabamento esmerado do objeto ou com a objetividade concreta da forma.

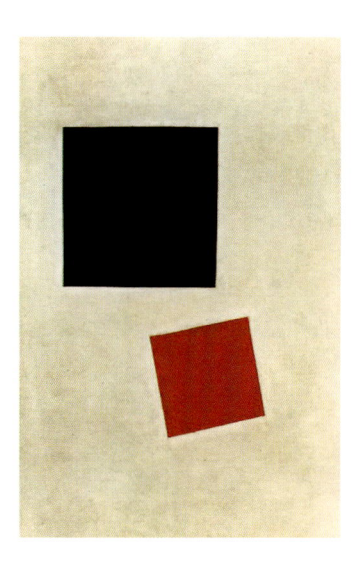

Kazimir Malevich

Painterly Realism of a Boy with a Knapsack – Color Masses in the Fourth Dimension, 1915, Óleo sobre tela, 71 x 44,5 cm, Coleção Museu de Arte Moderna de Nova York

Painterly Realism of a Boy with a Knapsack, Color Masses in the Fourth Dimension, 1915, Oil on canvas, Modern Art Museum - New York

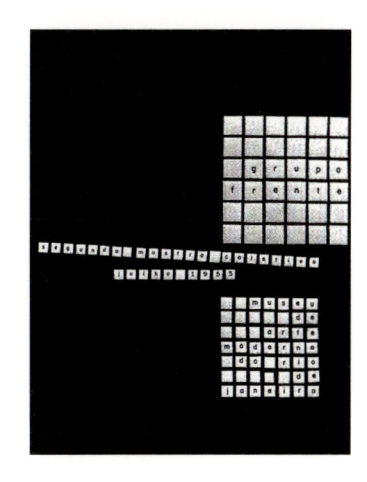

Capa do catálogo da II Exposição do Grupo Frente, MAM Rio, 1955

II Frente Group exhibit, Catalog cover, MAM Rio, 1955

³⁵ Scovino, Felipe, op. cit.

³⁶ Leskoschek, Axl, op. cit.

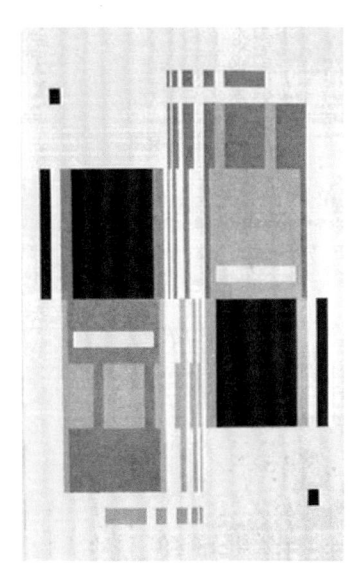

Rubem Ludolf
Assimetria Resultante de Deslocamentos Simétricos, 1955, Guache sobre papel, 42 x 28 cm

Resulting assimetry of simetric displacements, 1955, Gouache on paper

[37] Ostrower, Fayga. Universos da arte. São Paulo: Campus, 1983.

One of the main characteristics, common to some artists of the Frente Group, was the structuring of the space by orthogonality, no more by the naive division of the support in planes to be colored, like in the first abstract paintings of Lothar Charoux. Orthogonality is present in the first paintings of Hélio Oiticica, Rubem Ludolf and Decio Vieira. It is an inheritance from Piet Mondrian's neo-plasticism and the concrete art of Theo van Doesburg. During the period of Frente Group, some artists have worked on the legacy of aesthetic questions left by Mondrian, like the painting of Lygia Clark. There is a Frente poetics of the right angle, like for Le Corbusier: in "Poema do ângulo reto" (1955) the perpendicular angular precision is means, spirit, flesh and sign, desire and hunt. Mondrian's synthesis had been harmonizing and balancing primary colors and structures formed by perpendicular lines. In the young Decio Vieira's painting exists a prevalence of the harmonic relations of planes defined by perpendicular lines, although he had also introduced, with more risk, transversality.

The next step among artists from Rio de Janeiro brought the optimization of the structure with the wide employment of diagonals, modulation of the form, lozenges with the dramatic plastic usage of singular acute angles by Ivan Serpa (Faixas ritmadas, 1953), Lygia Clark, and João José da Silva Costa (Ideia múltipla, 1956). In her book Universos da arte,[37] Fayga Ostrower addresses "diagonality" in regard of the representation of volumetric forms – this indicates that this plastic issue was present in Decio Vieira's closer circle. Not confused with the process of graphic description of volumes, as in the aforementioned mistake of formalist Sérgio Bruno Martins when he compared Vieira's drawing with windmills and their blades, the diagonals in the two-dimensional plastic accompanied the painter's trajectory, because they were present in the Frente Group period, in neo-concretism, and in later periods.

Modulation was a gestalt resource that constituted dynamic plastic facts that mobilize the spectator's visual reasoning in a mechanical fashion, with little space for subjectivity processes. In Brazil this model is deeply linked to the dialog with modern architecture, especially of Affonso Eduardo Reidy, author of the Mam Rio architectonic project. Franz Weissmann and Mary Vieira will be the paradigmatic sculptors of the modulation of form under the linguistic turn of the mathematical unconsciousness. In Weissmann, during the Frente period, the modulation is surprised in its rigid logic game by the presence of industrial materials dominated for the poetic activation. In some columns the space is conquered by the material drawing – the drawing in space is a linguistic body engaged in the script of the engineering work. The articulation of modules in Weissmann's columns makes incorporated volumes emerge as solids of void. In her period with the Frente Group, Lygia Clark represents one of the major leaps in Brazilian art, because she articulates the organic line with the modulation of the pictorial surface in the most extraordinary space investigation of the first half of the 1950s. Decio Vieira in turn frequently interposed extra-gestalt questions to certain modular seriations. A sequence of rectangles changes color or form with no determinant logic, because there the set of differences and mathematical changes is produced as poetry of heterogeneous rhythms.

Uma das principais características comuns em alguns artistas do Grupo Frente, foi a estruturação do espaço pela ortogonalidade, já não mais pela divisão ingênua do suporte em planos para serem coloridos, como no caso dos primeiros quadros abstratos de Lothar Charoux. A ortogonalidade está em pinturas iniciais de Hélio Oiticica, Rubem Ludolf e Decio Vieira. Trata-se de uma herança do neoplasticismo de Piet Mondrian e da arte concreta de Theo van Doesburg. No período do Grupo Frente, alguns artistas trabalharam sobre o legado de questões estéticas deixadas por Mondrian, como a pintura de Lygia Clark. Existe uma poética Frente do ângulo reto, como para Le Corbusier: no "Poema do ângulo reto" (1955) a exatidão angular ortogonal é meio, espírito, carne e signo, desejo e caça. A síntese de Mondrian havia sido harmonizar e equilibrar as cores primárias e as estruturas formadas por linhas ortogonais. Na pintura do jovem Decio Vieira há uma prevalência das relações harmoniosas de planos definidos por linhas ortogonais, embora ele também tivesse introduzido, já com mais risco, a transversalidade.

No passo seguinte, entre os artistas do Rio de Janeiro, a dinamização da estrutura ocorreu pelo largo emprego de diagonais, modulação da forma, losangos com a dramática atuação plástica de ângulos agudos singulares por Ivan Serpa (*Faixas ritmadas*, 1953), Lygia Clark e João José da Silva Costa (*Ideia múltipla*, 1956). Em seu livro *Universos da arte*,[37] Fayga Ostrower aborda a "diagonalidade" no tocante à representação das formas volumétricas – isso indica que essa questão plástica estava no ambiente mais próximo de Decio Vieira. Não confundidas com o processo de descrição gráfica de volumes, como no apontado equívoco do formalista Sérgio Bruno Martins ao comparar os desenhos de Vieira a moinhos de vento com suas pás, as diagonais na plástica bidimensional acompanharam a trajetória do pintor, pois estiveram presentes no período do Grupo Frente, do neoconcretismo e em períodos posteriores.

A modulação foi um expediente gestáltico que constituiu fatos plásticos dinâmicos que mobilizam o raciocínio visual do espectador de modo mecânico, com pouco espaço para processos da subjetividade. No Brasil, esse modelo está profundamente vinculado ao diálogo com a arquitetura moderna, sobretudo de Affonso Eduardo Reidy, autor do projeto arquitetônico do MAM Rio. Franz Weissmann e Mary Vieira serão os escultores paradigmáticos da modulação da forma sob o turno linguístico do inconsciente matemático. Em Weissmann, no período Frente, a modulação é surpreendida em seu jogo lógico rígido pela presença de materiais industriais dominados para a ativação da poética. Em algumas colunas, o espaço é conquistado pelo desenho matérico – o desenho no espaço é corpo linguístico engajado na escritura da obra de engenharia. A articulação de módulos nas colunas de Weissmann faz emergir volumes incorporados como sólidos de vazio. Em seu período do Grupo Frente, a pintura de Lygia Clark é um dos grandes saltos da arte brasileira, pois articula a linha orgânica à modulação da superfície pictórica na mais extraordinária investigação de espaço na primeira metade da década de 1950 no Brasil. Já Decio Vieira frequentemente interpôs questões extra-gestálticas a certas seriações modulares. Uma sequência de retângulos troca de forma ou cor sem uma lógica determinante, porque aí o conjunto de diferenças e câmbios matemáticos e cromáticos se produz como poética de ritmos heterogêneos.

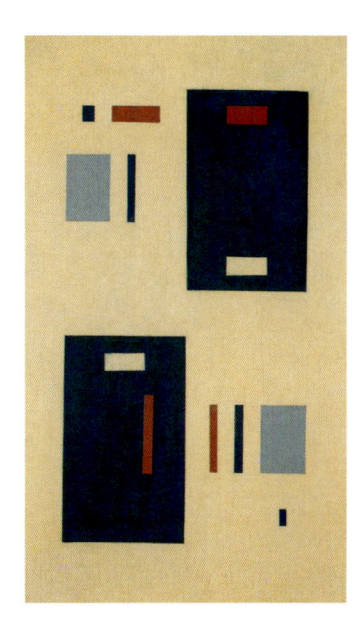

Decio Vieira

Composição, 1959, Óleo s/ madeira, 70 x 42 cm • Coleção Particular

Composition, 1959, Oil on wood, Private collection

[37] Ostrower, Fayga. *Universos da arte*. São Paulo: Campus, 1983.

Amilcar de Castro

S/ título, c. 1955, Aço, Coleção Museu de Arte Moderna do Rio de Janeiro

No title, c. 1955, Steel, MAM - RJ, Collection

[38] Work divided into three volumes originally published in the 1920s. Cassirer, Ernst. Filosofia das Formas Simbólicas. Vol I: A linguagem. São Paulo: Martins Fontes, 2001; Cassirer, Ernst. Filosofia das Formas Simbólicas. Vol II: O pensamento mítico. São Paulo: Martins Fontes, 2004; Cassirer, Ernst. Filosofia das Formas Simbólicas. Vol III: Fenomenologia do conhecimento. São Paulo: Martins Fontes, 2011.

[39] See Rowe, John Carlos, Structure. In: Lentricchia, Frank and McLaughlin, Thomas (ed.). Critical terms for literarys Study. 2 ed., Chicago: University of Chicago Press, 1995. p. 25.

[40] Klee, Paul. La pensée créatrice. Paris: Dessain et Tolra, s/d. p. 39 and onward, with no indication of translator.

[41] Clark, Lygia. Os propositores. Surveyed in Arquivo Lygia Clark, Centro de Documentação do Museu de Arte Moderna do Rio de Janeiro, s/d, 1 typewritten sheet.

[42] Cited by Kynaston McShine. In: Josef Albers: homenagem ao quadrado. New York: The Museum of Modern Art, 1954.

[43] Albers, Josef. Despite straight lines. Introduction by François Boucher. New Haven: Yale University Press, 1961. p. 11.

With the emergence of the neo-concrete artists, still during their Frente period, the notion of structure emerges as well, mainly with Franz Weissmann's Pontes and Torres, which sends us to the notion of "art work" in the classification of civil engineering. Although claimed by the paulista concretist artists, they failed to approximate art and industry, except for Geraldo de Barros. Weissmann, due to particular circumstances, was the Brazilian constructive artist who effectively and best integrated his production process of art to the industry. His brother was the owner of the bus body industry Ciferal in Rio de Janeiro and his studio was next to the plant. The relationship of the abstract-geometric artists in Rio with the notion of structure largely overcomes the empirical relations with the physical forms produced by engineering. Initially the structure appears among the Frente Group artists as a concatenation, which even if coexisting with ideas of modulation, articulates the form under a new logic that includes even the modular discontinuity like the squares altered by lozenges in a Decio Vieira painting. As a matter of fact, the penetration of philosopher Ernst Cassirer's, a neo-Kantian, thought, is in the base of the notion. In Filosofia das formas simbólicas,[38] Cassirer defends the symbolic dimension of the aesthetic language, a fact refuted by Waldemar Cordeiro's linguistic formalism. Pedrosa got acquainted with Cassirer's work in Germany back in the 1930s. The main fact is that this work by Cassirer is deemed by some authors as a matrix of the structuralism and post-structuralism.[39] The treatise O pensamento criador, by Paul Klee, artist who marked neo-concrete artists such as Lygia Clark, Lygia Pape and Decio Vieira in their origin, addresses questions like the "structure of the pictorial composition",[40] which, associated to drawings of demonstration of fields of strength of the image, was a trigger for many artists worldwide, including in Brazil, from Maria Leontina to Hélio Oiticica.

"We are proponents: we bring in ourselves a large void. We propose to lend sense to this void. (...) The plane has left its magic and dissolved."[41] Written in the mid-1960s, after the neo-concrete experience, Lygia Clark's text defines an action field that institutes the logic of her "non-artist" statute: it is the being who exchanges with another the poetic possibility to experiment the plenitude of the void. No nihilism, but all the strength of creation. The aesthetic of the void was implanted among some artists from the Frente Group including Franz Weissmann, Lygia Clark, Lygia Pape, Hélio Oiticica, Aluísio Carvão (the structure of match boxes) and Decio Vieira himself. The impact of Josef Albers on these artists from the Frente draws a connection here to Structural Constellations (lithographs, 1953-1958), ambiguous planar constructions that "defeat the logic and remain logic",[42] that address the idea of the void. Decio Vieira's subtle void is the untouched line between planes in drawings, like in minimalist Frank Stella's Black Paintings. Vieira and Stella mobilize the plane-support as an activated perceptual field, not for the parts respectively drawn or painted, but for the white lines emerging from the uncovered zones, not touched by the artist's instruments. In the syntax of his Graphic Tectonic, the vertical or horizontal parallel lines constitute "void spaces becoming solid," analyzes Albers.[43] As in Lygia Clark's organic line Vieira and Stella dynamize the visual field in spaces void of the artist's action, or by a negative presence. During the Frente Group period, with the problem of the void, a space was opened for the cut as a material experience of the sign and for the void as a process, not of deprivation, but of comprehension of the subject's own nature. The void was more than a technical procedure or a plastic fact; it was the allegoric condition to constitute subjectivity diagrams in the constructive art work, as an anticipation of the symbolic foundation of the neo-concrete art.

Na emergência dos artistas neoconcretos, ainda em seu período Frente, surge também a noção de estrutura, sobretudo com as *Pontes* e as *Torres* de Franz Weissmann, que remetem à noção de "obras de arte" nas classificações da engenharia civil. Malgrado a reivindicação pelos concretistas paulistanos, houve neles um fracasso na aproximação da arte com a indústria, à exceção de Geraldo de Barros. Weissmann, por circunstâncias particulares, foi o artista construtivo brasileiro que efetivamente e melhor integrou seu processo de produção de arte à indústria. Seu irmão era proprietário da indústria de carroceria Ciferal, no Rio de Janeiro, e seu ateliê era contíguo à fábrica. A relação dos artistas abstrato-geométricos no Rio com a noção supera largamente as relações empíricas com as formas físicas produzidas pela engenharia. Inicialmente a estrutura manifesta-se, entre os artistas do Grupo Frente, como uma concatenação que, ainda que convivendo com ideias de modulação, articula a forma sob uma nova lógica que inclui até a descontinuidade modular como os quadrados alterados pelos losangos num quadro de Decio Vieira. Com efeito, a penetração do pensamento do filósofo Ernst Cassirer, um neokantiano, está na base da noção. Em *Filosofia das formas simbólicas*,[38] Cassirer defende a dimensão simbólica da linguagem estética, fato contestado pelo formalismo linguístico de Waldemar Cordeiro. Pedrosa conheceu a obra de Cassirer ainda na Alemanha na década de 1930. O fato principal é que aquela obra de Cassirer é reputada por alguns autores como uma matriz do estruturalismo e do pós-estruturalismo.[39] O tratado *O pensamento criador*, de Paul Klee, artista que marcou neoconcretos como Lygia Clark, Lygia Pape e Decio Vieira em sua origem, trata de questões como "a estrutura do conjunto pictórico",[40] que, associada a desenhos de demonstração de campos de força da imagem, foi um disparador para muitos artistas em todo o mundo, inclusive no Brasil, de Maria Leontina a Hélio Oiticica.

"Somos os propositores: trazemos em nós um grande vazio. Propomos-lhe dar sentido a este vazio. (...) O plano largou a sua magia e dissolveu-se."[41] Escrito em meados da década de 1960, depois da experiência neoconcreta, o texto de Lygia Clark define um campo de ação que institui a lógica de seu estatuto de "não artista": é o ser que troca com outro a possibilidade poética de experimentar a plenitude do vazio. Nenhum niilismo, mas toda a força de criação. Entre alguns artistas do Grupo Frente implantou-se uma estética do vazio para a qual concorreram Franz Weissmann, Lygia Clark, Lygia Pape, Hélio Oiticica, Aluísio Carvão (a estrutura de caixas de fósforos) e o próprio Decio Vieira. O impacto de Josef Albers sobre esses artistas do Frente remete aqui às *Structural Constellations* (litografias, 1953-1958), ambíguas construções planares que "derrotam a lógica e permanecem lógicas",[42] que abordam a ideia de vazio. O vazio sutil de Decio Vieira é a linha intocada entre planos em desenhos, tal como no caso das *Black Paintings* do minimalista Frank Stella. Vieira e Stella mobilizam o plano-suporte como um campo percepcional ativado, não pelas partes respectivamente desenhadas ou pintadas, mas pelas linhas brancas surgidas nas zonas descobertas, não tocadas pelo instrumento do artista. Na sintaxe de suas *Graphic Tectonic*, as linhas paralelas verticais ou horizontais constituem "espaços vazios se tornarem sólidos," analisa Albers.[43] Como na linha orgânica de Lygia Clark, Vieira e Stella dinamizam o campo visual nos espaços de ausência da ação do artista, ou por uma presença negativa. No período do Grupo Frente, com o problema do vazio, abria-se o espaço para o corte como experiência material do signo e para o vazio como processo, não de destituição, mas de compreensão da própria natureza do sujeito. O vazio foi mais que um procedimento técnico ou um fato plástico, foi a condição alegórica de constituição de diagramas da subjetividade na obra de arte construtiva, em antecipação da base simbólica do neoconcretismo.

João da Costa
S/ título, s.d.
No title, no date

[38] Obra dividida em três volumes publicados originalmente na década de 1920. Cassirer, Ernst. *Filosofia das Formas Simbólicas*. Vol I: A linguagem. São Paulo: Martins Fontes, 2001; Cassirer, Ernst. Filosofia das Formas Simbólicas. Vol II: O pensamento mítico. São Paulo: Martins Fontes, 2004; Cassirer, Ernst. *Filosofia das Formas Simbólicas*. Vol III: Fenomenologia do conhecimento. São Paulo: Martins Fontes, 2011.

[39] Ver Rowe, John Carlos, Structure. In: Lentricchia, Frank e McLaughlin, Thomas (Ed.). *Critical terms for literarys Study*. Chicago: University of Chicago Press, 1995. p. 25.

[40] Klee, Paul. *La pensée créatrice*. Paris: Dessain et Tolra, s/d. p. 39 e seguintes. Sem indicação de tradutor.

[41] Clark, Lygia. *Os propositores*. Pesquisado no Arquivo Lygia Clark, Centro de Documentação do Museu de Arte Moderna do Rio de Janeiro, s/d, 1 folha datilografada.

[42] Citado por Kynaston McShine. In: *Josef Albers: homenagem ao quadrado*. Nova York: The Museum of Modern Art, 1954.

[43] Albers, Josef. *Despite straight lines*. Introdução de François Boucher. New Haven: Yale University Press, 1961. p. 11.

Capa do catálogo da III Exposição do Grupo Frente, Itatiaia Country Clube Resende, 1956

Catálogo da III Frente Group exhibit catalog cover, Itatiaia Country Club, Resende, 1956

[44] Brito, Ronaldo. Neoconcretismo: vértice e ruptura do projeto construtivo brasileiro [Neo-concretism: vertix and rupture in the Brazilian constructive project]

[45] Deleuze, Gilles. El bergsonismo (1966). Translation Luis F. Carracedo. Madrid: Cátedra, 1996. p. 82.

[46] Gullar, Ferreira. In Grupo Frente, op. cit. (Folheto)

[47] Gullar, Ferreira. Grupo Frente: o que há de mais importante na arte brasileira. [Grupo Frente: what is most important in the Brazilian art]. Tribuna da Imprensa, Rio de Janeiro, March 15th, 1956.

Anna Letycia also called attention for the gestalt dimension of the "negative areas" in Aluísio Carvão's paintings. Some of the laws defined by Gestalt and its developments are similitude, complementarity, Prägnanz, good continuity, figure and background dynamics, enclosure, and memory associations. As a matter of fact, the empirical knowledge of the Gestalt laws informs the idea of movement and modulation in Lygia Clark's work (the Planos em superfície modulada and the Superfícies moduladas), Franz Weissmann and to a lesser extent Decio Vieira. Gestalt, however, has always borne the perils of mechanization of the very perception and in the seductive and easy field of Op Art, as in the work of Victor Vasarely and several artists coming from the Ruptura group, as Luiz and Lothar Charoux by the time of the impasse of the concrete form project. Ever since the period of the Frente group, Decio Vieira appears to have a moderate relation with the mechanics of the Gestalt laws, viewing it as a "dead center" of the geometric abstraction, that would join with Merleau-Ponty's phenomenology, in its basal situation for neo-concretism. In the void line of Decio Vieira's painting resides the passage of the problem of space to the problematized experience of duration.

Concretism in São Paulo, for Ferreira Gullar, would have been an aesthetic realization of the "optical possibilities", more than sensorial, observed through the Gestalt theory. The Rio concretist group was experiencing a more potentialized relation with the challenges of perception, because in 1948 the critic Mário Pedrosa defended the thesis Teoria afetiva da forma about Gestalt. Therefore, more than an optic effect, Gestalt would gradually admit, as intuition and duration so important for the Rio artists, a relation that would better problematize the subjectivity in the reception process.

Evidently the rhythm of form modulation temporalizes the perception experience by the spectator, then governed by the Gestalt laws, and the mechanical experience of time. The time in the Frente Group outlines as from the field of duration, according to Bergson's philosophy, investigation that becomes deeper in neo-concretism. This is the case of Decio Vieira's paintings during the period of the group, which spatialize time, incorporating it in the subject's dimension. One task for some of the neo-concrete artists was the passage of the time dimension of Bergsonian duration to phenomenology. Gilles Deleuze considers that the concept of multiplicity draws two routes in the 20th century: bergsonism and phenomenology, which are precisely the Rio artists' passage axes from the concrete praxis to the neo-concrete experience. In the developments of the debates in Rio it is undeniable that the duration was the prevalent time notion among neo-concretist artists. Time re-mobilizes the subject, one of the movement's dimensions, according to Ronaldo Brito.[44] One should confront the ambivalent dynamics of the opposition between centrifuge movement/centripetal movement in Decio Vieira's drawings with Deleuze's consideration when saying that the duration for Bergson implied expansion and contraction, tension and dilation[45].

In the catalog of the first exhibit of Frente, Ferreira Gullar introduced the group highlighting their youth and the patient work of "inventing a new plastic language."[46] In 1956, when highlighting Ivan Serpa's maturity and Lygia Clark's vitality, Gullar analyzed that the significance of the Frente Group as "what is of utmost importance in the Brazilian art", because if it weren't for it "Portinari would stand alone to lead the big movement of returning the Brazilian art to the patriotic paintings of historic battles."[47] Other examples of experimental aspects in the works of the Frente Group are the structure formed by Aluisio Carvão's match boxes, Franz Weissmann's forms of the void placed in a productive situation of spatiality or the modulation of space by organic lines in Lygia Clark's work. It is a pity that the young critics of Decio Vieira do not incorporate the vision of Pedrosa or Ferreira Gullar into their debates, nor do they try to outline any difference between his Frente period and his neo-concrete production. Some of these critics appear to be more interested in taking intellectual possession of the artist's work as their field than being taken by his work history and critic fortune, even if so scarce.

Anna Letycia chamou ainda a atenção para a dimensão gestáltica das "áreas negativas" nos quadros de Aluísio Carvão. Algumas das leis definidas pela Gestalt e seus desdobramentos são similitude, complementaridade, pregnância, boa continuidade, dinâmica de figura e fundo, clausura e associações da memória. De fato, o reconhecimento empírico das leis da Gestalt informa a ideia de movimento e modulação na obra de Lygia Clark (os *Planos em superfície modulada e as Superfícies moduladas*), Franz Weissmann e moderadamente Decio Vieira. A Gestalt, no entanto, sempre trouxe o perigo da mecanização da própria percepção e no campo sedutor e fácil da Op Art, como na obra de Victor Vasarely e vários artistas oriundos do grupo Ruptura, entre o quais Luiz e Lothar Charoux, no momento de impasse do projeto da forma concreta. Desde os tempos do Grupo Frente, Decio Vieira parece ter uma relação moderada com a mecânica das leis da Gestalt, vendo-a como um "ponto-morto" da abstração geométrica, como se coadunaria com a fenomenologia de Merleau-Ponty, em sua situação basilar para o neoconcretismo. Na linha vazio da pintura de Decio Vieira reside a passagem do problema do espaço para a experiência problematizada da duração.

O concretismo paulistano, para Ferreira Gullar, teria sido uma realização estética das "possibilidades óticas", mais que sensoriais, observadas pela teoria da Gestalt. O grupo concretista do Rio experimentava uma relação mais potencializada com os desafios da percepção, posto que em 1948 o crítico Mário Pedrosa defendeu a tese *Teoria afetiva da forma sobre a Gestalt*. Por isso, mais que efeito ótico, a Gestalt paulatinamente admitiria, como a intuição e a duração caras aos cariocas, uma relação melhor problematizadora da subjetividade no processo de recepção.

Evidentemente, o ritmo de modulação da forma temporaliza a experiência da percepção pelo espectador, então regido pelas leis da Gestalt e a experiência mecânica do tempo. O tempo no Grupo Frente esboça-se como do campo da duração, conforme a filosofia de Bergson, investigação que se aprofunda no neoconcretismo. É o caso de pinturas de Decio Vieira do período do grupo que espacializam o tempo, já o incorporando na dimensão do sujeito. Uma tarefa para alguns artistas neoconcretos foi a passagem da dimensão do tempo da duração bergsoniana para a fenomenologia. Gilles Deleuze considera que o conceito de multiplicidade traça dois percursos no século XX: o bergsonismo e a fenomenologia, que são justamente os eixos da passagem dos artistas do Rio da prática concretista para a experiência neoconcreta. Nos desdobramentos dos debates no Rio, é inegável que a duração tivesse sido a noção de tempo prevalecente entre os neoconcretistas. O tempo remobiliza o sujeito, uma das dimensões do movimento, segundo Ronaldo Brito.[44] Confronte-se a dinâmica ambivalente da oposição movimento centrífugo/movimento centrípeto nos desenhos de Decio Vieira com a consideração de Deleuze ao afirmar que a duração, para Bergson, implica em expansão e contração, tensão e dilatação.[45]

No catálogo da primeira mostra do Frente, Ferreira Gullar apresentou o grupo, acentuando-lhe a juventude e o trabalho paciente de "invenção de uma linguagem plástica nova".[46] Em 1956, ao acentuar a maturidade de Ivan Serpa e a vitalidade de Lygia Clark, Gullar avaliou o significado do Grupo Frente como "o que há de mais importante na arte brasileira", pois se não fosse ele "Portinari estaria sozinho para liderar o grande movimento de retorno da arte brasileira aos quadros patrióticos de batalhas históricas".[47] Outros exemplos de aspectos experimentais nas obras do Grupo Frente são a estrutura formada por caixas de fósforos de Aluísio Carvão, as formas do vazio postas em situação produtiva de espacialidade de Franz Weissmann ou a modulação do espaço por linhas orgânicas por Lygia Clark. Pena que, na pressa, os jovens críticos de Decio Vieira não incorporem a visão de um Pedrosa ou de um Ferreira Gullar a seus debates nem procurem esboçar até qualquer diferença entre seu período Frente e sua produção neoconcreta. Alguns desses críticos parecem mais interessados em tomar posse intelectual da obra do artista como seu campo do que em serem apropriados pela história de sua obra e por sua fortuna crítica, ainda que tão escassa.

Elisa Martins da Silveira
S/ título, s.d. • Coleção Museu de Arte do Rio (MAR), Fundo Z
No title, no date, MAR collection

[44] Brito, Ronaldo. *Neoconcretismo: vértice e ruptura do projeto construtivo brasileiro*. São Paulo: Cosac Naify, 1999. p. 70.

[45] Deleuze, Gilles. *El bergsonismo* (1966). Trad. Luis F. Carracedo. Madrid: Cátedra, 1996. p. 82.

[46] Gullar, Ferreira. In *Grupo Frente*, op. cit. (Folheto)

[47] Gullar, Ferreira. Grupo Frente: o que há de mais importante na arte brasileira. *Tribuna da Imprensa*, Rio de Janeiro, 15 de março de 1956.

NEOCONCRETISMO

NEO-CONCRETISM

DV 4.1 • S/ TÍTULO, S.D. • TÊMPERA S/ TELA • 125,5 X 125,5 CM
COLEÇÃO PARTICULAR

NO TITLE, NO DATE • TEMPERA ON CANVAS
PRIVATE COLLECTION

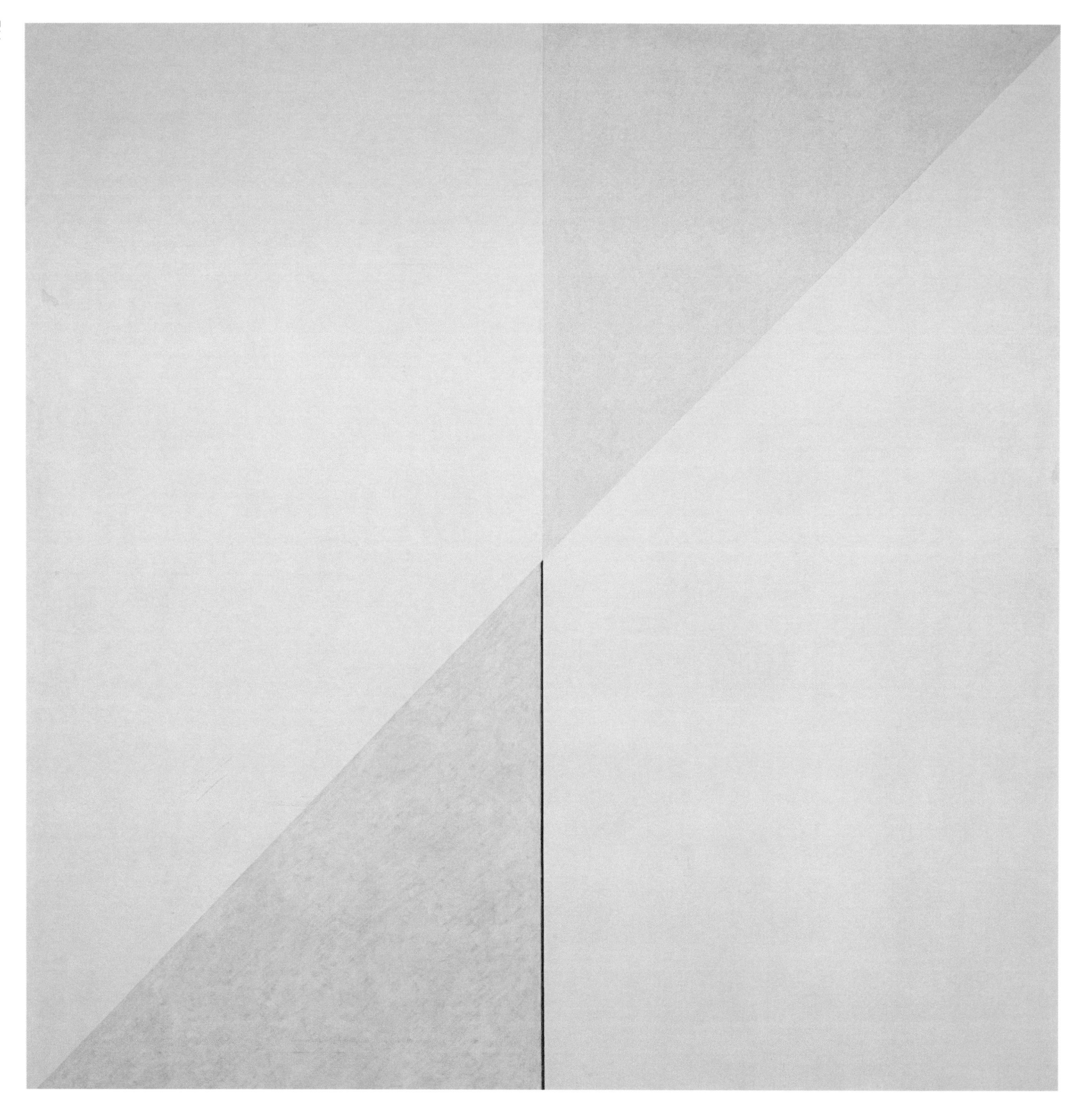

DV 4.2 • S/ TÍTULO, S.D. • TÊMPERA S/ TELA • 140 X 140 CM
COLEÇÃO PARTICULAR

NO TITLE, NO DATE • TEMPERA ON CANVAS
PRIVATE COLLECTION

DV 4.3 • S/ TÍTULO, S.D. • TÊMPERA S/ TELA • 100 X 100 CM
COLEÇÃO PARTICULAR

NO TITLE, NO DATE • TEMPERA ON CANVAS
PRIVATE COLLECTION

DV 4.4 • S/ TÍTULO, C. 1960 • GUACHE S/ PAPEL • 49,8 X 42 CM
COLEÇÃO MAM RIO

NO TITLE, 1960 • GOUACHE ON PAPER
MAM RIO COLLECTION

DV 4.5 • S/ TÍTULO, C. 1960 • GUACHE S/ PAPEL • 50 X 42 CM
COLEÇÃO MAM RIO

NO TITLE, 1960 • GOUACHE ON PAPER
MAM RIO COLLECTION

117

DV 4.6
S/ TÍTULO, C. 1960 (DÍPTICO)
TÊMPERA S/ TELA
160 X 219 CM
COLEÇÃO PARTICULAR

NO TITLE, NO DATE
DIPTIC TEMPERA ON CANVAS
PRIVATE COLLECTION

DV 4.7 • S/ TÍTULO, S.D. • TÊMPERA S/ TELA • 125 X 125 CM
COLEÇÃO PARTICULAR

NO TITLE, NO DATE • TEMPERA ON CANVAS
PRIVATE COLLECTION

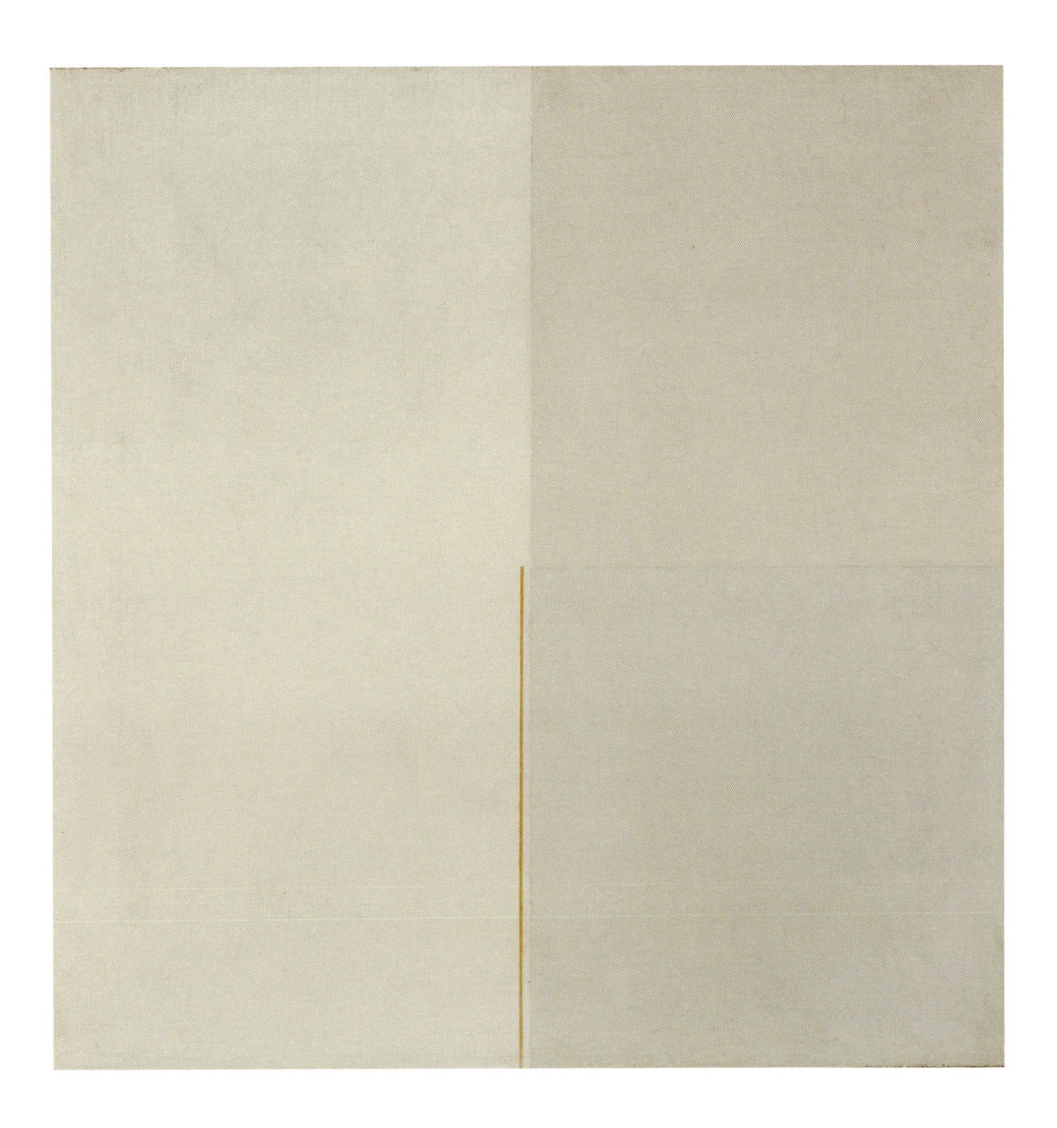

DV 4.8 • QUADRADOS, RETÂNGULOS E LINHAS, 1961 • ÓLEO S/ TELA • 60 X 60 CM
COLEÇÃO PARTICULAR

SQUARES, RECTANGLES AND LINES, 1961 • OIL ON CANVAS
PRIVATE COLLECTION

DV 4.9 • S/ TÍTULO, 1961 • TÊMPERA S/ TELA • 80 X 40 CM
COLEÇÃO PARTICULAR

NO TITLE, 1961 • TEMPERA ON CANVAS
PRIVATE COLLECTION

DV 4.10 • S/ TÍTULO, 1955 • ÓLEO S/ TELA • 100 X 81 CM
COLEÇÃO PARTICULAR

NO TITLE, 1955 • OIL ON CANVAS
PRIVATE COLLECTION

122

DV 4.11 • S/ TÍTULO, C. 1961 (DÍPTICO) • TÊMPERA S/ TELA • 125 X 250 CM
COLEÇÃO PARTICULAR / COMODANTE MAC DE NITERÓI

NO TITLE, C.1961 (DIPTIC) • TEMPERA ON CANVAS
PRIVATE COLLECTION / LENT TO MAC NITERÓI

DV 4.12 • S/ TÍTULO, 1959 • PASTEL S/ PAPEL • 100 X 70 CM
COLEÇÃO PARTICULAR

NO TITLE, 1959 • PASTEL ON PAPER
PRIVATE COLLECTION

DV 4.13 • S/ TÍTULO, C. 1958 • ÓLEO E GRAFITE S/ TELA • 99,5 X 81 CM
COLEÇÃO PARTICULAR

NO TITLE, C.1958 • OIL AND COLLAGE ON CANVAS
PRIVATE COLLECTION

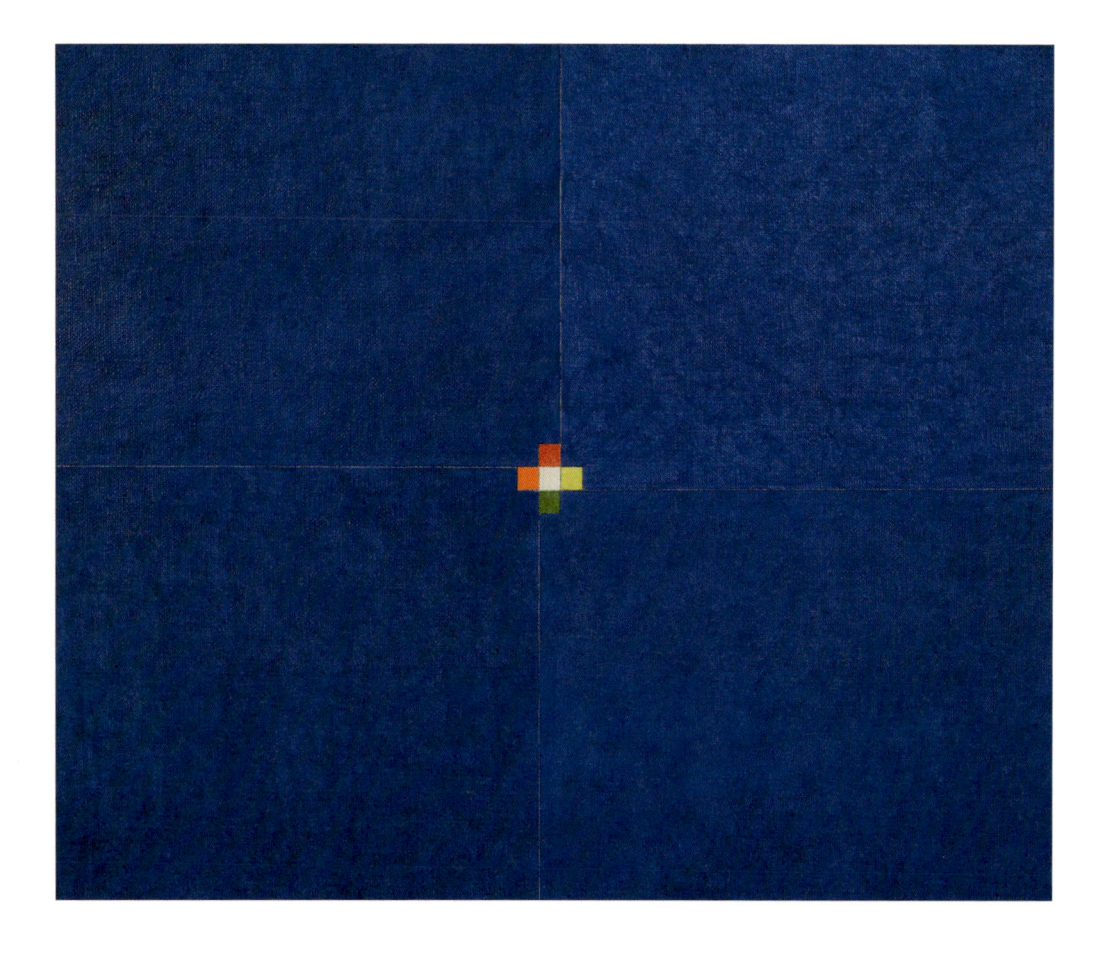

DV 4.14 • S/ TÍTULO, C.1960 • TÊMPERA S/ TELA • 39 X 47 CM
COLEÇÃO PARTICULAR

NO TITLE, C.1960 • TEMPERA ON CANVAS
PRIVATE COLLECTION

DV 4.15 • S/ TÍTULO, S.D. • TÊMPERA S/ TELA • 125 X 125 CM
COLEÇÃO PARTICULAR

NO TITLE, NO DATE • TEMPERA ON CANVAS
PRIVATE COLLECTION

O chamado bom-senso e a inteligência que se quer segura de si podem ser de eficiência exemplar na advocacia, na política (que sei eu!) e mesmo na politiquice artística/literária. No campo da arte pròpriamente dito, arte como conhecimento e criação, êsses <u>instrumentos</u> mostram-se de comprovada ineficácia. São êles, com sua <u>limitação</u> e seu <u>vício</u>, os responsáveis pela incompreensão de tôda manifestação verdadeira de arte e pelo academismo que elege certo estilo como único possível. E não é exagêro dizer-se que uma tal limitação do juizo, ao refletir um apêgo injustificável às marcas exteriores dum estilo, reflete sobretudo um desconhecimento dêsse mesmo estilo, em particular, e da realidade da arte, em geral.

Em nossa época, essa visão canhestra da atividade criadora (que ontem como hoje goza em nosso país de um número incalculável de adeptos - uma vez que ela condiz muito bem com a "ética" dum certo jôgo prolífero em propinas e traições) ganha, em sua aparente coerência, um poder quase mortífero. Desconhecendo que a <u>audácia</u>, quer se manifeste na forma ascética dum Mondrian ou na ferocidade inventiva dum Picasso, está na origem de tôda obra de arte, e confundindo <u>essencial</u> e <u>circunstancial</u> êsses "homens inteligentes" terminam por condenar no artista um dos elementos mais profundos e mais graves de seu trabalho.

A grande conquista dos tempos modernos, que se realiza na libertação das fôrças inventivas do homem, é assim tomada como característica dum tipo de arte, e academizada com êle. É êsse pensamento que pretende reconduzir a poesia brasileira ao soneto (e como já se verifica me-

ticulosamente a perfeição dos decassílabos, em breve se elegerá o novo Príncipe dos Poetas Brasileiros, substituto de Alberto de Oliveira) e a pintura ao formalismo francês do século XVIII...

Diante disso, torna-se clara a importância de haver entre nós um grupo de artistas jovens, como êste que ora expõe no Instituto Brasil-Estados Unidos: êle é uma mostra de que o conformismo ainda não empestou tôdas as nossas reservas. Reunidos em tôrno de Ivan Serpa, jovem como êles, êstes rapazes trabalham pacientemente, sèriamente, na invenção duma linguagem plástica nova. Com outros poucos artistas moços de São Paulo e alguns mais daqui do Rio, que não participam da presente exposição, constituem a linha de frente da atual pintura brasileira, encarnam as fôrças renovadoras de nossa arte. Serpa já é hoje um valor real dessa nova pintura e a sua experiência, bebida nos precursores do neo-plasticismo, vai aos poucos se aprofundando, assumindo formas mais pessoais de expressão, como nas colagens aqui expostas. Lygia Clark luta com a riqueza de sua própria imaginação plástica, e, na busca de uma síntese, nos dá a prova de sua extraordinária vitalidade. Carvão, Décio Vieira, João José e Lygia Pape entram já no campo da invenção. Contrastando com êsses lúcidos exploradores do mundo visual puro não-alusivo, temos os quadros de Carlos Val, cuja dramática intuição violenta a técnica figurativa pela representação duma natureza fantástica, batida de enigmático sôpro simbólico.

Ferreira Gullar

NEO-CONCRETISM

Ivan Serpa
Pintura Número 206, 1957, Óleo sobre tela, 100 x 100,5 cm, Museu Nacional de Belas Artes, Rio de Janeiro

Painting Number 206, 1957, Oil on canvas, Museu Nacional de Belas Artes, Rio de Janeiro

[1] Oiticica, Hélio, op. cit.

[2] The Neo-concrete Manifesto was published on March 23rd, 1595, on the Sunday Supplement of Jornal do Brasil.

[3] Melo Junior, Walter. Nise da Silveira, Antonin Artaud and Rubens Corrêa: fronteiras da arte e da saúde mental.[Frontiers between art and mental health]Gerais: Revista Interinstitucional de Psicologia

[4] Brito, Ronaldo. Neoconcretismo, vértice e ruptura do projeto construtivo brasileiro. [Neo-concretism: vertix and rupture in the Brazilian constructive project]

Where is Decio Vieira's place in the neo-concrete art movement? The question implies situating the artist within art history itself, and not only in Brazil or Latin America as it was until the 1990s. The current worldwide context – which involves a historiographical review, new critic perspectives, institutional curatorship processes, and public and private collections – largely recognizes the Brazilian abstract-geometric production, mainly the neo-concrete artists. Many are the hurdles, gaps, mistakes and hesitations in the pursuit of a solid answer about the place of this artist in the "general constructive will", in the terms already mentioned and proposed by Hélio Oiticica as one of the traits of the Brazilian visual culture.[1]

The neo-concrete movement, conceptually articulated with the Neo-concrete manifesto[2] of 1959, conceived by Ferreira Gullar, has gathered Lygia Clark, Hélio Oiticica, Lygia Pape, Decio Vieira, Franz Weissmann, Amílcar de Castro, and Aluísio Carvão in Rio de Janeiro, as well as Willys de Castro and Hércules Barsotti in São Paulo, even being a clear carioca movement. Also in São Paulo, Geraldo de Barros was close to the parameters of the Rio group, mainly for his intellectual relationship with Mário Pedrosa and his interest in Nise da Silveira's therapeutic work with the inmates of the psychiatric hospital in Engenho de Dentro. It is worth reminding that the psychiatrist has facilitated the encounter of artists and art critics – among which, besides Pedrosa, Almir Mavignier, Ivan Serpa, Abraham Palatnik, and Ferreira Gullar – with the members of the therapeutic studios that she kept in the psychiatric hospital Pedro II, an encounter that influenced the formulations of the neo-concrete movement in Brazil.[3] In a pioneer essay, Ronaldo Brito analyzed that the neo-concrete movement was the vertex of the Brazilian constructive conscious – producer of the most sophisticated formulations and at the same time the agent of its crisis.[4]

Although not signing the Neo-concrete Manifesto, Decio Vieira participated of the 2nd Neo-concrete Art Exhibit, at the Ministry of Education building in Rio de Janeiro in 1960. The absence of his name among the signatories of the document may have induced or precipitated some people to fallacious conclusions. Observing several evidences, a segment of his work should be analyzed in light of constitutive aspects of the neo-concrete aesthetics and its theoretical foundation. Mind you that in the neo-concrete movement there are no artists with "similar" works – each artist developed a specific and distinctive project inside the group, in a similar path of their contemporary expressionist-abstract counterparts from the New York School in the 1950s. What may have existed is the productive convergence to certain problems – for example, the abolition of the frame and the base – to be faced in questions about the nature of the object, but not the similarity of formal solutions. Neither are the neo-concrete principles listed as a mandatory rule to execute a work, which would result in some sort of illustration of the theory. Each artist has built their own project – personal and radically specific. The neo-concrete aspects of Decio Vieira's work will be pursued in this chapter aiming to contextualize and amplify the understanding of his contribution to the movement.

NEOCONCRETISMO

Qual é o lugar de Decio Vieira no movimento neoconcretista? A indagação implica em situar o artista na própria história da arte e não mais apenas na do Brasil ou da América Latina como fora até a década de 1990. O atual contexto mundial – que envolve revisão historiográfica, novas perspectivas críticas, processo de curadoria institucional e colecionismo público ou privado – é de reconhecimento amplo da produção abstrato-geométrica brasileira, sobretudo dos neoconcretos. Muitos são os percalços, lacunas, equívocos e hesitações na busca de uma resposta sólida sobre o lugar desse artista na "vontade construtiva geral", nos termos já mencionados propostos por Hélio Oiticica como um dos traços característicos da cultura visual do Brasil.[1]

O neoconcretismo, que se articula conceitualmente a partir do *Manifesto Neoconcreto*[2] de 1959, elaborado por Ferreira Gullar, congregou Lygia Clark, Hélio Oiticica, Lygia Pape, Decio Vieira, Franz Weissmann, Amílcar de Castro e Aluísio Carvão no Rio de Janeiro, além de Willys de Castro e Hércules Barsotti em São Paulo, ainda que tenha sido um movimento eminentemente carioca. Também em São Paulo, Geraldo de Barros esteve próximo dos parâmetros do grupo do Rio, sobretudo por sua relação intelectual com Mário Pedrosa e seu interesse no trabalho terapêutico de Nise da Silveira com os internos do hospital psiquiátrico do Engenho de Dentro. Cabe lembrar que a psiquiatra viabilizou o encontro de artistas e críticos de arte – entre os quais, além de Pedrosa, Almir Mavignier, Ivan Serpa, Abraham Palatnik, Ferreira Gullar - com os integrantes dos ateliês terapêuticos que dirigia no hospital psiquiátrico Pedro II, encontro que influenciou as formulações do neoconcretismo no Brasil.[3] Em ensaio pioneiro, Ronaldo Brito avaliou que o movimento neoconcretista foi o vértice da consciência construtiva brasileira – produtor das formulações mais sofisticadas neste sentido e, simultaneamente, o agente de sua crise.[4]

Embora não tenha assinado o *Manifesto Neoconcreto*, Decio Vieira, participou da *2ª Exposição de Arte Neoconcreta*, realizada no prédio do Ministério da Educação no Rio de Janeiro em 1960. A ausência de seu nome entre os signatários do documento pode ter induzido ou precipitado alguns a conclusões falaciosas. A partir de várias evidências, um segmento de sua obra deve ser analisado sob a luz de aspectos constitutivos da estética neoconcretista e de sua base teórica. Advirta-se, ainda, que, no neoconcretismo não há artistas com obra "assemelhada" – cada artista desenvolveu um projeto específico e inconfundível no interior do grupo, em ocorrência semelhante a de seus contemporâneos expressionista-abstratos da Escola de Nova York a partir da década de 1950. O que pode ter existido foi a convergência produtiva para determinados problemas – por exemplo, a abolição da moldura e da base – a serem enfrentados na indagação sobre a natureza do objeto, mas não a similitude de soluções formais. Tampouco os princípios do neoconcretismo são elencados como um mandatório para a execução da obra, que resultasse numa espécie de ilustração da teoria. Cada artista construiu um projeto próprio – pessoal e radicalmente específico. Os aspectos neoconcretos da obra de Decio Vieira serão buscados neste capítulo com objetivo de contextualizar e ampliar a compreensão de sua contribuição para o movimento.

Manifesto Neoconcreto, Suplemento Dominical do Jornal do Brasil, 22 de março de 1959, Fundação Biblioteca Nacional Rio de Janeiro

Neoconcret Manifesto, Jornal do Brasil, Sunday supplement, March 22, 1959, Fundação Biblioteca Nacional, Rio de Janeiro

---

[1] Oiticica, Hélio, op. cit.

[2] O Manifesto Neoconcreto foi publicado no dia 23 de março de 1959, no suplemento dominical do Jornal do Brasil.

[3] Melo Junior, Walter. Nise da Silveira, Antonin Artaud e Rubens Corrêa: fronteiras da arte e da saúde mental. *Gerais:* Revista Interinstitucional de Psicologia, v. 2, n. 2, 2010, p. 182-191.

[4] Brito, Ronaldo. *Neoconcretismo, vértice e ruptura do projeto construtivo brasileiro*. Rio de Janeiro: Funarte; Instituto Nacional de Artes Plásticas, 1985. p. 11.

Suplemento Dominical do Jornal do Brasil de 26 setembro de 1959, Fundação Biblioteca Nacional, Rio de Janeiro

Jornal do Brasil, Sunday supplement, September, 26, 1959, Fundação Biblioteca Nacional, Rio de Janeiro

[5] Amaral, Aracy. Projeto construtivo brasileiro na arte (1950-1962) [Brazilian constructive projec in art (1950-1962)]. Rio de Janeiro:

[6] Morais, Frederico. In: Neoconcretismo 1959/1961. Rio de Janeiro: Galeria de Arte BANERJ, 1984.

[7] Brito, Ronaldo. Neoconcretismo, vértice eruptura do projeto construtivo brasileiro. [Neo-concretism: vertix and rupture in the Brazilian constructive project]

[8] Herkenhoff, Paulo. Pincelada: pintura e método no Brasil, projeções da década de 1950 [Brushstroke: paiting and method in Brazil, projections of the 1950s]

[9] Available at: <http://daniname.wordpress.com/2010/03/22/decio-vieira/>. Accessed on May 13th, 2013.

[10] Martins, Sérgio Bruno. Decio Vieira: geometric investigations. Enclave Review, Issue 1, Summer 2010, p. 4-5.

[11] Ibid..

[12] Brito, Ronaldo, op. cit.

[13] Martins, Sérgio Bruno, op. cit., p. 5. Translation by me.

[14] Scovino, Felipe. Decio Vieira, investigações geométricas. Opening text of the exhibit (2010). Available at: <http://daniname.wordpress.com/2010/03/22/decio-vieira/>. Accessed on: May 13th, 2013.Pedrosa, Mário. "Paulistas e cariocas". In: Amaral, Aracy (coord.). Arte construtiva no Brasil: coleção Adolpho Leirner. São Paulo: DBA, 1998. p. 136-138.

Regarding his participation in the neo-concrete movement, some works need to be highlighted. With an individual section about his production, he was included by Aracy Amaral in the catalog of her anthological exhibit in 1977, Projeto construtivo brasileiro na arte (1950-1962) [Brazilian constructive project in art (1950-1960)], in the chapter Neo-concrete artists (pages 282 to 284) and not in Concrete artists in Rio (pages 285 to 290).[5] Also Frederico Morais, in the 1984 article Neoconcretismo 1959/1961, evidences and analyzes the artist's participation in the movement.[6] In the historiographical milestone of the movement, Ronaldo Brito also refers to Decio Vieira in Neoconcretismo, vértice e ruptura do projeto construtivo brasileiro [Neo-concretism, vertex and rupture of the Brazilian constructive project],[7] written in the 1970s, but published in 1985. In the 2009 catalog of the exhibit Pincelada: pintura e método no Brasil, projeções da década de 1950 [Brushstroke: painting and method in Brazil, projections of the 1950s],[8] a first understanding is outlined about Decio Vieira's production in the neo-concrete corpus.

Curator Felipe Scovino moved one step forward to enhance the meaning of Decio Vieira, when introducing the problematic of his historical process around an axis that encompasses the positions: (a) the artist who "stood detached from the neo-concrete group, even if investigating and problematizing the (alleged) dogmas of neo-concretism" [sic]; and (b) his proximity with Volpi and the use of tempera.[9] Scovino may have become involved in a non-existent historiographical-conceptual problem. However the exhibit that he organized was praised by Sérgio Bruno Martins, who rightfully said that Decio Vieira participated of the neo-concrete group – even though he does not dare to publicly disagree from Scovino neither show him the mistake, as an effect from a criticism of adhering to the academic power.[10] In the box "Neoconcretismo" of his article,[11] Martins addresses neo-concretism with folly, which he describes as loosely organized, and therefore poorly analyzing the dense theoretical corpus produced by Ferreira Gullar, Mário Pedrosa, Lygia Clark, Hélio Oiticica, and Lygia Pape and the adherence and adjustment relation between the artistic praxis and theory. Except for some cases, unfortunately, the universities in Rio did not invest enough in the knowledge about concretism, its artists and its theoretical assumptions with the same intensity as the universities in São Paulo dedicated to their concrete artists. Many young scholars in Rio de Janeiro seem to be satisfied with the conclusions drawn so far and are paralyzed by the strong authority argument to which the aforementioned Ronaldo Brito's excellent book[12] has been reduced. A serious failure is to not recognize the firm righteousness between an executed work and the conceptual program of neo-concretism. In this regard, neo-concretism accomplished its program brilliantly. If a comparison was possible, it could be said that the Brazilian movement accomplished its program better than the Italian futurism.

Neither did Martins's derogatory positioning value the articulation process of neo-concretism, which included theoretical battles with the concrete artists from São Paulo, the direct influence on the Jornal do Brasil Sunday Supplement, the publication of texts and works by the artists, and the exhibit at MAM Rio. Martins' reductionism is fulfilled by cornering the neo-concrete artists to the role of mere followers of Susanne Langer and Merleau-Ponty, and, in what is right in his observations, as "opposing the strict adherence to the Gestalt theory".[13] Soon Scovino himself would, yet discreetly, soothe the initial vehement negation of Decio Vieira's participation in neo-concretism by saying that in the "artisanal production of the matter, the artist explores the light, showing in his research sensitivity for the dialog between color, form and structure, and offering new possibilities to think about the place of painting during the debate and the practice of (neo) concrete art in Brazil".[14] By defending that the research – actually, the invention – as a "(neo)concrete practice" to harbor the two antithetical movements, Scovino is not committed any longer to deny the artist's participation nor does he undo the issue, but he neutralizes the irreconcilable battles between the two groups whose differences and specificities – it is suitable to insist – have been defended by Mário Pedrosa, Ferreira Gullar, Hélio Oiticica, Lygia Clark, and Lygia Pape in Rio Janeiro, and by Haroldo de Campos, Decio Pignatari, and Waldemar Cordeiro in São Paulo.

Com relação a sua participação no movimento neoconcretista, alguns trabalhos devem ser ressaltados. Com uma seção individual sobre sua produção, foi incluído por Aracy Amaral no catálogo de sua antológica exposição de 1977, Projeto construtivo brasileiro na arte (1950-1962), no capítulo Neoconcretos (páginas 282 a 284) e não em Concretos no Rio (páginas 285 a 290).[5] Também Frederico Morais, no artigo em *Neoconcretismo 1959/1961*, evidencia e analisa a participação do artista no movimento em 1984.[6] No marco historiográfico do movimento, Ronaldo Brito também se refere a Decio Vieira em *Neoconcretismo, vértice e ruptura do projeto construtivo brasileiro*,[7] escrito na década de 1970, mas publicado em 1985. No catálogo da exposição *Pincelada: pintura e método no Brasil, projeções da década de 1950*,[8] de 2009, esboça-se um primeiro entendimento do sentido da produção de Decio Vieira no corpus neoconcreto.

O curador Felipe Scovino deu um passo à frente para ampliar o reconhecimento do significado de Decio Vieira, ao apresentar a problemática de seu processo histórico em torno de um eixo que engloba as posições: (a) do artista que "se manteve à parte do grupo neoconcreto, mesmo investigando e problematizando os (supostos) dogmas do concretismo" [sic]; e (b) de sua proximidade com Volpi e o emprego da têmpera.[9] Scovino talvez tenha se envolvido num inexistente problema historiográfico conceitual. No entanto, a mostra que organizou foi elogiada por Sérgio Bruno Martins, que afirmou acertadamente que Decio Vieira participou do grupo neoconcreto – ainda que não ouse discrepar publicamente de Scovino nem apontar-lhe o equívoco, por efeito de uma crítica de adesão ao poder acadêmico.[10] No box "Neoconcretismo" de seu artigo,[11] Martins trata com ligeireza o movimento, que descreve como organizado "frouxamente" (*loosely organized*, no original) e, portanto, avaliando mal o denso corpus teórico produzido por Ferreira Gullar, Mário Pedrosa, Lygia Clark, Hélio Oiticica, Lygia Pape e a relação de aderência e ajuste entre a práxis artística e a teoria. Salvo exceções, infelizmente, as universidades no Rio não investiram suficientemente no conhecimento do neoconcretismo, de seus artistas e de seus pressupostos teóricos com a mesma intensidade com que as universidades paulistas se dedicaram aos artistas concretistas de São Paulo. Muitos jovens acadêmicos no Rio de Janeiro parecem satisfeitos com as conclusões construídas até o momento e paralisados pelo forte argumento de autoridade a que reduziram o excelente livro de Ronaldo Brito anteriormente citado.[12] Uma falha grave é não reconhecer a firme justeza entre obra executada e programa conceitual no neoconcretismo. Neste ponto, o neoconcretismo realizou seu programa brilhantemente. Se fosse possível a comparação, poder-se-ia defender que o movimento brasileiro realizou seu programa melhor que o futurismo italiano.

O posicionamento derrogatório de Martins também não valoriza o processo de articulação do neoconcretismo, que incluiu embates teóricos com os concretistas de São Paulo, a atuação direta na edição do Suplemento Dominical do Jornal do Brasil, mediante a publicação de textos e de trabalhos dos artistas e a exposições no MAM Rio. O reducionismo de Martins satisfaz-se em encurralar os neoconcretos ao papel de meros seguidores de Susanne Langer e Merleau-Ponty e, no que é acertado na observação, de "contrários à adesão estrita à teoria da Gestalt".[13] Logo, o próprio Scovino, ainda que de modo discreto, atenuaria a veemente negação inicial da participação de Decio Vieira no neoconcretismo ao afirmar que no "processo artesanal de produção da matéria, o artista explora a luz, apontando na sua pesquisa uma sensibilidade no diálogo entre cor, forma e estrutura, e proporcionando novas possibilidades de se pensar o lugar da pintura durante o debate e a prática (neo) concretista no Brasil".[14] Ao defender que a pesquisa – na verdade, a invenção – como uma "prática (neo)concretista" para abrigar os dois movimentos antitéticos, Scovino já não mais se compromete com a negação daquela participação do artista nem desfaz a questão, mas neutraliza os irreconciliáveis embates entre os dois grupos, cujas diferenças e especificidades foram – cabe insistir – defendidas por Mário Pedrosa, Ferreira Gullar, Hélio Oiticica, Lygia Clark e Lygia Pape no Rio Janeiro e por Haroldo de Campos, Decio Pignatari e Waldemar Cordeiro em São Paulo.

Aluísio Carvão
Óleo sobre tela, 1959,
Coleção particular
*No title, 1959, Oil on canvas,
Private collection*

[5] Amaral, Aracy. *Projeto construtivo brasileiro na arte (1950-1962)*. Rio de Janeiro: Museu de Arte Moderna do Rio de Janeiro; São Paulo: Pinacoteca do Estado, 1977.

[6] Morais, Frederico. In: *Neoconcretismo 1959/1961*. Rio de Janeiro: Galeria de Arte BANERJ, 1984.

[7] Brito, Ronaldo. *Neoconcretismo, vértice e ruptura do projeto construtivo brasileiro*. Rio de Janeiro: Funarte; Instituto Nacional de Artes Plásticas, 1985.

[8] Herkenhoff, Paulo. *Pincelada: pintura e método no Brasil, projeções da década de 1950*. São Paulo: Instituto Tomie Ohtake, 2009.

[9] Disponível em: <http://daniname.wordpress.com/2010/03/22/decio-vieira/>. Acesso em 13 de maio de 2013.

[10] Martins, Sérgio Bruno. Decio Vieira: geometric investigations. *Enclave Review*, Issue 1, Summer 2010, p. 4-5.

[11] Idem.

[12] Brito, Ronaldo, op. cit.

[13] Martins, Sérgio Bruno, op. cit., p. 5. Tradução minha.

[14] Scovino, Felipe. Decio Vieira, investigações geométricas. Texto de abertura da exposição (2010). Disponível no site: <http://daniname.wordpress.com/2010/03/22/decio-vieira/>. Acesso em: em 13 de maio de 2013.

[15] Pedrosa, Mário. Paulistas e cariocas. In: Amaral, Aracy (coord.). Arte construtiva no Brasil: coleção Adolpho Leirner. São Paulo: DBA, 1998. p. 136-138.

[16] Freud, Sigmund. Civilization and its discontent. Translation James Stratchey. New York: W.W. Norton & Company, 1961. p. 61.

[17] This list of principles, which has been the object of new critical reflections, was originally introduced by the author in: Herkenhoff, Paulo, op. cit., p. 287-297

[18] Langer, Susanne K. Filosofia em nova chave. Translation Moysés Baumstein, São Paulo: Editora Perspectiva, 1971. p. 16-17.

[19] Pedrosa, Mário. Fayga e os outros. In: Amaral, Aracy (org.). Dos murais de Portinari aos espaços de Brasília. São Paulo: Editora Perspectiva, 1981. p. 103.

[20] Clark, Lygia. Carta a Mondrian. In: Lygia Clark. Barcelona: Fundació Antoni Tàpies, 1997. p. 115.

The main debate in the field of art in the 1950s had an outcome in the lack of conciliation between neo-concretism and concrete art. It is unreasonable to think about ambivalence between the two antagonistic positions of the Brazilian art, because it was precisely the heated debate between concretism and neo-concretism that gave special density to the debate of that time, the then richest theoretical confrontation of the history of art in Brazil. Understanding the differences is knowing this process; removing them is obscuring the clarity that characterized this period of antagonistic differences. It is true that, though extremely distant from the concrete orthodoxy of Waldemar Cordeiro and integrated in the scene of neo-concretism, Decio Vieira was a nexus between both movements from the Rio de Janeiro perspective. His relations with the concrete positions become evident mainly due to his friendship with Rubem Ludolf, a concrete artist from Rio, also a student of Ivan Serpa, and with whom he showed at the Ibeu Gallery in 1965.

The theoretical body of neo-concretism resulted from intense debates, starting with Mário Pedrosa's observations when comparing paulistas and cariocas, where he points out the intuition and improvisation of the latter and the "sapience" of the São Paulo artists by the time of the 1st National Exhibit of Concrete Art at the Museum of Modern Art of São Paulo, in 1956.[15] Since then, under the critic's warning, neo-concretism started to produce the most complex reflection of an artistic group in the Brazilian art of all times. The movement was an unavoidable hindrance for the formulators of the São Paulo cultural hegemony project through the avant-garde notion of the post-war era; however the split between the Rio de Janeiro group of artists regarding the postulates of the São Paulo concrete art is much more than a dispute between factions and geographical differences that Freud called "narcissism of small differences".[16] This reductionism is only overcome if the split is acknowledged as the best-grounded aesthetical conflict between two transparent positions in the Brazilian art. In São Paulo, the purest interests in the Gestalt theory of form prevailed, and the belief in the progress resided in the eulogy of the industrial aesthetics and the exacerbated eulogy of the country's urbanization process.

In order to understand the neo-concrete dimension of Decio Vieira's production the interpretation and articulation of the artists' certain positions were needed, along with scattered arguments in texts by Mário Pedrosa, Ferreira Gullar, and artists like Lygia Clark, Lygia Pape, and Hélio Oiticica, as well as some principles extracted from the works themselves, because everything will lead to the constitution of the neo-concrete strategic model for an epistemology of the form,[17] through a set of theoretical assumptions, principles and strategies. In Filosofia em nova chave, Susanne Langer, a very popular author among neo-concrete artists (including Decio Vieira), argued that "a philosophy therefore is more characterized by the formulation of its problems than by the solution offered."[18] This matter is different in art because it is expected that the artist does not illustrate theories, but establishes empirical solutions adjusted to the very architecture of the work's aesthetical facts in its conversion into a poetic dimension. The set of practices displayed below represents dimensions of the neo-concrete model.

1. PRINCIPLE OF THE HISTORICISM OF THE PERSONAL INVENTION

When graphic artist Fayga Ostrower – with whom Decio Vieira was associated for interior decoration, as already mentioned –, was awarded an important international graving prize in the 21st Biennale of Venice in 1958, Mário Pedrosa argued: "Fayga is strong, walks alone, and knows what she is doing. But her example is not to be followed".[19] For the critic no example should be followed. The legacy of history for an artist could be only the set of unsolved plastic problems to be taken and developed. In this path, Lygia Clark wrote a letter to Mondrian in May 1959, in which she said: "You already know that I continue your problem, which is hurtful."[20] Neo-concrete artists Lygia Clark and Hélio Oiticica, for example, took plastic problems at the limit where Mondrian had solved them, but precisely those he had not developed in painting. Hence the production of those artists of the concept of art as invention.

O principal debate no campo da arte na década de 1950 teve um desfecho na irreconciliação entre neoconcretismo e arte concreta. É incabível pensar em ambivalência entre as duas posições antagônicas da arte brasileira, pois foi justamente o acalorado embate estético entre concretismo e neoconcretismo que deu especial densidade ao debate da época, o mais rico confronto teórico da história da arte no Brasil até então. Compreender as diferenças é conhecer este processo; aplainá-las é obscurecer a clareza que caracterizou este período de diferenças antagônicas. É verdade que, extremamente distante da ortodoxia do concretismo de Waldemar Cordeiro e integrado na cena do neoconcretismo, Decio Vieira foi um nexo entre os dois movimentos a partir da vertente carioca. Suas relações com as posições concretistas evidenciam-se, sobretudo, em sua amizade com Rubem Ludolf, um concretista do Rio, igualmente aluno de Ivan Serpa, e com quem expôs na Galeria do Ibeu em 1965.

O edifício teórico do neoconcretismo resultou de intensos debates, a partir das observações de Mário Pedrosa de comparação entre paulistas e cariocas, em que aponta a intuição e o improviso nos últimos e ressaltou a "sabença" dos paulistanos por ocasião da I Exposição Nacional de Arte Concreta no Museu de Arte Moderna de São Paulo, em 1956.[15] Desde então, sob o alerta do crítico, o neoconcretismo passou a produzir a mais complexa reflexão de um grupo artístico na arte brasileira em todos os tempos. O movimento foi uma incontornável pedra no sapato dos formuladores do projeto paulista de hegemonia cultural através da noção de vanguarda no pós-guerra, mas, no entanto, a cisão entre o grupo dos artistas do Rio de Janeiro com relação aos postulados da arte concreta paulistana é bem mais do que disputa entre facções e diferenças geográficas a que Freud designou como "narcisismo das pequenas diferenças".[16] Esse reducionismo só se supera se a cisão for reconhecida como o mais fundado conflito estético entre duas posições transparentes na arte brasileira. Em São Paulo, prevaleciam os interesses mais puros na teoria da Gestalt da forma e a crença no progresso estava no elogio da estética industrial e no exacerbado elogio do processo de urbanização do país.

Para compreender a dimensão neoconcreta da produção de Decio Vieira foram necessárias a interpretação e a articulação de dadas posições dos artistas e os argumentos esparsos em textos de Mário Pedrosa, Ferreira Gullar e de artistas como Lygia Clark, Lygia Pape e Hélio Oiticica, bem como de certos princípios extraídos das próprias obras de arte, pois tudo conduzirá à montagem do modelo estratégico do neoconcretismo para uma epistemologia da forma,[17] através de um conjunto de pressupostos teóricos, princípios e estratégias. Em Filosofia em nova chave, Susanne Langer, autora bastante lida pelos neoconcretistas (inclusive por Decio Vieira), argumentou que "uma filosofia, portanto, caracteriza-se mais pela formulação de seus problemas do que pela solução que lhes oferecem."[18] A questão difere na arte, pois espera-se que o artista não ilustre teorias, mas estabeleça soluções empíricas ajustadas à arquitetura própria dos fatos estéticos da obra na conversão em dimensão poética. O conjunto de práticas exposto adiante constitui dimensões do modelo do neoconcretismo.

1. PRINCÍPIO DA HISTORICIDADE DA INVENÇÃO PESSOAL

Quando a artista gráfica Fayga Ostrower – a quem Decio Vieira fora associado para decoração de interiores, conforme já foi mencionado –, recebeu o importante prêmio Internacional de Gravura da XXI Bienal de Veneza, em 1958, Mário Pedrosa argumentou: "Fayga é forte, caminha por si só, sabe o que faz. Mas o seu exemplo não é para ser seguido".[19] Para o crítico, exemplo algum deveria ser seguido. O legado da história para um artista só poderia ser um conjunto de problemas plásticos até então irresolutos a serem tomados para serem desenvolvidos. Nessa vertente, Lygia Clark escreveu uma Carta a Mondrian em maio de 1959, na qual afirmava: "Você já sabe que eu continuo o seu problema, que é penoso."[20] Os neoconcretos Lygia Clark e Hélio Oiticica, por exemplo, tomaram questões plásticas no limite em que Mondrian havia solucionado, mas justamente aquelas que ele não havia desenvolvido na pintura. Daí a operação produtiva desses artistas do conceito de arte como invenção.

Lygia Pape
Tecelar, 1958, Xilogravura, 27 x 50 cm, Acervo Banco Itaú (São Paulo, SP)
Tecelar, 1958, Woodcut, Banco Itaú collection, Itaú Cultural (Sao Paulo, SP)

[15] Pedrosa, Mário. "Paulistas e cariocas". In: Amaral, Aracy (Coord.). *Arte construtiva no Brasil: coleção Adolpho Leirner*. São Paulo: DBA, 1998. p. 136-138.

[16] Freud, Sigmund. *Civilization and its discontent*. Trad. James Stratchey. Nova York: W.W. Norton & Company, 1961. p. 61.

[17] Este elenco de princípios, que tem sido objeto de novas reflexões críticas, foi originalmente lançado pelo autor em: Herkenhoff, Paulo, op. cit., p. 287-297.

[18] Langer, Susanne K. *Filosofia em nova chave*. Trad. Moysés Baumstein, São Paulo: Editora Perspectiva, 1971. p. 16-17.

[19] Pedrosa, Mário. Fayga e os outros. In: Amaral, Aracy (org.). *Dos murais de Portinari aos espaços de Brasília*. São Paulo: Editora Perspectiva, 1981. p. 103.

[20] Clark, Lygia. Carta a Mondrian. In: *Lygia Clark*. Barcelona: Fundació Antoni Tàpies, 1997. p. 115.

[21] Mário Pedrosa. Crise do condicionamento artístico. In: _____;Amaral, Aracy (org.). Mundo, homem, arte em crise. São Paulo: Ed. Perspectiva, 1975, p. 90-91. Originally published in the newspaper Correio da Manhã (Rio de Janeiro) on July 31st, 1966

[22] Pedrosa, Mário. Pintura brasileira e gosto internacional. In: Arantes, Otília (org.). Acadêmicos e modernos. São Paulo: EDUSP, 1998. p. 280. All Pedrosa's mentions have been extracted from this page and paragraph.

[23] Bois, Yve-Alain. Painting as model. Cambridge: The MIT Press, 1993. p. 171.

2. PRINCIPLE OF THE NON-STYLE

In neo-concretism, history of art is not a sequence of isms to be reconfigured and translated into "Brazilian", like the local color recommended by Fernand Léger and adopted in modernism by Tarsila do Amaral, his student. In another occasion, Mário Pedrosa added that the artist does not take history as an evolution of movements and styles, but rather as a legacy of problems that are open for investigation. This principle resides throughout Decio Vieira's trajectory in the way he focused on his own challenges and research, distant from the pressure for the new and what was just hip. "In the work," argued Pedrosa, "whatever it is, resides the essence of creation", and denouncing that the notion of style had been replaced by the notion of "styling", he also said that the "rule of styling is the incessant succession of models that replace each other, non-stop".[21]

3. PRINCIPLE OF THE NON-HEROISM OF THE FORM

The history of art is not the pantheon of the heroes of form, regardless of how significant an artist was. One paradigm is in Alfredo Volpi, an affinity elected by Decio Vieira. Once Mário Pedrosa felt offended with the jury of the 4th Biennale of São Paulo (1957), because some jurors had demanded Brazilian references on Picasso. For the critic it was an insult for a country that had Volpi that they had looked for references in Picasso. The critic protested vehemently against the prejudices of some jurors about art in Brazil. The urge of his attack against the jury focused on the eurocentrism of their judgments and the inability to take note of the great Brazilian painter – "they pretended not seeing Volpi",[22] was his intellectual complaint." Pedrosa's single hero was the inventor artist, different from the one that only reconfigures and develops formal paradigms. For these facts, one can infer that Decio Vieira's affinity started from the recognition of Volpi's painting excellence and relied on his friendship with Pedrosa, who in turn, glorified the relationship with his own work, in opposition of the mystification processes of men.

4. PRINCIPLE OF THE ABOLITION OF FORMAL MODELS

From the confluence of ideas, the critic understanding of history and the challenges of the language and the conceptual framework, it became necessary to abolish the prevalence of formal models for neo-concretism, because nothing would resolve the restless complex of challenges for this group of artists and critics. This positioning explains the relation of Decio Vieira's work in tension with Mondrian's and in confluent analytical relation, yet distinct from Malevich's suprematism. This attitude was very close to those observed afterwards by Yve-Alain Bois in the discussion of Mondrian's model, when referring to the "theoretical models" in place of "examples to be imitated".[23]

5. PRINCIPLE OF POST-MODERNITY

Neo-concretism represented one of the most complex experiences of the modern experience finishing and an effective socially mobilizing entrance of new positions in art, emanating from Brazil. While the Swiss concrete art tendency, reflected in the São Paulo concretism and in the North-American minimalism, was the systematization of the formal order, neo-concretism took radical directions toward the production of the crisis of form. This was its fundamental risk. With the exhaustion of the modern canon, Mário Pedrosa sustained that this aesthetic-historical experience had been fully explored by the artists "in a prolific fashion, modern art had filled our entire era with works of authentic value. (...) Now, it shows, the experience was consummated", adducing that artists who "deny the Art start to offer us, consciously or unconsciously, something else. (...)

2. PRINCÍPIO DO NÃO ESTILO

No neoconcretismo, a história da arte não é a sucessão de ismos a serem reconfigurados e traduzidos em "brasileiro", como a cor local recomendada por Fernand Léger e adotada no modernismo por Tarsila do Amaral, sua aluna. Em outra ocasião, Mário Pedrosa agregou que o artista não toma a história como evolução de movimentos e estilos, mas como o legado de problemas abertos à investigação. Esse princípio está no modo como, ao longo de sua trajetória, Decio Vieira concentrou-se em seus próprios desafios e pesquisas, distante da pressão do novo e dos modismos. "No trabalho," argumentou, ainda, Pedrosa, "qualquer que seja, está a essência da criação" e, denunciando que a noção de estilo foi substituída pela noção de "styling", disparou também que "a regra do styling é a sucessão incessante dos modelos que se substituem uns ao outros, sem parar".[21]

3. PRINCÍPIO DO NÃO HEROÍSMO DA FORMA

A história da arte não é o panteão de heróis da forma, não importando quão significativo fosse o artista. Um paradigma está em Alfredo Volpi, uma afinidade eletiva de Decio Vieira. Certa vez, Mário Pedrosa indignou-se com o júri da IV Bienal de São Paulo (1957), porque alguns jurados haviam cobrado referências brasileiras em Picasso. Para o crítico era um insulto ao país que tinha um pintor da qualidade de Volpi, que tivessem buscado referências em Picasso. O crítico protestou com veemência contra os preconceitos de alguns jurados sobre a arte do Brasil. A sede de seu ataque ao júri concentrou-se contra o eurocentrismo nos julgamentos e na incapacidade de perceber o grande pintor brasileiro - "fingiram não ver Volpi",[22] foi sua queixa intelectual. O único herói de Pedrosa era o artista inventor, diferente daquele que simplesmente reconfigura e desdobra paradigmas formais. Por esses fatos, pode-se inferir que a afinidade de Decio Vieira partia do reconhecimento da excelência da pintura de Volpi e calçava-se na amizade com Pedrosa que, por sua vez, exaltava o relacionamento com a própria obra, oposto aos processos de mitificação do homem.

4. PRINCÍPIO DA ABOLIÇÃO DE MODELOS FORMAIS

A partir da confluência de ideias, do entendimento crítico da história e dos desafios de linguagem e do arcabouço conceitual, foi necessário abolir a prevalência de modelos formais para o neoconcretismo, pois nada resolvia o inquietante complexo de desafios deste grupo de artistas e críticos. Esse posicionamento explica a relação da obra de Decio Vieira em tensão com a de Mondrian e em relação analítica confluente, mas distinta do suprematismo de Malevich. Tal atitude era muito próxima daquelas observadas posteriormente por Yve-Alain Bois na discussão do modelo de Mondrian, ao referir-se a "modelos teóricos" em lugar de "exemplos a serem imitados".[23]

5. PRINCÍPIO DA PÓS-MODERNIDADE

O neoconcretismo representou uma das experiências mais complexas de acabamento da experiência moderna e um portal efetivo, socialmente mobilizador, de novas posições na arte a partir do Brasil. Enquanto a tendência da arte concreta suíça, refletida no concretismo paulistano e no minimalismo norte-americano, era a sistematização da ordem formal, o neoconcretismo caminhou para direções radicais de produção de crise da forma. Este foi seu risco fundamental. Diante do esgotamento do cânon moderno, Mário Pedrosa sustentou que esta experiência histórico-estética havia sido explorada à saciedade pelos artistas "de modo fecundo, a arte moderna encheu toda a nossa época com obras de autêntico valor. (...) Agora, tudo indica, a experiência foi consumada", aduzindo que artistas que "negam a Arte começam a nos propor, consciente ou inconscientemente, outra coisa. (...)

Franz Weissmann
Coluna Neoconcreta, 1957, Aço pintado, 114 x 44 x 30 cm, Coleção Museu Nacional de Belas Artes

Neoconcret column, 1957, Painted steel, Museu Nacional de Belas Artes collection

[21] Mário Pedrosa. Crise do condicionamento artístico. In: _____;Amaral, Aracy (org.). *Mundo, homem, arte em crise*. São Paulo: Ed. Perspectiva, 1975, p. 90-91. Publicado originalmente no Correio da Manhã (Rio de Janeiro) em 31 de julho de 1966.

[22] Pedrosa, Mário. Pintura brasileira e gosto internacional. In: Arantes, Otília (org.). *Acadêmicos e modernos*. São Paulo: EDUSP, 1998. p. 280. Todas as citações de Pedrosa foram retiradas desta página e parágrafo.

[23] Bois, Yve-Alain. *Painting as model*. Cambridge: The MIT Press, 1993. p. 171.

[24] Pedrosa, Mário. Crise do condicionamento artístico. In: _____; Amaral, Aracy, op. cit., p. 92

[25] Ibid.

[26] Pedrosa, Mário. Vicissitudes do artista soviético [Vicissitudes of the Soviet artist]. Correio da Manhã, Rio de Janeiro, August 28th, 1966, p. 3. (4th section).

[27] Pedrosa, Mário. Pintura brasileira e gosto internacional. In Arantes, Otília (org.), op. cit.,

[28] Gullar, Ferreira. Vanguarda e subdesenvolvimento: ensaios sobre arte [vanguard and underdevelopment: art essays]

It is an entirely new cultural and even sociological phenomenon. We stand no longer within the parameters of what we called modern art. Call it post-modern art to express the difference."[24] The aesthetic, political, psychological and symbolic principles of neo-concretism made it become not only a mere variation of the European concrete art, but the singular Brazilian contribution in the context of art history in the 20th century. Its achievements also emerged from its restlessness by recognizing its own exhaustion, toward a point of analysis for much of the significant art produced in Brazil from the 1960s onwards. Neo-concretism was also the path, which in a brilliant conclusion of modernity, has opened the roads for the post-modern art, in the patterns announced by Mário Pedrosa, back in 1966.[25] The critic however did demand that the artist pursued a "post-modern" rupture art, but that they kept their researcher condition, like he thought about Volpi and Decio Vieira himself. Fifteen years after that article by Pedrosa, the book La condition postmoderne: rapport sur le savoir (1979), by Jean-François Lyotard, introduces the discussion of post-modernity with a big impact on the international scene.

6. PRINCIPLE OF THE POLITICAL AUTONOMY OF LANGUAGE

The material sign of art has always been confronted with the history of cultural hegemony that crossed the 20th century ever since the Soviet revolution in 1917. In the article "Vicissitudes do artista soviético",[26] in the full swing of the Cold War, Mário Pedrosa deplores the regulator role played by the capitalist market on art and the oppression by the Soviet bureaucracy. In an optimistic tone he analyzes that in the Third World an artist would have more possibilities to escape from the conditioning through the capital and or through the ideological submission. The autonomy project of neo-concretism dismissed the emulation of international standards as a result of the submission alignment with one of the two major economic blocks that polarized the dispute around the international hegemony. The movement has always privileged the investigation of its own agenda, and in this sense, it has solved the problem of "canned conscious" developed by Oswald de Andrade in his 1928 Manifesto Antropofágico. What seemed to be creative impotence in the presence of what was pre-determined in the hegemonic cultures was solved in a potential of invention – the limit as a starting point for the artist's power. In "Pintura brasileira e gosto internacional", Pedrosa recognized that the Brazilian artists (with those from Rio standing out along Volpi) "do not care whether what they are currently doing is not popular in Europe or the Unites States".[27] Unlike modernist artists like Anita Malfatti, seeking information in Europe and New York, and Tarsila do Amaral, looking for international prestige in Paris, the abstract-geometric generation in Rio de Janeiro and São Paulo, including Decio Vieira, had always been aware about the post-war Brazilian cultural process, and focused their efforts on it. In Vanguarda e subdesenvolvimento[28] Ferreira Gullar, although already detached from the developments neo-concretism, recommended the resistance to colonialism as a fight for the emancipation of culture and the resistance against the alienation of art. His analysis found support in Hegel, at the point in which he had been interpreted by György Lukács, to defend culture as a dynamic and open system, where the relations of universality, particularity and singularity can occur in a non-formalist fashion, nor politically free.

It is necessary to recognize that the neo-concrete artists were unique among themselves and with a wide variation, because each one has developed a specific plastic problem, almost as a personal script. In addition to the referred painting within concretism, other forms should also be considered: Franz Weissmann's and Amílcar de Castro's sculptures, books by the poets Ferreira Gullar and Reynaldo Jardim, the layout of Jornal do Brasil by sculptor Amílcar de Castro, as well as the engravings of the series Tecelares, and Lygia Pape's Livro da criação.

É um fenômeno cultural e mesmo sociológico inteiramente novo. Já não estamos dentro dos parâmetros do que se chamou de arte moderna. Chamai a isso de arte pós-moderna para significar a diferença".[24] Os princípios estéticos, políticos, psicológicos e simbólicos do neoconcretismo tornaram-no não uma mera variação da arte concreta europeia, mas uma contribuição brasileira singular no contexto da história da arte do século XX. Suas conquistas também desembocaram, a partir de sua inquietação no reconhecimento de seu próprio esgotamento, em ponto de análise para muito da arte mais significativa produzida no Brasil a partir da década de 1960. O neoconcretismo foi também a via que, em brilhante conclusão da modernidade, abriu caminhos para a arte pós-moderna, nos moldes anunciados por Mário Pedrosa, já em 1966.[25] O crítico, no entanto, não reivindicava que os artistas buscassem uma arte de ruptura "pós-moderna", mas que mantivessem sua condição de pesquisadores, como ele próprio pensava com relação a Volpi e a Decio Vieira. Quinze anos depois daquele artigo de Pedrosa, o livro *La condition postmoderne: rapport sur le savoir* (1979), de Jean-François Lyotard, introduz a discussão da pós-modernidade com grande impacto no meio internacional.

6. PRINCÍPIO DA AUTONOMIA POLÍTICA DA LINGUAGEM

O signo material da arte sempre esteve confrontado com a história da hegemonia cultural que atravessou o século XX a partir da Revolução Soviética de 1917. No artigo "Vicissitudes do artista soviético",[26] Mário Pedrosa deplora, em plena Guerra Fria, o papel regulador do mercado capitalista sobre a arte e a opressão pela burocracia soviética. De modo otimista, ele avalia que no Terceiro Mundo o artista teria mais possibilidade de escapar do condicionamento pelo capital e ou pela vassalagem ideológica. O projeto de autonomia do neoconcretismo dispensava, pois, a emulação de padrões internacionais em decorrência do alinhamento subalterno com algum dos dois grandes blocos econômicos que polarizam a disputa pela hegemonia internacional. O movimento privilegiou sempre a investigação de uma agenda própria e, neste sentido, solucionou o problema da "consciência enlatada" vislumbrado por Oswald de Andrade no *Manifesto antropófago* de 1928. O que parecia impotência criativa diante do pré-determinado nas culturas hegemônicas, resolvia-se em potencial de invenção – o limite como ponto de partida da potência do artista. Em "Pintura brasileira e gosto internacional", Pedrosa reconheceu que os artistas brasileiros (destacando os cariocas e Volpi) "não se importam se o que atualmente estão fazendo não é o que está em moda na Europa ou nos Estados Unidos".[27] Diferentemente das artistas modernistas como Anita Malfatti, em busca de informação na Europa e Nova York, e de Tarsila do Amaral, na procura do prestígio internacional em Paris, a geração abstrato-geométrica no Rio de Janeiro e em São Paulo, inclusive no caso de Decio Vieira, sempre teve uma consciência do processo cultura brasileiro do pós-guerra e nele concentrou seu esforço. Em *Vanguarda e subdesenvolvimento*[28] Ferreira Gullar, embora já distanciado dos desdobramentos do neoconcretismo, preconizou a resistência ao colonialismo como luta pela emancipação da cultura e da resistência à alienação da arte. Sua análise apoiava-se em Hegel, no ponto em que este foi interpretado por György Lukács, para defender a cultura como sistema dinâmico e aberto, em que as relações de universalidade, particularidade e singularidade podem ocorrer de modo não formalista nem politicamente subalterno.

É necessário reconhecer que os artistas neoconcretos eram singulares entre si e com enorme variação, pois cada um desenvolveu uma problemática plástica específica, quase como uma escrita pessoal. Além da pintura referida, também devem ser considerados no concretismo: a escultura de Franz Weissmann e de Amílcar de Castro, os livros dos poetas Ferreira Gullar e Reynaldo Jardim, a programação visual do Jornal do Brasil pelo escultor Amílcar de Castro, bem como e as xilogravuras da série *Tecelares* e o *Livro da criação* de Lygia Pape.

Amílcar de Castro
Sem título, s.d., Escultura em ferro, diâmetro 80 cm
No title, no date, Iron.

[24] Pedrosa, Mário. Crise do condicionamento artístico. In: _____; Amaral, Aracy, op. cit., p. 92.

[25] Idem.

[26] Pedrosa, Mário. Vicissitudes do artista soviético. *Correio da Manhã*, Rio de Janeiro, 28 de agosto de 1966, p. 3. (4º caderno).

[27] Pedrosa, Mário. Pintura brasileira e gosto internacional. In Arantes, Otília (org.), op. cit.

[28] Gullar, Ferreira. *Vanguarda e subdesenvolvimento: ensaios sobre arte*. Rio de Janeiro: Editora Civilização Brasileira, 1969.

[29] Previously treated as the principle of transparency.

[30] Gullar, Ferreira. Lygia Clark. Rio de Janeiro: Imprensa Nacional, 1958. (Brochure).

[31] Pedrosa, Mário. Significação de Lygia Clark. In: Lygia Clark. Rio de Janeiro: Funarte, 1980. p. 14-17.

[32] This consistency also occurred with concrete poetry.

[33] See Bois, Yve-Alain. Painting as model. Cambridge: The MIT Press.

[34] Manifesto Neoconcreto, Jornal do Brasil, Rio de Janeiro, March 23rd, 1959. (Sunday Supplement)

[35] Ibid.

7. PRINCIPLE OF CLARITY[29]

In 1958, Ferreira Gullar produced the most transparent, dense and adjusted text about a Brazilian abstract-geometric artist.[30] The critical article is absolutely valid until today and moreover it ended up indicating how at the eve of neo-concretism a complex artist like Lygia Clark had the foundations of her project clearly outlined. Gullar's paradigmatic text showed how Clark's work was the consistent development of spatial problems under the cognitive rigor within a logic that, not being mechanist nor predictable, implied leaps, but also a certain stability in the target of the invention of the concrete space, and that would soon develop into the neo-concrete rupture. Mário Pedrosa accomplished the second phase of recognizing the epistemological leap of art-knowledge in the essay "Significação de Lygia Clark", a landmark of the Brazilian art criticism.[31] Simultaneously the same occurred with Hélio Oiticica in regard of the color in his own texts. Just a few movements of the Western art have produced a theoretical body as dense and consistent as neo-concretism,[32] in a validity that reiterates through the adherence between art work and its aesthetic program. One needs to understand that Decio Vieira was not an art theorist – his clarity principle focused on formal harmony, that is, the direct way of building the structures in his neo-concrete production, sometimes slightly tensed by diagonal forces. On the other hand, the critical fate of concrete artists from São Paulo is quite poor in theoretical comprehensiveness within the heroic period of the geometric abstraction flourishing in the Brazilian cultural scene until 1960, the year in which the exhibit konkrete kunst takes place in Zurich, and which recognizes the Brazilian constructive artists, including Decio Vieira. Until the early 1960s, Waldemar Cordeiro had focused his energy more in fierce disputes of positions rather than on the development of an aesthetics incorporated into the art object itself, which turned out to be a trap where he has entangled his concrete group himself. Without the experience of a more intriguing concrete production, Cordeiro risked more to create a prescriptive verbal discourse rather than engaging in the poetic invention, more theory than art.

8. PRINCIPLE OF INVESTIGATION OF THE CONCRETE PLASTIC OBJECT

The Theory of the non-object established the most acute conceptualization in Brazil about the art's object, basal point of modernity. The history of painting with Malevich and Mondrian, seminal artists for modernity, predicts the hypothesis of the dissipation of the object as a necessary result of the plastic resolution of ideas.[33] The Neo-concrete manifesto argued, with vehemence, that "it will be useless to see Mondrian as the destroyer of surfaces, planes and lines, if we do not pay attention to the new space that this destruction has constructed"[34] – therefore the problematization of the very process of dissipation of the object by neo-concretism. This process is quite subtly present in the painting of Hércules Barsotti (visual fields that appear to be cut off by negative spaces at the edges of the object, like in the contrast of the series of paintings Branco/Preto, 1959-1962); it is also present in Willys de Castro's Objetos ativos and in some paintings of Decio Vieira in meshes of whites and grays in a complete elimination of the axis figure/background. According to the decisive proclamation expressed in the Neo-concrete manifesto: "we believe that the art work overcomes the material mechanism on which it lies, not by some extraterrestrial virtue: it overcomes it by transcending these mechanical relations (which are the Gestalt's aims) and for creating for itself a tactical significance (M. Ponty) that emerges in it for the first time".[35] This conceptual apparatus may include, for example, a cut painting by Decio Vieira, as in the shaped canvas of minimalism. Still in the neo-concrete process the non-object must not be understood as a simple negative category of the physical thing or as something that is classified in the traditional taxonomy of the art media like painting or sculpture, but even being able to be themselves. The non-object is something that acts as a trigger of the visual thinking in a new physical and conceptual key, in connection with the phenomenological expression of perception. The non-object implies a specific logic, in the experience field of transformations, hence being defined as something that leaves no trace.

7. PRINCÍPIO DA CLAREZA[29]

Em 1958, Ferreira Gullar produziu o mais transparente, denso e ajustado texto até então sobre um artista abstrato-geométrico brasileiro.[30] O artigo crítico tem absoluta validade ainda hoje e, ademais, terminou por indicar como, às vésperas do neoconcretismo, uma artista da complexidade de Lygia Clark, teve enunciadas de modo claro as bases de seu projeto. O paradigmático texto de Gullar demonstrou o modo como a obra de Clark era o consistente desdobramento de problemas espaciais sob rigor cognitivo numa lógica que, não sendo mecanicista nem previsível, pressupôs saltos, mas também certa estabilidade no alvo da invenção do espaço concreto e que, logo, se desenvolveria na ruptura neoconcreta. Mário Pedrosa cumpriu a segunda etapa de reconhecimento do salto epistemológico da arte-conhecimento no ensaio "Signficação de Lygia Clark", um marco da crítica de arte brasileira.[31] Em paralelo, o mesmo ocorria com Hélio Oiticica com a cor em seus próprios textos. Poucos movimentos da arte ocidental produziram um corpo teórico tão denso e consistente como o neoconcretismo,[32] numa validez que se reitera pela adesão entre obra de arte e seu programa estético. É preciso entender que Decio Vieira não foi um teorizador da arte – seu princípio da clareza centrou-se na harmonia formal, isto é, no modo direto de construir as estruturas em sua produção neoconcretista, por vezes suavemente tensionada por forças em diagonal. Por outro lado, a fortuna crítica dos artistas concretos de São Paulo é bastante pobre em abrangência teórica no período heroico de florescimento da abstração geométrica na cena cultural brasileira até 1960, ano em que ocorre a exposição konkrete kunst em Zurique que reconhece os artistas construtivos brasileiros, inclusive Decio Vieira. Até o início da década de 1960, Waldemar Cordeiro havia concentrado sua energia em disputas acirradas de posições mais que no desenvolvimento de uma estética incorporada no objeto de arte mesmo, o que terminou sendo uma armadilha em que ele próprio enredou seu grupo concretista. Sem a empiria de uma produção concretista mais instigante, Cordeiro arriscou-se mais a elaborar um discurso verbal prescritivo do que empenhar-se na invenção poética, mais teoria do que arte.

8. PRINCÍPIO DE INVESTIGAÇÃO DO OBJETO PLÁSTICO CONCRETO

A Teoria do não objeto estabeleceu a mais aguda conceituação no Brasil do objeto da arte, ponto basilar da modernidade. A história da pintura com Malevich e Mondrian, artistas seminais para a modernidade, prenuncia a hipótese da dissipação do objeto como decorrência necessária da resolução plástica de ideias.[33] O Manifesto neoconcreto arguia, com veemência, que "de nada nos servirá ver em Mondrian, o destrutor da superfície, do plano e da linha, se não atentamos para o novo espaço que essa destruição construiu"[34] – por isso a problematização pelo neoconcretismo do próprio processo de dissipação do objeto. Esse processo está, muito sutilmente, na pintura de Hércules Barsotti (campos visuais que parecem decepados por espaços negativos nas bordas do objeto, como no contraste da série de pinturas Branco/Preto, 1959-1962); também está nos Objetos ativos de Willys de Castro e em alguns quadros de Decio Vieira em malhas de brancos e cinzas em completa eliminação do eixo figura/fundo. Conforme a proclamação decisiva expressa no Manifesto Neoconcreto: "acreditamos que a obra de arte supera o mecanismo material sobre o qual repousa, não por alguma virtude extraterrena: supera-o por transcender essas relações mecânicas (que a Gestalt objetiva) e por criar para si uma significação táctica (M. Ponty) que emerge nela pela primeira vez".[35] Esse aparato conceitual pode incluir, por exemplo, uma pintura recortada de Decio Vieira, como no shaped canvas do minimalismo. Ainda no processo do neoconcretismo, o não objeto não deve ser entendido como simples categoria negativa da coisa física nem como algo que não se enquadrasse na taxonomia tradicional dos meios da arte como pintura ou escultura, mas até podendo ser elas mesmas. O não objeto é aquilo que atua como dispositivo do pensamento visual em nova chave física e conceitual, em conexão com a experiência fenomenológica da percepção. O não objeto implica numa lógica específica, no campo da experiência do devir, daí ser definido como aquilo não deixa rastro.

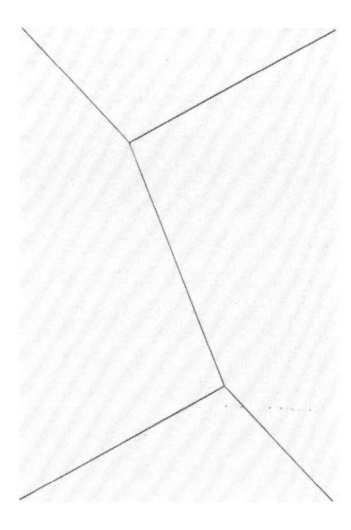

Lygia Clark
Planos em superfície modulada nº1, 1957, tinta industrial sobre madeira, 87 x 60 cm, Coleção Museum of Fine Arts Houston

Plans on Modulate Surface nº1, 1957, industrial oink on wood, Museum of Fine Arts Houston collection

[29] Anteriormente tratado como princípio da transparência.

[30] Gullar, Ferreira. Lygia Clark. Rio de Janeiro: Imprensa Nacional, 1958. (Brochura).

[31] Pedrosa, Mário. Signficação de Lygia Clark. In: Lygia Clark. Rio de Janeiro: Funarte, 1980. p. 14-17.

[32] Essa consistência também ocorreu com a poesia concreta.

[33] Ver Bois, Yve-Alain. Painting as model. Cambridge: The MIT Press, 1993.

[34] Manifesto Neoconcreto, Jornal do Brasil, Rio de Janeiro, 23 de março de 1959. (Suplemento Dominical)

[35] Idem.

[^36] Lawlor, Leonard; Moulard, Valentine. Henri Bergson. Edward N. Zalta (Ed.). The Stanford Encyclopedia of Philosophy (Spring 2010 Edition). Available at: <http://plato.stanford.edu/archives/spr2010/entries/bergson/>. Accessed on October 1st, 2014.

[^37] Deleuze, Gilles. El Bergsonismo [1966]. Translation Luis F. Carracedo. Madrid: Cátedra, 1996.

[^38] Vantongerloo, George apud Rickey, George. Constructivism – Origins and Evolution [1967]. New York: George Braziller, 1995. p. 146. (Revised edition).

[^39] Cordeiro, Waldemar. Ruptura, Correio Paulistano, São Paulo, January 11th, 1953. (Supplement).

[^40] See his introduction in the catalog of Fiaminghi's show. Pignatari, Decio. In: Fiaminghi. Campinas: Galeria Aremar, 1961. Pignatari could only be referring to concretism and perhaps still not knowing the radical transformations proposed by the neo-concrete artists by this time.

9. PRINCIPLE OF THE FORMAL ECONOMY

An apparent contradiction, complex and not perceived, it could have come around neo-concretism, from the concept of multiplicity, once it has two paths, as pointed out by Gilles Deleuze: Bergsonism and phenomenology. In phenomenology the multiplicity of the phenomenon is always related to a unified conscious, warn Leonard Lawlor and Valentine Moulard about Deleuze's position. In contrast, in Bergsonism, the immediate data of conscious are a multiplicity.[36] Neo-concrete artists had productively returned to the theories of Henri Bergson also in their concepts of duration, vital élan [or vital impetus] (and so they laid the foundations for the relation between art and life), immediate data of conscious and intuition, so dear to the geometric abstraction in Decio Vieira's discourse. This recovery of Bergson in Brazil precedes Gilles Deleuze's essay Le Bergsonisme (1966).[37]

It is necessary to ask about a model of optical regime that could have guided the positioning of artists in the 1950s in Brazil. The Heinrich Wölfflin's theory, effectively introduced in Rio de Janeiro by Hannah Levy, confronted, as a fundamental postulate, the absolute clarity of the subject with the relative clarity. The professed absolute clarity referred to the presentation of the pictorial image constructed by the painting's own means. It is necessary to remind that Hannah Levy had been of Decio Vieira's teachers at the FGV course (chapter The Course at Fundação Getulio Vargas). In the Brazilian constructive process, at the crux of the differences between São Paulo concrete artists and Rio de Janeiro neo-concrete artists, lied the matter of the objectivity of the plastic information. The Wölfflian absolute clarity may have been close to the idea of art as a "pure crystal",[38] formulated by Vantongerloo from certain works like the sculpture Max Bill's Moebius Strip. This is a non-measurable concept but one that activates the artists' imagination, because the pursuit for the "pure crystal" can also be considered in Decio Vieira's trajectory. For Waldemar Cordeiro, Konrad Fiedler's theory of pure visuality was the firmest guarantee of this transparency of art in the artist's construction and social circulation. For the neo-concrete artists, as defended by Ferreira Gullar and Mário Pedrosa, the excessive objectivity did not exhaust the critical contemplation of the object, as it would occur with the art of the predictable axioms in concretism. In the movement of São Paulo, for example, the investigation of the nature of the artistic object was scarce, because it was almost useless within the rigidity of its postulations. The belief in the postulates of Doesburg's concrete art, marked by an excessively rationalist canon, appeared to be resolved in the expectations, from Konrad Fiedler's thought, in the absolute objectivity: the targeted pre-visualization – according to Cordeiro's 1952 manifesto Ruptura,[39] the spiritual work of art was connected to "knowledge deductible of concepts" and "previous knowledge". The rigorous exegesis of the concrete objectivity also included the reduction of the palette, generally concentrated on black, white and primary colors, and the plane, impersonal and uniform painting as in a line of industrial products, not allowing for any strokes from the brush that might betray the presence of an artist, as an inappropriate subjective trace, perhaps even narcissistic. In summary the subject and the visible circulation of desire in the art object were repressed. In the eulogy of progress, concretism celebrated the accelerated urbanization – Waldemar Cordeiro was an experimental urbanist – and the aesthetics of industrialization in accelerated process.

The rigorous control through immoderate objectivity could explain Decio Pignatari's observations about the impasses in 1961, not applicable to neo-concretism, but decisive about other practices:

> *the Brazilian concrete art, after ten years of group and individual activities, has narrowed its objectives: today it is limited almost exclusively to the production of 'ideas', particular visual projects (and not general, like Mondrian's), under the form of paintings, sculptures or drawings. The initial symptoms that appeared to predict the end or the overcoming of the "art object" disappeared, to the benefit of larger and more ambitious formal and visual plans, in other sectors – industrial in its own right.[40]*

9. PRINCÍPIO DA ECONOMIA FORMAL

Uma aparente contradição, complexa e não percebida, poderia ter rondado o neoconcretismo, a partir do conceito de multiplicidade, já que, conforme aponta Gilles Deleuze, ela tem dois caminhos: o bergsonismo e a fenomenologia. Na fenomenologia, a multiplicidade do fenômeno está sempre relacionada a uma consciência unificada, advertem Leonard Lawlor e Valentine Moulard a respeito da posição de Deleuze. Em oposição, no bergsonismo, os dados imediatos da consciência são uma multiplicidade.[36] Os artistas neoconcretos haviam retomado as teorias de Henri Bergson produtivamente também em seus conceitos de duração, élan vital (e com isso, deitavam-se raízes para a relação entre arte e vida), dados imediatos da consciência e intuição cara à abstração geométrica no discurso de Decio Vieira. Essa recuperação de Bergson no Brasil é anterior ao ensaio *Le Bergsonisme* (1966), de Gilles Deleuze.[37]

É necessário indagar sobre um modelo de regime ótico que possa ter orientado o posicionamento de artistas e críticos na década de 1950 no Brasil. A teoria de Heinrich Wölfflin, efetivamente introduzida no Rio de Janeiro por Hanna Levy, confrontava, como postulado fundamental, a claridade absoluta do assunto com a claridade relativa. A clareza absoluta preconizada referia-se sobre a apresentação da imagem pictórica construída por meios próprios da pintura. É necessário relembrar que Hanna Levy havia sido professora de Decio Vieira no curso da FGV (capítulo *O Curso da Fundação Getulio Vargas*). No processo construtivo brasileiro, no *crux* das diferenças entre concretistas paulistanos e neoconcretistas cariocas, estava a questão da objetividade da informação plástica. A claridade absoluta wölffliana talvez estivesse próxima da ideia de arte como "puro cristal",[38] formulada por Vantongerloo a partir de determinadas obras como a escultura *Fita de Moebius*, de Max Bill. Trata-se aqui de um conceito não mensurável, mas que ativa o imaginário dos artistas, pois também se pode considerar a busca do "puro cristal" na trajetória de Decio Vieira. Para Waldemar Cordeiro a teoria da visualidade pura de Konrad Fiedler era a mais firme garantia dessa transparência da arte em sua construção pelo artista e circulação social. Para os neoconcretos, na defesa por Ferreira Gullar e por Mário Pedrosa, a excessiva objetividade não exauria a contemplação crítica do objeto, como ocorreria com a arte dos axiomas previsíveis do concretismo. No movimento paulistano, por exemplo, foi escassa a investigação da natureza do objeto artístico, por ser quase inútil diante da rigidez de suas postulações. A crença nos postulados da arte concreta do Doesburg, marcada por um cânon excessivamente racionalista, parecia resolvida nas expectativas, a partir do pensamento de Konrad Fiedler, na objetividade absoluta: a pré-visualização almejada – o trabalho espiritual da arte estava, segundo o manifesto *Ruptura* de Cordeiro,[39] em 1952, vinculado a "conhecimento dedutível de conceitos" e "conhecimento prévio". A rigorosa exegese da objetividade concretista incluía ainda a redução da paleta, em geral concentrada no preto, no branco e nas cores primárias, e a pintura plana, impessoal e uniforme como na linha de produtos industriais, não admitindo qualquer traço do pincel que traísse ali a presença de um artista, como um indevido traço subjetivo, se não mesmo narcisista. Em resumo, recalcava-se o sujeito e a circulação visível do desejo no objeto da arte. No elogio do progresso, o concretismo celebrou a urbanização acelerada – Waldemar Cordeiro foi um urbanista experimental – e a estética da industrialização em acelerado processo.

Aquele controle rigoroso, pela objetividade desmoderada, poderia explicar as observações de Decio Pignatari sobre os impasses em 1961, não aplicáveis ao neoconcretismo, mas contundentes sobre outras práticas:

> a arte concreta brasileira, após dez anos de atividades, grupal e individualmente, afunilou seus objetivos: limita-se, hoje, quase que exclusivamente à produção de 'ideias', de projetos visuais particulares (e não gerais, como o de Mondrian), sob forma de pinturas, esculturas ou desenhos. Desapareceram os sintomas iniciais que pareciam prenunciar o fim ou a superação do "objeto de arte", em benefício de planejamentos formais e visuais mais amplos e ambiciosos, em outros setores – propriamente industriais.[40]

Decio Vieira

S/ título, 1961, Têmpera s/ tela, 80 x 40 cm, Coleção particular

No title, 1961, Tempera on canvas, Private collection

[36] Lawlor, Leonard; Moulard, Valentine. Henri Bergson. Edward N. Zalta (ed.). *The Stanford Encyclopedia of Philosophy* (Spring 2010 Edition),. Diponível em: <http://plato.stanford.edu/archives/spr2010/entries/bergson/>. Acesso em 1 de outubro de 2014.

[37] Deleuze, Gilles. *El Bergsonismo* (1966).. Trad. Luis F. Carracedo. Madrid: Catedra, 1996.

[38] Vantongerloo, George apud Rickey, George. *Constructivism – Origins and Evolution* (1967). Nova Iorque: George Braziller, 1995. p. 146. (Edição revisada).

[39] Cordeiro, Waldemar. Ruptura, *Correio Paulistano*, São Paulo, 11 de janeiro de 1953. (Suplemento).

[40] Ver sua apresentação no catálogo da mostra Fiaminghi. Pignatari, Decio. In: *Fiaminghi*. Campinas: Galeria Aremar, 1961. Pignatari só poderia estar se referindo ao concretismo e, talvez, ainda desconhecendo as transformações radicais propostas pelo artistas neoconcretos nesta época.

[41] Gullar, Ferreira. Teoria do não-objeto [Theory of the non-object], Jornal do Brasil, Rio de Janeiro, December 19th and 20th, 1959. (Sunday Supplement).

[42] Campos, Haroldo de. A obra de arte aberta [1955]. In: Teoria da poesia concreta. São Paulo: Edições Invenção, 1965. p. 28-31.

[43] Bense, Max. Pequena estética. São Paulo: Editora Perspectiva, 1971. p. 219-220.

Pignatari's comment was restricted to concrete art, as a tacit recognition of the inapplicability of his conclusions to neo-concretism, which, with Lygia Clark's Bichos and Hélio Oiticica's Núcleos, had opened for random relations.

Poet and critic, Ferreira Gullar was able to extract some activation sense from the imaginary in Mondrian, when he wrote in "Teoria do não objeto", that

> *breaking the frame and eliminating the base are not actually matters of mere technical or physical nature: it is the artist's effort to free himself from the conventional picture of culture, in order to re-encounter that 'desert', about which Malevich had talked, where the work appears for the first time free from any sort of meaning, but the one of its own appearance.*[41]

In this historic process, Lygia Clark's painting A quebra da moldura (1954) is the Brazilian landmark of the autonomy of the pictorial object with propagation power for the abstract-geometric painters in Rio de Janeiro and São Paulo, including Decio Vieira – for whom the elimination in the frame results from the expansion forces and totalization of the surface.

10. PRINCIPLE OF THE OPENING OF THE FORM

In Waldemar Cordeiro's theoretical model resided the thinking of Norbert Wiener, American philosopher and mathematician who researched stochastics, electronic engineering and control systems. A stochastic system works based on chance, not being explained by the deterministic laws of cause and effect, but rather as a model of fields of possibilities and space of uncertainty. The poet Decio Pignatari however lamented that the concrete artists had not even addressed certain questions, like the stochastic structures, indicating some degree of failure in the project of concrete artists, like Fiaminghi, which at this point would also extend at the time of the text to Waldemar Cordeiro's own work. The level of intention of the concrete work, in Cordeiro's preach, would not leave any opening for randomness or the indetermination of the information that was put to circulate. In this he was somewhat distant from the concrete poetry experimentalism of São Paulo-based brothers Augusto and Haroldo de Campos, and Decio Pignatari.

Umberto Eco's anthology Opera Aperta, launched in 1962, responds to the indetermination of the work which was spreading in Europe and the United Sates, from music to plastic arts. Eco defines "opera aperta" [open work] as those structures that invite the interpreter to participate in the final construction of the artistic object, be it an Alexander Calder's Mobile, or a musical structure by Pierre Boulez. Beyond the assumption that each work carries some degree of opening because it does not hold only one interpretation, Eco privileged in his open work model the determining intentionality. Lygia Clark's Bichos in 1960 were proposed as structures whose undetermined form should be operated by the other. The open work does not deal with a critical category but rather a polysemous process in the fields of information and semiotics. When Eco publishes his ideas about the intentional opening in art, the subject was not a novelty in Brazil, because back in 1955 Haroldo de Campos had already addressed the "vector field of art in our era" in a homonymous article: "A obra de arte aberta" (1955).[42] *Max Bense called Bichos as "variable objects", "transformable objects" or "in-between-objects", in a dissident interpretation of Ferreira Gullar's "non-object". Bense described the "non-constructive objects" as those that cannot result from the methodical conscious steps executed from the decision of an object whose "being derives from a non-decomposable and non-repeatable act"*[43]

A set of small drawn forms has been left in Decio Vieira's studio to be articulated and re-articulated. They are thought to be studies and reflection material about the games of form. While they appear to have never been an "open work", in Eco's acceptation, though, in the setting they are found, they indicate these possibilities of combinatory games.

O comentário de Pignatari ateve-se à arte concreta, em reconhecimento tácito da inaplicabilidade de suas conclusões ao neoconcretismo, movimento que, com os *Bichos* de Lygia Clark e os *Núcleos* de Hélio Oiticica, abrira-se para relações do acaso.

Poeta e crítico, Ferreira Gullar conseguiu extrair sentido de ativação do imaginário em Mondrian ao escrever, na *"Teoria do não objeto"*, que

> romper a moldura e eliminar a base não são, de fato, questões de natureza meramente técnica ou física: trata-se de um esforço do artista para libertar-se do quadro convencional da cultura, para reencontrar aquele 'deserto', de que nos fala Malevich, onde a obra aparece pela primeira vez livre de qualquer significação que não seja a de seu próprio aparecimento.[41]

Nesse processo histórico, a pintura *A quebra da moldura* (1954), de Lygia Clark, é o marco brasileiro da autonomia do objeto pictórico com força de propagação para os pintores abstrato-geométricos do Rio de Janeiro e São Paulo, inclusive Decio Vieira – para quem a eliminação na moldura é resultante das forças de expansão e totalização da superfície.

10. PRINCÍPIO DA ABERTURA DA FORMA

No modelo teórico de Waldemar Cordeiro estava o pensamento de Norbert Wiener, o filósofo e matemático americano que pesquisou a estocástica, a engenharia eletrônica e os sistemas de controle. Um sistema estocástico funciona com base no acaso, não sendo explicado de modo determinista pelas leis de causa e efeito, mas sendo um modelo de campos de possibilidades e espaço de incerteza. O poeta Decio Pignatari lastimou, contudo, que os artistas concretos não tivessem sequer chegado a abordar certas questões, como as estruturas estocásticas, indicando certo malogro no projeto de concretistas, como Fiaminghi, que, neste ponto, também se estenderia, à época do texto, à obra do próprio Waldemar Cordeiro. O grau de intenção de controle da obra concretista, na pregação de Cordeiro, não deixaria qualquer abertura para o acaso ou para a indeterminação da informação posta em circulação. Nisso, estava a certa distância do experimentalismo da poesia concreta paulistana dos irmãos Augusto e Haroldo de Campos e de Decio Pignatari.

A antologia *Obra aberta* de Umberto Eco, lançada em 1962, responde à indeterminação da obra em proliferação na Europa e nos Estados Unidos, da música às artes plásticas. Eco tipifica como "obra aberta" aquelas estruturas que convidam o intérprete à participação na construção final do objeto artístico, seja num *Móbile* de Alexander Calder ou em uma estrutura musical de Pierre Boulez. Para além do pressuposto de que toda obra tem um grau de abertura já que não comporta apenas uma interpretação, Eco privilegiava, em seu modelo de obra aberta, a intencionalidade determinante. Os *Bichos* de Lygia Clark, em 1960, propunham-se como estruturas cuja forma indeterminada deveria ser operada pelo *outro*. A obra aberta não trata de uma categoria crítica, mas de um processo polissêmico nos campos da informação e da semiótica. Quando Eco publica suas ideias sobre a abertura intencional na arte, o assunto não era novidade no Brasil, pois, já em 1955, Haroldo de Campos havia tratado do "campo vetorial da arte de nosso tempo" em artigo homônimo ao do filósofo italiano: "A obra de arte aberta" (1955).[42] Max Bense denominou os Bichos de "objetos variáveis", "objetos transformáveis" ou "entre-objetos", numa interpretação dissidente do "não objeto" de Ferreira Gullar. Bense descrevia os "objetos não construtivos" como aqueles que não podem resultar, metodicamente, da execução de passos conscientes a partir da decisão de objeto cujo "ser provém de um ato não decomponível e não repetível".[43]

No ateliê de Decio Vieira foi deixado um conjunto de pequenas formas desenhadas para serem articuladas e rearticuladas. Presume-se que sejam estudos e material de reflexão sobre os jogos da forma. Se parecem nunca ter se constituído em "obra aberta", na acepção de Eco, no entanto, elas, nos termos em que se encontram, indicam essas possibilidades de jogos de combinatória.

Mário Pedrosa na Bienal de São Paulo
Mário Pedrosa at São Paulo Biennale

[41] Gullar, Ferreira. Teoria do não-objeto, *Jornal do Brasil*, Rio de Janeiro, 19 e 20 de dezembro de 1959. (Suplemento Dominical).

[42] Campos, Haroldo de. A obra de arte aberta [1955]. In: *Teoria da poesia concreta*. São Paulo: Edições Invenção, 1965. p. 28-31.

[43] Bense, Max. *Pequena estética*. São Paulo: Editora Perspectiva, 1971. p. 219-220.

Ferreira Gullar
Manifesto Neoconcreto
Suplemento Dominical do Jornal do Brasil, 1959, Projeto gráfico de Amilcar de Castro

Neoconcret Manifesto, Jornal do Brasil Sunday Supplement , 1959, Amilcar de Castro's graphic design

[44] About Oskar Schlemmer's Ballet Triádico (1922), see: <http://www.museoreinasofia.es/coleccion/sala/sala-20602>. Accessed on October 1st, 2014.

[45] Gullar, Ferreira (1958). Lygia Clark: uma experiência radical. In: Experiência neoconcreta. São Paulo: Cosac Naify, 2007. p. 80-89.

[46] Deleuze, Gilles, op. cit. See chapter II.

[47] Ibid., p. 35.

[48] Van Doesburg, Theo et al. Manifeste de l'art concret (1929). In Revue de l'art concret, Paris, no. 1, 1930.

[49] Torres García, Joaquin. La tradición del hombre abstracto (doctrina constructivista). Montevideo: author's printing house, 1938.

11. PRINCIPLE OF TEMPORALITY

Lygia Pape's Ballet neoconcreto (1958) was the starting point of multi sensorialism and exchanges among senses toward neo-concretism, a turning point for the concrete art transformation, of claiming subjectivity and integration of senses, as well as making references to Oskar Schlemmer and his Triadic Ballet.[44] While dance is the art of time, from the classical analysis of the Hellenistic sculpture group Laocoonte, by Gotthold E. Lessing, to the Bauhaus avant-gardes art also carries its time-dimension. At the limit of neo-concretism, Ferreira Gullar observed in that same year how time spatializes and space temporalizes in Lygia Clark's work.[45] In neo-concretism it is frequent – in Clark, Oiticica, Pape and Carvão – that the experience is summoned as the time lived of the corps vécu of Merleau-Ponty's phenomenology. In the Bergsonian ranks of the neo-concrete thinking, duration appears to have bundled the psychological experience as a condition of immediate trait of reality. Gilles Deleuze highlights how Henri Bergson has no difficulties in conciliating duration, continuity and heterogeneity.[46] Unlike Ronaldo Brito, who does not depreciate the neo-concrete artists' resource of the duration concept, in his general analysis in O Bergsonismo Deleuze emphasizes that in the philosopher's perspective, duration is not only the lived experience – which in neo-concretism will be articulated to the body lived as conceptualized by Merleau-Ponty –; it is also an increased experience, and is the very own condition of experience. And he concludes his analysis by saying that the experience is always a mix of space and duration;[47] it is in the formation of Lygia Clark's Obra Mole or the intense planes formed by the repetition of the stroke in Decio Vieira's drawings.

Also in Decio Vieira's poetics, movements of repetition and juxtaposition of pencil lines to form the planes are accentuated, in a possible reference to rhythm. This kind of visual eurhythmy for an artist used to music and the musical concept of tempo is also connected with the mathematical concept of the beat in music. Eurhythmy is a concept of relation between dance and music created by Rudolf Steiner, a philosopher connected with theosophy – a concept that mobilized the avant-garde imaginary in the late 19th century and early decades of the 20th century, including Malevich and Mondrian. For a designer interested in jazz, this musicality would be modulated by the individual tempi attributable to each of those juxtaposed lines and could be explored as a possible contact point with the reintroduction of subjectivity – in his case, the artist's himself, like in Amílcar de Castro's sculpture -, in confrontation with the excessive objectivity of the São Paulo-based concrete art. Among Decio Vieira's drawings is the Estudo para Round about midnight de Theolonius [sic], formed by a circle divided in four parts. From the center ascends an arrow drawn by the overlapping of lines like the two midnight hands [of a clock]. The allusion to the circular time converges to the strong notion of duration time, from Bergson onward, among others neo-concrete artists.

12. PRINCIPLE OF SYMBOLIZATION

Charles Sanders Peirce's semiotics conducted Waldemar Cordeiro's reflections in the formulation of a "semantic concrete art", which was his primary effort over two decades of concrete action. Far beyond the syntax of concretism, with its programmatic laws closed as of the 1929 Manifesto da Arte Concreta,[48] neo-concretism, mainly with Ferreira Gullar, has understood its role as a semantic field. The big disagreement between Theo van Doesburg and Joaquín Torrres García preceded this document formulating the principles of concrete art. The differences between the European and the Latin American artist had in the idea of symbol an unnegotiable value in the definition of the tradition of the abstract man elaborated by Torres García.[49] Therefore neo-concretism carries a deep Latin American matrix, much more complex than the poor post-cubist tradition of the Brazilian modernism.

11. PRINCÍPIO DA TEMPORALIDADE

O *Ballet neoconcreto* de Lygia Pape (1958) foi o ponto de partida plurissensorial e de trocas entre os sentidos para o neoconcretismo, momento decisivo de transformação da arte concreta, de reivindicação da subjetividade e integração dos sentidos, fazendo ainda referências a Oskar Schlemmer e o seu Ballet Triádico.[44] Se a dança é arte do tempo, desde a análise clássica do grupo escultórico helenístico Laocoonte, por Gotthold E. Lessing, às vanguardas da Bauhaus que a arte também tem sua dimensão-tempo. No limiar do neoconcretismo, Ferreira Gullar observou, nesse mesmo ano, o modo como o tempo se espacializa e o espaço se temporaliza na obra de Lygia Clark.[45] No neoconcretismo é frequente – em Clark, Oiticica, Pape e Carvão – a convocação da experiência como tempo vivido do *corps vécu* da fenomenologia de Merleau-Ponty. Nos estratos bergsonianos do pensamento neoconcreto, a duração parece ter enfeixado a experiência psicológica na condição de dado imediato da realidade. Gilles Deleuze ressalta como Henri Bergson não tem dificuldades em conciliar duração, continuidade e heterogeneidade.[46] Diferentemente de Ronaldo Brito, que não desvaloriza o recurso dos neoconcretos ao conceito de duração, Deleuze enfatiza, na sua análise geral em *O Bergsonismo*, que na perspectiva do filósofo, a duração não apenas é experiência vivida – que se articulará, no neoconcretismo, ao corpo vivido conceituado por Merleau-Ponty –; é também experiência ampliada, sendo, inclusive, a própria condição da experiência. E conclui sua análise afirmando que a experiência é sempre um misto de espaço e duração;[47] está na formação da *Obra Mole* de Lygia Clark ou nos planos intensos formados pela repetição do traço em desenhos de Decio Vieira.

Também na poética de Decio Vieira, acentuam-se movimentos de repetição e justaposição de linhas a lápis para a formação dos planos, numa possível referência ao ritmo. Essa espécie de euritmia visual, para um artista afeito à música e ao conceito musical de *tempo*, está vinculada também ao conceito matemático da batida na música. Euritmia é um conceito de relação entre dança e música de Rudolf Steiner, um filósofo vinculado à teosofia – conceito que mobilizou o imaginário das vanguardas do final do século XIX e nas primeiras décadas do século seguinte, inclusive de artistas como Malevich e Mondrian. Para um desenhista interessado em jazz, essa musicalidade estaria modulada pelos *tempi* individuais atribuíveis a cada uma daquelas linhas justapostas e poderia ser explorada como um possível ponto de contato com a reintrodução da subjetividade – em seu caso, do próprio artista, como na escultura de Amílcar de Castro -, em confronto com a excessiva objetividade da arte concreta paulistana. Entre os desenhos de Decio Vieira está o Estudo para *Round about midnight de Theolonius* [sic], formado por um círculo dividido em quatro partes. Do centro sobe uma seta desenhada por sobreposição de linhas como os dois ponteiros da meia-noite. A alusão ao tempo circular converge para a forte noção de tempo da duração, a partir de Bergson, entre os neoconcretos.

12. PRINCÍPIO DA SIMBOLIZAÇÃO

A semiótica de Charles Sanders Peirce conduziu as reflexões de Waldemar Cordeiro na formulação de uma "arte concreta semântica", que foi seu esforço primordial durante duas décadas de ação concretista. Muito para além dessa sintaxe do concretismo, com suas leis programáticas fechadas a partir do *Manifesto da Arte Concreta* de 1929,[48] o neoconcretismo, sobretudo a partir de Ferreira Gullar, compreendeu sua atuação como campo semântico. O grande diferendo entre Theo van Doesburg e Joaquín Torres García antecedeu esse documento formulador dos princípios da arte concreta. As diferenças entre o artista europeu e o latino-americano tinham na ideia do símbolo um valor inegociável na definição da tradição do homem abstrato elaborada por Torres García.[49] Portanto, o neoconcretismo tem uma matriz latino-americana profunda, mais complexa do que a pobre tradição pós-cubista do modernismo brasileiro.

Ferreira Gullar
Manifesto Neoconcreto
Suplemento Dominical do Jornal do Brasil, 1959, Projeto gráfico de Amílcar de Castro

Neoconcret Manifesto, Jornal do Brasil Sunday Supplement, 1959, Amílcar de Castro's graphic design

---

[44] Sobre o Ballet Triádico (1922), de Oskar Schlemmer, ver: <http://www.museoreinasofia.es/coleccion/sala/sala-20602>. Acesso em 1º de outubro de 2014.

[45] Gullar, Ferreira (1958). Lygia Clark: uma experiência radical. In: *Experiência neoconcreta*. São Paulo: Cosac Naify, 2007. p. 80-89.

[46] Deleuze, Gilles, op. cit. Ver capítulo II.

[47] Idem, p. 35.

[48] Van Doesburg, Theo et al. Manifeste de l'art concret (1929). In Revue de l'art concret, Paris, no. 1, 1930.

[49] Torres García, Joaquín. La tradición del hombre abstracto (doctrina constructivista). Montevideo: editora do autor, 1938.

[50] Cassirer, Ernst. An essay on man. New Haven: Yale University Press, 1944, p. 26.

[51] Ibid. See chapter III.

[52] Panofsky, Erwin. Meaning in the visual arts: papers on and in art history. Nova York: Doubleday Anchor Books, 1955.

[53] Arnheim, Rudolf. The power of the center: a study of composition in the visual arts (The new version). Berkeley: University of California Press, 1988. p. 222.

Mário Pedrosa has introduced some capital authors in the artistic scene in Rio – Ernst Cassirer and Erwin Panofsky – for the theoretical model of neo-concretism, with consequences on language. Cassirer's book An essay on man, published in the United States in 1944 must have impressed Mário Pedrosa during his exile in Washington. With the deep moral crisis produced by Nazism and the multiple dispersive considerations of the modern thinking, Cassirer introduces his central question: "what is the man?" He defends that, shaped by his "propositional language", man is recognized as a symbolicum animal, as a key to understanding his own nature.[50] Cassirer differentiates the symbol from the sign. The signs are "operators" as a physical and substantive statute; the symbols are "designators", their value is only functional in discursive relations.[51] This linguistic difference marks an abyssal distance between the São Paulo concrete artists and the future neo-concrete artists in Rio.

In Decio Vieira the adherence to theoretical semantic postulates of neo-concretism also finds signs in his library, like the exemplary presence of the 1955 edition of Erwin's Panofsky's book Meaning in the visual arts.[52] Moreover, semantics, the study of the meanings, reiterated the value of the symbol as an indispensable part of art. From Cassirer onwards the philosopher Susanne Langer has also professed the existence of the symbol of art, which would not be confused with symbolism nor with the failure to understand symbols in the São Paulo concretism.

In The power of the center, Rudolf Arnheim, another author introduced by Mário Pedrosa in the neo-concrete circle of Rio de Janeiro, presents the study of the symbolic value of the form. Interested in Arnheim's thinking, perhaps as no other artist from the group, Decio Vieira has investigated the idea of centricity with decidedly consistence. The center was for him a goal in the dynamization of his visual system, as his way to capture the subject. "We should remember," warns Arnheim about the value of the symbol in the production of meanings, "that the perception does not consist in the mechanical screening of an infinite number of details of form and color projected on the retina. In order to be biologically useful, the vision must not be moved to apprehend coherent units and segregate them from the others".[53] The subject in front of a painting or drawing by Decio Vieira, without occupying the center of the space, sees him or herself involved by the dynamic inter-relation proposed through the pictorial object. The surface architecture in Decio Vieira's painting has produced division and crossings, focus, and decentralization or eccentricity, meshes, weights and graphic nucleuses, points of irradiation of dynamic lines, games of centrifuge and centripetal forces, tense balance. Some of Decio Vieira's visual schemes propose a crossing of lines outside the axis or segmentation point at the center of the square, as in the deviated balances in Josef Albers's Homages to the square. While in neo-concretism the abolition of the frame from the painting or the pedestal from the sculpture shape arguments in favor of the plastic and political autonomy of the object, Decio Vieira's exploration of limits, in the rhythm of the form, in the space divided in white and gray planes in the almost faded differences between shadows, appears to retrieve, like in Mondrian, all the emphatic relation with the center. The abolition of the frame, mainly in the picture of the cut surface, draws defamiliarization and lack of control, because the frame or even any predictable rectangular form that welcomes the look – is a disturbing effect of dislocation. This set of phenomenological stimuli and analytical demands from the look has required on the part of the artist a subject that, more than involved with the exegesis of the form, would seek to be situated in the field of the visual episteme proposed by the painting.

Mário Pedrosa introduziu alguns autores capitais no meio artístico carioca – Ernst Cassirer e Erwin Panofsky – para o modelo teórico do neoconcretismo, com consequência sobre a linguagem. O livro *Um ensaio sobre o homem* de Cassirer, publicado nos Estados Unidos em 1944, deve ter impressionado o crítico em seu exílio em Washington. Diante da profunda crise moral gerada pelo nazismo e das múltiplas considerações dispersivas do pensamento moderno, Cassirer lança sua indagação central: "o que é o homem?" Defende que ele, conformado por sua "linguagem proposicional", seja reconhecido como animal simbólico (*animal symbolicum*), como chave para entendimento de sua própria natureza.[50] Cassirer diferencia o símbolo do signo. Os signos são "operadores" com um estatuto físico e substantivo; os símbolos são "designadores", seu valor é apenas funcional em relações discursivas.[51] Essa diferença linguística demarca uma distância abismal entre os concretistas de São Paulo e os futuros neoconcretos do Rio.

Em Decio Vieira, a adesão aos postulados teóricos semânticos do neoconcretismo encontra ainda índices em sua biblioteca, como a presença exemplar do livro *Significado nas Artes Visuais* de Erwin Panofsky em edição de 1955.[52] Ademais, a semântica, estudo dos significados, reiterava o valor do símbolo como parte indispensável à arte. A partir de Cassirer, também a filósofa Susanne Langer preconizou a existência do símbolo da arte, que não se confundiria com o simbolismo nem com a assimbolia do concretismo paulistano.

Em *O poder do centro*, Rudolf Arnheim, outro autor introduzido por Mário Pedrosa no círculo neoconcreto do Rio de Janeiro, apresenta o estudo do valor simbólico da forma. Interessado no pensamento de Arnheim, talvez como nenhum outro artista do grupo, Decio Vieira investigou a ideia de *centricidade* com decidida constância. O centro foi, para ele, um objetivo na dinamização de seu sistema visual, como sua forma de captura do sujeito. "Devemos lembrar," adverte Arnheim sobre o valor do símbolo na produção de significados, "que a percepção não consiste na varredura mecânica de um número infinito de detalhes da forma e da cor projetados sobre a retina. Para ser biologicamente útil, a visão deve ser movida para apreender unidades coerentes e segregá-las das demais".[53] O sujeito diante de uma pintura ou um desenho de Decio Vieira, sem ocupar o centro do espaço, vê-se envolvido pela interrelação dinâmica proposta através do objeto pictórico. A arquitetura da superfície na pintura de Decio Vieira produziu divisão e entroncamentos, foco e descentramento ou excentricidade, malhas, pesos e núcleos gráficos, pontos de irradiação de linhas dinâmicas, jogo de forças ora centrífugas ora centrípetas, equilíbrio tenso. Alguns esquemas visuais de Decio Vieira propõem um entroncamento de linhas fora do eixo ou ponto de segmentação ao centro do quadrado, como nos equilíbrios em desvio das *Homenagens ao quadrado* de Josef Albers. Se no neoconcretismo a abolição da moldura na pintura ou da base da escultura conformam argumentos em favor da autonomia plástica e política do objeto, a exploração de limites por Decio Vieira, no ritmo da forma, no espaço dividido em planos brancos e cinzas no quase apagamento das diferenças entre as sombras, parece retirar, como em Mondrian, toda relação enfática com o centro. A abolição da moldura, sobretudo no quadro da superfície recortada, precipita estranhamento e descontrole, posto que a moldura ou sequer uma forma retangular previsível que acolhesse o olhar – é um inquietante efeito de desenquadramento. Esse conjunto de estímulos fenomenológicos e demandas analíticas ao olhar solicitou, por parte do artista, um sujeito que mais do que envolvido na exegese da forma, buscasse situar-se no campo da *episthe-me* visual proposta pela pintura.

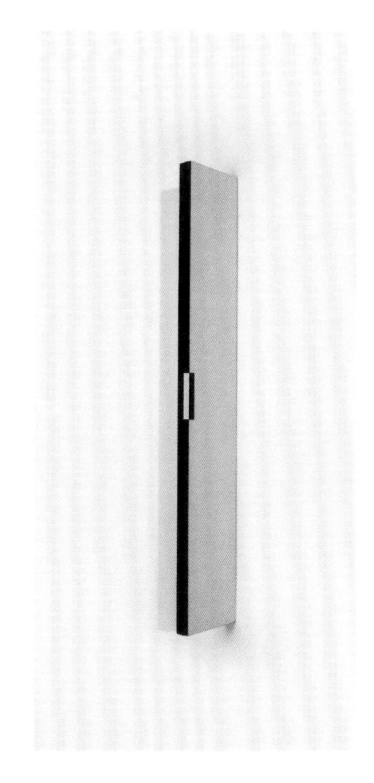

Willys de Castro
Objeto ativo, 1959-1960, Óleo sobre tela e madeira, Coleção MAM Rio
Active object, 1959-1960, Oil on canvas and wood, MAM Rio collection

[50] Cassirer, Ernst. *An essay on man*. New Haven: Yale University Press, 1944, p. 26.

[51] Idem. Ver capítulo III.

[52] Panofsky, Erwin. *Meaning in the visual arts: papers on and in art history*. Nova York: Doubleday Anchor Books, 1955.

[53] Arnheim, Rudolf. *The power of the center: a study of composition in the visual arts (The new version)*. Berkeley: University of California Press, 1988. p. 222.

[54] Merleau-Ponty, Maurice. O visível e o invisível. Translation by José Arthur Gianotti and Armando Mora d'Oliveira. São Paulo: Editora Perspectiva, 1984. p. 31.

[55] Langer announces the question in Philosophy in a new key, de 1942, and unfolds it onto other works like Feeling and Form, of 1953.

[56] Gullar, Ferreira. Teoria do não-objeto, Jornal do Brasil, Rio de Janeiro, December 19th and 20th, 1959. (Sunday Supplement).

[57] Langer, Susanne K. Sentimento e forma. Translation by A. M. Goldberger Coelho and J. Guinsburg. São Paulo: Editora Perspectiva, 1980.

[58] Pater, Walter. The Renaissance studies in art and poetry (1873), apud Walker, Hamza. Wake up Call. In: Parkett, Zurique, n. 80, p. 102-107, 2007. No original: "All art constantly aspires towards the condition of music" (p. 102).

13. THE PRINCIPLE OF THE PHENOMENOLOGY OF PERCEPTION

Maurice Merleau-Ponty observes that in regard of the psychology of perception, gestalt is "a dead center".[54] The empirical laws of Gestalt describe the mechanics of the functioning of the brain in face of certain visual stimuli, as the principle of the good continuity of form. The phenomenology of perception in neo-concretism operated with planes of subjectivity as a choice from the phenomenology of "return to the thing itself", that had been founded upon Edmund Husserl's initial philosophy, of the Logic investigations. In developments of subjectivity relations, artists coming from neo-concretism like Lygia Clark, Hélio Oiticica, Lygia Pape and Aluísio Carvão, have taken the object as a factor of activation of the phenomenology of senses, as an engine of individualization of the aesthetic experience. Such drive of the object is inherent to its full existence. The aesthetic experience is no longer reduced to a condition that transcends the subject, but rather it is placed as a relation of immanence of the experimental dynamics of the neo-concrete form. The complex of senses that shape the experience were the pillars in Merleau-Ponty's phenomenology, incident on the neo-concrete environment, as it will be analyzed later in the principle of multi sensoriality.

The sensuality of the matter and the perception of color and light are irreducible subjective aspects in Decio Vieira's work. From the 1970s onwards, color in his works on paper will find a delicate chromatic sensuality due to his double look of affiliation to neo-concrete parameters and enchanted admiration for Volpi's work. At this point pictoriality for Decio Vieira, as the poetics of the material sign of the painting has something of Willys de Castro, added to the fact that in his specific case, any excessive or too explicit load of gestalt subjects could seem problematic, overly artificious.

14. PRINCIPLE OF MULTI SENSORIALITY

In his Theory of the non-object, Ferreira Gullar embraced the phenomenology of plurality and the transit among the senses, according to the guidance of Maurice Merleau-Ponty and Susanne Langer[55] about the regime of exchanges among the senses and its symbolization through artistic manifestations: "Nobody ignores that no human experience is limited to the five senses of man, once man reacts as a wholeness and that in the 'body's general symbolism' (M.Ponty) the senses decipher one another".[56] Neo-concretism opposed the almost absolute visual mono sensoriality of the concrete Gestalt art prevalent in São Paulo.

In Sentimento e forma, Susanne Langer articulates the symbolic structure, from Cassirer and the aesthetic manifestations, observing the specific nature of each one, to develop correlations between the senses and the arts, from music to dance, from literature to cinema.[57] Here is introduced the theoretical key of the relation of Decio Vieira's art with music. In an article of 1877 about the school of Giorgione, the British philosopher Walter Pater appears to be the pioneer in the observation of correlations between art and music: "all art constantly aspires towards the condition of music".[58] It is worth saying that if the arts pursue the unification of the relation between subject and form, the music would be the only one in which both merge. In the contamination of the senses in its aesthetic expression, relations between art and music cross modernity, from Paul Klee to Wassily Kandinsky. Also Theodor W. Adorno and Roger Fryse devote themselves to the same problem.

13. O PRINCÍPIO DA FENOMENOLOGIA DA PERCEPÇÃO

Maurice Merleau-Ponty observa, frente à psicologia da percepção, que a Gestalt é "um ponto morto".[54] As leis empíricas da Gestalt descrevem a mecânica de funcionamento do cérebro diante de certos estímulos visuais, tal como o princípio da boa continuidade da forma. A fenomenologia da percepção do neoconcretismo operava com planos da subjetividade como escolha a partir da fenomenologia de "retorno à coisa mesma", que se fundara na filosofia inicial de Edmund Husserl, das *Investigações lógicas*. Em desdobramentos das relações de subjetividade, artistas oriundos do neoconcretismo, como Lygia Clark, Hélio Oiticica, Lygia Pape e Aluísio Carvão, tomaram o objeto como fator de ativação da fenomenologia dos sentidos, como motor da individualização da experiência estética. Tal acionamento do objeto é inerente a sua plena existência. A experiência estética já não se reduz a uma condição transcendente ao sujeito, mas coloca-se como a relação de imanência da dinâmica experimental da forma neoconcreta. O complexo dos sentidos que conformam a experiência foram pilares da fenomenologia de Merleau-Ponty, incidente sobre o ambiente neoconcretista, como adiante se analisa no princípio da plurissensorialidade.

A sensualidade da matéria e a percepção da cor e da luz são aspectos subjetivos irredutíveis na obra de Decio Vieira. A partir da década de 1970, a cor em seus trabalhos sobre papel encontra uma delicada volúpia cromática por obra de seu duplo olhar de afiliação a parâmetros do neoconcretismo e de admiração encantada pela obra de Volpi. Neste ponto, a pictorialidade para Decio Vieira, como poética do signo material da pintura, tem algo de Willys de Castro, agregada ao fato de que, em seu caso específico, qualquer carga excessiva ou muito explícita de assuntos da Gestalt poderia lhe parecer problemática, por demais artificiosa.

14. PRINCÍPIO DA PLURISSENSORIALIDADE

Na *Teoria do não objeto*, Ferreira Gullar abraçou a fenomenologia da pluralidade e trânsito entre os sentidos, segundo a orientação de Maurice Merleau-Ponty e Susanne Langer[55] sobre o regime de trocas entre os sentidos e sua simbolização através das manifestações artísticas: "Ninguém ignora que nenhuma experiência humana se limita a um dos cinco sentidos do homem, uma vez que o homem reage como uma totalidade e que, na 'simbólica geral do corpo' (M. Ponty), os sentidos se decifram uns aos outros".[56] O neoconcretismo opunha-se à quase absoluta monossensorialidade visual da arte concretista gestáltica prevalecente em São Paulo.

Em *Sentimento e forma*, Susanne Langer articula a estrutura simbólica, a partir de Cassirer e das manifestações estéticas, com a observação da natureza específica de cada uma, para desenvolver correlações entre os sentidos e as artes, da música à dança, da literatura ao cinema.[57] Aqui se introduz a chave teórica da relação da arte de Decio Vieira com a música. Em artigo de 1877 sobre a escola de Giorgione, o filósofo britânico Walter Pater parece ter sido pioneiro na observação das correlações entre arte e música: "todas as artes aspiram constantemente por alcançar as condições da música".[58] Vale dizer que, se as artes buscam a unificação da relação entre assunto e forma, a música seria a única em que ambos se fundem. Na contaminação dos sentidos em sua expressão estética, relações entre arte e música atravessam a modernidade, de Paul Klee a Wassily Kandinsky. Também Theodor W. Adorno e Roger Fryse se debruçam sobre o mesmo problema.

Hércules Barsotti
Branco preto, 1960, óleo sobre tela, 100 x 50 cm, Coleção Museum of Fine Arts Houston

White black, 1960, Oil on canvas, Museum of Fine Arts Houston collection

[54] Merleau-Ponty, Maurice. *O visível e o invisível*. Trad. José Arthur Gianotti e Armando Mora d'Oliveira. São Paulo: Editora Perspectiva, 1984. p. 31.

[55] Langer anuncia a questão em *Philosophy in a new key*, de 1942, e a desdobra em outras obras como Feeling and Form, de 1953.

[56] Gullar, Ferreira. Teoria do não-objeto, *Jornal do Brasil*, Rio de Janeiro, 19 e 20 de dezembro de 1959. (Suplemento Dominical).

[57] Langer, Susanne K. *Sentimento e forma*. Trad. A. M. Goldberger Coelho e J. Guinsburg. São Paulo: Editora Perspectiva, 1980.

[58] Pater, Walter. The Renaissance studies in art and poetry (1873),apud Walker, Hamza. Wake up Call. In: *Parkett*, Zurique, n. 80, p. 102-107, 2007. No original: "All art constantly aspires towards the condition of music" (p. 102).

[59] Pedrosa, Mário. Pintores da Arte Virgem (1950). In: Dimensões da Arte. Rio de Janeiro: Ministério da Educação e Cultura, 1964. p. 105.

[60] Benjamin, Walter. The author as producer. In: Jennings, Michael W.; Doherty, B.; Levin, T. Y. (Eds.). Benjamin: The work of art in the age of its technological reproducibility and other writings on media. Translation by E. Jephcott. Cambridge and London: The Belknap Press of Harvard University Press, 2008, p. 79-95. vol. 2

In the Decio Vieira's Rio de Janeiro environment, Mário Pedrosa reiterates a proposition that is analog to Pater's in Dimensões da arte.[59] In the Project "Biscoitos Finos" (1974), a multi sensorial Hélio Oiticica thinks his invention process of art crossed by music – from samba to rock – and the radical understanding of these relations has come to him as a "consequence of the disintegration of the old forms of artistic manifestations". Shortly afterwards, Oiticica makes his anthological discovery "what I do is music and MUSIC is not 'one of the arts', but it is the synthesis of the consequence of the discovery of the body". Dulce Holzmeister saved Decio Vieira's records, among them many of jazz. Like Piet Mondrian and Jackson Pollock, he was largely interested in jazz, allowing his painting to be affected by improvisão, polyrhythms, and syncopation of the American musical genre, in a relation with art that will flourish in the 1970s.

15. PRINCIPLE OF SUBJECTIVITY

As a reaction against the excessive objectivity of concrete art as professed by Waldemar Cordeiro in São Paulo, the neo-concrete form requires the inscription of subjectivity into the production and conveying of the object in two possibilities. The first refers to the transparency of the artist's constructive actions, against procedures non-inherent to the constructive process. In the emergence of Amílcar de Castro's sculpture-space the two acts of material will – cut and bend the steel plane – are visible with no other additional action. The entire subject's material will remains transparent in the object. In the reception plan, Lygia Clark transformed the former spectator into an agent of the work by transforming their intervention into a necessary condition for the full existence of the art. The sculpture is open to the other's decision, who takes the role of an activator of the sensorial and symbolic potential of the signifier, not only a passive viewer, but an experimental agent of the aesthetic fact. Such incorporation of the other in its full subjectivity is a necessary condition for the full existence of the neo-concrete object.

Some artists have acted toward a formal precision in conformity with the subject's investments, such as the formation of color planes in Decio Vieira's drawing by juxtaposed pencil traces, repeated and visualizable as an exposure of his own experience of "shaping" the plane. In the Brazilian constructive project overall, the opposition between figure and plane as a background was eliminated. This has also happened in Decio Vieira's production, in the dissolution of the figure-background relation in ambivalence of the structured form as a chromatic surface. The space is taken by plane structures and detours, dislocations and symmetries. Still in the neo-concretist circle in the beginning he placed himself as a disciplined artist of the mesh of modernity in opposition to the large monochromatic planes of Lygia Clark, Hélio Oiticica or Aluísio Carvão.

With his scratched pictures, Decio Vieira reiterates and sets wide open the presence of the subject in the constructive action. These paintings correlate with Franz Weissmann's drawing and reliefs of hammered aluminum from the same period, which show the artist's action and expose the crisis of the constructive reason triggered already in an experimental territory that extrapolated neo-concretism. With these pictures, Decio Vieira finally finds his own political model for the modern problematic of culture introduced by Walter Benjamin in The author as producer.[60] What Vieira leaves visible is the materiality of the sign and the experiential memory of the picture, because the scratched lines return to the support in its condition as original plane. The traumatic intervention is a subtle sign, but not less significant, of a subjectivist posture in Decio Vieira, where duration – internal factor with no exteriority – confronts in the territory of art, with homogeneous and discontinuous cuts in space (which is its exteriority). To construct and deconstruct are phases of the constructive battle of the object's pictorial skin. If for Cordeiro's concretism any brush stroke marked on the surface or employment of the color, outside the neo-plastic dogma of

No contexto carioca do círculo de Decio Vieira, Mário Pedrosa reitera uma proposição análoga à de Pater em *Dimensões da arte*.[59] No projeto para "Biscoitos Finos" (1974), um Hélio Oiticica plurissensorial pensa seu processo de invenção da arte atravessado pela música – do samba ao rock – e o entendimento radical dessas relações lhe veio como "consequência da desintegração das velhas formas de manifestação artística." Em seguida, Oiticica faz sua antológica descoberta "o que faço é música e MÚSICA não é 'uma das artes' mas a síntese da consequência da descoberta do corpo". Dulce Holzmeister guardou os discos de Decio Vieira, entre os quais muitos de jazz. Tinha, como Piet Mondrian e Jackson Pollock, grande interesse por esse gênero musical, deixando-se afetar na pintura pela improvisação, polirritmos e síncope do gênero musical americano, numa relação com a arte que desabrocha na década de 1970.

15. PRINCÍPIO DA SUBJETIVIDADE

Em reação contra a excessiva objetividade da arte concreta preconizada por Waldemar Cordeiro em São Paulo, a forma neoconcreta reivindica a inscrição da subjetividade na produção e no agenciamento do objeto em duas possibilidades. A primeira refere-se à transparência das ações construtivas do artista, contra procedimentos não inerentes ao processo construtivo. Na emergência da escultura-espaço de Amílcar de Castro os dois atos de vontade material – cortar e dobrar o plano de aço – estão visíveis sem nenhuma outra ação adicional. Toda vontade material do sujeito mantém-se transparente no objeto. No plano da recepção, Lygia Clark converteu o antigo espectador em agente da obra, ao converter sua intervenção em condição necessária da plena existência da arte. A escultura é aberta às decisões do *outro*, que assume o papel de ativador do potencial sensorial e simbólico do significante, não apenas seu fruidor passivo, mas de agente experimental do fato estético. Tal incorporação do *outro* em sua plena subjetividade é condição necessária à existência plena do objeto neoconcreto.

Alguns artistas atuaram na direção de uma precisão formal em conformidade com os investimentos pelo sujeito, como a formação dos planos de cor no desenho de Decio Vieira por traços a lápis justapostos, repetidos e visualizáveis como exposição de seu próprio processo vivencial da "enformação" do plano. No projeto construtivo brasileiro em geral, eliminou-se a oposição entre figura e plano enquanto fundo. Isso ocorreu também na produção de Decio Vieira, na dissolução da relação figura/fundo em ambivalência da forma estruturada como superfície cromática. O espaço é protagonizado por estruturas de plano e por desvios, deslocamentos e simetrias. Ainda no círculo neoconcretista, ele se firmou inicialmente como disciplinado artista da malha da modernidade contraposta aos grandes espaços e aos planos monocromáticos de Lygia Clark, Hélio Oiticica ou Aluísio Carvão.

Com os quadros arranhados, Decio Vieira reitera e escancara a presença do sujeito na ação construtiva. Essas pinturas correlacionam-se aos desenhos e aos relevos de alumínio batido de Franz Weissmann da mesma época, que denotam a ação do artista e expõem a crise da razão construtiva deflagrada já em território experimental que extrapolava o neoconcretismo. Com esses quadros, Decio Vieira encontra, finalmente, seu próprio modelo político para a problemática moderna da cultura introduzida por Walter Benjamin em *O autor como produtor*.[60] O que Vieira deixa visível é a materialidade do signo e a memória experencial do quadro, visto que as linhas arranhadas retornam ao suporte em sua condição de plano original. A intervenção traumática é índice sutil, mas não menos significativo, da postura subjetivista em Decio Vieira, em que a duração – fator interno e sem exterioridade – confronta-se, no território da arte, com cortes homogêneos e descontínuos no espaço (que é sua exterioridade). Construir e desconstruir são etapas do embate construtivo da pele pictórica do objeto. Se para o concretismo de Cordeiro qualquer traço do pincel marcado na superfície ou emprego de cor, fora do dogma neoplástico do

Ferreira Gullar
Lembra, 1959, Poema-objeto
Remember, 1959, Poem-object

[59] Pedrosa, Mário. Pintores da Arte Virgem [1950]. In: *Dimensões da Arte*. Rio de Janeiro: Ministério da Educação e Cultura, 1964. p. 105.

[60] Benjamin, Walter. The author as producer. In: Jennings, Michael W.; Doherty, B.; Levin, T. Y. (Eds.). *Benjamin*: The work of art in the age of its technological reproducibility and other writings on media. Trad. E. Jephcott. Cambridge e Londres: The Belknap Press of Harvard University Press, 2008, p. 79-95. vol. 2.

De Stijl and van Doesburg, is an inappropriate exposure of the subject and an unacceptable solipsist action (hence the adoption of a coverage of paint like on industrial products); Decio Vieira is here proposing another existence of the visual sign. In those two paintings the neo-concrete painter is not interested in authorial marks or imposing narcissistic signs, but rather exclusively the trace of the homo faber passage. They do not bear De Stijl's utopia, but the physical friction of the picture, allegory of the productive activity itself. Everything succumbs – color and structure – under the action of this plough that cultivates meanings on the pictorial surface; he digs parallel furrows that are also reconstructive of the void. The tool is the metallic instrument – he is not interested in the industrial aesthetic as a sign of material progress, although he had never dismissed his possibilities as a designer in decorative arts. Therefore the scratches register the calculated work and the energy spent, because the picture is not a mirror, but the very place where the work energy is spent.

16. PRINCIPLE OF THE IMAGINARY

For the neo-concrete artists, art history is not a repertory of images to be re-interpreted, or geometry as a simple reconfiguration of mathematical ideas. For example, there is no appropriation in the neo-concrete Decio Vieira. In this sense, it is not art shaped after previous models and mere variations of visual theorems that are as predictable as pre-visualizable, according to Konrad Fiedler's theoretical arguments, adopted by the European concrete art, and almost twenty-five years later, by the Brazilian concretism. Neither does the imagining dimension of neo-concretism resolve itself in illustration of science or psychoanalysis theories. In Lacan's triadic psychical economy, the imaginary is a mirage that confronts with imminent loss and with dissipation. It is the dimension in which the ego establishes relations between the self and the other. The practice of neo-concretism will not completely coincide with this concept, but in it a process of dissipation of the object itself takes place, in terms conceptualized in the modernity from Malevich to Mondrian, toward the non-object and the recognition of its incompleteness only soluble with the investment of energy by the other, like in Lygia Clark's Bichos.

17. PRINCIPLE OF THE PERMANENT THEORETICAL INVESTIGATION

The Manifesto neoconcreto (1959) and the Teoria do não objeto (1960) have synthesized the conceptual trajectory of geometric abstraction in Rio de Janeiro. If in the 1950s Waldemar Cordeiro's opinative strategy was to keep the crystal of art integral, through the fierce exigency from his fellow painters for fulfilling the principles manifested by the European concrete art, Mário Pedrosa and Ferreira Gullar, accompanied by Lygia Clark, Hélio Oiticica and specially Lygia Pape, supported relations of exemplary harmony between art history and the theory of perception, phenomenology, semiology, psychoanalysis, philosophy in general, knowledge of history, and the international critique. Decio Vieira was not a theorizer, but he attentively followed the intellectual debates in the Sunday Supplement of Jornal do Brasil, frequently cutting newspaper articles, as one can deduce from the remaining vestiges in his archives. Because of the principle of the permanent theoretical investigation, the postulates of the Neo-concrete manifesto unfolded as a necessary conceptual advancement and enhancement of the experimental field of art, in the Teoria do não objeto.

De Stijl de van Doesburg, é uma indevida exposição do sujeito e inaceitável ação solipsista (daí a adoção de uma cobertura de tinta como a dos produtos industriais); Decio Vieira está aqui propondo outra existência do signo visual. Naquelas duas pinturas, o pintor neoconcreto não está interessado em marcas autorais ou em impor signos narcísicos, mas exclusivamente o traço da passagem do *homo faber*. Não há neles a utopia do De Stijl, mas a fricção física do quadro, alegoria da própria atividade produtiva. Tudo sucumbe – cor e estrutura – sob a ação deste arado que lavra significados na superfície pictórica; ele escava sulcos paralelos que também são traços reconstrutivos do vazio. A ferramenta é o instrumento metálico – não lhe interessa a estética industrial como índice do progresso material, embora nunca tenha descartado suas possibilidades como designer em artes decorativas. Por isso, o arranhado registra o trabalho calculado e a energia dispendida, pois o quadro não é espelho, mas o próprio lugar de dispêndio da energia do trabalho.

16. PRINCÍPIO DO IMAGINÁRIO

Para os neoconcretistas, a história da arte não é um repertório de imagens a serem reinterpretadas, ou geometria como simples reconfiguração de ideias matemáticas. Por exemplo, não se vê citacionismo no Decio Vieira neoconcreto. Nesse sentido, não é uma arte conformada a modelos prévios e a meras variações de teoremas visuais tão previsíveis quanto pré-visualizáveis, de acordo com os argumentos teóricos de Konrad Fiedler, adotados pela arte concreta europeia e, quase vinte e cinco anos depois, pelo concretismo brasileiro. Tampouco, a dimensão imaginante do neoconcretismo resolve-se em ilustração de teorias da ciência ou da psicanálise. Na economia psíquica triádica de Lacan, o imaginário é uma miragem que se confronta com perda iminente e com dissipação. É a dimensão em que o ego estabelece relações entre o eu e o *outro*. A prática do neoconcretismo não coincidirá completamente com este conceito, mas nela ocorre um processo próprio de dissipação do objeto, nos termos conceituados na modernidade de Malevich a Mondrian, na direção do não objeto e do reconhecimento de sua incompletude só resolúvel mediante o investimento de energia pelo *outro*, como nos *Bichos* de Lygia Clark.

17. PRINCÍPIO DA PERMANENTE INVESTIGAÇÃO TEÓRICA

O Manifesto neoconcreto (1959) e a *Teoria do não objeto* (1960) sintetizaram a consistente trajetória conceitual da abstração geométrica no Rio de Janeiro. Se, na década de 1950, a estratégia opinativa de Waldemar Cordeiro foi manter íntegro o cristal da arte, através de ferrenha exigência a seus colegas pintores de cumprimento dos preceitos manifestos pela arte concreta europeia, Mário Pedrosa e Ferreira Gullar, no que eram acompanhados por artistas como Lygia Clark, Hélio Oiticica e Lygia Pape especialmente, calçavam relações de exemplar sintonia entre a história da arte e a teoria da percepção, a fenomenologia, a semiologia, a psicanálise, a filosofia em geral, o conhecimento da história e a crítica internacional. Decio Vieira não era um teorizador, mas acompanhava atentamente os debates intelectuais no Suplemento Dominical do *Jornal do Brasil*, recortando com frequência artigos de jornais, como se depreende em vestígios remanescentes em seu arquivo. Em função do princípio da permanente investigação teórica, os postulados do *Manifesto neoconcreto* desdobraram-se, como avanço conceitual necessário e ampliação do campo experimental da arte, na *Teoria do não objeto*.

Osmar Dillon

Lua cheia, 2010, Acrílico, Ø 22 cm, Coleção Museu de Arte do Rio (MAR) Fundo Pedro e Gabriel Chrysostomo

Full moon, 2010, Acrilic, MAR collection, Pedro e Gabriel Chrysostomo Fund

[61] In a conversation with the author in 2005.

[62] Pedrosa, Mário. Arte Necessidade Vital. Rio de Janeiro: Livraria da Casa do Estudante do Brasil, 1949.

[63] According to a letter from Mavignier to Aracy Amaral, on September 14th, in 1976. In: Pedrosa, Mário; Amaral, Aracy, op. cit., p. 177

[64] Silveira, Nise da. O Mundo das Imagens. Rio de Janeiro: Editora Ática, 1992. p. 19.

[65] Pedrosa, Mário. Arte, Necessidade Vital. Rio de Janeiro: Livraria Editora da Casa do Estudante do Brasil, 1949. p. 142. All following mentions in this paragraph have been extracted from this title.

[66] Museu de Imagens do Inconsciente. In: Brasil: Museu de Imagens do Inconsciente. São Paulo: Câmara Brasileira do Livro, 1994, p. 25.

18. PRINCIPLE OF THE HARMONIZATION BETWEEN REASON AND MADNESS

The physician Nise da Silveira introduced occupational therapy in the Psychiatric Hospital Dom Pedro II, in Rio de Janeiro, in the 1940s, through the already mentioned fertile experience, and that involved young artists Almir Mavignier, Ivan Serpa and Abraham Palatnik. The latter recounts Malivignier's invitation: "let's meet some colleagues. I didn't know that he was taking me to the Hospital. On our way I was surprised by the things he was saying, because they were the ones that worried me".[61] Mário Pedrosa followed this experience, and addressed the production of the hospital's patients in the book Arte necessidade vital, in 1949.[62] In the same year he presented the thesis Da Natureza Afetiva da Forma na Obra de Arte (1949) when applying for a professor chair at Universidade do Brasil, currently Federal University of Rio de Janeiro.[63] The direct contact between Decio Vieira and Mário Pedrosa became closer soon after these experiences. This availability for the other in a precarious and abandonment situation may also reside in the foundations of the art school opened by Dulce Holzmeister and Decio Vieira in their house in São Conrado for the children from the favela Rocinha.

Nise da Silveira's orientation was founded on Jung's theories, including concepts of "archetypical images", "collective unconscious" and symbol systems. Because art requires the subject's non-verbal level, it acts on the "numerous states of the being". Her practice targeted the "individual's rehabilitation for the community on a level even higher than he or she had before the psychotic experience",[64] with a firm opposition to the Cartesian notion of the subject within the body-psyche dichotomy." In the paulista concretism, a persistent Cartesianism of the form was in place. In Germany, Pedrosa had studied the Gestalt theory and had always been an attentive reader of Freud, Roger Fry, Hans Prinzhorn, Rudolf Arnheim, and Herbert Read and others. Despite the irreconcilable epistemological difference among Freud's and Jung's theories, Pedrosa and Silveira shared the understanding of the expression as social utopia, because they reflected on Trotsky's political position, whose thinking defended the integration in the relations between art and life. In face of the visual power of the virgin imagination of children and madmen, Pedrosa sees the incomprehensibility of the modern art: the public in unable to "discern the fundamental from the artistic phenomenon".[65] It was his first battle with the mechanical rationalism of the abstract intellectualism after the understanding of the unconscious. Pedrosa understands that art as cure can provide "harmony of the subconscious complexes and better organization of the human emotions". In his belief in rationalism, Waldemar Cordeiro made attacks to the theme that had been important for the artists of the Manifesto Ruptura in Rio (1952), when saying that the "wrong" naturalism of children, madmen, of the "primitives" was the "old" in a clear battle against the thinking that was being developed in Rio with Pedrosa and Silveira.

The psychiatric hospital of Engenho de Dentro sheltered the surprising Arthur Amora, a day patient who painted "domino tiles" reduced to black rectangles on white background and organized randomly or in modular rhythms, optical contrasts, games of forms, and challenges to perception. Amora's painting was the geometric abstraction that the young cariocas knew before they had contact with Max Bill's Swiss concrete art. Mavignier was impressed with his "consequent geometrism",[66] but he considered that Amora did therapy not art. Therefore in Rio de Janeiro the first experiences close to rational images of the concrete form emerge in a psychiatric hospital as a contagion between reason and affectivity, which interpose in the remote foundations of the rescue of subjectivity in the neo-concrete proposal.

18. PRINCÍPIO DA HARMONIZAÇÃO ENTRE RAZÃO E LOUCURA

A médica Nise da Silveira introduziu a terapia ocupacional do Hospital Psiquiátrico Dom Pedro II, no Rio de Janeiro, na década de 1940, através da fecunda experiência já mencionada, que envolveu os jovens artistas Almir Mavignier, Ivan Serpa e Abraham Palatnik. O último relata o convite de Mavignier: "vamos conhecer uns colegas. Eu não sabia que ele me levava para o Hospital. No caminho eu me surpreendia com as coisas que ele dizia, pois eram as que me preocupavam".[61] Mário Pedrosa acompanhou esta experiência, tendo abordado a produção dos internos do hospital no livro *Arte necessidade vital*, em 1949.[62] No mesmo ano, apresentou a tese Da *Natureza Afetiva da Forma na Obra de Arte* (1949) para um concurso de cátedra na Universidade do Brasil, atual Universidade Federal do Rio de Janeiro.[63] O contato direto entre Decio Vieira e Mário Pedrosa foi estreitado logo depois dessas experiências. Essa disponibilidade para o *outro* em situação precária e de abandono também pode estar na base da escolinha de arte aberta por Dulce Holzmeister e Decio Vieira, em sua casa, em São Conrado, para crianças da favela da Rocinha.

A orientação de Nise da Silveira se assentava nas teorias de Jung, incluindo os conceitos de "imagens arquetípicas", "inconsciente coletivo" e sistemas de símbolos. Porque a arte solicita o nível não verbal do sujeito, ela atua sobre os "inumeráveis estados do ser". Sua prática almejava "a reabilitação do indivíduo para a comunidade em nível até mesmo superior àquele em que se encontrava antes da experiência psicótica",[64] com firme oposição à noção cartesiana de sujeito na dicotomia corpo-psique. No concretismo paulista, enfrenta-se a persistência de um cartesianismo da forma. Na Alemanha, Pedrosa estudara a teoria da Gestalt e sempre foi leitor atento de Freud, Roger Fry, Hans Prinzhorn, Rudolf Arnheim, Herbert Read e outros. Apesar da inconciliável diferença epistemológica entre as teorias de Freud e Jung, Pedrosa e Silveira compartilhavam o entendimento da expressão como utopia social, posto que refletiam sobre a posição política de Trotsky, cujo pensamento advogava a integração nas relações entre arte e vida. Diante da pujança visual da imaginação virgem de crianças e de loucos, Pedrosa vê a inapreensibilidade da arte moderna: o público não consegue "discernir o fundamental do fenômeno artístico".[65] Era seu primeiro embate com o racionalismo mecânico do intelectualismo abstrato depois da compreensão do inconsciente. Pedrosa compreende que a arte como cura pode propiciar "harmonia dos complexos do subconsciente e melhor organização das emoções humanas". Em sua crença no racionalismo, Waldemar Cordeiro inscreveu ataques ao tema que fora caro aos artistas do Rio no *Manifesto Ruptura* (1952), ao declarar que o naturalismo "errado" das crianças, dos loucos, dos "primitivos" era o "velho" em claro embate com o pensamento que se desenvolvia no Rio a partir de Pedrosa e Silveira.

O hospital psiquiátrico do Engenho de Dentro abrigava o surpreendente Arthur Amora, o paciente diurno que pintava "pedras de dominó" reduzidas a retângulos pretos sobre fundo branco e organizadas ao acaso ou em ritmos modulares, contrastes óticos, jogos de formas e desafios à percepção. A pintura de Amora foi a abstração geométrica que os jovens cariocas conheceram antes do contato com arte concreta suíça de Max Bill. Mavignier se impressionou com seu "geometrismo consequente",[66] mas considerava que Amora fazia terapia e não arte. Portanto, no Rio de Janeiro, as primeiras experiências próximas de imagens racionais da forma concreta surgem num hospital psiquiátrico, como contágio entre razão e afetividade, que se interpõem nas bases remotas do resgate da subjetividade da proposta neoconcreta.

Arthur Amora

Sem título, final de déc. 40, nanquim sobre papel, 37,8 x 56 cm (detalhe). Museu de Imagens do Inconsciente, Rio de Janeiro

No title, end of 1940s, Indian ink on paper (detail), Museu de Imagens do Inconsciente, Rio de Janeiro

[61] Em conversa com o autor, em 2005.

[62] Pedrosa, Mário. *Arte Necessidade Vital*. Rio de Janeiro: Livraria da Casa do Estudante do Brasil, 1949.

[63] Conforme carta de Mavignier a Aracy Amaral, em 14 de setembro de 1976. In: Pedrosa, Mário; Amaral, Aracy, op. cit., p. 177.

[64] Silveira, Nise da. *O Mundo das Imagens*. Rio de Janeiro: Editora Ática, 1992. p. 19.

[65] Pedrosa, Mário. *Arte, Necessidade Vital*. Rio de Janeiro: Livraria Editora da Casa do Estudante do Brasil, 1949. p. 142. Todas as citações seguintes, neste parágrafo, foram extraídas deste título.

[66] Museu de Imagens do Inconsciente. In: *Brasil: Museu de Imagens do Inconsciente*. São Paulo: Câmara Brasileira do Livro, 1994. p. 25.

[67] Lacan, Jacques. O campo do outro e o retorno sobre a transferência. In: O Seminário. Livro 11. Os quatro conceitos fundamentais da Psicanálise [The Seminar Jacques Lacan. Book XI. The four fundamental concepts os psychoanalysis]

[68] Lacan, Jacques. Le Séminaire livre VI (1959-1960) L'éthique de la psychanalyse. Paris: Seuil, 1986. p. 237.

[69] Clark, Lygia. Carta a Mondrian. In: Lygia Clark, op. cit., p.114.

[70] Ibid., p. 112.

19. PRINCIPLE OF THE VOID

Neo-concretism founded the aesthetic of the void in the Brazilian art. The Lacanian subject is a void, a lack: "The sexuality establishes itself in the subject's field through a path that is the lack," because "everything emerges from the structure of the signifier. This structure is founded on what I first called function of the cut, and that now articulates in the development of my discourse, as a topological function of the rim".[67] "Like the potter creates the vase from within the hole... every art is characterized by a certain way of organization around this void".[68] The power of the void comes from a plastic strength that affects the neo-concretist artists in different historical moments, because it crossed Lygia Clark's work from the "organic line", it was present in the cut line of Amílcar de Castro's sculpture, in the solid hollows in Franz Weissmann's structures, in the furrows opened in engravings of Lygia Pape's series Tecelares (1958-1959), in Decio Vieira's drawing production, or a work by Oiticica over his Frente group period, formed by perforated industrialized wood. In her letter to Mondrian (1959), Lygia Clark reports in a confessional key that "the 'absolute void', the night, and its silence that became my home. Through this 'absolute void' the consciousness of the metaphysical reality came to me, the existential problem, the form, the content (absolute space that only possesses reality because of the direct function of the existence of this form...)".[69] However, says Clark, "The man is not alone. He is the form and the void. He comes from the void to the form (life) and exits it to the absolute void which would be a relative death".[70] The constitution of a mechanic of the void in neo-concretism as a driving force of the surface was, surely, a need of Decio Vieira's drawing as an expression of the dull and untouched void of the medium, but it could not have the same occurrence in the painting – the "painted" void – of the organic and virtual line like in Lygia Clark. In Decio Vieira's painting, the "line-color" does not emerge from the lack, but rather in its constitution as void-strong, able to contain the fury of the drawing in the planes of energy condensed by the accumulation of juxtaposed lines. The task in the drawings of Decio Vieira's neo-concrete period would be confirming the dimension of the void. The line-void sustains the tension of the emerging color and the pressure of the strokes in the formation of the plane-color.

20. DRAWING

A large portion of the Brazilian constructive project in the mid-1950s found the excellence of aesthetic results in the gouache drawing of fine and precise line. It is a visual culture of the ruling pen, an instrument much used in architecture technical drawing whose matrix in Rio de Janeiro came from Ivan Serpa, who influenced his group to practice it – Hélio Oiticica, Lygia Pape, Aluísio Carvão and João José da Costa, but not Decio Vieira due to a logical impossibility of his plastic reasoning. It was also the case of Judith Lauand and Lothar Charoux, in São Paulo. Using the ruling pen was a novelty in art which opposed the culture of workmanship and virtuosity in favor of an industrial efficiency of the painting. In Decio Vieira's drawing, for juxtaposed lines to be converted into planes, in a "kandinskyan" exercise, the pencil, not the ruling pen, would be the appropriate tool for such a genesis of the plane.

In the field of painting, in pursuit of a pictorial object which, in a dialog with the industrial aesthetic, would be a homogeneous plane, with no trace of the subject as on the surface of a home appliance, the use of industrial paints fit well, and was largely used in this period, but not by Decio Vieira who preferred the rough drawing that vibrates on the medium and exposes the friction of the pencil on the textures of the paper.

19. PRINCÍPIO DO VAZIO

O neoconcretismo fundou a estética do vazio na arte brasileira. O sujeito lacaniano é um vazio, uma falta: "A sexualidade se instaura no campo do sujeito por uma via que é a da falta," pois "tudo surge da estrutura do significante. Essa estrutura se funda no que primeiro chamei a função do corte, e que se articula agora, no desenvolvimento de meu discurso, como função topológica da borda".[67] "Como o oleiro cria o vaso a partir do buraco... toda arte se caracteriza por um certo modo de organização em torno deste vazio".[68] A potência do vazio advém de uma força plástica que comove os neoconcretistas em diferentes momentos históricos, pois atravessou a obra de Lygia Clark a partir da "linha orgânica", estava na linha de corte da escultura de Amílcar de Castro, nos sólidos ocos em estruturas de Franz Weissmann, nos sulcos abertos em xilogravuras da série das *Tecelares* de Lygia Pape (1958-1959), na produção de desenho de Decio Vieira ou numa obra de Oiticica do período Frente, formada por madeira industrializada perfurada. Em sua *Carta a Mondrian* (1959), Lygia Clark relata, em tom confessional, que "o 'vazio pleno', a noite, o silêncio dela que se tornou a minha moradia. Através deste 'vazio pleno' me veio a consciência da realidade metafísica, o problema existencial, a forma, o conteúdo (espaço pleno que só tem realidade em função direta da existência desta forma...)".[69] E, no entanto, diz Clark, "o homem não está só. Ele é a forma e o vazio. Vem do vazio para a forma (vida) e sai desta para o vazio-pleno que seria uma *morte* relativa".[70] A constituição de uma mecânica do vazio no neoconcretismo como força propulsora da superfície foi, seguramente, uma necessidade do desenho de Decio Vieira como expressão do vazio bruto e intocado do meio, mas não poderia ter a mesma ocorrência na pintura – o vazio "pintado" – da linha orgânica e virtual de uma Lygia Clark. Na pintura de Decio Vieira, a "linha-cor" não emerge da falta, mas resulta na constituição dela como vazio-forte, capaz de conter o ímpeto do desenho dos planos de energia condensada pela acumulação de linhas justapostas. A tarefa nos desenhos do período neoconcreto de Decio Vieira seria confirmar a dimensão do vazio. A linha-vazio sustenta a tensão da cor surgente e a pressão dos traços na formação do plano-cor.

20. DESENHO

Grande parte do projeto construtivo brasileiro na metade da década de 1950 encontrou a excelência dos resultados estéticos no desenho a guache de linha fina e precisa. Trata-se de uma cultura visual do tira-linhas, instrumento muito usado no desenho técnico de arquitetura cuja matriz, no Rio de Janeiro, partiu de Ivan Serpa, que influenciou seu grupo de contato para a prática – Hélio Oiticica, Lygia Pape, Aluísio Carvão e João José da Costa, mas não Decio Vieira por uma impossibilidade lógica de seu raciocínio plástico. Foi também o caso de Judith Lauand e Lothar Charoux, em São Paulo. Usar o tira-linhas era uma novidade em arte que se opunha à cultura da manualidade e do virtuosismo em favor de uma eficiência industrial da pintura. No desenho de Decio Vieira, para que linhas justapostas se convertessem em plano, em exercício "kandinskyano", o lápis, não o tira-linhas, seria o material adequado a tal gênese do plano.

No campo da pintura, na busca de um objeto pictórico que, em diálogo com a estética industrial, fosse um plano homogêneo, sem qualquer traço do sujeito como na superfície de um aparelho eletrodoméstico, o uso de tintas industriais veio a calhar, sendo amplamente utilizado neste período, mas não por Decio Vieira, que prefere o desenho em estado bruto que trepida no suporte e expõe a fricção do lápis com as texturas do papel.

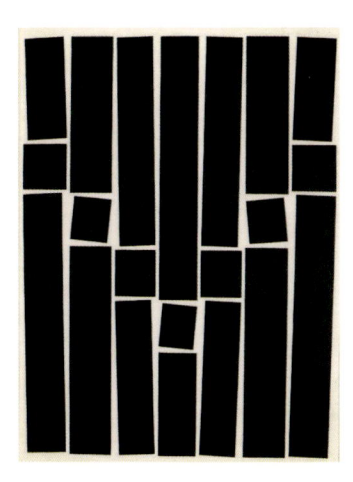

Helio Oiticica
Metaesquema (Pintura 9), 1959, Óleo sobre tela, Coleção Patricia Cisneros

Metaesquema (Paiting 9), 1959, Oil on canvas, Patricia Cisneros collection

[67] Lacan, Jacques. O campo do outro e o retorno sobre a transferência. In: *O Seminário. Livro 11. Os quatro conceitos fundamentais da Psicanálise*. Tradução de M. D. Magno. Rio de Janeiro: Jorge Zahar Editor, 1998. p. 194 e 196 respectivamente..

[68] Lacan, Jacques. *Le Séminaire livre VI* (1959-1960): L'éthique de la psychanalyse. Paris: Seuil, 1986. p. 237.

[69] Clark, Lygia. Carta a Mondrian. In: *Lygia Clark*, op. cit., p.114.

[70] Idem, p. 112.

[71] Grassère, Gérard. Les techniques des peintures em acryliques et polymères: manual à l'usage des artistes-peintres amateurs. [s.l.]: Royal Talens [1978], p. 5.

[72] Doerner, Max. Los materiales de pintura e su empleo en arte. Barcelona: Editorial Reverté, 1986.

[73] Mayer, Ralph. Manual do artista de técnicas e matérias. São Paulo: Martins Fontes, 1996. p. 295. Original title: The Materials of the Artist and Their Use in Painting.

[74] Morais, Frederico. Decio Vieira de volta: o prazer da pintura [Decio Vieira is back: the pleasure of painting], O Globo, Rio de Janeiro, 17 de junho de 1981. p. 30.

[75] About this, see: Bachelard, Gaston. La Terre et les rêveries de la volonté. Paris: Librairie José Corti, 1947.

In the narrow strips between the planes, the adverbial state of the "between" is the void-light, a contribution of the artist to the neo-concrete plastic discourse. This state of void and light dwells between the planes as a place of lack and absence of the matter-color and not as a contour. Moreover, Decio Vieira's void-light needs to be juxtaposed to certain productions of Lygia Clark and Lygia Pape. Pape's Tecelares articulate the incision of the rationality on the natural matter, the wood of the engraving matrix. The organic and the rational are in harmonic state of a complex logic. In order to be art and image, trees waited immemorially for Pape's blade. In any situation of Tecelares, the artist is the one who constitutes the light. In one dimension of neo-concretism, the light is the order of the world that becomes material through the artist's invention.

21. TEMPERA

Gérard Grassère opens his book about the technological innovation represented by acrylic painting with logic reasoning: "for new times, new materials, and new possibilities".[71] Precisely because the progress in art has not affected the painting of neo-concrete painters Aluísio Carvão and Decio Vieira, the new industrial products have not moved them. Refractory to the culture of novelty, Decio Vieira owned the Spanish translation of Max Doerner's book Los materiales de pintura e su empleo en arte,[72] an author who researched the Italian and German renaissance to better understand the classical techniques of painting. Ralph Mayer, the great theorist of materials, warned that tempera implied a method that required a deliberate and planned working regime, therefore not meant for beginners or for those fond of the impulsive gesture.[73]

22. PRINCIPLE OF THE RELATIONAL COLOR

If he had worked as a painter of the Volpian palette, Decio Vieira would have been the only one among the neo-concrete artists or even among all the geometric abstraction in Brazil. Volpi's sensoriality, after all, had always been closer to an intuitive and anticanonical dimension of the abstract-geometric artists from Rio than to the formalist rigor of the paulistas from the Ruptura group, to which Waldemar Cordeiro had tried to attract him. As already mentioned in the beginning of this book, Decio Vieira worked as an assistant to Volpi in the preparation of the panels for the Companhia de Navegação Costeira and Palácio dos Arcos, headquarters of the Ministry of Foreign Affairs in Brasilia, in the mid-1960s. A profound connoisseur of the experience of both artists, Frederico Morais diagnoses this relationship when observing that the former developed after the latter "the taste for painting as craft, and not as illustration of an aesthetic or philosophical body of ideas".[74] It is therefore the cultivation of the material taste, more toward the philosophy of the "reverie of will" in Gaston Bachelard's psychology[75] of the homo faber, than a constrictive plastic-formal program.

Decio Vieira's drawing emerged from a special questioning about his constructive potential, resolved in its own right from a theory by Wassily Kandinsky in the course Ponto, linha e plano. His constructive drawing is not founded on the graphic contrast, in the plane on a black body of paint, nor in the line as pure graphic discourse, that would be the realization of the syntax of the plastic fact and not merely of the form. A drawing by Decio Vieira is not only a conjunction of planes, it is also modulated with the void lines and the lines that form the chromatic fields.

Nas estreitas faixas entre planos, o estado adverbial do "entre" é o vazio-luz, uma contribuição do artista ao discurso plástico neoconcreto. Esse estado de vazio e luz habita entre os planos como um lugar de falta e ausência da matéria-cor e não como contorno. O vazio-luz de Decio Vieira deve, ademais, ser justaposto a determinada produção de Lygia Clark e Lygia Pape. Os *Tecelares* de Pape articulam a incisão da racionalidade sobre a matéria natural, a madeira da matriz xilográfica. O orgânico e o racional estão em estado harmônico de uma lógica complexa. Para ser arte e imagem, árvores esperavam imemorialmente pela lâmina de Pape. Em qualquer situação dos *Tecelares*, o artista é aquele que constitui a luz. Numa dimensão do neoconcretismo, a luz é a ordem do mundo que se instala pela invenção do artista.

21. TÊMPERA

Gérard Grassère abre seu livro sobre a inovação tecnológica representada pela pintura acrílica com um raciocínio lógico: "aos novos tempos, novos materiais e novas possibilidades".[71] Justamente porque com relação aos pintores neoconcretos Aluísio Carvão e Decio Vieira, o progresso em arte não afetou sua pintura, é que os novos produtos industriais não os comovem. Refratário a essa cultura da novidade, Decio Vieira possuía a tradução espanhola do livro *Los materiales de pintura e su empleo en arte*,[72] de Max Doerner, autor que pesquisou o renascimento italiano e alemão para melhor entender as técnicas clássicas de pintura. Ralph Mayer, o grande teórico dos materiais, advertia que a têmpera implicava num método que exigia um esquema de trabalho deliberado e planejado, não sendo, portanto, para principiantes ou para o gosto do gesto impulsivo.[73]

22. PRINCÍPIO DA COR RELACIONAL

Se houvesse atuado como um pintor de paleta volpiana, Decio Vieira teria sido o único entre os neoconcretistas ou mesmo de toda a abstração geométrica no Brasil. A sensorialidade de Volpi, afinal, sempre esteve mais próxima da dimensão intuitiva e anticanônica dos artistas abstrato-geométricos do Rio do que do rigor formalista dos paulistas do grupo Ruptura, para o qual Waldemar Cordeiro tentou atraí-lo. Como já foi mencionado no início deste livro, Decio Vieira foi assistente de Volpi na preparação dos painéis da Companhia Nacional de Navegação Costeira e do Palácio dos Arcos, sede do Ministério das Relações Exteriores em Brasília, em meados da década de 1960. Profundo conhecedor da experiência dos dois pintores, Frederico Morais diagnostica esta relação, ao observar que o primeiro desenvolveu a partir do segundo "o gosto pela pintura enquanto ofício, e não como ilustração de um ideário estético ou filosófico".[74] Trata-se, portanto, do cultivo do gosto matérico, mais na direção da filosofia dos "devaneios da vontade", na psicologia do *homo faber* de Gaston Bachelard,[75] do que propriamente num programa plástico-formal construtivo.

O desenho de Decio Vieira surgiu de uma especial indagação sobre seu potencial construtivo, resolvida a seu próprio modo a partir da teoria de Wassily Kandinsky no curso *Ponto, linha e plano*. Seu desenho construtivo não se apoia no contraste gráfico, no plano em preto chapado, nem na linha como discurso gráfico puro, que fosse a realização da sintaxe do fato plástico e não meramente da forma. Um desenho de Decio Vieira não é só conjunção de planos, modula-se também com as linhas vazias e as linhas de formação dos campos cromáticos.

Helio Oiticica
Núcleo NC1, óleo sobre madeira, espelho, 1960, Projeto Helio Oiticica
NC1 core, oil on wood, mirror, 1960, Helio Oiticica Project

[71] Grassère, Gérard. Les techniques des peintures em acryliques et polymères: manual à l'usage des artistes-peintres amateurs. [s.l.]: Royal Talens [1978]. p. 5.

[72] Doerner, Max. *Los materiales de pintura e su empleo en arte*. Barcelona: Editorial Reverté, 1986.

[73] Mayer, Ralph. *Manual do artista de técnicas e matérias*. São Paulo: Martins Fontes, 1996, p. 295. Título original: *The Materials of the Artist and Their Use in Painting*.

[74] Morais, Frederico. Decio Vieira de volta: o prazer da pintura, O Globo, Rio de Janeiro, 17 de junho de 1981. p. 30.

[75] A propósito, ver: Bachelard, Gaston. *La Terre et les rêveries de la volonté*. Paris: Librairie José Corti, 1947.

Helio Oiticica
Núcleo NC1, óleo sobre madeira, espelho, 1960, Projeto Helio Oiticica

NC1 core, oil on wood, mirror, 1960, Helio Oiticica Project

---

[76] Oiticica, Hélio. Cor, tempo e estrutura [1960]. In: Amaral, Aracy (Coord.). Projeto construtivo brasileiro na arte (1950-1962), op. cit., p. 268-272.

[77] In some of these pictures, the oxidation of one of the white surfaces has compromised the full experience as proposed by the artist.

[78] See: Herkenhoff, Paulo. Arte e Crime/Quase cinema/Quase texto/Cosmococas. In: Oiticica, Hélio; D'almeida, Neville. Cosmococa. Programa in Progress. Catálogo de Exposición. Buenos Aires: MALBA, 2005. p. 241-260.

In the full swing of the neo-concretist battle, Hélio Oiticica writes the article Cor, tempo e estrutura (1960), which let us catch a glimpse on the clear existence of a program for the color:

> *To the pigment color, material and opaque per se, I try to give the sense of light. To every primary color and the others that derive from them, the sense of light can be given, and to white and gray, however, it is necessary to separate the colors that are more open to the light, as if privileged for this experience: color-light: white, yellow, orange, light-red.*[76]

The trio of the neo-concrete sensorial color was formed by Aluísio Carvão, Decio Vieira and Hélio Oiticica. Between Oiticica and Vieira there are nexus like surfaces in white planes formed by pictorial matter that is distinct in each one of them, thus forming a range of colors. In this case, Decio Vieira's painting uniqueness was operating as the relational color having thus avoided the absolute monochrome. His focus was on the geometry as a spatializing procedure of the color through planes and with little use of the effects of the Gestalt of form. He was a painter founded on disegno. The drawing works as a subtle though not vulnerable frame. His painting can discretely keep the original trace of the space structuring in planes. Vieira's work however is never graphic painting, i.e., it is never a painted drawing like in concrete pictures of Waldemar Cordeiro, Judith Lauand, and some of Hermelindo Fiaminghi.

23. PRINCIPLE OF THE MONOCHROME

The Brazilian art of the 1950s produces a poetics of spatialization of light. Abraham Palatnik, a colleague of Decio Vieira at the FGV course, produces "pictorial-kynechromatic" objects, an advanced aesthetic experiment of the international kinetic art. Afterwards, light and shadow start to be investigated by art in Rio. In Lygia Clark's painting Planos em superfície modulada n°. 1 (1957), the intersection of four white planes made of wood is operated through the slit between them – this space "between" the planes -, which she perceives as an "organic line", and that intensely activates the entire surface, with its plastic value of a real shadow. In the blurred distinctions of the white planes, what moves and modulates the space is the rest of the construction, the untouched void. Such organic line in Clark's objects is space with no graphic action, similar to the untouched spaces – its "line-light" – between the chromatic planes in Decio Vieira's "drawing". Shortly afterwards, Clark structures Unidades (1958) with threads of light (the lines-lights) activators of the difference in the black planes. In this research, the artist is the one who shapes the absolute darkness, infuses it, like in the first day of the Genesis. The constitution of the space and the look are determined by the line-light. The light cuts the egg, draws the circle and invents a kind of optics for the ocular globe in Unidade.

After Clark's experiences, the trio of painters Hércules Barsotti, Hélio Oiticica and Decio Vieira conducts the focus toward the pigment light of white in cantatas of white over the process of formulating neo-concretism. In 1960, Oiticica dedicates his work to the problem of the target monochromes in the production with Pinturas neo-concretas, structured by different whites from the pigment composition, the tones and the diverse treatment of the stroke on each plane. Bilateral Equali, Relevos neo-concretos and Bilaterais juxtapose distinct or equal white planes in the space around which the spectator will stroll – there the body is the engine of the full experience of light.[77] *In the 1970s the white pigment reemerges, now formed by cocaine; it is re-found, as a quasi Bolid, in Cosmococas (1973), constructed in co-authorship by Oiticica and Neville d'Almeida.*[78] *There is a painting of 1959, by Hércules Barsotti, formed by three planes, each one on a different white plane. The work, untitled, started to be called "three whites" in the market. In others of his paintings, large white planes suffer the effects of gestalt with small planes, usually triangular at the edges, and that make the original rectangle of the medium disappear and the large plane glitter as a monochrome.*

Em pleno embate neoconcretista, Hélio Oiticica escreve o artigo *Cor, tempo e estrutura* (1960), que deixa entrever a clara existência de um programa para a cor:

> À cor pigmentar, material e opaca em si, procuro dar o sentido da luz. A toda cor primária e outras que derivam delas, pode ser dado o sentido de luz, e ao branco e ao cinza, porém, é preciso separar as cores mais abertas à luz, como privilegiadas para esta experiência: cores-luz: *branco, amarelo, laranja, vermelho-luz*.[76]

A tríade da cor sensorial neoconcreta foi formada por Aluísio Carvão, Decio Vieira e Hélio Oiticica. Entre Oiticica e Vieira estão nexos como a superfície em planos brancos formados por matéria pictórica distinta em cada um, portanto produzindo uma gama de luzes. Nesse caso, a singularidade da pintura de Decio Vieira era operar como cor relacional, tendo, por isso, evitado o monocromo absoluto. Seu foco estava na geometria como procedimento espacializador da cor através de planos e com pouco recurso a efeitos da Gestalt da forma. Era um pintor calcado no *disegno*. O desenho atua como uma ossatura tênue, mas não vulnerável. Sua pintura pode conservar, discretamente, o traço original da estruturação do espaço em planos. A obra de Vieira, no entanto, nunca é pintura gráfica, ou seja, nunca é desenho pintado como nos quadros concretistas de Waldemar Cordeiro, Judith Lauand e alguns de Hermelindo Fiaminghi.

23. PRINCÍPIO DO MONOCROMO

A arte brasileira dos anos 1950 produz uma poética da espacialização da luz. Abraham Palatnik, colega de Decio Vieira no curso da FGV, produz objetos pictórico-cinecromáticos, experimento estético avançado da arte cinética internacional. Na sequência, luz e sombra passam a objeto de investigação da arte no Rio. Na pintura *Planos em superfície modulada n°. 1* (1957), de Lygia Clark, a junção de quatro planos brancos feitos de madeira é operada pela fresta entre eles – esse espaço "entre" os planos –, que ela percebe como "linha orgânica", que ativa intensamente toda a superfície, com seu valor plástico de sombra real. Na indiferenciação dos planos brancos, o que move e modula o espaço é o resto da construção, o vazio intocado. Tal linha orgânica nos objetos de Clark é espaço sem qualquer ação gráfica, semelhante aos espaços intocados – sua "linha-luz" – entre os planos cromáticos no "desenho" de Decio Vieira. Logo em seguida, Clark estrutura as *Unidades* (1958) com fios de luz (a linhas-luz) ativadores da diferença nos planos pretos. Nessa pesquisa, o artista é aquele que molda a escuridão absoluta, infunde-lhe, como no primeiro dia do Gênese. A constituição do espaço e do olhar são determinados pela linha-luz. A luz recorta o ovo, traça o círculo e inventa uma ótica para o globo ocular na *Unidade*.

Depois das experiências de Clark, a trinca de pintores Hércules Barsotti, Hélio Oiticica e Decio Vieira, no processo de formulação do neoconcretismo, conduz o foco para a luz pigmentar do branco em cantatas de brancos. Em 1960, Oiticica dedica-se à problemática dos monocromos alvos na produção com as *Pinturas neo-concretas*, estruturadas por brancos diferentes a partir da composição pigmentar, dos tons e do tratamento diverso da pincelada em cada plano. Já o *Bilateral Equali*, os *Relevos neo-concretos* e os *Bilaterais* justapõem planos brancos distintos ou iguais no espaço em torno do qual deambulará o espectador – ali o corpo é o motor da experiência plena da luz.[77] Na década de 1970, o pigmento branco ressurge, agora formado por cocaína; é reencontrado, como um quase Bólide, nas *Cosmococas* (1973), construídas em regime de coautoria entre Oiticica e Neville d'Almeida.[78] Há um quadro, de 1959, de Hércules Barsotti, formado por três planos, cada um num plano branco diferentes. A obra, sendo sem título, passou a ser chamada de "três brancos" no mercado. Em outras de suas pinturas, grandes planos brancos sofrem efeitos da Gestalt com pequenos planos, em geral triangulares nas bordas, que fazem desaparecer o retângulo original dos suportes e resplandecer o grande plano como um monocromo.

---

[76] Oiticica, Hélio. Cor, tempo e estrutura [1960]. In: Amaral, Aracy (Coord.). *Projeto construtivo brasileiro na arte (1950-1962)*, op. cit., p. 268-272.

[77] Em alguns destes quadros, a oxidação de uma das superfícies brancas comprometeu a plena experiência proposta pelo artista.

[78] Ver: Herkenhoff, Paulo. Arte e Crime/Quase cinema/Quase texto/Cosmococas. In: Oiticica, Hélio; D'almeida, Neville. *Cosmococa. Programa in Progress*. Catálogo de Exposición. Buenos Aires: MALBA, 2005. p. 241-260.

[79] *Auction on August 9th, 2005, Bolsa de Arte do Rio de Janeiro, Rio de Janeiro, 2005, lot 72.*

[80] *Storr, Robert. Simple Gifts. In: _____. Robert Ryman. Londres: The Tate Gallery & New York; The Museum of Modern Art, 1993. p. 25 e 21, respectively.*

In the back of a 1961 canvas, Decio Vieira replicates the space of the painting in order to indicate the technical types of white used on each plane: white of silver, white of titanium, white of zinc with light ultramarine blue. It is a painter's detail dedicated to the sensorial operation of the painting in pursuit of the plasticity of light, and less the mere material realization of ideas. There is no certainty that this is a title, as shown in an auction catalog,[79] once Decio Vieira did not use to title his paintings. The painter names the differences in physical properties of each white in the realization of an architecture of perception of light and in the graduations of temperature and brightness. This painter's meticulousness differs from the questions of the light planes formed by distinct whites in Oiticica's and Barsotti's work. Even where both venture in the articulation of tones of whites for the subtleties of intuitive perception, Vieira proposed the organization by name to introduce a controlled and cognitive analytical division of a painter then less experimentalist and conceptual than Oiticica and less graphic, less gestalt-oriented and not pre-visualist if compared with Barsotti. Vieira appears to pursuit the plasticity of light as a variant of the material knowledge of painting. For Oiticica the monochromes had been fundamental steps in his determined trajectory of depuration of the color. Decio Vieira certainly had a look on the suprematist painting – Malevich's white over white – fundamental in the historical justification of the Manifesto neo-concreto. However Vieira's white on white interprets history as yet one more condition necessary for the empiricism of painting. In others of his white neo-concrete pictures, the black lines are shadow lines, closer to Lygia Clark's organic line and in antithetical luminous position of the line-light – white line on black plane – as in the painter's Unidades. When red, an intense electromagnetic charge transits there, in the redness contained in the border space between Decio Vieira's fields of light. This artist, in order to define the whitish surface in some paintings, appealed to shadows, to the discrete insertion of color demarcation lines or to projections in the view from planes that carry soft reliefs. He headed toward an economical painting, of enunciation of essential differences in color-light emanating from dissimilar temperatures.

That 1961 nomination-painting of the three whites entails a linguistic comparison between Decio Vieira and Robert Ryman, who named one of his works Winsor (1966), brand of the ink he used to make the white monochromatic painting. Another Ryman's white painting, Surface Veils (1970-1971) has rims made with blue chalk. Only a few of his paintings are entirely monochromatic. According to Robert Storr, around 1961, Ryman, a "lyricist pragmatist", started to "separate the several layers and physical properties combined from his previous paintings".[80] Decio Vieira produces here a paradoxical almost-monochromatic monochrome. In paintings of the Copacabana Palace (1966), exhibit the nest of black brushstrokes is infiltrated by scattered blue or red brushstrokes, almost transparent that break the painting's excessive graphic vocation. Beyond the question of form and the discussion of white, the pictorial device enunciates its own materiality and the existence of an artist performing his choices.

No verso de uma tela de 1961, Decio Vieira replica a divisão do espaço da pintura para indicar os tipos técnicos de brancos usados em cada plano: branco de prata, branco de titânio, branco de zinco com azul ultramar claro. Trata-se de uma minúcia de pintor dedicado à operação sensorial da pintura em busca da plasticidade da luz e, menos, da mera realização material de ideias. Não há certeza de que isto seja um título, como aparece num catálogo de leilão,[79] já que Decio Vieira não costumava titular seus quadros. O pintor nomeia as diferenças em propriedades físicas de cada branco na realização de uma arquitetura da percepção da luz e nas gradações de temperatura e brilho. Essa meticulosidade de pintor difere das questões dos planos de luz formados por brancos distintos na obra de Oiticica e de Barsotti. Até onde ambos se arriscam na articulação de tons de branco para as sutilezas da percepção intuitiva, Vieira propôs a organização pelo nome para lançar uma divisão analítica controlada e cognitiva de um pintor então menos experimentalista e conceitual que Oiticica e menos gráfico, menos gestáltico e não pré-visualista se comparado com Barsotti. Vieira parece buscar a plasticidade da luz como variante do conhecimento material da pintura. Para Oiticica, os monocromos foram etapas fundamentais em sua determinada trajetória de depuração da cor. Decio Vieira seguramente tinha um olhar sobre a pintura suprematista - o branco sobre branco de Malevich - basilar na justificativa histórica do *Manifesto neoconcreto*. No entanto, o branco sobre branco de Vieira interpreta a história como mais uma condição necessária de empiria da pintura. Em outros de seus quadros brancos neoconcretistas, as linhas pretas são linhas-sombra, mais próximas da linha orgânica de Lygia Clark e em posição luminosa antitética da linha-luz – linha branca sobre plano preto – como nas *Unidades* da pintora. Quando vermelhas, trafega por ali uma intensa carga eletromagnética, na vermelhidão contida no espaço fronteira entre campos de luz de Decio Vieira. Este artista, para definir a superfície alvar em algumas pinturas, recorreu a sombras, à discreta inserção de linha de demarcação de cor ou a ressaltos na visão a partir de planos em suave relevo. Rumou para uma pintura econômica, de enunciação de diferenças essenciais na cor-luz a partir de temperaturas dissimilares.

Aquela pintura-nomeação dos três brancos de 1961 enseja uma comparação linguística entre Decio Vieira e Robert Ryman, que deu a uma obra o título de *Winsor* (1966), marca da tinta a óleo que utilizou na elaboração da pintura monocromática branca. Outra pintura branca de Ryman, *Surface veils* (Véus da superfície, 1970-1971), tem bordas feitas a giz azul. Poucas de suas telas são inteiramente monocromáticas. Segundo Robert Storr, por volta de 1961, Ryman, um "pragmatista lírico", começou a "separar as várias camadas e propriedades físicas combinadas de suas pinturas anteriores".[80] Decio Vieira produz aqui um paradoxal monocromo quase-monocromático. Em quadros da exposição no Copacabana Palace (1966), o ninho de pinceladas pretas é infiltrado por esparsas pinceladas azuis ou vermelhas, quase transparentes, que quebram a excessiva vocação gráfica da pintura. Para além da questão da forma e da discussão do branco, o dispositivo pictórico enuncia sua própria materialidade e a existência de um artista no desempenho de escolhas.

[79] *Leilão de 9 de agosto de 2005*, Bolsa de Arte do Rio de Janeiro, Rio de Janeiro, 2005, lote 72.

[80] Storr, Robert. Simple Gifts. In: _____. *Robert Ryman*. Londres: The Tate Gallery & New York; The Museum of Modern Art, 1993. p. 25 e 21, respectivamente.

GESTO, ATO E TRAÇO

GESTURE, ACT AND TRACE

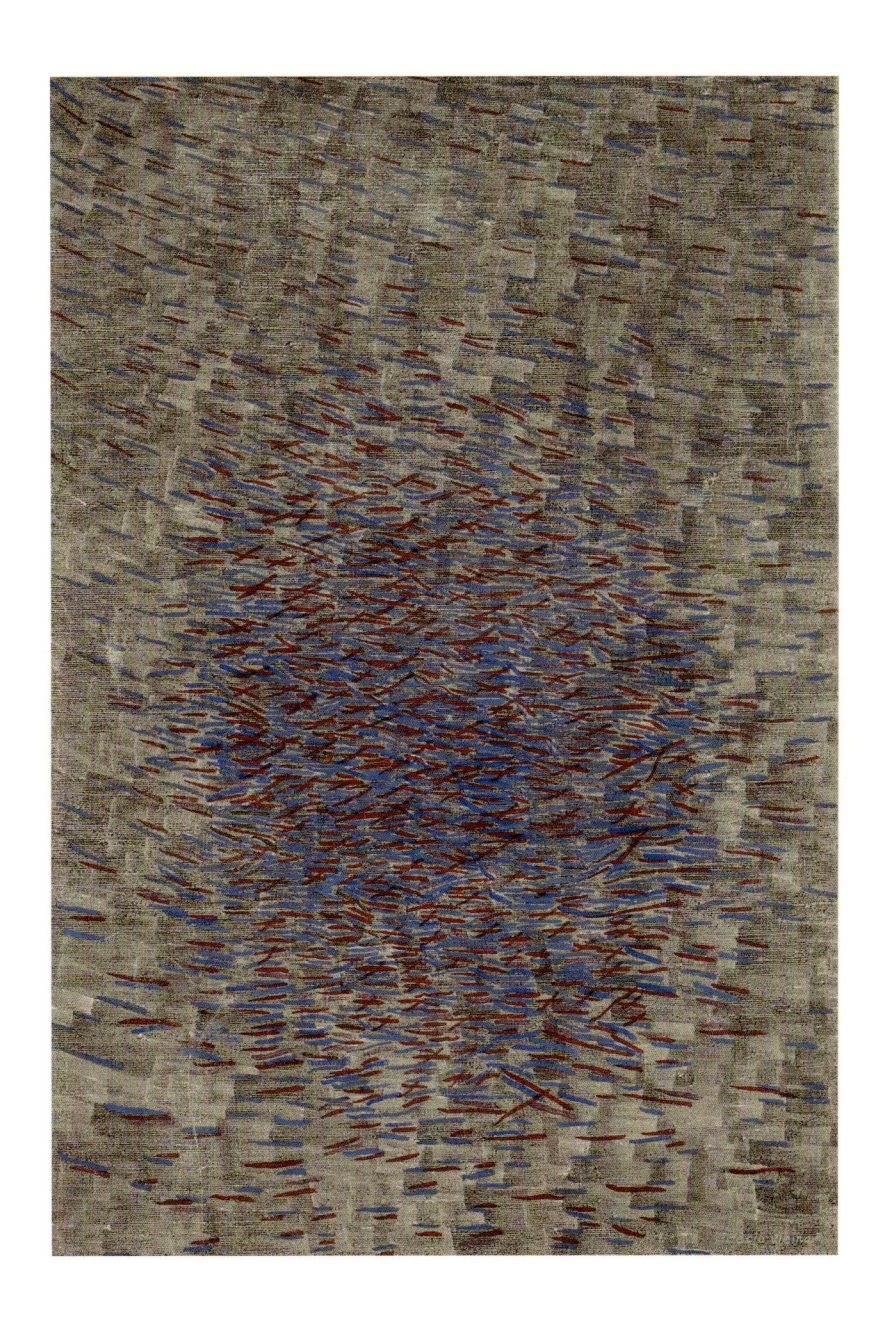

DV 5.1 • S/ TÍTULO, S.D. • ÓLEO S/ TELA • 90 X 75 CM
COLEÇÃO PARTICULAR

NO TITLE, NO DATE • OIL ON CANVAS
PRIVATE COLLECTION

DV 5.2 • S/ TÍTULO, 1965 • TÊMPERA S/ TELA • 107 X 109 CM
COLEÇÃO PARTICULAR

NO TITLE, 1965 • TEMPERA ON CANVAS

PRIVATE COLLECTION

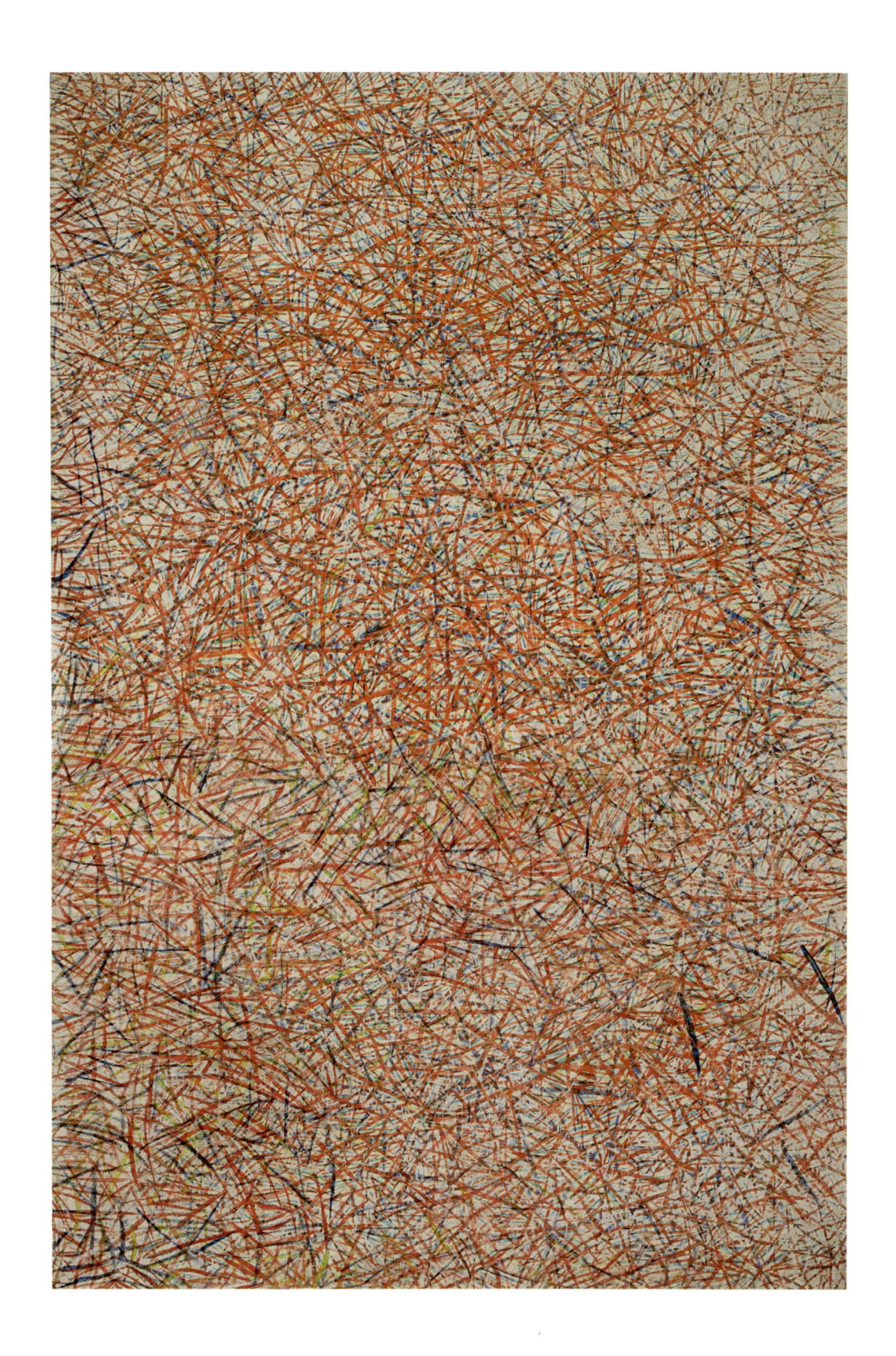

DV 5.3 • S/ TÍTULO, 1966 • TÊMPERA S/ TELA • 100 X 150 CM
COLEÇÃO PARTICULAR

NO TITLE, 1966 • TEMPERA ON CANVAS
PRIVATE COLLECTION

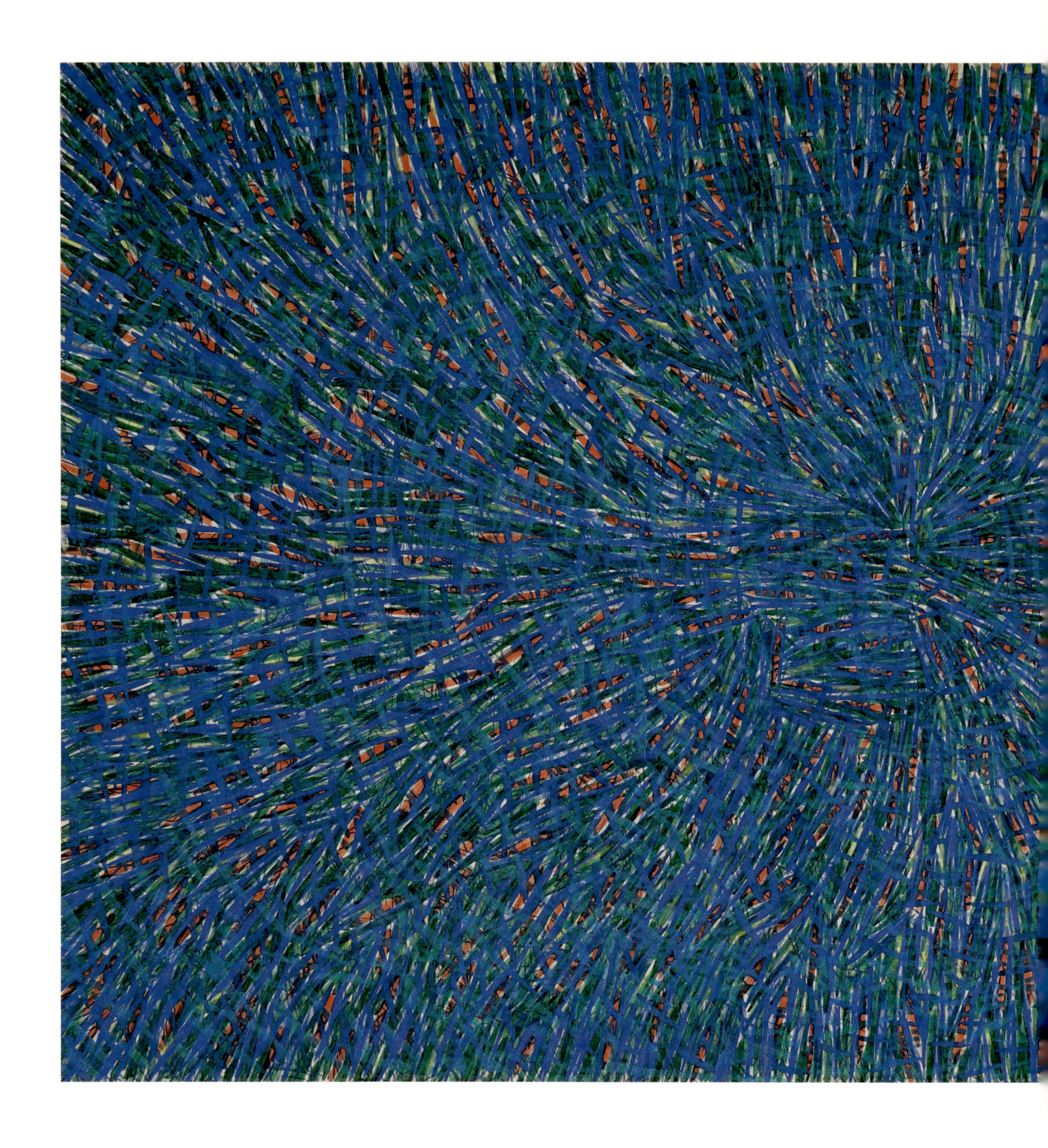

DV 5.4 • S/ TÍTULO, 1965 • TÊMPERA S/ TELA • 90 X 141,5 CM
COLEÇÃO PARTICULAR

NO TITLE, 1965 • TEMPERA ON CANVAS
PRIVATE COLLECTION

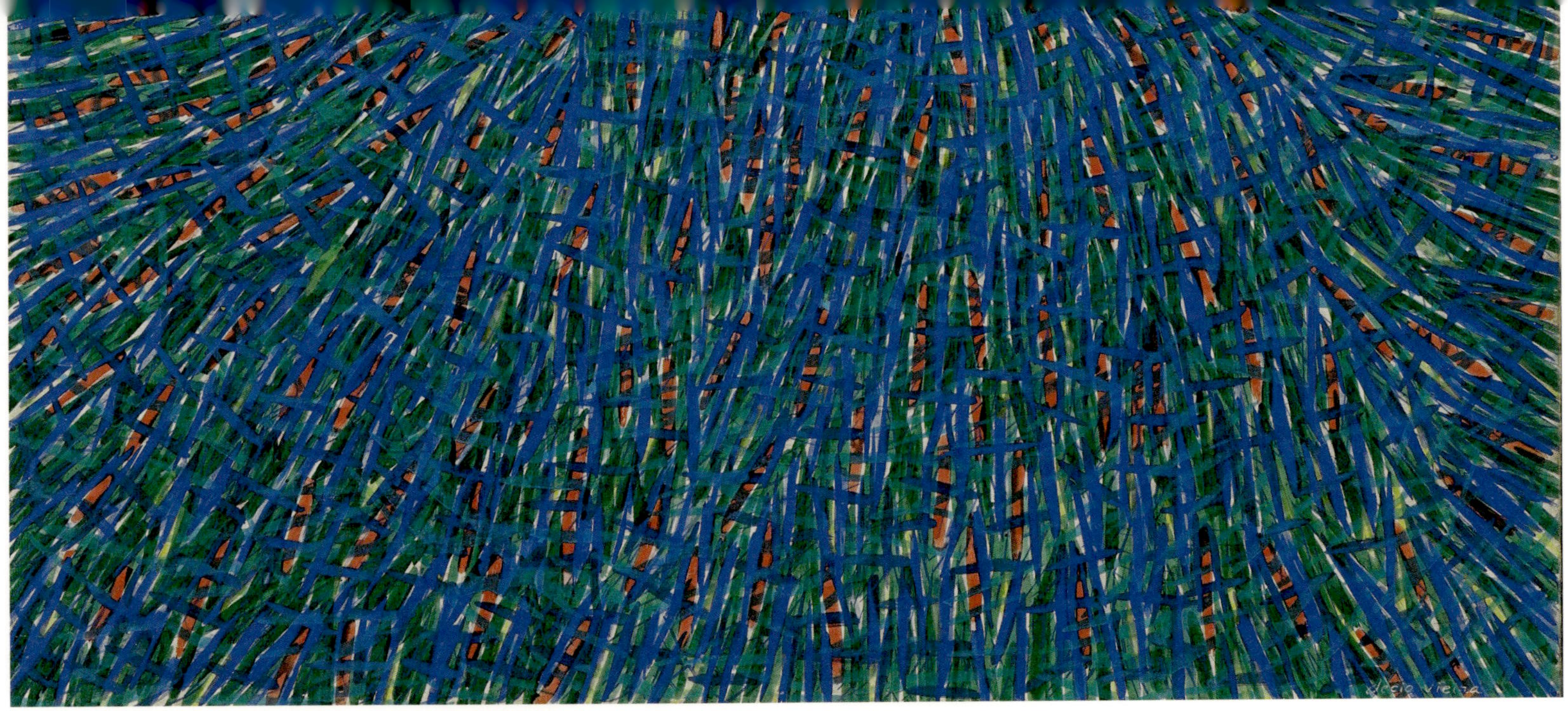

DV 5.5 • S/ TÍTULO, 1968 • ÓLEO S/ TELA • 46 X 38 CM
COLEÇÃO PARTICULAR

NO TITLE, 1968 • OIL ON CANVAS
PRIVATE COLLECTION

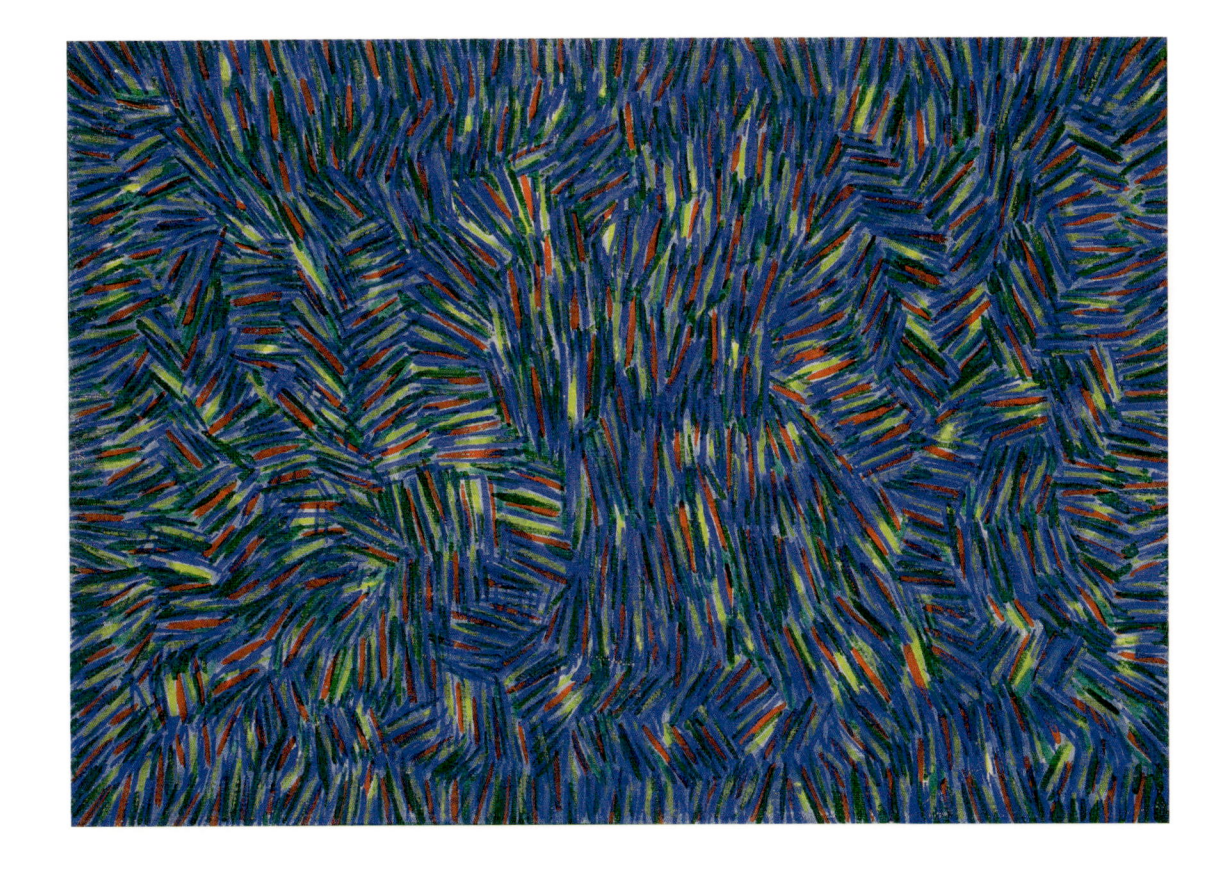

DV 5.6 • S/ TÍTULO, 1966 • TÊMPERA S/ TELA • 38,5 X 55 CM
COLEÇÃO PARTICULAR

NO TITLE, 1966 • TEMPERA ON CANVAS
PRIVATE COLLECTION

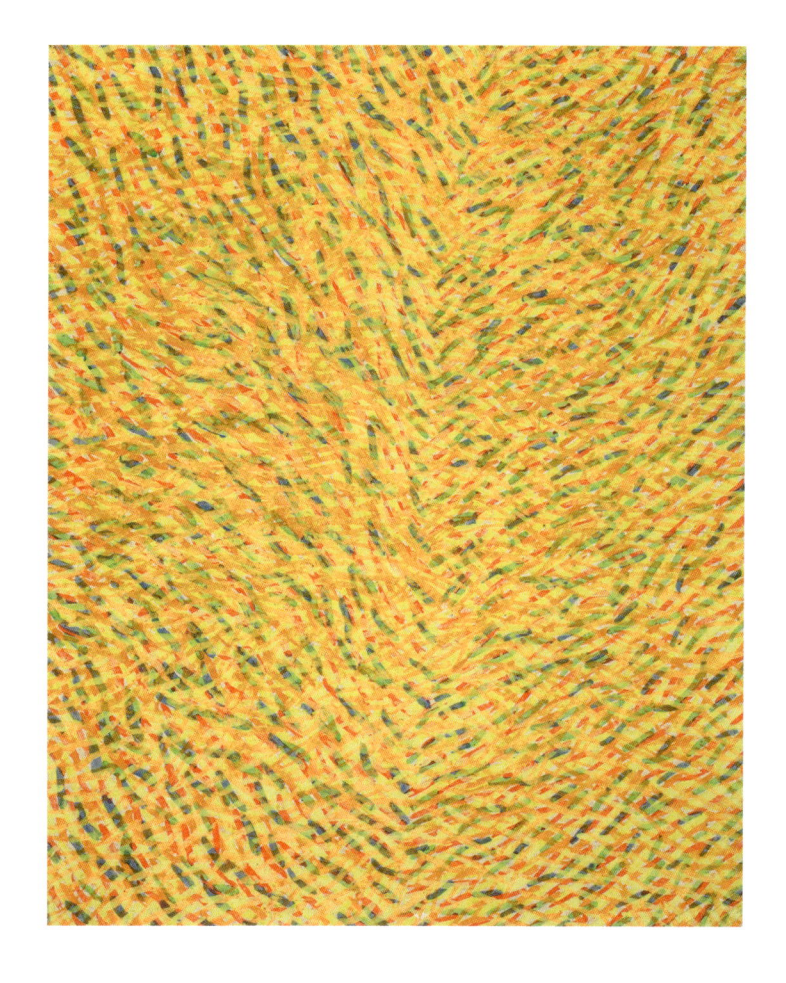

DV 5.7 • S/ TÍTULO, 1968 • TÊMPERA S/ TELA • 46 X 38 CM
COLEÇÃO PARTICULAR

NO TITLE, 1968 • TEMPERA ON CANVAS
PRIVATE COLLECTION

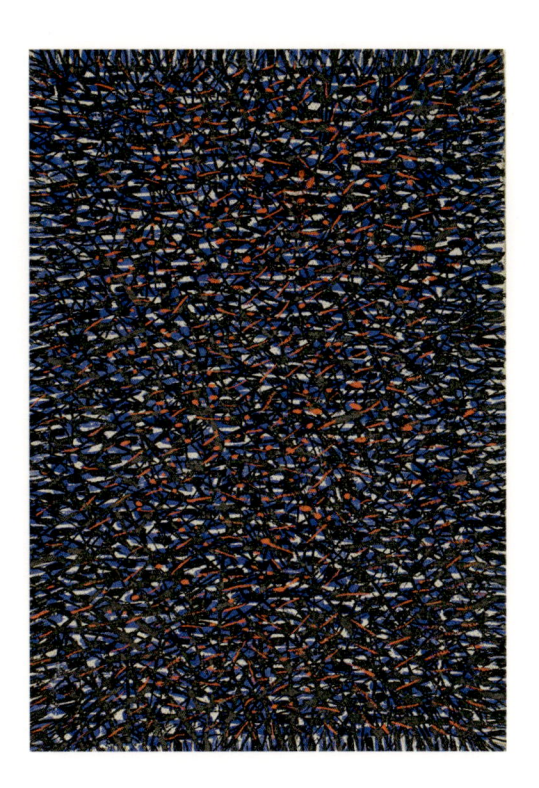

DV 5.8 • S/ TÍTULO, 1966 • TÊMPERA S/ TELA • 26,5 X 18,5 CM
COLEÇÃO PARTICULAR

NO TITLE, 1966 • TEMPERA ON CANVAS
PRIVATE COLLECTION

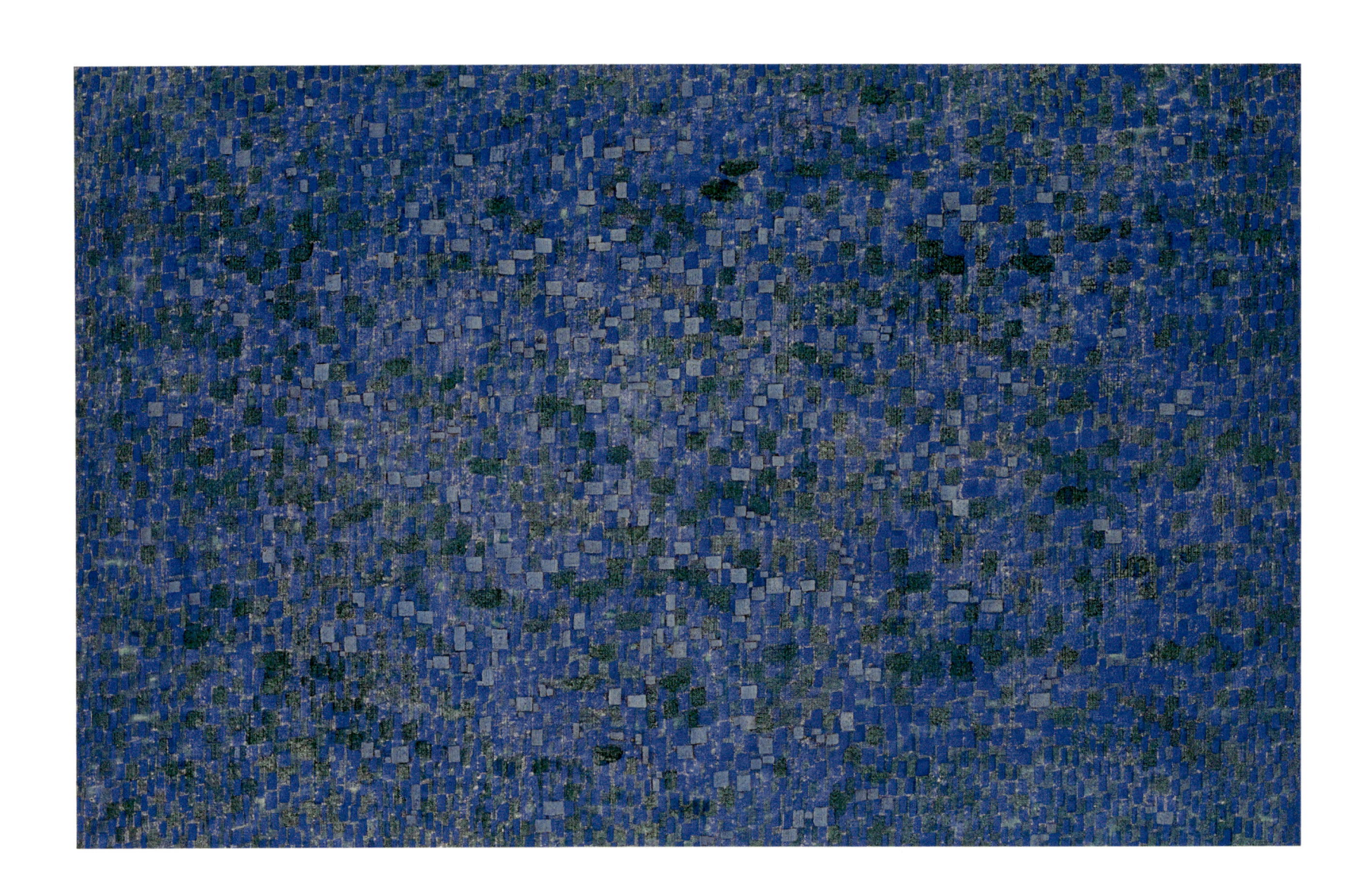

DV 5.9 • S/ TÍTULO, 1965 • TÊMPERA S/ TELA • 75 X 110 CM
COLEÇÃO PARTICULAR

NO TITLE, 1965 • TEMPERA ON CANVAS
PRIVATE COLLECTION

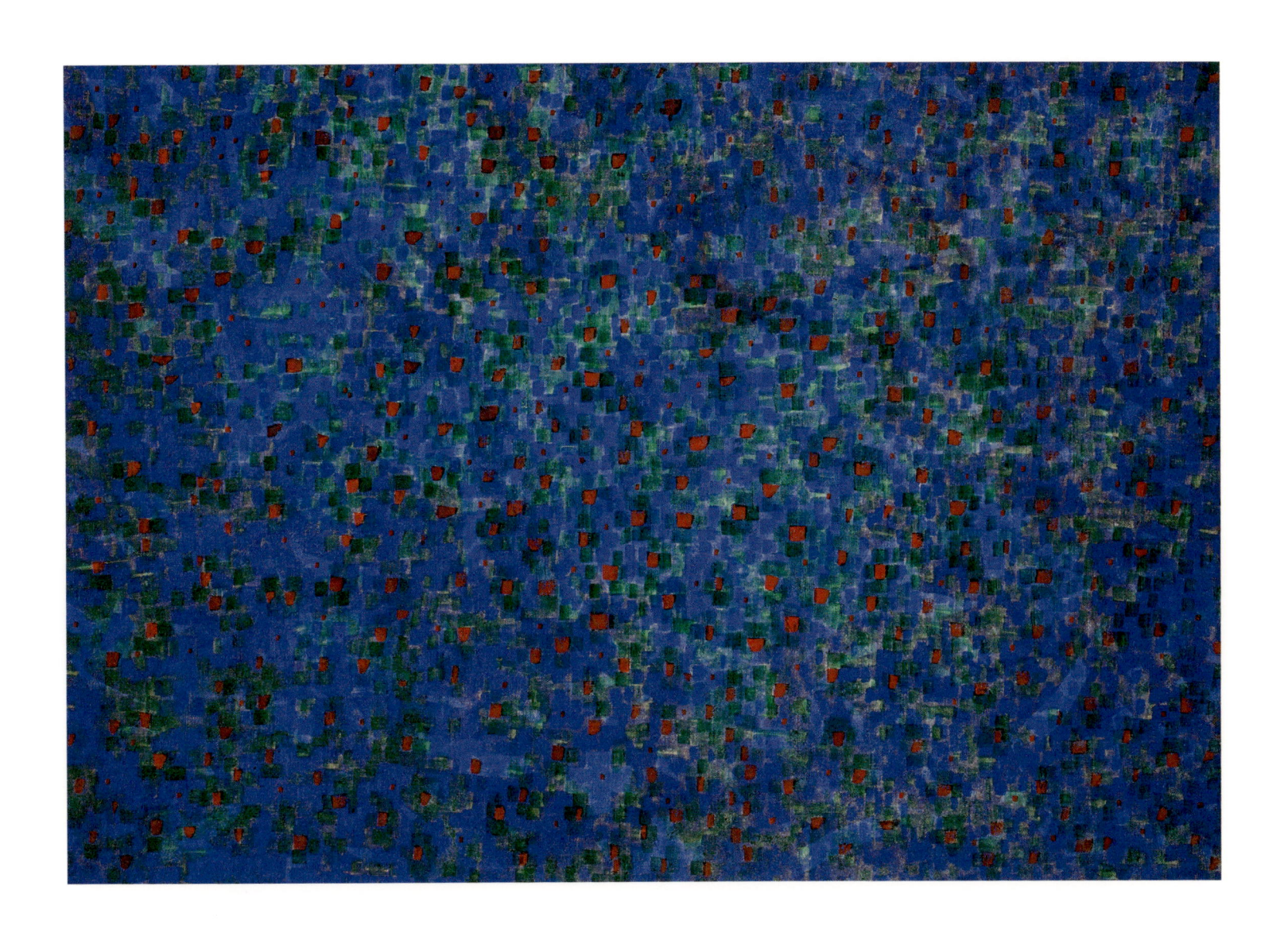

DV 5.10 • S/ TÍTULO, 1965 • TÊMPERA S/ TELA • 75 X 110 CM
COLEÇÃO PARTICULAR

NO TITLE, 1965 • TEMPERA ON CANVAS
PRIVATE COLLECTION

DV 5.11 • BLUE WHITE, 1964 • ÓLEO S/ TELA • 110 X 75 CM
COLEÇÃO PARTICULAR – COMODANTE MAC DE NITERÓI

BLUE WHITE, 1964 • OIL ON CANVAS
PRIVATE COLLECTION, LENT TO MAC NITERÓI

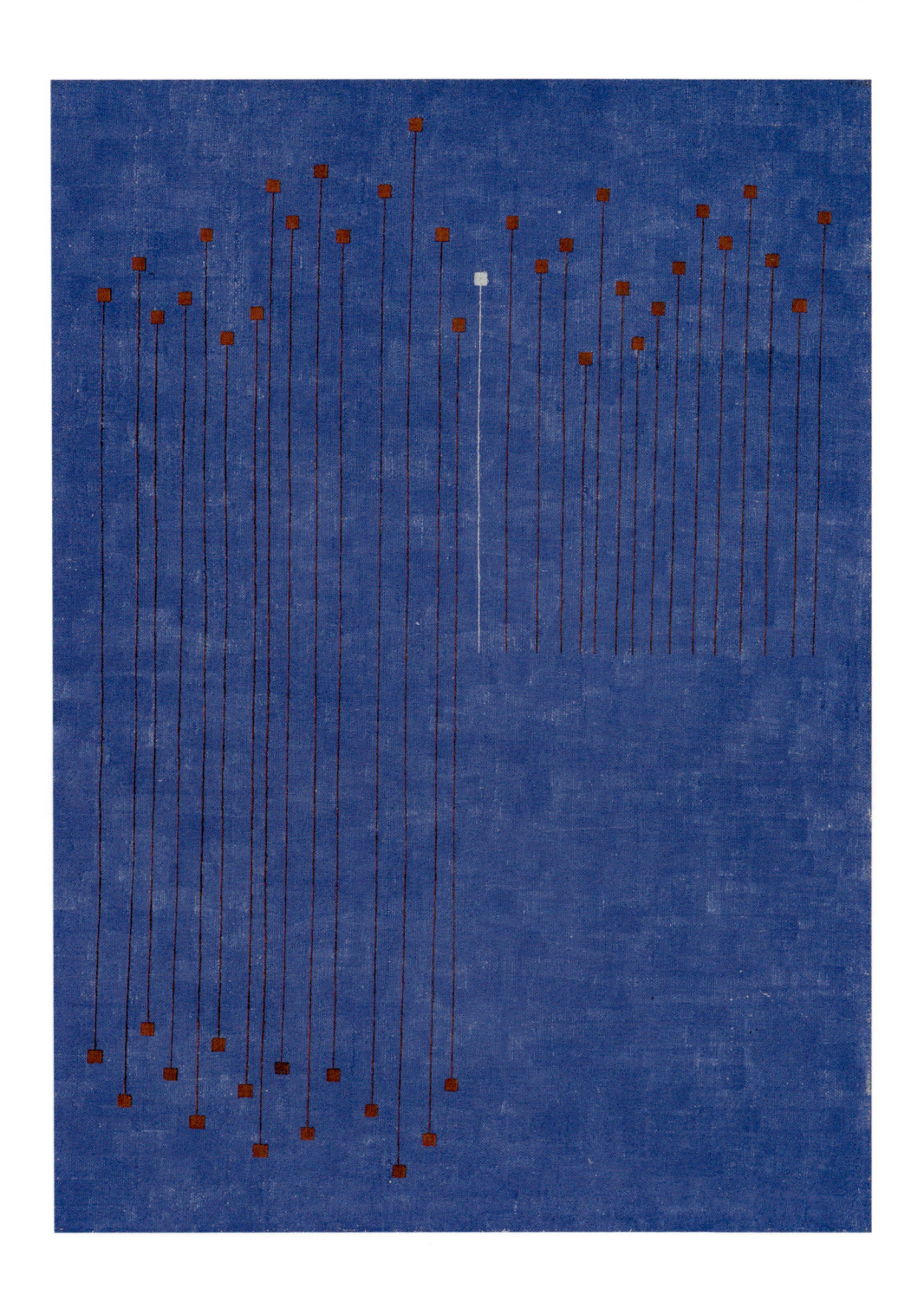

DV 5.12 • S/ TÍTULO, S.D. • ÓLEO S/ TELA
COLEÇÃO PARTICULAR

NO TITLE, NO DATE • TEMPERA ON CANVAS
PRIVATE COLLECTION

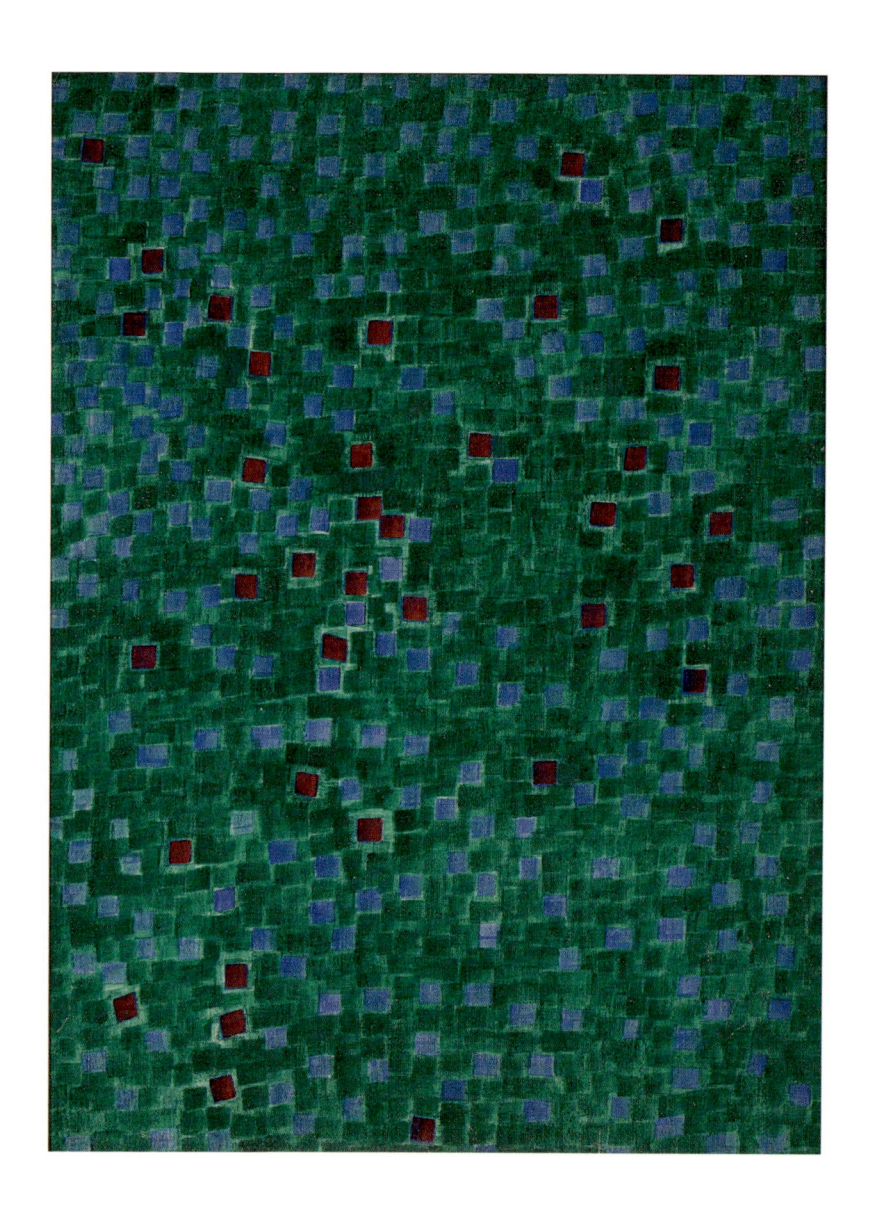

DV 5.13 • S/ TÍTULO, C. 1960 • TÊMPERA S/ TELA • 76 X 56 CM
COLEÇÃO PARTICULAR

NO TITLE, C. 1960 • TEMPERA ON CANVAS
PRIVATE COLLECTION

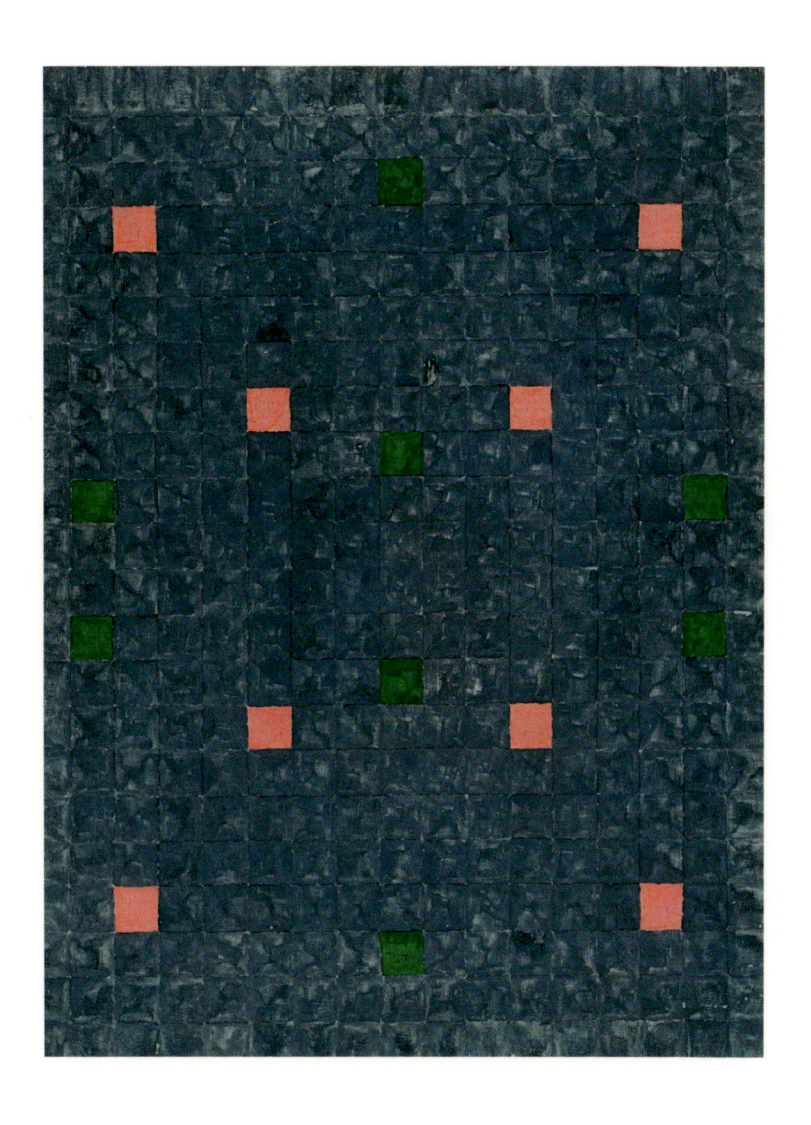

DV 5.14 • S/ TÍTULO, 1969 • TÊMPERA S/ MADEIRA • 66,8 X 51 CM
COLEÇÃO PARTICULAR

NO TITLE, 1969 • TEMPERA ON WOOD BOARD
PRIVATE COLLECTION

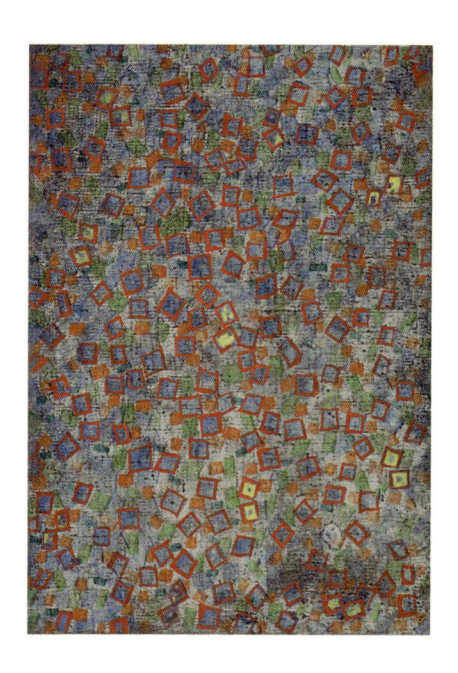

DV 5.15 • S/ TÍTULO, 1966 • TÊMPERA S/ TELA • 22 X 16 CM
COLEÇÃO PARTICULAR

NO TITLE, 1966 • TEMPERA ON CANVAS
PRIVATE COLLECTION

DV 5.16 • S/ TÍTULO, 1965 • TÊMPERA S/ TELA • 27 X 19 CM
COLEÇÃO PARTICULAR

NO TITLE, 1965 • TEMPERA ON CANVAS
PRIVATE COLLECTION

DV 5.17 • S/ TÍTULO, 1965 • TÊMPERA S/ TELA • 74,6 X 55,1 CM
COLEÇÃO PARTICULAR – COMODANTE MAC DE NITERÓI

NO TITLE, 1965 • TEMPERA ON CANVAS
PRIVATE COLLECTION, LENT TO MAC NITERÓI

DV 5.18 • S/ TÍTULO, S.D. • TÊMPERA S/ TELA • 74,7 X 54,7 CM
COLEÇÃO MUSEU DE ARTE DO RIO (MAR) / FUNDO Z

NO TITLE, 1966 • TEMPERA ON CANVAS
PRIVATE COLLECTION

DV 5.19 • S/ TÍTULO, 1967 • ÓLEO S/ TELA • 61 X 38 CM
COLEÇÃO PARTICULAR

NO TITLE, 1967 • TEMPERA ON CANVAS
PRIVATE COLLECTION

DV 5.20 • S/ TÍTULO, 1966 • TÊMPERA S/ MADEIRA • 79 X 40 CM
COLEÇÃO PARTICULAR

NO TITLE, 1966 • TEMPERA ON WOOD BOARD
PRIVATE COLLECTION

Fotos da Exposição de Devio Vieira no Copacabana Palace

Photos of Devio Vieira Exhibition at the Copacabana Palace

189

Fotos da Exposição de Devio Vieira no Copacabana Palace

Photos of Devio Vieira Exhibition at the Copacabana Palace

191

DV 5.21 • S/ TÍTULO, C. 1960 • TÊMPERA S/ TELA • 120 X 110 CM
COLEÇÃO PARTICULAR

NO TITLE, C. 1960 • TEMPERA ON CANVAS
PRIVATE COLLECTION

193

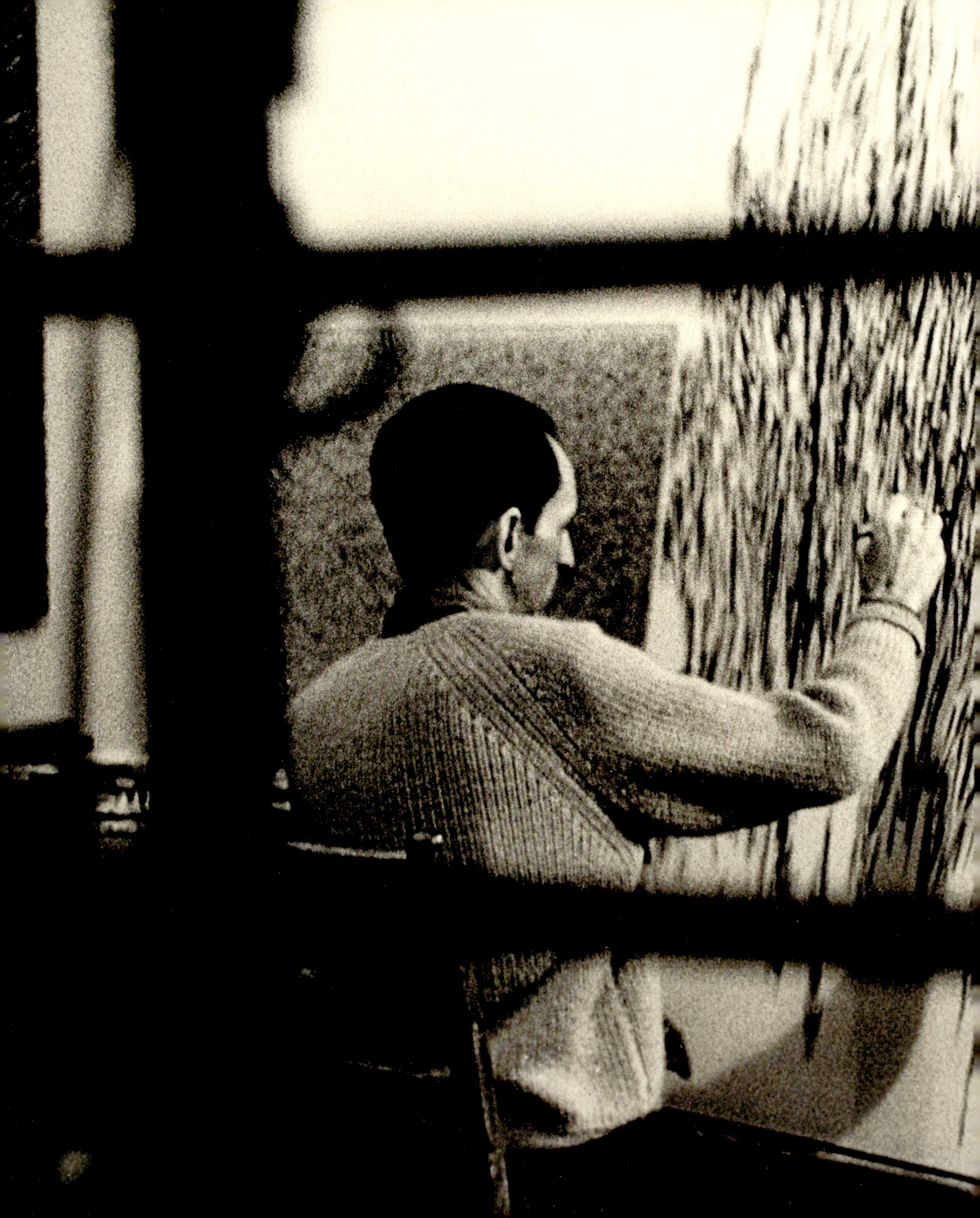

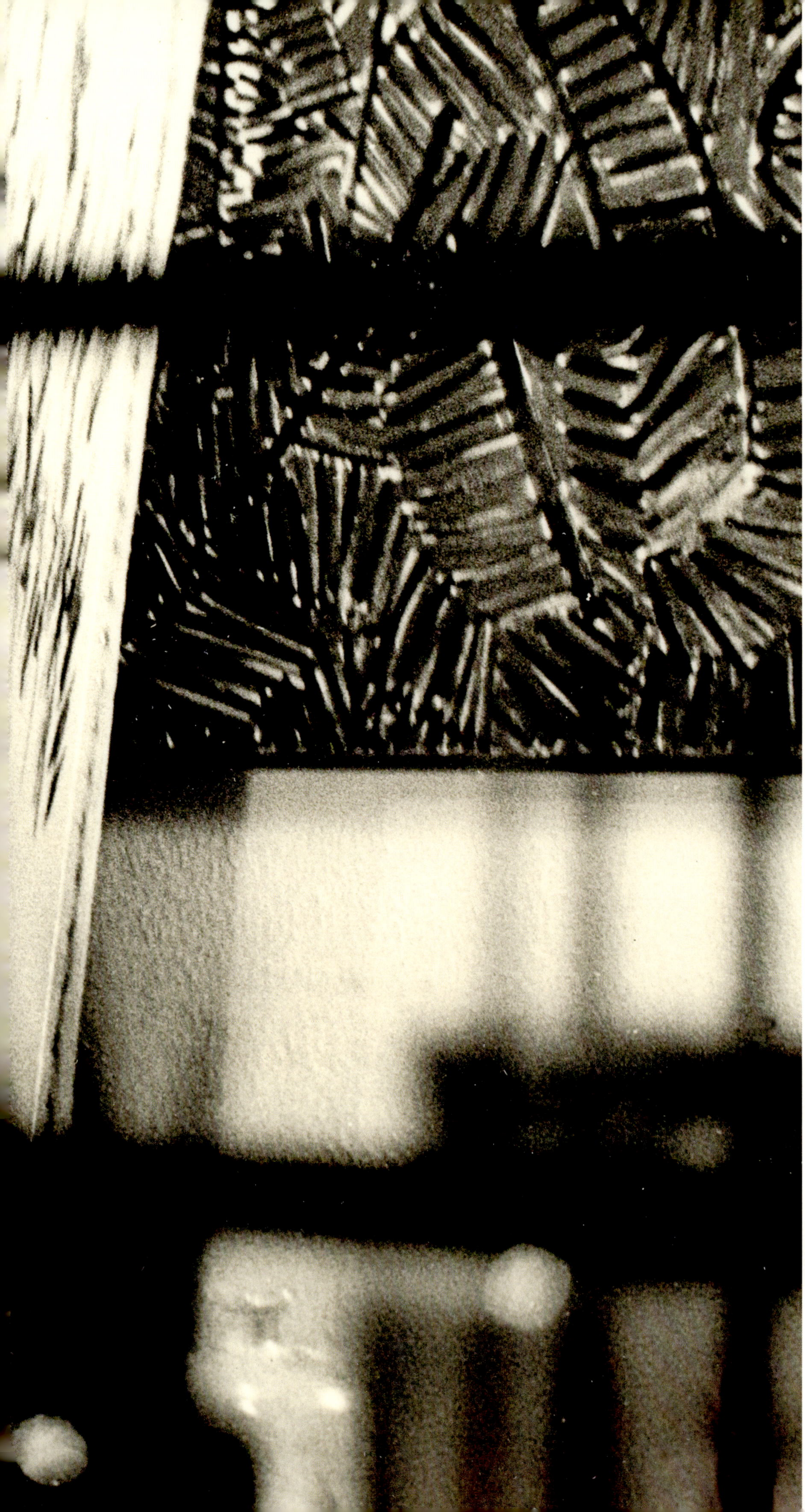

GESTURE, ACT AND TRACE

It was only in October 1966, with already almost 20 years of artistic practice, that Decio Vieira had his first solo exhibit, at the Gallery of the Copacabana Palace in Rio de Janeiro.[1] Hélio Oiticica's first show was also carried out this year and Lygia Pape's in 1968. Until mid-1960's it was common that the Brazilian abstract-geometric artists did not have solo exhibits, perhaps because there was not a significant demand for their works in the scarce art market,[2] perhaps by virtue of certain modesty. Ivan Serpa, for example, vehemently discouraged the urge of young artists. For Serpa, exhibiting meant to be ready for the cultural debate. Decio Vieira showed at the Copacabana Palace the largest set of paintings that he had produced until then. The exhibit, which could have been a historical pot-pourri, was however, consistent and intriguing, as well as well-planned.

The wish to document Decio Vieira appears in two sets of photographs, in his archives, that reveal the professional diligence in the preparation of the paintings and register the 1966 exhibit.[3] Images had been made of the artist working in his studio, likely to serve as material to publicize the event by the press. However the set can be understood as an essay about the painter's graphic will. One will notice the accent in the graphic contrast of the work being photographed for the preparation of the exhibit. The photographs express huge differences between lights and shadows, in a sophisticated use of high contrast. For the artist a basal subject appears to have been the harmonic plastic integration between the painting and the register of its process, between the subtle luminic game of the register in high resolution and the paintings themselves, in intense black and white. After all, Decio Vieira in the 1960s was familiar with José Oiticica Filho's experimental photography, and the photography of profound grays of the Foto-cine Clube Bandeirantes, mainly with Marcel Giró's photographic graphisms.

The opening itself at the Copacabana Palace was also largely documented. The images show the prestige attained by the exhibit, translated into the presence of an intellectual world surrounding Decio Vieira. Neo-concrete artists like Lygia Clark and Aluísio Carvão were present, alongside other artists such as Fayga Ostrower, Iberê Camargo, Frank Schaeffer and Bruno Giorgio. Also in attendance were critic Marc Berkowitz and writer Rubem Braga, who at some point managed the gallery Santa Rosa, in Ipanema. Also attending the event was the architect Jorge Moreira, a member of the team who had projected the headquarters of the Ministry of Education and Health back in 1937.

With the 1966 exhibit Decio Vieira expanded his pictorial action beyond the old interdictions of the battle around the geometric abstraction that took place in Brazil over the previous decade. The presence of a painter like Iberê Camargo at the Copacabana Palace opening is a meaningful sign of this hypothesis. Even if vaguely, certain procedures of Decio Vieira appeared now to be closer to the methods and results of some paintings by Antonio Bandeira, for example, than to the postulates of neo-concretism. In some paintings there was a contained expressionism, consistent with the moderation that has always characterized his plastic discourse. The "scratched" surface of some monochromes instituted an absence and a violence that skinned the painting and introduced a scar.

---

[1] *The access to the Copacabana Palace Hotel Gallery was through the entrance and stairwell of the theatre, at Avenida Nossa Senhora de Copacabana.*

[2] *Before the first exhibit, in order to resolve his market issue, Decio organized a consórcio [NT.: pool of people who associate to buy goods, very popular in Brazil to buy cars, for example] in which the members paid a monthly installment and every month one painting was raffled among them, which led him to produce more. The participants included were liberal professionals, such as architects Glauco Campello and Vital Pessoa de Melo, from Recife, the physician Fernando Pedrosa, Vasco Secco, Isis Chamoun and others.*

[3] *These images are in the Archives of Brazilian Art at MAR.*

GESTO, ATO E TRAÇO

Foi só em outubro de 1966, já com quase 20 anos de prática artística, que Decio Vieira fez sua primeira exposição individual, na Galeria do Copacabana Palace, no Rio de Janeiro.[1] A primeira mostra de Hélio Oiticica também foi realizada nesse ano e a de Lygia Pape, em 1968. Até meados dos anos 1960, era próprio dos artistas abstrato-geométricos brasileiros não fazerem exposição individual, talvez por não haver demanda significativa por suas obras no escasso mercado de arte,[2] talvez por certo pudor. Ivan Serpa, por exemplo, desestimulava com veemência o açodamento dos jovens. Para Serpa, expor significava estar pronto para o debate cultural. Decio Vieira expôs no Copacabana o maior grupo de pinturas que havia produzido até então. A exposição, que poderia ser um *pot-pourri* histórico, foi, no entanto, consistente e instigante, além de bem planejada.

A vontade de documentar de Decio Vieira aparece em dois grupos de fotografias, em seus arquivos, que revelam o esmero profissional no preparo das pinturas e registram a exposição de 1966.[3] Foram feitas imagens do artista trabalhando no estúdio, que possivelmente serviriam como material para a divulgação do evento pela imprensa. No entanto, o conjunto pode ser entendido como um ensaio sobre a vontade gráfica do pintor. Nota-se ali o acento no contraste gráfico da obra fotografada no preparo da mostra. As fotografias expressam grandes diferenças entre luzes e sombras, em sofisticado recurso ao alto contraste. Para o artista, parece ter sido um assunto basilar a integração plástica harmoniosa entre a pintura e seu registro processual, entre o jogo lumínico sutil do registro em alta resolução e os próprios quadros intensamente em preto e branco. Afinal, Decio Vieira conviveu nos anos 1960 com a fotografia experimental de José Oiticica Filho e com a fotografia dos graves cinzas do Foto Cine Clube Bandeirantes, sobretudo com os grafismos fotográficos de Marcel Giró.

O próprio vernissage no Copacabana Palace também foi fartamente documentado. Nota-se nas imagens o prestígio granjeado pela exposição, traduzido na presença de um mundo intelectual em torno de Decio Vieira. Estiveram presentes os neoconcretistas Lygia Clark e Aluísio Carvão, além de outros artistas como Fayga Ostrower, Iberê Camargo, Frank Schaeffer e Bruno Giorgi. Compareceram, ainda, o crítico Marc Berkowitz e o escritor Rubem Braga, que, em certo momento, geriu a Galeria Santa Rosa em Ipanema. Também compareceu ao evento o arquiteto Jorge Moreira, membro da equipe que projetou a sede do Ministério da Educação e Saúde em 1937.

Com a exposição de 1966, Decio Vieira expandiu sua ação pictórica para além das antigas interdições do embate em torno da abstração geométrica ocorrido no Brasil na década anterior. A presença de um pintor como Iberê no vernissage do Copacabana Palace é um índice significativo dessa hipótese. Ainda que vagamente, determinados procedimentos de Decio Vieira pareciam agora estar mais próximos do método e dos resultados de alguma pintura de Antonio Bandeira, por exemplo, do que dos postulados do neoconcretismo. Em alguns quadros havia um expressionismo contido, consistente com o comedimento que sempre caracterizou seu discurso plástico. A superfície "arranhada" de alguns monocromos instituía uma falta e uma violência que descarnavam a pintura e introduziam uma cicatriz. Essa é

---

[1] O acesso à Galeria do Copacabana Palace Hotel era pela entrada e escadaria do teatro, na Avenida Nossa Senhora de Copacabana.

[2] Antes dessa primeira exposição, para resolver sua questão de mercado, Decio organizou um consórcio em que os associados pagavam uma mensalidade e todo mês uma obra era sorteada entre eles, o que o levou a produzir mais. Entre os participantes do consórcio estavam profissionais liberais como os arquitetos Glauco Campello e Vital Pessoa de Mello, de Recife, o médico Fernando Pedrosa, Vasco Secco, Isis Chamoun e outros.

[3] Essas imagens estão nos Arquivos da Arte Brasileira no MAR.

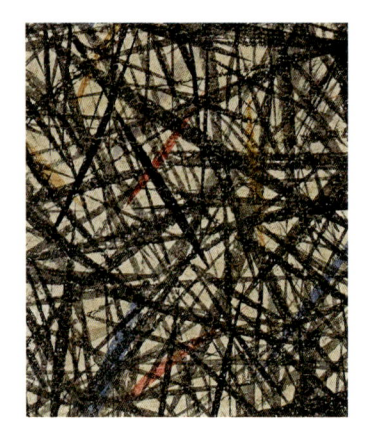

Decio Vieira

S/ título, 1966 (detalhe da imagem à direita)

No title, 1966 (detail at the right side of the work)

[4] *Amaral, Aracy (Coord.). Projeto construtivo brasileiro na arte (1950-1962), op. cit., p. 282.*

[5] *Clark, Lygia. Somos domésticos (1968). In: Lygia Clark. Rio de Janeiro: FUNARTE, 1980. p. 31.*

[6] *The references to the 1964 crisis in this chapter summarize the author's debate in Pincelada: pintura e método no Brasil, projeções da década de 1950, op. cit., p. 301-309.*

This is another disturbing subtlety of the order and logic in Decio Vieira's painting: his detour from the mathematical plane. But it is in these paintings that he, at the limit, acts through his geometric unconscious. Aracy Amaral synthesized the work exhibited at the gallery of the Copacabana Palace as "textures in color".[4] Such a detour swerved toward the sensitive geometry, referred to Frank Stella's black paintings, in which the minimal arrangement of the form, constituted by tortuous white stripes, corresponded to the areas not covered by the brush, while in Decio Vieira's painting it was what was withdrawn as a scratch. In the backdrop, between these two artists of the organic structure, are Lygia Pape's engravings Tecelares.

In order to discuss the poetry of these paintings by Decio Vieira, it is appropriate to think of them in the process of the 1964 political crisis and in the context of temporary exhaustion of the geometric abstraction. The Eastern calligraphic dimension, alluding to the "Japan effect" triggered by Mário Pedrosa in the late 1950s corresponds to an oblique look of the artist toward the opposite direction of the predominating Eurocentric positions in the Brazilian constructive project. The dissipation of geometry in Decio Vieira's plastic work in the mid-1960s does not detach, by opposition, from the 1964 military coup and does not dismiss the political comprehension of art in this period either. A large portion of what took place in the production of many geometric abstractionist artists, and even some gestual artists, like Flavio-Shiró and Iberê Camargo, needs to be gathered as the symptom of a crisis and the response to it. The 1964 military coup represented the strongest disturbance to the modernity project of the Brazilian society in the 20st century. The rupture of the democratic process, as a price of the alignment of the Brazilian economy against any sort of deviation from capitalism, took place over the course of the ideas of the socialist utopias and the Latin-American revolutionary movements after the Cuban Revolution in 1959. The impact of the coup on art would have necessarily been devastating. The primacy of the hard and autonomous concrete form, intransigent concretist motto, faced an incomparable political and aesthetic exhaustion. This was the case of Waldemar Cordeiro himself, the most canonic concretist, with the experimental objects Popconcretos (1964). In the scope of neo-concretism, Decio Vieira's paintings now abandoned the ruling of the geometric rigidity in favor of a new linguistic dialog.

It is worth highlighting two ethical paradigms constructed under the dictatorship. While it came to deny the individual's rights and permissions of freedom, Lygia Clark's work would increasingly be founded in participation processes of the other. The work is then the political diagram of the recovery of the subjectivity repressed by the dictatorial order. In 1968, Lygia Clark said: "if I were younger I would do politics".[5] In 1968 Lygia Pape's moving installation O Divisor created a network of alterities inscribed onto the large sheet, the painting's original white plane and the suprematist zero degree, in a structure that articulated people around collective objects. Divisor is sort of a manifestation-site for a network of subjectivities. After the military coup in 1964, art has become a trench of freedom and started to demand communications and negotiation strategies for its presence in the social environment. Also among the informal or gestual artists a crisis of the abstract model was felt along with the need of occasionally re-introducing figuration under a new critical condition.[6]

mais uma sutileza perturbadora da ordem e da lógica na pintura de Decio Vieira: seu desvio do plano matemático. Mas é nessas telas que ele, no limite, atua por seu inconsciente geométrico. Aracy Amaral sintetizou a obra exposta na galeria do Copacabana Palace como "texturas em cor".[4] Tal desvio dava uma guinada para a geometria sensível, remetia às pinturas negras de Frank Stella, nas quais o arranjo minimal da forma, constituído por faixas brancas tortuosas, correspondia às áreas não cobertas pelo pincel, enquanto na pintura de Decio Vieira era o que se retirava como ranhura. No pano de fundo, entre esses dois artistas da estrutura orgânica, estão as xilogravuras *Tecelares* de Lygia Pape.

Para discutir a poética dessas pinturas de Decio Vieira, cabe pensá-las no processo da crise política de 1964 e no contexto do esgotamento temporário da abstração geométrica. A dimensão caligráfica oriental, em alusão ao "efeito Japão" deflagrado por Mário Pedrosa em fins da década de 1950, corresponde a uma mirada de soslaio do artista na direção oposta às posições eurocêntricas predominantes no projeto construtivo brasileiro. A dissipação da geometria na obra plástica de Decio Vieira em meados da década de 1960 não se desprega, por oposição, do golpe militar de 1964 e nem dispensa uma compreensão política da arte nesse período. Grande parte do que ocorreu na produção de muitos artistas abstracionistas geométricos, e mesmo de alguns gestuais, como Flavio-Shiró e Iberê Camargo, deve ser reunido como sintoma de uma crise e resposta a ela. O golpe militar de 1964 representou o mais forte abalo ao projeto de modernidade da sociedade brasileira no século XX. A ruptura do processo democrático, como preço da estratégia de realinhamento da economia brasileira contra qualquer desvio da ordem do capitalismo, ocorreu no curso das ideias das utopias socialistas e dos movimentos revolucionários latino-americanos depois da Revolução Cubana de 1959. O impacto do golpe sobre a arte teria que ter sido necessariamente avassalador. O primado da forma concreta dura e autônoma, intransigente bandeira concretista, enfrentou um esgotamento político e estético incontrastável. Foi o caso do próprio Waldemar Cordeiro, o concretista mais canônico, com os objetos experimentais *Popconcretos* (1964). No âmbito do neoconcretismo, as pinturas de Decio Vieira abandonavam agora a regência da rigidez geométrica em favor de um novo diálogo linguístico.

Vale a pena examinar dois paradigmas éticos construídos sob o regime de exceção. Se a ditadura veio negar os direitos e as franquias da liberdade do indivíduo, a obra de Lygia Clark se apoiaria cada vez mais em processos de participação do outro. A obra é assim o diagrama político da recuperação da subjetividade recalcada pela ordem ditatorial. Em 1968, Lygia Clark declarou: "se eu fosse mais jovem, eu faria política".[5] Em 1968, a instalação ambulante *O Divisor* de Lygia Pape criava uma rede de alteridades inscritas no grande lençol, o plano branco original da pintura e o grau zero suprematista, numa estrutura que articulava pessoas em torno de objetivos coletivos. O *Divisor* é uma espécie de lugar-manifestação para uma rede de subjetividades. A partir do golpe militar de 1964, a arte se converteu em trincheira da liberdade e passou a demandar estratégias de comunicação e de negociação de sua presença no espaço social. Ainda entre os artistas informais ou gestuais, sentia-se uma crise do modelo abstrato e a necessidade de eventualmente reintroduzir a figuração sob nova condição crítica.[6]

Decio Vieira
S/ título, 1966 , Têmpera s/ madeira, 79 x 40 cm, Coleção particular
No title, 1966, Tempera on wood, Private collection

[4] Amaral, Aracy (coord.). *Projeto construtivo brasileiro na arte* (1950-1962), op. cit., p. 282.

[5] Clark, Lygia. Somos domésticos (1968). In: *Lygia Clark*. Rio de Janeiro: Funart, 1980. p. 31.

[6] As referências à crise de 1964 neste capítulo resumem o debate do autor em *Pincelada: pintura e método no Brasil, projeções da década de 1950*, op. cit., p. 301-309.

Franz Weissmann
Da série Madrid, 1963, Nanquim sobre papel, 50 x 69 cm, Coleção Museu de Arte do Rio (MAR) / Fundo Z

From Madrid series, 1963, Indian ink on paper, MAR collection / Z Fund

[7] Okinaka, Massao et al. In: *Alina e Massao Okinaka: perenidade e vida.[Alina and Massao Okinaka: perpetuity and life]*

[8] Peirce, Charles. In: *Peirce on signs: writings on semiotic by Charles Sanders Peirce.* James Hooper (Ed.). Chapel Hill and Londres: The University of North Carolina Press, 1992.

[9] About Maiolino, refer to the author's text "Sobre a Água", in the catalog of the fair Arco – Arte Contemporânea, São Paulo, 1984.

[10] Pedrosa, Mário. *Entre a personalidade e o pintor [Between the personality and the painter]*. Jornal do Brasil, Rio de Janeiro, February 21st, 1961, p. 2. (Caderno B).

The neo-concrete rupture was a strategic paradigmatic movement, which from 1959 onwards anticipated the tensions coming from the contradictions of the social experience of form in Brazil. A symbolic deficit in the idealism of the autonomous form was recognizable. Neo-concretism which hardly appeared to discord from the optimistic process of Juscelino Kubitschek's social-democracy, triggered in advance the process of producing the visibility of the modern project crisis. These were symptoms of the uneasiness of the form. Art was operating as an advanced anticipation of the crisis constructed under Kubitschek's developmentalist delirium, unaccompanied by the necessary advancements of the redistributive justice, in the context of the oligarchic system, social immobility, and the system of privileges and marginalization in the class system of deep inequalities. In this direction, Dulce Holzmeister's and Decio Vieira's experience of creating an art school for children at the favela Rocinha is their model of social alterity, and not alterity in art itself.

When returning from a trip to Japan in 1958, where he studied Japanese calligraphy with a Unesco (United Nations Educational, Scientific and Cultural Organization) scholarship, critic Mário Pedrosa warned about the expressive potential of sumi-e, which appeared to him to serve some intuitions of the Brazilian market. The sumi-e technique had originated in China and was taken to Japan, where it was absorbed and broadly disseminated. In etymology, sumi-e means "painting with ink" (the sumi ink is similar to Indian ink). Its ideal medium is hand-crafted rice paper. It is a pictorial practice different from the Western painting, because it involves drawing and calligraphic elements. Art of synthesis, it requires precision, it does not admit hesitations nor mistakes. Pedrosa's arguments have revoked the prevailing posture regarding the Western aesthetic references for the neo-concretists (Kazimir Malevich, Piet Mondrian, Josef Albers, Vordemberge-Gildewart and Max Bill). The appraisal of the East brought by the critic has stimulated the curiosity of artists so disparate as Tomie Ohtake, Mira Schendel, Decio Vieira, Amílcar de Castro, Anna Maria Maiolino, Wesley Duke Lee, Tomoshige Kusuno, and Julio Plaza. Flavio-Shiró, for example, was articulating monumental phantasmagorias like Macunaíma and O corpo e a mente (1987 Sumi series). In the case of Tomie Ohtake, Pedrosa himself referred to her "blind paintings", saying that "by preferring the textural in detriment to the exuberance of the matter, Tomie's painting is close to the phenomenological description of the black and white painting (sumi) of the southern Chinese school", which had been adapted by Japanese Zen Buddhist monks.

Massao Okinaka has left a testament of sumi-e in Brazil: "the basic elements of the sumi-e art are three: simplicity, symbolization, and naturality".[7] This is the foundation of its "source of culture", which also includes other plastic values professed by its tradition, such as harmony, precision, synthesis, and elegance. We will call "quasi-sumi-e" the pictorial operations that, driving close to the process or image of sumi-e, carry however remarkable differences. Ana Maria Maiolino's "quasi-sumi-e" (Outras marcas series, 1997) is a painting like an unthinkable sumi-e with no brush where the watery course of the ink takes place by handling the medium, negotiating with gravity and using the mechanics of fluids. It is not the pursuit for an imagetic model, but rather producing Peircean "semiotics" with its own diction.[8] Maiolino, in a paraphrase of Clarice Lispector's Água viva, paints sumi as an "exercise per se".[9] Mário Pedrosa attested that Ohtake achieved "a rare level of integration in the current Brazilian painting, for its conceptive elevation, rhythmic subtlety, retention and economy of means and the fury, the ecstasy of the created spaces".[10] The gentleness of these comments could well serve Decio Vieira's poetics in his "quasi-sumi-es" of the 1966 exhibit, because in it are established the rhythmic slimness of the trace and the entanglement of the spaces and networks created as ideograms of the nature. There emerges the appearance of figurability.

A ruptura neoconcreta foi um movimento estratégico paradigmático, que antecipou, a partir de 1959, as tensões oriundas das contradições da experiência social da forma no Brasil. Reconhecia-se um déficit simbólico na idealidade da forma autônoma. O neoconcretismo, que mal parecia discrepar do processo otimista da social-democracia de Juscelino Kubitschek, detonava antecipadamente o processo de produzir a visibilidade da crise do projeto moderno. Eram sintomas do mal-estar da forma. A arte operava como uma avançada antecipação da crise construída sob o delírio desenvolvimentista de Kubitschek, desacompanhado dos necessários avanços da justiça redistributiva, no contexto do sistema oligárquico, da imobilidade social e do sistema de privilégios e marginalização na estrutura de classes de grandes desigualdades. Nessa direção, a experiência de Dulce Holzmeister e Decio Vieira, de montar uma escola de arte para crianças da favela da Rocinha, é seu modelo de alteridade social, e não de alteridade na própria arte.

No retorno de uma viagem ao Japão em 1958, onde estudou a caligrafia japonesa com bolsa da Unesco (Organização das Nações Unidas para a Educação, a Ciência e a Cultura), o crítico Mário Pedrosa advertiu para o potencial expressivo do sumiê, que lhe parecia servir a certas intuições do meio brasileiro. A técnica do sumiê teve origem na China e foi levada ao Japão, onde foi absorvida e se difundiu amplamente. Na etimologia, sumiê significa "pintura com tinta" (a tinta sumi se assemelha ao nanquim). Seu suporte ideal é o papel artesanal de arroz. É uma prática pictórica diferente da pintura ocidental, pois envolve desenho e elementos caligráficos. Arte da síntese, requer precisão, não admite hesitações e equívocos. Os argumentos de Pedrosa revogaram a postura prevalecente quanto às referências estéticas ocidentais para os neoconcretistas (Kazimir Malevich, Piet Mondrian, Josef Albers, Vordemberge-Gildewart e Max Bill). A valorização do Oriente trazida pelo crítico aguçou a curiosidade de artistas tão díspares como Tomie Ohtake, Mira Schendel, Decio Vieira, Amílcar de Castro, Anna Maria Maiolino, Wesley Duke Lee, Tomoshige Kusuno e Julio Plaza. Flavio-Shiró, por exemplo, articulava fantasmagorias monumentais como *O nascimento de Macunaíma* e *O corpo e a mente* (série *Sumi* de 1987). No caso de Tomie Ohtake, o próprio Pedrosa remeteu-se a suas "pinturas cegas", afirmando que, "ao dar preferência ao textural em detrimento da exuberância da matéria, a pintura de Tomie se aproxima do descrever fenomenológico da pintura em preto e branco (*sumi*) da escola meridional chinesa", que fora adaptada por monges zen budistas japoneses.

Massao Okinaka legou um testamento do sumiê no Brasil: "os elementos básicos da arte do sumiê são três: a simplicidade, a simbolização e a naturalidade".[7] Essa é a base de sua "fonte da cultura", que ainda inclui outros valores plásticos preconizados pela sua tradição, como a harmonia, a precisão, a síntese e a elegância. Denominaremos "quase-sumiê" as operações pictóricas que, aproximando-se do processo ou da imagem do sumi, guardam no entanto diferenças marcantes. O "quase-sumiê" de Anna Maria Maiolino (série *Outras marcas*, 1997) é pintura como um impensável sumiê sem pincel em que o curso aquoso da tinta se dá pelo manuseio do suporte, a negociação com a gravidade e a mecânica dos fluidos. Não se busca um modelo imagético, mas sim produzir "semei-ótica" peirceana com uma dicção própria.[8] Maiolino, em paráfrase de *Água viva* de Clarice Lispector, pinta sumi como "exercício de si".[9] Mário Pedrosa atestava que Ohtake atingia "um nível de integração raro na pintura brasileira atual, pela elevação conceptiva, sutileza rítmica, retenção e economia de meios e o ímpeto, o arrebatamento dos espaços criados".[10] A delicadeza desses comentários bem poderia se referir também à poética de Decio Vieira nos quase-sumiês da mostra de 1966, pois nela se instauram a finura rítmica do traço e o emaranhamento dos espaços e das redes criados como ideogramas da natureza. Ali surge a emergência de uma figurabilidade.

---

[7] Okinaka, Massao et al. In: *Alina e Massao Okinaka*: perenidade e vida. São Paulo: Aliança Editorial Brasil-Japão e Massao Ohno, 1993. p. 137.

[8] Peirce, Charles. In: *Peirce on signs*: writings on semiotic by Charles Sanders Peirce. James Hooper (Ed.). Chapel Hill e Londres: The University of North Carolina Press, 1992.

[9] A respeito de Maiolino, ver texto do autor "Sobre a Água", no catálogo da feira Arco – Arte Contemporânea, São Paulo, 1984.

[10] Pedrosa, Mário. Entre a personalidade e o pintor. *Jornal do Brasil*, Rio de Janeiro, 21 de fevereiro de 1961, p. 2. (Caderno B).

Decio Vieira
Sem título, c. 1966 (detalhe de pintura)
No title, c. 1966 (detail of painting)

[11] Bense, Max. Mira Schendel: reduções gráficas. In: Pequena estética. São Paulo: Editora Perspectiva, 1971. p. 225.

[12] Lacan, Jacques. : O Seminário.Livro 11. Os quatro conceitos fundamentais da Psicanálise [The Seminar Jacques Lacan. Book XI. The four fundamental concepts os psychoanalysis]

[13] Pedrosa, Mário. Crise do condicionamento artístico. In: _____; Amaral, Aracy (org.). Mundo, homem, arte em crise, op. cit.

A forest of traces is a forest of signs where the repetition and the difference in the graphic act result in density and condensation of the sumi's material values. The trace is weed. The structure is branch, i.e., the axis that articulates or sustains the foliage of signs. Decio Vieira's painting from the Frente period and Neo-concretism operated the constructive partition of the surface – here was founded his architecture. Without the firm and rigid discipline of the 1950-decade drawing, of straight lines in the construction process of planes and its articulation, as occurred in the previous decade, his painting is now a field magnetized by the energy of the gesture. What lends cohesion to the image is not the geometric structure, i.e., the mathematics, but rather the accumulation of energy invested on the pictorial surface under a condensation process in the visual plane. This power of the linear sign is present in hundreds of Mira Schendel's monotypes, to which philosopher Max Bense gives the key "what can be done from a hair and what can be a beam".[11] In the case of Decio Vieira's painting, colonies of graphemes, semiotic events, epidemics of signs, accumulations of signs emerge – the canvas is a generalized state of semantic proliferation. Temporality is space-flow of the linguistic time. The painting has no degree of predictability of the form, there is no beam to sustain the state of permanent transformation.

The vegetation-writing, through ambivalent images between the industrial standard and the sumi painting, composes the recurrence of a will to figurate, or at least, explore the limits of figurability in Decio Vieira. This is a problem that his work proposes in the process of exhaustion of the geometric art for the 1950s generation. In the Brazilian art, in some approximations of figurability, the world's image emerges as illusory or it results from a direct temptation of the constructive artists' capital. In opposition the cumulative and exhaustible repetition of traces constitutes the chain of signifiers and the subject's locus in the process: "The Other is the locus where the chain of the signifier is located and that commands everything that will make present of the subject, it is the field of this living being in which the subject has to appear", discusses Lacan in the Seminar 11.[12] The signifier structure in these pictures both petrifies the subjective movements and moves the subject to function, to speak. Taking Amílcar de Castro's drawings as an analysis model, in the first case of representation are the chains of ants. His writing of the word Coca-Cola emerges to tend to a commission by the soda producer in 1992, when celebrating its 50th anniversary in Brazil, as an initiative of the critic Wilson Coutinho, expert on exhibits about comercial brands, like the one he organized for Companhia Sul América de Seguros in 1983. The theme in this case was the Sugar Loaf because its image is an integral part of the insurer's logotype. Coutinho stands in the opposite direction of Pedrosa's ethical positioning about the marketing and styling actions through art: "the rule of styling is the incessant succession of the models which replace each other, uninterruptedly".[12] In opposition to this conditioning by alienation, through the "art of brand" as denounced by Pedrosa, Waldemar Cordeiro has used photographic images, even cut from newspapers, in his popconcretes.

The trace, or what marks the beginning of the discourse, constitutes the difference and moves the eye. In Decio Vieira's forest we will find shrubs and nests of signs, branches, centripetal and centrifuge gatherings, polysemous waves (horizontal brushstrokes) and a return of the sensitive geometric order. Some pictures are constructions of light slits in the mesh. The shrubs may allude to tufts of palm trees or rushes in the limit of figurability like the one faced by spools and dices in Iberê Camargo's symbolism. This graphic toil is anchored on the binomial repetition and difference of the act and the sign. What configures and enunciates is the rhizomatic movement itself. The surface does not achieve cohesion through the orthogonal mesh, but through its deflection, repetition and accumulation.

Uma floresta de traços é uma floresta de signos em que a repetição e a diferença no ato gráfico resultam em densidade e condensação dos valores materiais do sumi. O traço é mato. O estruturado é galho, isto é, um eixo que articula ou sustenta a folhagem sígnica. A pintura do período Frente e do Neoconcretismo de Decio Vieira operava a partilha construtiva da superfície – aqui se assentava sua arquitetura. Sem a firme e rígida disciplina do desenho da década de 1950, de linhas retas em processo de construção de planos e de sua articulação, como ocorria da década anterior, a pintura é, agora, um campo magnetizado pela energia do gesto. O que dá coesão à imagem não é a estrutura geométrica, isto é, a matemática, mas o acúmulo de energia investida sobre a superfície pictórica em processo de condensação no plano visual. Essa potência do signo linear está em centenas de monotipias de Mira Schendel a que o filósofo Max Bense dá a chave "o que se faz de um cabelo e o que pode ser uma viga".[11] No caso da pintura de Decio Vieira, surgem colônias de grafemas, eventos semióticos, epidemias de signos, acumulações sígnicas - a tela é um estado geral de proliferação semântica. A temporalidade é de espaço-fluxo do tempo linguístico. A pintura não tem nenhum grau de previsibilidade da forma, não há viga que sustente o estado de devir.

A escritura-vegetação, através de imagens ambivalentes entre o padrão industrial e a pintura sumi, compõe a recorrência de uma vontade de figurar, ou, ao menos, explorar os limites da figurabilidade em Decio Vieira. Este é um problema que sua obra nos propõe no processo de esgotamento da arte geométrica para a geração da década de 1950. Na arte brasileira, em algumas aproximações da figurabilidade, a imagem do mundo emerge como fantasmática ou decorre de uma tentação direta do capital aos construtivos. No oposto, a repetição acumulativa e inexaurível de traços constitui a cadeia de significantes e o lugar do sujeito no processo: "O Outro é o lugar em que se situa a cadeia do significante que comanda tudo que vai poder presentificar-se do sujeito, é o campo desse vivo onde o sujeito tem que aparecer", debate Lacan no *Seminário 11*.[12] A estrutura significante desses quadros tanto petrifica movimentos subjetivos como move o sujeito a funcionar, a dizer. Tomando desenhos de Amílcar de Castro como modelo de análise, no primeiro caso de representação estão as correntes de formigas. Já sua escritura da palavra Coca-Cola surge para atendimento à encomenda da empresa de refrigerantes em 1992, na comemoração de seus 50 anos de Brasil, por iniciativa do crítico Wilson Coutinho, especialista em exposições sobre marcas comerciais, como a que organizou para a Companhia Sul América de Seguros em 1983. O tema aí era o Pão de Açúcar, porque sua imagem integra o emblema da empresa seguradora. Coutinho está na contramão do posicionamento ético de Pedrosa sobre as realizações de *marketing* e *styling* através da arte: "a regra do *styling* é a sucessão incessante dos modelos que se substituem uns ao outros, sem parar".[13] Em oposição a esse condicionamento pela alienação, pela "arte de marca" denunciado por Pedrosa, Waldemar Cordeiro recorreu a imagens fotográficas, mesmo de jornais, em seus popconcretos.

O traço, ou aquilo que marca o início do discurso, constitui a diferença e move o olhar. Na floresta de Decio Vieira encontramos moitas e ninhos de signos, galhos, ajuntamentos centrípetos e centrífugos, ondas polissêmicas (pinceladas horizontais) e retorno da ordem geométrica sensível. Alguns quadros são construções de frestas de luz na malha. As moitas podem aludir a tufos de palmeiras ou de juncos no limite da figurabilidade como aquele enfrentado por carretéis e dados na simbologia de Iberê Camargo. Essa faina gráfica ancora-se no binômio de repetição e diferença do ato e do signo. O que se configura e enuncia é o próprio movimento rizomático. A superfície não obtém coesão pela malha ortogonal do tecido, mas por sua deriva, repetição e acumulação.

Frans Krajcberg
Samambaia, 1956, Óleo sobre tela, 54,5 x 38,5 cm, Coleção particular
Samambaia [fern], 1956, Oil on canvas, Private collection

[11] Bense, Max. Mira Schendel: reduções gráficas. In: *Pequena estética*. São Paulo: Editora Perspectiva, 1971. p. 225.

[12] Lacan, Jacques. *O Seminário. Livro 11. Os quatro conceitos fundamentais da Psicanálise*. Tradução de M. D. Magno. Rio de Janeiro: Jorge Zahar Editor, 1998. p. 193-194.

[13] Pedrosa, Mário. Crise do condicionamento artístico. In: _____; Amaral, Aracy (org.). *Mundo, homem, arte em crise, op. cit.*

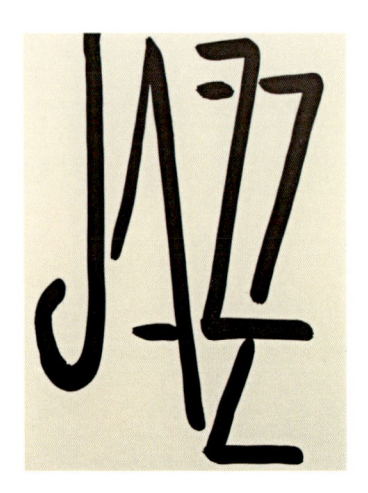

Henri Matisse
Jazz, 1947, Álbum de gravuras em pouchoir, Coleção Fundação Biblioteca Nacional Rio de Janeiro
Engraving album en pouchoir, Fundação Biblioteca Nacional, Rio de Janeiro

[14] Moe, Ole Henrik. Introduction. In: Klee et la musique. Paris: Centre Georges Pompidou, 1985, p. 17.

[15] "Sons", in the translation into Portuguese. Sounds, in English.

[16] Pedrosa, Mário. Pintores da arte virgem (1950). In: Dimensões da arte. Rio de Janeiro: Ministério da Educação e Cultura, 1964, p. 105.

[17] Pater, Walter. The Renaissance Studies in Art and Poetry (1873) apud Walker, Hamza. Wake Up Call. Parkett, Zurique, n. 80, p. 56, 2007. In the original: "all art constantly aspires toward the condition of music".

[18] See Hélio Oiticica's manuscript draft (1979) for the publication Biscoito Fino, available at the Program Hélio Oiticica/Itaú Cultural, in: <http://www.itaucultural.org.br/aplicexternas/enciclopedia/ho/index.cfm?fuseaction=documentos&cod=457&tipo=2>. Accessed on October 7th, 2014.

[19] Oiticica, Hélio. NTBK. Manuscript, 4/73. September,25,1973. Avaiable at: <http://www.itaucultural.org.br/aplicexternas/enciclopedia/ho/index.cfm?fuseaction=documentos&cod=457&tipo=2>. Acessed on October 7th, 2014.

Imperfect rectangles repeat themselves – constructed one by one, individually – as a colony of sliding forms on a surface of gestures. Decio Vieira's operation is of assemblage, an overlapping of fields and codes (1965-1966). The proliferating repetition of the form refers to Antonio Bandeira's painting La cathédrale (1955), in which the rectangular form corresponds to a background of tin used as a precarious stamp. The brands stack up in repetition. In Bandeira, the cathedral is erected with form-bricks and vestiges that rise in vertiginous verticality. The painter's apparently automatic action erects a monumental construction of debris that refers rather to the devastated memory of the European cities of the World War II. The painting proposes the comprehension of the solemnity as a real ballast against the fall of the monument.

Now Decio Vieira's paintings move away from Bandeira's cathedral to improvise a virtual jam session. The forms float in improvisations. The arrangement of the squares refers to a jazzistic fugue, forms float on the surface, they move under a musical optical regime. A decisive moment of the musical course of Paul Klee's production, to which one can approximate Decio Vieira, is precisely described by Ole Henrik Moe: "from the linear polyphony, abundantly illustrated by drawings of the 1920s, the step that drives to the flat polyphony is given quickly".[14] The surface becomes lively. Except for some instances, the hieratic, the symmetric and the static do not proliferate in this corpus of tempera, because the work escapes the notion of "composition" that animated a certain post-war French painting. Jazz has conducted the rhythmic movements of modernity from Piet Mondrian to Jackson Pollock.

The writing is not organized as a notation on a staff that would order an automatic interpretation, but it provides passages for the music of the visible. Neither does its moving arrangement in the space correspond to a mere idea of plastic "composition" prevalent in certain post-war French painting. The rhythm in Decio Vieira's work does not explode in the dull forms of Wassily Kandinsky's Klänge (1912)[15], a pivotal work of modernity about the relationship between art and music. The painting is not about music neither does it illustrate it, but it stimulates the senses as musical dimension of the eye. The eye hears, had said Paul Claudel. "All art constantly aspires toward the condition of music", insisted Mário Pedrosa,[16] quoting Walter Pater.[17] In addition to these positions, a proclamation by Hélio Oiticica has become an aphorism of the Brazilian art – "what I do is music"[18]– and it crosses generations, with Montez Magno, Waltercio Caldas, Nuno Ramos, and Ernesto Neto, along Decio Vieira himself.

The fugue forms in Paul Klee, an artist who, as already mentioned, marked Decio Vieira, were closer to J. S. Bach's musical territory than to jazz. Decio Vieira was a jazz aficionado, he frequently organized gatherings with friends at home to listen to new records, a subject that will be addressed later (see chapter Orphic moment: zenith of color). Such a strong focus and intense experience would necessarily become a driving force of the very language of his painting in more than one moment of his trajectory, in the 1960s and 1980s, when the jazzistic flow of the language unties into very different solutions. The deflection of the form abandons the mathematical logic of the composition.

Decio Vieira introduces a logic of the small images, which avoids aggressive times and opens up to improvisation. The thematic-melodic unfolding crosses the space in sensual insinuations of organic forms. Chromatism and dissonant harmonies unveil the music and propagate instability within the overall harmonic space. The forms-sounds unfold into improvisations of the melody. The eye is always on an improvisation spot in invention flow. "The memory does not forget: it gives rhythm! Bum! Bum!",[19] argues Hélio Oiticica. Maybe this is what unfolds on the surface of this painting.

Retângulos imperfeitos repetem-se – construídos um a um, individualmente – como uma colônia de formas deslizantes sobre a superfície de gestos. A operação de Decio Vieira é de montagem, uma sobreposição de campos e códigos (1965-1966). A repetição proliferante da forma remete ao quadro *La cathédrale* (1955) de Antonio Bandeira, no qual a forma retangular corresponde a um fundo de lata usado como carimbo precário. As marcas amontoam-se em repetição. Em Bandeira, a catedral se erige com tijolos-formas e vestígios que se erguem em vertiginosa verticalidade. A ação aparentemente maquinal do pintor erige uma monumental construção de escombros que mais remete à memória devastada das cidades europeias da Segunda Guerra Mundial. A pintura propõe a compreensão da gravidade como lastro real contra a queda do monumento.

As pinturas de Decio Vieira agora distanciam-se da catedral de Bandeira para improvisar uma *jam session* virtual. As formas flutuam em improvisos. A disposição dos quadrados remete a uma fuga jazzística, formas flutuam sobre a superfície, movem-se sob um regime ótico de música. Um momento decisivo do percurso musical da produção de Paul Klee, ao qual se pode aproximar Decio Vieira, está descrito com precisão por Ole Henrik Moe: "da polifonia linear, abundantemente ilustrada por desenhos dos anos vinte, o passo que conduz à polifonia plana é dado rapidamente".[14] A superfície anima-se. Salvo exceções, o hierático, o simétrico e o estático não proliferam neste corpus de têmpera, pois a obra escapa da noção de "composição" que animou certa pintura francesa do pós-guerra. O jazz conduziu movimentos rítmicos na modernidade desde Piet Mondrian até Jackson Pollock.

A escritura não se organiza como notação sobre uma pauta que ordenasse uma interpretação automática, mas propicia passagens para uma música do visível. Tampouco sua disposição em movimento no espaço corresponde à mera ideia de "composição" plástica prevalecente em certa pintura francesa do pós-guerra. O ritmo na obra de Decio Vieira não explode nas formas brutas de *Klänge*[15] (1912) de Wladimir Kandinsky, obra capital da modernidade sobre a relação entre arte e música. A pintura não é sobre a música nem a ilustra, mas excita os sentidos como dimensão musical do olhar. O olho escuta, já dissera Paul Claudel. "Todas as artes aspiram por alcançar as condições da música", insistiu Mário Pedrosa[16] em citação de Walter Pater.[17] Ao lado dessas posições, uma proclamação de Hélio Oiticica converteu-se em aforismo da arte brasileira – "o que faço é música"[18]– e atravessa gerações com Montez Magno, Waltercio Caldas, Nuno Ramos e Ernesto Neto, além do próprio Decio Vieira.

As formas fugadas em Paul Klee, um artista que, como já foi mecionado, marcou Decio Vieira, estavam mais próximas do território da música de J. S. Bach do que do jazz. Decio Vieira era um jazzmaníaco, organizava frequentes reuniões com amigos em sua casa para ouvir novos discos, assunto que será abordado mais à frente (ver capítulo *Momento Órfico: zênite da cor*). Um foco tão forte e uma experiência tão intensa seriam, necessariamente, força de afetação da própria linguagem de sua pintura em mais de um momento de sua trajetória, nas décadas de 1960 e 1980, em que o fluxo jazzístico da linguagem se desamarra em soluções muito diferentes. A deriva da forma abandona a lógica matemática do conjunto.

Decio Vieira introduz uma lógica das pequenas imagens, que evita tempos agressivos e que se abre para o improviso. O desdobramento temático-melódico atravessa o espaço em insinuações sensuais de formas orgânicas. O cromatismo e as harmonias dissonantes desvelam a música e propagam instabilidade dentro do espaço harmônico geral. As formas-sons desdobram-se em improvisos da melodia. O olho está sempre num ponto do improviso em fluxo de invenção. "A memória não esquece: ela ritma! bum! bum!",[19] argumenta Hélio Oiticica. Talvez seja isso que se desdobre na superfície dessa pintura.

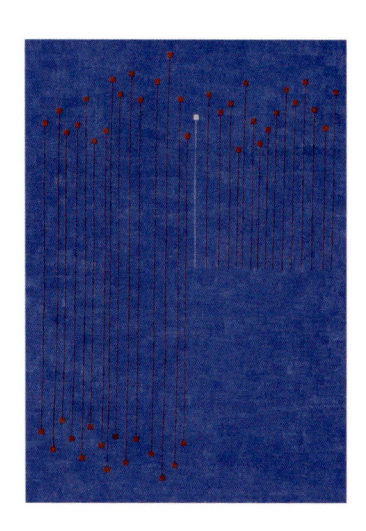

Decio Vieira

s/ título, s.d., Óleo s/ tela, Coleção particular

No title, no date, Oil on canvas, Private collection

[14] Moe, Ole Henrik. Introduction. In: *Klee et la musique*. Paris: Centre Georges Pompidou, 1985. p. 17.

[15] "Sons", na tradução para o português.

[16] Pedrosa, Mário. Pintores da arte virgem [1950]. In: *Dimensões da arte*. Rio de Janeiro: Ministério da Educação e Cultura, 1964,.p. 105.

[17] Pater, Walter. The Renaissance Studies in Art and Poetry [1873] apud Walker, Hamza. *Wake Up Call. Parkett*, Zurique, n. 80, p. 56, 2007. No original: "all art constantly aspires toward the condition of music".

[18] Ver esboço manuscrito [1979] de Hélio Oiticica para a publicação Biscoito Fino, disponível no Programa Hélio Oiticica/Itaú Cultural, em: <http://www.itaucultural.org.br/aplicexternas/enciclopedia/ho/index.cfm?fuseaction=documentos&cod=457&tipo=2>. Acesso em 7 de outubro de 2014.

[19] Oiticica, Hélio. NTBK. Manuscrito, 4/73. 25 de setembro 1973. Disponível em: <http://www.itaucultural.org.br/aplicexternas/enciclopedia/ho/index.cfm?fuseaction=documentos&cod=457&tipo=2>. Acesso em 7 de outubro de 2014.

EFEITO QUITANDINHA: INTELIGÊNCIA NO DESIGN

QUITANDINHA EFFECT: INTELLIGENCE IN DESIGN

207

DV 6.1 • JOGO AMERICANO, DÉC. 1950 • TECIDO (ORGANZA)
COLEÇÃO MUSEU DE ARTE DO RIO (MAR) / FUNDO DECIO VIEIRA E DULCE HOLZMEISTER

AMERICAN PLACE MAT SET, 1950 • FABRIC (ORGANZA)
MAR COLLECTION

DV 6.2 • JOGO AMERICANO, DÉC. 1950 • TECIDO (ORGANZA)
COLEÇÃO MUSEU DE ARTE DO RIO (MAR) / FUNDO DECIO VIEIRA E DULCE HOLZMEISTER

AMERICAN PLACE MAT SET, 1950 • FABRIC (ORGANZA)
MAR COLLECTION

DV 6.3 • JOGO AMERICANO, DÉC. 1950 • TECIDO (ORGANZA)
COLEÇÃO MUSEU DE ARTE DO RIO (MAR) / FUNDO DECIO VIEIRA E DULCE HOLZMEISTER

AMERICAN PLACE MAT SET, 1950 • FABRIC (ORGANZA)
MAR COLLECTION

DV 6.4 • INTERIORES MODERNOS TECIDOS (FAYGA OSTROWER E DECIO VIEIRA) • JOGO AMERICANO, DÉC. 1950 • TECIDO
COLEÇÃO MUSEU DE ARTE DO RIO (MAR) / FUNDO DECIO VIEIRA E DULCE HOLZMEISTER

INTERIORES MODERNOS TECIDOS (FAYGA OSTROWER AND DECIO VIEIRA) • AMERICAN PLACE MAT SET, 1950 • FABRIC
MAR COLLECTION

DV 6.5 • INTERIORES MODERNOS TECIDOS (FAYGA OSTROWER E DECIO VIEIRA • JOGO AMERICANO, DÉC. 1950 • TECIDO
COLEÇÃO MUSEU DE ARTE DO RIO (MAR) / FUNDO DECIO VIEIRA E DULCE HOLZMEISTER

INTERIORES MODERNOS TECIDOS (FAYGA OSTROWER AND DECIO VIEIRA) • AMERICAN PLACE MAT SET. 1950 • FABRIC
MAR COLLECTION

DV 6.6 • INTERIORES MODERNOS TECIDOS (FAYGA OSTROWER E DECIO VIEIRA) • JOGO AMERICANO, DÉC. 1950 • TECIDO
COLEÇÃO MUSEU DE ARTE DO RIO (MAR) / FUNDO DECIO VIEIRA E DULCE HOLZMEISTER

INTERIORES MODERNOS TECIDOS (FAYGA OSTROWER AND DECIO VIEIRA) • AMERICAN PLACE MAT SET, 1950 • FABRIC
MAR COLLECTION

DV 6.7 • INTERIORES MODERNOS TECIDOS (FAYGA OSTROWER E DECIO VIEIRA) • JOGO AMERICANO, DÉC. 1950 • TECIDO
COLEÇÃO MUSEU DE ARTE DO RIO (MAR) / FUNDO DECIO VIEIRA E DULCE HOLZMEISTER

INTERIORES MODERNOS TECIDOS (FAYGA OSTROWER AND DECIO VIEIRA) • AMERICAN PLACE MAT SET, 1950 • FABRIC
MAR COLLECTION

DV 6.8 • INTERIORES MODERNOS TECIDOS (FAYGA OSTROWER E DECIO VIEIRA) • JOGO AMERICANO, DÉC. 1950 • TECIDO
COLEÇÃO MUSEU DE ARTE DO RIO (MAR) / FUNDO DECIO VIEIRA E DULCE HOLZMEISTER

INTERIORES MODERNOS TECIDOS (FAYGA OSTROWER AND DECIO VIEIRA) • AMERICAN PLACE MAT SET. 1950 • FABRIC
MAR COLLECTION

DV 6.9
S/ TÍTULO, S.D.
GRAFITE S/ PAPEL
32,7 X 23,4 CM
COLEÇÃO
PARTICULAR

NO TITLE, NO DATE
GRAPHITE ON PAPER
PRIVATE COLLECTION

QUITANDINHA EFFECT: INTELLIGENCE IN DESIGN

Petrópolis has the mild climate of the mountain region of the state of Rio de Janeiro, which made it the summer destination of the imperial family and the Court, and, during the Republic, of wealthy families from Rio. Decio Vieira's home town was projected in the 1840s by major Júlio Frederico Koeler and was marked by the German immigration that took place in the 19th century. From the time of the Brazilian Empire through the government of Juscelino Kubitschek, Petrópolis has frequently become the country's capital during the summer. The Petrópolis environment somewhat explains the early activity of the young painter and his appraisal for a certain elegance, though with no affectation, in the quotidian life. Studying Decio Vieira's action and interests in the scope of decorative arts ends up in broadening the spectrum of his relations in the modern circuit of Rio de Janeiro from the 1950s through the 1970s. Addressing his work opens a path to a broader comprehension of decorative arts and design throughout the 20th century in Brazil.

The artist's youth in Petrópolis was marked by a relevant milestone of decorative arts in Brazil: the opening of the Quitandinha Hotel in 1944. Built by initiative of Joaquim Rolla to be the largest casino complex in South America, it was formed by a 50,000 m² building and a lake in the external area. The architectonic project, by Luiz Fossati and Alfredo Baeta Neves, adopted the Norman style in order to accentuate the region's mild climate. The strategy was to present a grand building that would evoke the atmosphere of the Hollywood movies. The tourism industry in Brazil was reinventing itself in lofty style during the post-war period, affluent and optimistic both for the international tourism, hosting great cinema artists and personalities from the international jet set, and Brazilians. Quitandinha used to promote lively carnival balls with a sophisticated setting, and as an ultimate sign of its prestige it hosted the Inter-American Conference in 1946, with the presence of President Juan Domingo Perón from Argentina and Evita Perón. In the same year, an unexpected setback was the prohibition of gambling in Brazil, a measure taken by Gaspar Dutra's government and that made the place work only as a luxury hotel. In 1948 it hosted the International Exhibit of Industry and Commerce.

The palace interior was designed by the decorator and scenographer Dorothy Draper. Specialized in the architecture of highly stylish hotels, Draper came from the aristocracy of New England and was a relative to President Theodore Roosevelt's family, president of the Unites States at the time the hotel was being erected. Her strong and pompous Hollywoodian taste became so well-known that the term "draperize" was coined to indicate the presence of her way of creating interior designs. Definitely, Quitandinha has established a sophisticated scene in Brazil, accompanied by spectacular spaces filled with the so-called "Hollywoodian rococo" atmosphere, created by the decorator, who called her own style as "modern baroque", characterized by the audacious use of strong colors and floral and geometric patterns. The interior decoration in monumental spaces was treated as the spectacle itself because some elements responded to the challenges through the use of large scale – this was the case both at the Quitandinha and the prestigious Carlyle Hotel in New York. Draper has also decorated some areas at the Metropolitan Museum

EFEITO QUITANDINHA:
INTELIGÊNCIA NO DESIGN

Petrópolis tem o clima ameno da região serrana do estado do Rio de Janeiro, o que a transformou na estação de veraneio da família imperial e da Corte e, na República, de famílias cariocas abastadas. A cidade natal de Decio Vieira foi projetada na década de 1840 pelo major Júlio Frederico Koeler e foi marcada pela imigração alemã ocorrida no século XIX. Desde o Império até o governo de Juscelino Kubitschek, Petrópolis tornou-se por vezes uma quase capital do país durante o verão. Esse ambiente petropolitano explica um pouco das atividades iniciais do jovem pintor e de sua valorização de certa elegância, ainda que sem afetação, na vida cotidiana. O estudo da ação e dos interesses de Decio Vieira no âmbito das artes decorativas termina por ampliar o espectro de suas relações no circuito moderno do Rio de Janeiro das décadas de 1950 a 1970. A abordagem de sua atuação abre caminho para o entendimento mais amplo dos movimentos das artes decorativas e do design no Brasil ao longo do século XX.

A juventude do artista em Petrópolis foi marcada por um fato relevante da história das artes decorativas no Brasil: a inauguração do Hotel Quitandinha em 1944. Construído por iniciativa de Joaquim Rolla para ser o maior complexo de cassino na América do Sul, composto por um edifício de 50.000 m² e um lago na área externa. O projeto arquitetônico, de autoria de Luiz Fossati e Alfredo Baeta Neves, adotou o partido do estilo normando para acentuar o clima ameno da região. A estratégia era apresentar um edifício grandioso que evocasse a atmosfera dos filmes de Hollywood. A indústria do turismo no Brasil reinventava-se em grande estilo no pós-guerra, afluente e otimista tanto para o turismo internacional, tendo hospedado grandes artistas do cinema e personalidades do *jet set* internacional, quanto para brasileiros. O Quitandinha promovia animados bailes de carnaval com decoração sofisticada e, para cúmulo do seu prestígio, hospedou a Conferência Interamericana em 1946, com a presença do Presidente Juan Domingo Perón da Argentina e de Evita Perón. No mesmo ano, foi um inesperado golpe a proibição do jogo no Brasil, medida do governo de Gaspar Dutra que levou o lugar a funcionar apenas como hotel de luxo. Em 1948 sediou a Exposição Internacional de Indústria e Comércio.

O interior do palácio foi projetado pela decoradora e cenógrafa americana Dorothy Draper. Especializada em arquitetura de hotéis de grande estilo, Draper era oriunda da aristocracia da Nova Inglaterra e tinha relações de parentesco com a família de Theodore Roosevelt, presidente dos Estados Unidos à época da construção do hotel. Seu forte gosto faustoso e hollywoodiano tornou-se tão conhecido que foi cunhado o termo "draperizar" para indicar a presença de sua maneira de criar decoração. Definitivamente, o Quitandinha estabeleceu um cena sofisticada no Brasil, acompanhada por espaços espetaculares povoados pela atmosfera, dita "rococó-hollywoodiana", criada pela decoradora, que chamava seu estilo de "modern baroque", caracterizado pelo uso audacioso de cores fortes e estampados florais e geométricos. A decoração de interiores nos espaços monumentais foi por ela tratada como o próprio espetáculo porque alguns elementos respondiam aos desafios através do recurso à grande escala – foi assim tanto no Quitandinha quanto no prestigioso hotel Carlyle de Nova York. Draper decorou, ainda, áreas do Metropolitan Museum

Cartão-postal com foto do Hotel Quitandinha com selos e carimbo oficial comemorativo da realização da Conferência Interamericana de Manutenção da Paz e da Segurança do Continente de 1947.

Postcard with Quitandinha Hotel photo with stamps and commemorative imprint of The Interamerican Peace and Security Conference of the Continent, 1947

Piscina do Hotel Quitandinha, verão de 1948

Quitandinha Hotel swimming pool, summer of 1948

[1] *Dines, Alberto. Stefan Zweig: um pacifista como Freud. Available at: <http://tvbrasil.org.br/observatoriodaimprensa/sobre_dines/zweig.htm>. Accessed on May 2nd, 2014. About this, see from the same author: _____. Morte no Paraíso: a tragédia de Stefan Zweig. Rio de Janeiro: Editora Nova Fronteira, 1981.*

and other prestigious venues in the United States. In the interiors of the Petrópolis hotel and its casino, the glamorous dream of Hollywood appeared to have arrived in Brazil. By the time of the exhibit The High Style of Dorothy Draper in 2006, at the Museum of the City of New York, curator Donald Albrecht called attention to the decorator's audacious method of taking a chair from the 18th century usually made of wood and have it made in transparent plastic. For Albrecht this is the very type of "Dorothy Draper's thing". At the Quitandinha, her phantasy used large elements of white gypsum and other materials to create rooms that were spectacular and cozy at the same time. The spectacle of the modern decoration project has driven interior architecture in Brazil and the custom of internal tourism up to a whole new historical level. It would have been hard for Decio Vieira to not become touched in his city by this feeling that excited the country with reflections on the emergence of the respect for decorative arts.

The cultural life in Petrópolis was more than Fossati's, Baeta Neves's and Draper's architecture, in spite of the significant weight they had on the imaginary about the city. During the war, two remarkable names of the foreign literature who lived there were Austrian Jewish Stefan Zweig, the world's most read writer of his time, and Chilean poet Gabriela Mistral, who received the news about being awarded with the Nobel Prize in 1945 while in the city. According to Alberto Dines, Zweig "didn't want to stay in England because of the bombardments, and didn't want to stay in New York because it was packed with refugees, old friends. He just chose Petrópolis, Rio de Janeiro, Brazil. He voluntarily drove apart from everybody and everything and the result was depression."[1] In this very city, he and his wife committed suicide in 1942, under the moral pressure of the roughness of the Shoah and the exile, a double-suicide with international repercussion. Other personalities present included Elizabeth Bishop and urbanist Lota Macedo Soares, who lived there in a small ranch over a long period of fifteen years starting in 1951, when they married. They dwelled in a modern paradise framed by Roberto Burle Marx's gardens, a milestone in Brazilian landscape design.

More broadly Serra dos Órgãos was the place of origin of other artists who emerged in the late 1940s. Besides Decio Vieira, in Petrópolis, Lygia Pape, born in Nova Friburgo, and Anna Letycia, born in Teresópolis.

I NATIONAL EXHIBIT OF ABSTRACT ART

The young Decio Vieira was an activist of the arts through the Associação Petropolitana de Belas Artes [Petrópolis Association of Fine Arts], which kept a program, and to some extent, was the social venue for art through the offering of courses and exhibits at the Crystal Palace. The same association promoted the I National Exhibit of Abstract Art, opening on February 20th, 1953 at the bold Quitandinha Hotel. According to several testimonials, artists Edmundo Jorge and Decio Vieira were at the forefront of the process; the exhibit was their initiative. Shortly before, on December 9th, 1952, the exhibit of the Ruptura group had opened in São Paulo, including Waldemar Cordeiro, their leader, as already explained, Geraldo de Barros, Lothar Charoux, Kazmer Féjer, Leopoldo Haar, Luiz Sacilotto, Anatol Wladyslaw and later Hermelindo Fiaminghi, Judith Lauand, and Maurício Nogueira Lima.

e outros ambientes de prestígio nos Estados Unidos. Nos interiores do hotel petropolitano e de seu cassino, o sonho glamouroso de Hollywood parecia chegar ao Brasil. Por ocasião da mostra The High Style of Dorothy Draper (O alto estilo de Dorothy Draper), em 2006, no Museu da Cidade de Nova York, o curador Donald Albrecht chamou a atenção para o método audacioso da decoradora de tomar uma cadeira do século XVIII feita normalmente em madeira e fazê-la em plástico transparente. Para Albrecht isto é o tipo de "coisa de Dorothy Draper". No Quitandinha, sua fantasia recorreu a grandes elementos em gesso branco e outros materiais para criar tanto ambientes espetaculares quanto aconchegantes. O espetáculo do projeto de decoração moderna conduziu a arquitetura de interiores no Brasil e o costume do turismo interno para um novo patamar histórico. Dificilmente Decio Vieira não teria sido tocado em sua cidade por esta sensação que animava o país com reflexos na constituição do respeito pelas artes decorativas.

A vida cultural em Petrópolis foi mais que a arquitetura de Fossati, Baeta Neves e Draper, apesar do significativo peso que tiveram no imaginário sobre a cidade. Durante a Guerra, dois nomes marcantes da literatura estrangeira que viveram ali foram o judeu austríaco Stefan Zweig, escritor mais lido no mundo em seu tempo, e a poetisa chilena Gabriela Mistral, que recebeu a notícia de que ganhara o Prêmio Nobel em 1945 enquanto lá estava. Segundo Alberto Dines, Zweig "não queria ficar na Inglaterra por causa dos bombardeios, não queria ficar em Nova York porque estava apinhada de refugiados, velhos amigos. Foi escolher Petrópolis, Rio de Janeiro, Brasil. Apartou-se voluntariamente de tudo e de todos e o resultado foi a depressão."[1] Nessa mesma cidade, ele e sua esposa cometeram suicídio em 1942, sob a pressão moral das agruras da Shoá e do exílio, um ambicídio de repercussão internacional. Outras personagens presentes em Petrópolis foram a poeta americana Elizabeth Bishop e a urbanista Lota Macedo Soares, que ali viveram em um sítio por um longo tempo de quinze anos a partir de 1951, quando se casaram. Habitavam um paraíso moderno emoldurado por jardins de Roberto Burle Marx, um marco do paisagismo brasileiro.

Mais amplamente, a Serra dos Órgãos foi lugar de origem de outros artistas que emergiram no final da década de 1940. Além de Decio Vieira, em Petrópolis, Lygia Pape, nascida em Nova Friburgo e Anna Letycia, em Teresópolis.

I EXPOSIÇÃO NACIONAL DE ARTE ABSTRATA

O jovem Decio Vieira foi um ativista das artes através da Associação Petropolitana de Belas Artes, que mantinha uma programação e, de certo modo, constituía um lugar social para a arte mediante a oferta de cursos e de exposições no Palácio de Cristal. Essa mesma associação foi a promotora da *I Exposição Nacional de Arte Abstrata*, inaugurada no dia 20 de fevereiro de 1953 no arrojado Hotel Quitandinha. Segundo vários depoimentos, os artistas Edmundo Jorge e Decio Vieira estiveram à frente do processo, sendo deles a iniciativa da mostra. Pouco antes, em 9 de dezembro de 1952, inaugurara-se em São Paulo, a exposição do grupo Ruptura, formado além de Waldemar Cordeiro, seu líder como já foi explicitado, por Geraldo de Barros, Lothar Charoux, Kazmer Féjer, Leopoldo Haar, Luiz Sacilotto, Anatol Wladyslaw e, mais tarde, por Hermelindo Fiaminghi, Judith Lauand e Maurício Nogueira Lima.

Hall de entrada do Hotel Quitandinha, déc. 1940

Entrance hall of Quitandinha Hotel, 1940s

[1] Dines, Alberto. *Stefan Zweig*: um pacifista como Freud. Disponível em: <http://tvbrasil.org.br/observatoriodaimprensa/sobre_dines/zweig.htm>. Acesso em 2 de maio de 2014. A propósito, ver, do mesmo autor: _____. *Morte no Paraíso:* a tragédia de Stefan Zweig. Rio de Janeiro: Editora Nova Fronteira, 1981.

Montagem da I Exposição Nacional de Arte Abstrata, Hotel Quitandinha, Petrópolis 1953

Installing of I National Exhibit of Abstract Art, Quitandinha Hotel, Petrópolis 1953

[2] Jorge, Edmundo. Testimonial. In: Grupo Frente/1954-1956; I Exposição Nacional de Arte Abstrata Hotel Quitandinha/1953. Rio de Janeiro: Galeria de Arte Banerj, 1984. (Ciclo de Exposições sobre Arte no Rio de Janeiro).

[3] Flores e frutos em profusão na Quitandinha [Profusion of flowers and fruit at Quitandinha], Correio da Manhã, Rio de Janeiro, February 22nd, 1953. Available at: <http://memoria.bn.br/DocReader/>. Accessed on June 12th, 2014..

[4] Exposição de arte abstrata em Quitandinha [Abstract exhibit at the Quitandinha], Correio da Manhã, Rio de Janeiro, February 21st, 1953. Available at: <http://memoria.bn.br/DocReader/>. Accessed on June 12th, 2014.

[5] Jorge, Edmundo Palma de. Guima e o degelo. Rio de Janeiro: Machado Horta, 1986. p. 15.

[6] See Couto, André Luiz Faria. Exposição Nacional de Arte Abstrata. Available at: <http://www.brasilartesenciclopedias.com.br/tablet/temas/exposicao_nacional_de_arte_abstrata.php>. Accessed on August 29th, 2013.

[7] Brito, Ronaldo. Neoconcretismo: vértice e ruptura do projeto construtivo brasileiro. Rio de Janeiro: Funarte, 1985.

The geometric abstraction was forcing its passage into the rarefied circuit of Brazilian art. The support given to the event at the Quitandinha by MAM Rio already reflected Niomar Muniz Sodré's presidency, started in 1952, and who also publicized the initiative in her newspaper Correio da Manhã. The jury of the exhibit was formed by her and critics Mário Pedrosa, the first Brazilian critic with an effective international presence, and Flávio de Aquino. February was a favorable month for the expansion of the abstract art because Petrópolis, due to the vacation season, would host a more cosmopolitan audience. As a matter of fact, Edmundo Jorge estimated a public of two thousand visitors.[2] The day after the exhibit's opening another opening took place at the same venue, the Exhibit of Flowers and Fruits, showing heliconias, by Burle Marx, and orchids by Arnaldo Guinle, with the presence of president Getúlio Vargas, and governor Amaral Peixoto, from the state of Rio de Janeiro, Juscelino Kubitschek, from Minas Gerais, and Lucas Garcez, from São Paulo.[3]

Numerous artists were in attendance at the opening, including poet Manuel Bandeira, showgirl Luz del Fuego, ambassador Maurício Nabuco, artists Ivan Serpa, France Dupaty, Antonio Bandeira, Fayga Ostrower, Rossini Perez, and Anna Bella Geiger, among others. On the next day, a Saturday, the newspaper Correio da Manhã reported about the event.[4] "The opening was very well-attended", as told by Edmundo Jorge, and he took advantage of the "fact that at the same time a governors' conference was being held and the attendance of people at the Quitandinha Hotel was markedly increased".[5]

The I National Exhibit of Abstract Art consolidated the collective movements claiming abstract art such as the Ruptura group in São Paulo and the Frente group in Rio de Janeiro. The modest catalog of the Petrópolis exhibit opens with observations by Edmundo Jorge in the form of a "Warning to the layman", which shows a concern about the reception of abstractionism. The author gives rise to the discussion of the representation of the real by art: "painting as a copy of nature has been deemed dead in 1839 with the invention of photography; free from the subject, "artists drove their sensitivity to specific problems of painting". Although timid the expression "specific problems of painting" informed the adherence to the modern idea of autonomous art in relation to the old paradigm of the imitation function.

It was already said that one of the merits of the I National Exhibit of Abstract Art is to have drawn a varied map of the paths taken by abstract art in the Brazilian post-war scene, with the inclusion of lyricist abstraction and geometric abstraction, which would later become a watershed of the non-objective production in Brazil. Not all of them were influenced by the 1951 I São Paulo Biennale, the exhibit included Antonio Bandeira, Fayga Ostrower, Rossini Perez, and Anna Bella Geiger closer to the first group; and Lygia Clark and Decio Vieira, both award-winners; Ivan Serpa, Lygia Pape, Abraham Palatnik, Lygia Clark, Hélio Oiticica, Aluísio Carvão, Rubem Ludolf, and João José da Costa, from Rio de Janeiro, in addition to Geraldo de Barros and Antônio Maluf, from São Paulo, among the geometrics. The adherence of these artists from the Rio-São Paulo connection showed Decio Vieira's and Edmundo Jorge's political ability to articulate the vanguards of that first period after the first Biennale. Still in the debate about the National Exhibit abstractionism, there were the constructive pioneering of Zélia Salgado and Tomás Santa Rosa's effort to adapt to the new era. Analyzing the variety of participants, André Luiz Faria Couto considers that the exhibit represented an "important moment of affirmation of Abstractionism in the country" and highlights its cartographic role then being developed in Brazil.[6] Ronaldo Brito in the classical historiographical landmark Neoconcretismo: vértice e ruptura do projeto construtivo brasileiro, however, did not deem the event relevant.[7]

A abstração geométrica forçava uma passagem no ralo circuito de arte brasileira. O apoio dado à realização do evento no Quitandinha pelo MAM Rio já refletia a presidência de Niomar Muniz Sodré principiada em 1952, que divulgava a iniciativa também em seu jornal *Correio da Manhã*. O júri da mostra foi composto por ela e pelos críticos Mário Pedrosa, que era o primeiro crítico brasileiro com efetiva inscrição internacional, e Flávio de Aquino. Fevereiro era um mês propício para a expansão da arte abstrata porque Petrópolis, por conta da estação de veraneio, abrigaria no hotel um público mais cosmopolita. De fato, Edmundo Jorge estimou o público em dois mil visitantes.² No dia seguinte ao vernissage da mostra de arte abstrata, ocorreu a inauguração da *Exposição de Flores e Frutos* no mesmo local, com a exibição de heliconias, apresentadas por Burle Marx, e orquídeas, por Arnaldo Guinle, e que contou com a presença do presidente da República Getúlio Vargas, além dos governadores Amaral Peixoto, do antigo Estado do Rio de Janeiro, Juscelino Kubitschek, de Minas Gerais, e Lucas Garcez, de São Paulo.³

O vernissage teve a presença de inúmeros artistas como o poeta Manuel Bandeira, a vedete Luz del Fuego, o embaixador Maurício Nabuco, os artistas Ivan Serpa, France Dupaty, Antonio Bandeira, Fayga Ostrower, Rossini Perez, Anna Bella Geiger, entre outros. No dia seguinte à inauguração, um sábado, o jornal *Correio da Manhã* reportou o evento.⁴ "A inauguração foi muito concorrida," conforme narrou Edmundo Jorge, e valeu-se "do fato de se realizar no momento uma conferência de governadores e a afluência de pessoas ao Hotel Quitandinha achar-se sensivelmente aumentada".⁵

A *I Exposição Nacional de Arte Abstrata* consolidava os movimentos coletivos de reivindicação de arte abstrata como o grupo Ruptura em São Paulo e o Grupo Frente no Rio de Janeiro. O modesto catálogo da mostra petropolitana se inicia com observações de Edmundo Jorge na forma de "Advertência aos leigos", o que demonstra uma preocupação com a recepção do abstracionismo. O autor suscita a discussão da representação do real pela arte: "a pintura como cópia da natureza teve sua morte decretada em 1839, quando da invenção da fotografia; livres do assunto, "os artistas dirigiram a sua sensibilidade para problemas específicos da pintura." Embora de modo tímido, a expressão "problemas específicos da pintura" enunciava a adesão à ideia moderna de arte autônoma com relação ao antigo paradigma da função imitativa.

Já se avaliou que um dos méritos da *I Exposição Nacional de Arte Abstrata* é ter desenhado um variado mapa dos caminhos que a abstração percorria no Brasil no pós-guerra, com a inclusão na mostra de abstração lírica e abstração geométrica, que depois se tornaria um divisor de águas na produção não-objetiva no Brasil. Nem todos influenciados pela primeira *Bienal de São Paulo* de 1951, a mostra incluía Antonio Bandeira, Fayga Ostrower, Rossini Perez e Anna Bella Geiger mais aproximáveis do primeiro grupo e Lygia Clark e Decio Vieira, ambos premiados, Ivan Serpa, Lygia Pape, Abraham Palatnik, Lygia Clark, Hélio Oiticica, Aluísio Carvão, Rubem Ludolf e João José da Costa, do Rio de Janeiro, além de Geraldo de Barros e Antônio Maluf, de São Paulo, entre os geométricos. A adesão desses artistas do eixo Rio-São Paulo indicou a capacidade política de Decio Vieira e Eduardo Jorge na articulação das vanguardas naquele período posterior à primeira Bienal. Ainda no debate sobre o abstracionismo na Exposição Nacional, lá estavam o pioneirismo construtivo de Zélia Salgado e o esforço de adaptação aos novos tempos de Tomás Santa Rosa. Analisando a variedade de participantes, André Luiz Faria Couto considera que a exposição representou "importante momento de afirmação do Abstracionismo no país" e ressalta seu papel cartográfico do abstracionismo então desenvolvido no Brasil.⁶ Ronaldo Brito, no clássico marco historiográfico *Neoconcretismo: vértice e ruptura do projeto construtivo brasileiro*, não conferiu, contudo, relevância ao evento.⁷

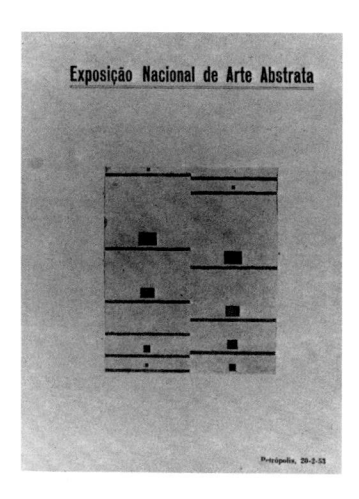

Folheto da I Exposição Nacional de Arte Abstrata, Hotel Quitandinha, Petrópolis 1953

I National Exhibit of Abstract Art folder, Quitandinha Hotel, Petrópolis 1953

² Jorge, Edmundo. Depoimento. In: *Grupo Frente/1954-1956; I Exposição Nacional de Arte Abstrata Hotel Quitandinha/1953*. Rio de Janeiro: Galeria de Arte Banerj, 1984. (Ciclo de Exposições sobre Arte no Rio de Janeiro).

³ Flores e frutos em profusão na Quitandinha, *Correio da Manhã*, Rio de Janeiro, 22 de fevereiro de 1953. Disponível em: <http://memoria.bn.br/DocReader/>. Consultado em 12 de junho de 2014.

⁴ Exposição de arte abstrata em Quitandinha, *Correio da Manhã*, Rio de Janeiro, 21 fevereiro de 1953. Disponível em: <http://memoria.bn.br/DocReader/>. Consultado em 12 de junho de 2014.

⁵ Jorge, Edmundo Palma de. *Guima e o degelo*. Rio de Janeiro: Machado Horta, 1986, p. 15.

⁶ Ver Couto, André Luiz Faria. *Exposição Nacional de Arte Abstrata*. Disponível em: <http://www.brasilartesenciclopedias.com.br/tablet/temas/exposicao_nacional_de_arte_abstrata.php>. Acesso em 29 de agosto de 2013.

⁷ Brito, Ronaldo. *Neoconcretismo:* vértice e ruptura do projeto construtivo brasileiro. Rio de Janeiro: Funarte, 1985.

[8] *Grupo Frente/1954-1956; I Exposição Nacional de Arte Abstrata Hotel Quitandinha/1953*, op. cit.

[9] Leite, Caroline Alciones de Oliveira; Oliveira, Luiz Sérgio de. À frente de uma ruptura: I Exposição Nacional de Arte Abstrata. In: Medeiros, Afonso; Hamoy, Idanise (Orgs.). *Anais do 22° Encontro Nacional de Pesquisadores em Artes Plásticas: Ecossistemas Estéticos*. Belém: ANPAP; PPGARTES/ICA/UFPA, 2013. p. 4.030-4.031. Available at: <http://www.anpap.org.br/anais/2013/ANAIS/PIBIC/Caroline%20Alciones%20de%20Oliveira%20Leite.pdf>. Accessed on May 2nd, 2014.

[10] Ibid.

[11] Reis, Paulo Roberto de Oliveira. *Exposições de arte: vanguarda e política entre os anos 1965 e 1970*. 2005. 213 p. Thesis (Doctorate in History) – Setor de Ciências Humanas, Letras e Artes, Universidade Federal do Paraná, Paraná, p. 68-69. Available at: <http://dspace.c3sl.ufpr.br/dspace/bitstream/handle/1884/2397/tese.pdf?sequence=1>. Accessed on June 1st, 2014.

In 1952, Ivan Serpa and Abraham Palatnik were perhaps the artists in Brazil who held the most mature abstract-geometric project. Decio Vieira participated of the Petrópolis exhibit with an untitled work, but identified by his initials: D.V. 17-B. Palatnik showed an armchair made with Brazilian rosewood, foam, fabric and painted glass with a complex articulations of rigid geometric volumes and cushioned volumes, hard and soft, resistant and fragile, organic and synthetic – natural and industrialized materials that characterized the transformations Brazil was undergoing in that period –, in an articulation that configured the opposition between the "raw and the cooked" of Claude Lévi-Strauss's anthropology.

Frederico Morais dedicated an exhibit and a catalog to the I National Exhibit of Abstract Art.[8] Twenty years later, the event started to deserve a critical and historical analysis from the academia. Professors Caroline Alciones de Oliveira Leite and Luiz Sérgio de Oliveira, from the Universidade Federal Fluminense, analyzed the exhibit as an "important event for the emergence of the constructive trends in the Brazilian scene, however distant from the relations of the museological structures in convergence with the capitalist idealism of that moment", adding that the I National Exhibit of Abstract Art "can be considered as an example of artistic movement that did not match the power relations of the political and industrial leaders of that time, as shown by the example in São Paulo".[9] They also suggest that the oblivion of the event could have been a tactical move of the hegemony project of cultural clusters from São Paulo:

> *the lack of recognition and of a relevant venue for the exhibit, placing a debate about the admittedly prevalence of São Paulo in the introduction of abstract schools in the historiography of Brazilian art, can be discussed in association with the political and social events of the time, and which, to some extent, have left us a legacy of an almost oblivion of the 1953 exhibit.[10]*

In Paraná, professor Paulo Roberto de Oliveira Reis breaks the barrier when saying that

> *the Brazilian abstraction, in its geometric and informal paths, had a great first exhibit in Brazil on February 20th, 1953 when the I National Exhibit of Abstract Art opened at the Quitandinha Hotel in Petrópolis. (...) the I National Exhibit of Abstract Art introduced abstraction as visual research in a significant number of artists, and for the visuality shown, it configured a new form of thinking art (painting) and the vanguard in the country.[11]*

The much publicized eclecticism of the Frente group may have originated in the heterogeneity of the I National Exhibit of Abstract Art, which was also a symptom of the constructive will that now appeared without the repression of modernism.

No ano de 1952, Ivan Serpa e Abraham Palatnik talvez fossem os artistas no Brasil com projeto abstrato-geométrico mais amadurecido. Decio Vieira participou da mostra petropolitana com uma obra sem título, mas identificada por suas iniciais: D.V. 17-B. Palatnik apresentou uma poltrona com jacarandá, espuma, tecido e vidro pintado com uma complexa articulação de volumes geométricos rígidos e volumes almofadados, materiais duros e macios, resistentes e frágeis, orgânicos e sintéticos – materiais naturais e industrializados que caracterizavam as transformações do Brasil nesse período –, numa articulação que configurava a oposição entre "o cru e o cozido" da antropologia de Claude Lévi-Strauss.

Frederico Morais dedicou uma mostra e um catálogo à *I Exposição Nacional de Arte Abstrata*.[8] Vinte anos depois, o evento passou a merecer análise crítica e histórica da academia. Os professores Caroline Alciones de Oliveira Leite e Luiz Sérgio de Oliveira, da Universidade Federal Fluminense, avaliaram a exposição como um "importante acontecimento para a emergência das tendências construtivas no cenário brasileiro e, no entanto, distante das relações das estruturas museológicas em convergência com o ideário capitalista daquele momento", agregando ainda que a *I Exposição Nacional de Arte Abstrata* "pode ser considerada como exemplo de movimentação artística que não coadunou com as relações de poder das lideranças políticas e industriais da época, conforme o exemplo paulista".[9] Sugerem, ainda, que o esquecimento da mostra pode ter sido uma manobra tática do projeto de hegemonia de setores da cultura de São Paulo:

> a falta de reconhecimento e de um lugar de relevância para a mostra, colocando em debate a admitida prevalência paulista na introdução das correntes abstratas na historiografia da arte brasileira, pode ser discutida em associação com os acontecimentos políticos e sociais da época e que, de alguma forma, nos deixaram como legado um quase esquecimento da exposição de 1953.[10]

No Paraná, o professor Paulo Roberto de Oliveira Reis rompe com esse cerco ao avaliar que

> a abstração brasileira, em suas vertentes geométrica e informal, teve sua primeira grande mostra no Brasil em 20 de fevereiro de 1953, quando foi inaugurada no Hotel Quitandinha em Petrópolis, a I Exposição Nacional de Arte Abstrata. (...) a I Exposição Nacional de Arte Abstrata apresentava a abstração como pesquisa visual num número significativo de artistas e configurava, pela visualidade mostrada, uma nova maneira de pensar a arte (pintura) e a vanguarda no país.[11]

O propalado ecletismo do Grupo Frente pode ter se originado na heterogeneidade da I Exposição Nacional de Arte Abstrata, que foi também um sintoma da vontade construtiva que agora despontava sem os recalques do modernismo.

Abraham Palatnik

Poltrona, 1954, Madeira, jacarandá, vidro pintado, espuma e tecido

Armchair, 1954, Jacarandá wood, painted glass, foam and fabric

[8] *Grupo Frente/1954-1956; I Exposição Nacional de Arte Abstrata Hotel Quitandinha/1953*, op. cit.

[9] Leite, Caroline Alciones de Oliveira; Oliveira, Luiz Sérgio de. À frente de uma ruptura: I Exposição Nacional de Arte Abstrata. In: Medeiros, Afonso; Hamoy, Idanise (Orgs.). *Anais do 22º Encontro Nacional de Pesquisadores em Artes Plásticas:* Ecossistemas Estéticos. Belém: ANPAP; PPGARTES/ICA/UFPA, 2013. p. 4.030-4.031. Disponível em: <http://www.anpap.org.br/anais/2013/ANAIS/PIBIC/Caroline%20Alciones%20de%20Oliveira%20Leite.pdf>. Acesso em 2 de maio de 2014.

[10] Idem.

[11] Reis, Paulo Roberto de Oliveira. *Exposições de arte:* vanguarda e política entre os anos 1965 e 1970. 2005. 213 p. Tese (Doutorado em História) – Setor de Ciências Humanas, Letras e Artes, Universidade Federal do Paraná, Paraná, p. 68-69. Disponível em: <http://dspace.c3sl.ufpr.br/dspace/bitstream/handle/1884/2397/tese.pdf?sequence=1>. Acesso em 1 de junho de 2014.

[12] See Stolarski, André et al. Alexandre Wollner e a formação do design moderno no Brasil. São Paulo: Cosac Naify, 2006.

[13] Conduru, Roberto. Willys de Castro, op. cit.

[14] Alves, José Francisco. Amilcar de Castro - Uma Retrospectiva. Porto Alegre: Fundação Bienal do Mercosul, 2005.

[15] Castro, Amílcar de apud Lemos, Carlos. De como ser um dos 10 melhores jornais do mundo. In: Amaral, Aracy (Coord.). Projeto construtivo brasileiro na arte (1950-1962). op. cit, p. 244.

[16] Morais, Frederico et al. Eliseu Visconti e a crítica de arte no Brasil. In: Aspectos da arte brasileira. Rio de Janeiro: Funarte, 1980. p. 94.

[17] Pedrosa, Mário. Visconti diante das modernas gerações (1950). In: Arantes, Otília (Org.), op. cit., p. 132.

[18] See: Weisberg, Gabriel. Art nouveau Bing: Paris style 1900. Nova York: Harry N. Abrahms, 1986. p. 96-137.

[19] As Bouillon, Jean-Paul et al. (Org.). La promenade du critique influent. Paris: Hazan, 1990. p. 391-393.

[20] About this, see the author's text in: Vasquez, Pedro et al. 5 Visões do Rio na Coleção Fadel. Rio de Janeiro: Edições Fadel, 2009.

FURNITURE

In the developmentalist experience, architecture and furniture complete what Hélio Oiticica called "general constructive will", and that would mark Brazilian modernity, articulating painting and architecture, and what we could also add as a natural consequence, the design of fabric patterns for furniture. It was only in the post-war period that the furniture would achieve an elegant lightness in Brazil, freed from the influences of John Graz's heavy art déco and the amateurish and scarce experiments of architects Gregori Warchavchik in São Paulo, Lucio Costa in Rio de Janeiro, Luiz Nunes in Pernambuco, and Frederico Kirchgässner in Curitiba, among the forerunners in the 1920s and 1930s. In the next decade, at the peak of the classical modernist architecture in Brazil, furniture mingled with art on the noble floor of the Ministry of Education in Rio de Janeiro, with furniture by Lucio Costa and panels by Portinari, finds its best example in the minister's room, conserved in its original display ever since.

Along Joaquim Tenreiro, Abraham Palatnik, and Geraldo de Barros, Decio Vieira was among those plastic artists of the constructive project that thought about painting and design at the same time. Like Tomás Maldonado in Argentina, some concrete artists devoted to graphic arts, including Alexandre Wollner,[12] Willys de Castro[13], and Amílcar de Castro[14] in the decade of optimism regarding development in Brazil. They created logotypes, produced graphic identity projects for companies, did visual projects for all sorts of brochures and media outlets, with a special mention to Amílcar de Castro's project for Jornal do Brasil in Rio de Janeiro. His choice for the graphic overhaul of this newspaper is related with the principle of the neo-concrete formal economy applied to the practical world. "Nobody reads lines. So, they are superfluous on the page",[15] he said thus creating the aphorism of economy in visual projects of Brazilian newspapers. Unlike some of his generation fellows, Decio Vieira would show less interest in graphic arts or carpentry. However, the experimental typography of the business cards for Interiores Modernos is comparable to the graphic identity of MAM Rio in the 1950s. The essence of applied arts in his case would be channeled to fabric. For him, modern furniture needed modern fabrics.

MODERN FABRICS

Several abstract-geometric artists drew patterns for furniture fabrics in Brazil, in the wake of a modernity tradition that had emerged in the 19th century with Eliseu Visconti and the influence of art nouveau. For Frederico Morais, for the first time, a Brazilian scholar moved apart from the tradition that led to the academic masters of Cabannes a Volon, to dedicate to decorative arts.[16] Mário Pedrosa was an enthusiastic admirer of Visconti.[17] Probably with him Decio Vieira learned to admire this master. While enjoying the Trip Award, Visconti lived in Paris from 1893 to 1900 and there he became acquainted with the apogee of art nouveau (1890-1905). In 1895, the Salon de l'Art Nouveau was opened at Siegfried Bing's[18] gallery in Paris, and at this moment Visconti became a student of Eugène Grasset. It was a strong will because art nouveau did not gather unanimous approval. Arsène Alexandre attacked the style in Le Figaro as a "dangerous abstraction" and "confusion of line and colors".[19] Edmond Goncourt talked about the "delirium of ugliness", also in 1895. With Visconti for the first time a Brazilian was participating in a modern movement over the course of its reality in Europe, but already using tropical motifs.[20]

MÓVEL

Na experiência desenvolvimentista, arquitetura e móveis completaram aquilo que Hélio Oiticica denominou "vontade construtiva geral", que marcaria a modernidade brasileira, articulando pintura e arquitetura, ao que poderíamos agregar, como consequência natural, o design de tecidos para estamparia de móveis. Só no pós-guerra o móvel alcança leveza elegante no Brasil, liberto das influências do pesado *art déco* de John Graz e dos experimentos amadorísticos e bissextos de arquitetos como Gregori Warchavchik em São Paulo, Lucio Costa no Rio de Janeiro, Luiz Nunes em Pernambuco e Frederico Kirchgässner em Curitiba, entre os pioneiros nos anos 1920 e 1930. Na década seguinte, no ápice da arquitetura modernista clássica no Brasil, o mobiliário integrado à arte no andar nobre do prédio do Ministério da Educação no Rio de Janeiro, com móveis de Lucio Costa e painéis de Portinari, encontra seu melhor exemplo na sala do ministro, ainda hoje conservada em sua situação original.

Ao lado de Joaquim Tenreiro, Abraham Palatnik e Geraldo de Barros, Decio Vieira esteve entre aqueles artistas plásticos do projeto construtivo que pensaram simultaneamente a pintura e o design. A exemplo de Tomás Maldonado na Argentina, alguns artistas concretos dedicaram-se às artes gráficas como Alexandre Wollner,[12] Willys de Castro[13] e Amílcar de Castro[14] na década do otimismo quanto ao desenvolvimento do Brasil. Criaram logomarcas, produziram identidade gráfica de empresas, fizeram a programação visual de todo tipo de folheteria e de órgãos da imprensa, com especial destaque para o projeto de Amílcar de Castro para o *Jornal do Brasil*, no Rio de Janeiro. Seu partido para a reforma gráfica deste periódico relaciona-se ao princípio da economia formal do neoconcretismo aplicada ao mundo prático. "Ninguém lê fios. Logo, estão sobrando na página",[15] afirmou, criando o principal aforismo da economia na programação visual do jornais brasileiros. Diferentemente de alguns companheiros de geração, Decio Vieira demonstraria menor interesse em artes gráficas ou na carpintaria. No entanto, a tipografia experimental do cartão de visitas da Interiores Modernos é comparável à identidade gráfica do MAM Rio nos anos 1950. O veio das artes aplicadas em seu caso haveria de se encaminhar para os tecidos. É que, para ele, móveis modernos precisavam de tecidos modernos.

TECIDOS MODERNOS

Vários artistas abstrato-geométricos desenharam padronagem de tecidos para mobiliário no Brasil, numa tradição da modernidade que surge ainda no século XIX com Eliseu Visconti e a influência do *art nouveau*. Para Frederico Morais, pela primeira vez, um pensionista brasileiro afastava-se da tradição que levava aos mestres acadêmicos de Cabannes a Volon, para dedicar-se às artes decorativas.[16] Mário Pedrosa foi um entusiasmado admirador de Visconti.[17] Provavelmente com ele Decio Vieira aprendeu a admirar este mestre. Em gozo do Prêmio de Viagem, Visconti viveu em Paris de 1893 a 1900 e lá conheceu o auge do *art nouveau* (1890-1905). Em 1895, foi inaugurado em Paris o *Salon de l'Art Nouveau* na galeria de Siegfried Bing[18] e neste mesmo ano Visconti tornou-se aluno de Eugène Grasset. Era uma vontade firme porque o *art nouveau* não tinha aprovação unânime. Arsène Alexandre atacou o estilo no *Le Figaro* como "abstração perigosa" e "confusão de linhas e cores".[19] Edmond Goncourt falou em "delírio da feiura", também em 1895. Com Visconti, pela primeira vez um brasileiro participava de um movimento moderno no curso de sua atualidade na Europa, mas já recorrendo a motivos tropicais.[20]

Joaquim Tenreiro
Loja, São Paulo, déc. 1950
Interior decoration shop, São Paulo, 1950s

[12] Ver Stolarski, André et al. *Alexandre Wollner e a formação do design moderno no Brasil*. São Paulo: Cosac Naify, 2006.

[13] Conduru, Roberto. *Willys de Castro*, op. cit.

[14] Alves, José Francisco. *Amílcar de Castro - Uma Retrospectiva*. Porto Alegre: Fundação Bienal do Mercosul, 2005.

[15] Castro, Amilcar de apud Lemos, Carlos. De como ser um dos 10 melhores jornais do mundo. In: Amaral, Aracy (Coord.). *Projeto construtivo brasileiro na arte (1950-1962)*. op. cit, p. 244.

[16] Morais, Frederico et al. Eliseu Visconti e a crítica de arte no Brasil. In: *Aspectos da arte brasileira*. Rio de Janeiro: Funarte, 1980. p. 94.

[17] Pedrosa, Mário. Visconti diante das modernas gerações [1950]. In: Arantes, Otília (Org.), op. cit., p. 132.

[18] Ver: Weisberg, Gabriel. *Art nouveau Bing: Paris style 1900*. Nova York: Harry N. Abrahms, 1986. p. 96-137.

[19] Cf. Bouillon, Jean-Paul et al. (org.). *La promenade du critique influent*. Paris: Hazan, 1990. p. 391-393.

[20] A propósito, ver texto do autor em: Vasquez, Pedro et al. *5 Visões do Rio na Coleção Fadel*. Rio de Janeiro: Edições Fadel, 2009.

Fayga Ostrower e Decio Vieira
Cartão de Visita da Interiores Modernos Tecidos LTDA

Business card, Interiores Modernos Tecidos Ltda

[21] Vieira, Lúcia Gouvêa. Salão de 1931: Marco da revelação da arte moderna em nível nacional. Rio de Janeiro: Funarte/Instituto Nacional de Artes Plásticas, 1984. p. 63.

[22] Lacombe, Marcelo S. Masset. 1924: uma exposição de arte e arte decorativa alemã no Brasil. Baleia na Rede - Revista de Arte e Cinema, v. 1, no 6, p. 464-487, December 2009. See p. 471, 476 and 480, respectively. Available at: <http://www.marilia.unesp.br/Home/RevistasEletronicas/BaleianaRede/Edicao06/5c_exposicao_alema.pdf>. Accessed on July 2nd, 2014.

[23] Ibid., p. 465. Lacombe was satisfied with mentioning Sérgio Miceli (Nacional Estrangeiro. São Paulo: Companhia das Letras, 2003) about the formation of the market in São Paulo.

[24] Ibid, p. 481.

A leap in the decorative arts of modernism emerged as an initiative of diplomat Mário Navarro da Costa, an artist himself who was "modern before modernism", much before 1922. This carioca was the nexus between the emerging modernity of the early 20th century and the steps toward the German Sezessionismus and the modern design of Bauhaus in the 1920s, beyond the stylistic reductions of art nouveau and art déco. In 1924, as consul of Brazil in Munich, Navarro da Costa invited the young Theodor Heuberger to hold the show that resulted in the Exhibit of German Applied Art (Deutsche Kunst und Kunstgewerbe Ausstellung), also known as Exhibit of Plastic and Decorative Arts, opened on September 13th of that year at the Lyceum of Arts and Crafts, then located at Avenida Rio Branco in Rio de Janeiro and that later moved to São Paulo.

Theodor Heuberger, who introduced in Rio a modern system of displaying the pictures for the National Salon of Fine Arts, was emphatic when he described his feelings when visiting the 31st General Exhibit of Fine Arts in the rooms of the National School of Fine Arts:

> *I almost fainted when I saw the exhibit of the 1924 Salon at the School of Fine Arts, with pictures displayed in four rows ... that is why I organized an exhibit with only one row! How beautiful! They said: 'Amazing, now we can breathe, and differentiate a picture from another, instead of one picture killing the other!'[21]*

When assembling the exhibit in Rio, Theodor Heuberger did not establish any hierarchy between those two categories of "art" and "applied art", according to Marcelo Masset Lacombe's evaluation in a careful essay, and for whom "the exhibit appears to have had a significant success, given the news reports published throughout its duration in Rio de Janeiro". Still according to Lacombe, the newspaper A Gazeta de Campinas evaluated the set as "modern", and yet "selected with some moderation".[22] Perhaps the term "modern" here would deserve a rigorous diplomatic analysis, in light of the confusion of modernists themselves in 1922 with some terms like "modern", "modernism", and "futurism" and others. Lacombe's research could have advanced the understanding of the formation of art in Rio de Janeiro,[23] once the show took place at the Lyceum of Arts and Crafts in Rio de Janeiro, indicating some extent of specialization. Across Avenida Rio Branco was the Palace Hotel, whose modern-oriented art gallery had started its activities in 1923 and showed artists like Lasar Segall (1928), Ismael Nery, and Tarsila do Amaral (1929), still during the 1920s. Masset considered Heuberger's exhibit comparatively "delayed" relative to the European vanguards of Munich (because it was distant from Kandinsky and Der Blauer Reiter), but did not think the same in regard of the art he calls "bold", exhibited in "Semana de 1922". The researcher was impressed with the critical report of the newspaper Rio on October 9th, 1924 because in it the artistic meaning of applied art was perceived. What makes this first German exhibit interesting is that, in addition to revealing the taste inclinations of the Brazilian elites in the dawn of our modernism, it also shows the positive reception gathered by Heuberger with his exhibit where pure art and applied art were shown side by side.

Theodor Heuberger settled down in Rio de Janeiro in 1928, where he opened Galeria Heuberger – Exposição Alemã and founded Pró-Arte, where Guignard exercised his didactic activities, and that was the home of magazines Cultura Artística and Intercâmbio.[24] Established in 1931, Pró-Arte and Núcleo Bernardelli were the first two associations dedicated to teaching modern art in Brazil. At the gallery, Heuberger introduced painters Leo Putz, Ernesto de Fiori, Rossi Osir, and Friedrich Maron and in the Great Exhibit of Books and Graphic Arts, he included Barlach, Beckmann, Feininger, Felixmüller, Grosz, Grossmann, Kollwitz, Schmidt-Rottluff, and Slevogt, among others.

Um salto nas artes decorativas do modernismo surgiu por iniciativa do diplomata Mário Navarro da Costa, ele próprio um artista "moderno antes do modernismo", bem anterior a 1922. Este carioca foi o nexo entre a modernidade emergente no início do século XX e os passos em direção ao *sezessionism* alemão e ao design moderno da Bauhaus na década de 1920, para além das reduções estilísticas do *art nouveau* e do *art déco*. Em 1924, na posição de cônsul do Brasil em Munique, Navarro da Costa convidou o jovem Theodor Heuberger para realizar a mostra que resultou na *Exposição de Arte e Arte Aplicada Alemã* (*Deutsche Kunst und Kunstgewerbe Ausstellung*), também conhecida como *Exposição de Artes Plásticas e Decorativas*, inaugurada em 13 de setembro daquele ano no Liceu de Artes e Ofícios, então situado na Avenida Rio Branco, no Rio de Janeiro, e que seguiu depois para São Paulo.

Theodor Heuberger, que lançou no Rio um sistema moderno de montagem para o *Salão Nacional de Belas Artes*, foi enfático quando descreveu da seguinte forma suas sensações ao visitar a *XXXI Exposição Geral de Belas Artes* nas salas da Escola Nacional de Belas Artes:

> eu quase desmaiei quando vi a exposição do Salão de 1924, na Escola de Belas Artes, com quadros em quatro filas... por isso eu organizei uma exposição em uma linha só! Foi uma beleza! Eles disseram: 'Que coisa, a gente pode respirar, a gente pode ver um quadro diferente do outro, em vez de um quadro matar o outro!'[21]

Na montagem da exposição no Rio, Theodor Heuberger não estabeleceu qualquer hierarquia entre aquelas duas categorias de "arte" e de "arte aplicada", segundo a avaliação, em cuidadoso ensaio, de Marcelo Masset Lacombe, para quem "a exposição parece que teve um sucesso significativo, dado pelas notícias de jornal que seguiram ao longo de sua duração no Rio de Janeiro". Ainda conforme Lacombe, o jornal *A Gazeta de Campinas* avaliou o conjunto como "moderno", mas "selecionado com certa moderação".[22] Talvez o termo "moderno" merecesse aqui uma análise diplomática rigorosa, tendo em vista a confusão dos próprios modernistas de 1922 com alguns termos como "moderno", "modernismo", "futurismo" e outros. A pesquisa de Lacombe poderia ter avançado no entendimento da formação do campo da arte no Rio de Janeiro,[23] já que a mostra realizou-se na sede do Liceu de Artes e Ofícios, indicando um grau de especialização. Do outro lado da Avenida Rio Branco, ficava o Palace Hotel, cuja galeria de arte, dedicada ao moderno, iniciou suas atividades em 1923 e expôs posteriormente artistas como Lasar Segall (1928), Ismael Nery e Tarsila do Amaral (1929), ainda na década de 1920. Masset considerou comparativamente a exposição de Heuberger "defasada" em relação às vanguardas europeias de Munique (por distante de Kandinsky e do Blau Reiter), mas não pensou o mesmo com relação à arte, que chama de "ousada", exibida na Semana de 1922. O pesquisador impressionou-se com a reportagem crítica do jornal *Rio* em 19 de outubro de 1924 porque nela foi percebido o significado artístico da arte aplicada. O que torna essa primeira exposição alemã interessante é que, além de revelar as disposições de gosto das elites brasileiras no momento inicial do nosso modernismo, também mostra a receptividade positiva que teve Heuberger ao montar uma exposição em que a arte pura e a arte aplicada se expunham lado a lado.

Theodor Heuberger fixou-se no Rio de Janeiro em 1928, onde abriu a Galeria Heuberger – Exposição Alemã e fundou a Pró-Arte, na qual Guignard exerceu atividades didáticas, e que foi sede da Revista Cultura Artística e da Revista Intercâmbio.[24] Estabelecidos em 1931, a Pró-arte e o Núcleo Bernardelli foram as duas primeiras associações voltadas para atividades de ensino da arte moderna no Brasil. Na galeria, Heuberger apresentou os pintores Leo Putz, Ernesto de Fiori, Rossi Osir e Friedrich Maron e, na *Grande Exposição de Livros e Artes Gráficas*, foram incluídos Barlach, Beckmann, Feininger, Felixmüller, Grosz, Grossmann, Kollwitz, Schmidt-Rottluff, Slevogt, entre outros.

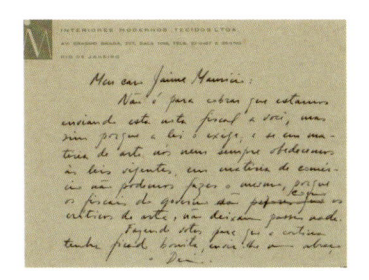

Decio Vieira
Bilhete a Jaime Maurício, s.d.
Note to Jaime Maurício, no date

[21] Vieira, Lúcia Gouvêa. *Salão de 1931:* Marco da revelação da arte moderna em nível nacional. Rio de Janeiro: Funarte/Instituto Nacional de Artes Plásticas, 1984. p. 63.

[22] Lacombe, Marcelo S. Masset. 1924: uma exposição de arte e arte decorativa alemã no Brasil. *Baleia na Rede - Revista de Arte e Cinema*, v. 1, no 6, p. 464-487, Dezembro de 2009. Ver p. 471, 476 e 480, respectivamente. Disponível em: <http://www.marilia.unesp.br/Home/RevistasEletronicas/BaleianaRede/Edicao06/5c_exposicao_alema.pdf>. Acesso em 2 de julho de 2014.

[23] Idem, p. 465. Lacombe satisfez-se em citar Sérgio Miceli (*Nacional Estrangeiro*. São Paulo: Companhia das Letras, 2003) sobre a formação do mercado paulistano.

[24] Idem, p. 481.

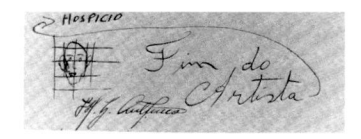

Anotações no livro de presença da I Exposição Nacional de Arte Abstrata Hotel Quitandinha, Petrópolis, 1953

I National Exhibit of Abstract Art, Guest book notes, Quitandinha Hotel,1953

[25] Barros, José D'Assunção. Mário Pedrosa e a crítica de arte no Brasil. Ars, São Paulo, v. 6, n. 11, p. 40-60, 2008.

[26] Decio Vieira owned one sample of the rare "chair with three legs".

In 1933, after moving from Rio to São Paulo Mário Pedrosa wrote the text "As tendências sociais da arte e Käthe Kollwitz" [Art's social trends and Käthe Kollwitz] for a conference, which was later published in the newspaper O Homem Livre;[25] it was likely that he had seen the major show at Heuberger's. Pedrosa had traveled to Germany between 1927 and 1929 to study and there he must have understood more deeply the value of German applied arts with the Bauhaus and other experiments. Over the period in which Decio Vieira founded his interests in art, the Palace Hotel gallery, Heuberger Gallery and Pró-Arte continued to be active in the Rio de Janeiro scene. Theodor Heuberger would later change the name of his commercial establishment to Galeria Heuberger Casa & Jardim. Through the Pró-Arte association he was also a great booster for the establishment of the German vanguard composer and conductor Hans-Joachim Koellreutter in Brazil in 1937.

POST-WAR

With the end of World War II, the German Federal Republic's diplomacy included stimulating the circulation in Brazil of expressionist graphic arts and several aspects of the Bauhaus as two symbols of the country's ethics: the critic and tragic vision of the world of the former and Bauhaus's project to elevate the spiritual level of modern everyday life through industrial design as an optimistic position in face of modernity. Within the Bauhaus environment many artists dedicated to textile arts, among them Anni Albers, Joseph Albers's wife. Some of her fabrics and textiles reinterpreted patterns of Americas' indigenous peoples, in an action that at a certain moment was characterized by historians as "primitivism".

During the post-war period, the first design and architecture exhibits emerged in Rio with MAM and in São Paulo, with MASP and the Biennale. Between the wars, this task was more present in Rio as an initiative of Theodor Heuberger's Pró-Arte.

ECONOMY

It needs to be said that during the 1940s and 1950s the Petrópolis region was a textile industry area. The positive syndrome around the opening of Quitandinha Hotel with its amazing modern decoration was also marked by the use of patterned fabrics in drapes and upholstery of sofas and chairs. There was a demand for fabrics to match the poetics of the new Brazilian furniture that permeated both the structure of the web and its texture, and the types of threads and its tactile outcomes resulting wider or rougher, more rustic, more delicate or plainer. The discourse of the Brazilian modern furniture also required a vocabulary of visual patterns, almost always abstract. In Brazil several artists worked with fabrics, including Roberto Burle Marx who became known for his decorative panneaux. In response to this demand Decio Vieira and Fayga Ostrower partnered to produce decorative fabrics through the company Interiores Modernos Tecidos Ltda., founded in 1951 and which remained active until 1957. He therefore left his position at the Petrópolis Associations of Fine Arts (1951-1952). The period producing fabrics in connection with the contemporary design coincided in his trajectory with a moment of less production of paintings. Due to these activities, Decio Vieira moved to Rio de Janeiro in 1953, to live in Copacabana in his parents' house. Interiores Modernos Tecidos Ltda. was established in the same city, and was a company dedicated to interior decoration and other domestic uses, as was in vogue in Brazil. Through the partnership, Fayga Ostrower and Decio Vieira collaborated with Joaquim Tenreiro with fabrics for furniture, including the "poltrona leve",[26] forming a trio of excellence.

Em 1933, Mário Pedrosa, depois de ter se mudado do Rio para São Paulo, escreveu o texto "As tendências sociais da arte e Käthe Kollwitz" para uma conferência, publicado posteriormente no jornal *O Homem Livre*,[25] sendo provável que também tenha visto a mostra maior na Heuberger. Pedrosa viajara para a Alemanha entre 1927 e 1929 para estudar e ali deve ter, mais profundamente, compreendido o valor das artes aplicadas alemãs a partir da Bauhaus e de outros experimentos. No período em que Decio Vieira assentava seus interesses na arte, a galeria do Palace Hotel, a Galeria Heuberger e a Pró-Arte continuavam ativas na cena carioca. Theodor Heuberger mudaria o nome de seu estabelecimento comercial para Galeria Heuberger Casa & Jardim. Através da associação Pró-Arte, ele foi também um grande incentivador da fixação do compositor de vanguarda e maestro alemão Hans-Joachim Koellreutter no Brasil a partir de 1937.

PÓS-GUERRA

Finda a Segunda Guerra Mundial, fez parte da diplomacia cultural da República Federal da Alemanha fazer circular no Brasil as artes gráficas expressionistas e diversos aspectos da Bauhaus como dois símbolos da ética do país: a visão crítica e trágica do mundo pelo primeiro grupo e o projeto da Bauhaus de elevar o nível espiritual da vida cotidiana moderna através do design industrial como posição otimista diante da modernidade. No ambiente da Bauhaus, muitos artistas se dedicaram às artes têxteis, entre eles, Anni Albers, esposa de Josef Albers. Alguns de seus tecidos e têxteis reinterpretavam padrões de povos indígenas das Américas, numa ação que foi, em certo momento, caracterizada por historiadores como "primitivismo".

No pós-guerra, surgiram as primeiras exposições de design e arquitetura no Rio com o MAM e em São Paulo, com o MASP e a Bienal. No entreguerras, esta tarefa estivera mais presente no Rio por iniciativa da Pró-Arte de Theodor Heuberger.

ECONOMIA

Deve-se levar em conta que nas décadas de 1940 e 1950, a região de Petrópolis era uma área de indústria têxtil. A síndrome positiva da inauguração do hotel Quitandinha, com sua surpreendente decoração moderna, também era marcada pelo uso de tecidos com estamparia em cortinas e na forração de sofás e cadeiras. Havia uma demanda por tecidos adequados à poética do novo móvel brasileiro, que passava tanto pela estrutura de trama e de sua textura, como pela tipologia dos fios e de seus resultados táteis mais grossos ou mais ásperos, mais rústicos, mais delicados ou mais despojados. O discurso do móvel moderno brasileiro também solicitava um vocabulário de padrões visuais, quase sempre abstrato. No Brasil, foram vários os artistas que trabalharam tecidos, como Roberto Burle Marx que se tornou conhecido por seus *panneaux* decorativos. Em resposta a essa demanda, Decio Vieira e Fayga Ostrower associaram-se para produzir tecidos decorativos através da empresa Interiores Modernos Tecidos Ltda., fundada em 1951 e ativa até 1957. Ele deixava, então, para trás a direção atuante de diretor da Associação Petropolitana de Belas Artes (1951-1952). Esse período de produção de tecidos vinculado ao design contemporâneo coincidiu em sua trajetória com um momento de produção de menos pintura. Por conta dessas atividades, Decio Vieira mudou-se para o Rio de Janeiro em 1953, passando a morar na casa dos pais no bairro de Copacabana. Nessa mesma cidade, foi estabelecida a Interiores Modernos Tecidos Ltda., que era, como seu nome indica, uma empresa dedicada à decoração de interiores e outros usos doméstico, conforme a voga que avançava no Brasil. Através da associação, Fayga Ostrower e Decio Vieira colaboraram com Joaquim Tenreiro com tecidos para mobiliário, inclusive para a "poltrona leve",[26] formando-se uma tríade da excelência.

Anotações no livro de presença da I Exposição Nacional de Arte Abstrata Hotel Quitandinha, Petrópolis, 1953

I National Exhibit of Abstract Art, Guest book notes, Quitandinha Hotel, 1953

[25] Barros, José D'Assunção. Mário Pedrosa e a crítica de arte no Brasil. Ars, São Paulo, v. 6, n. 11, p. 40-60, 2008.

[26] Decio Vieira possuía um exemplar da raríssima "cadeira de três pés".

Fayga Ostrower

Lavadeira, 1953, Água-tinta e água-forte em preto sobre papel, 24,5 x 29,6 cm, Coleção Instituto Fayga Ostrower

Washerwoman, 1953, Acquatint and etching in black on paper, Fayga Ostrower Institute

[27] Interview with Zélia Salgado, given to the author on September 8th, 2004.

[28] Originally published in 1973: Bandeira, Luiz Alberto Moniz. Presença dos Estados Unidos no Brasil - Dois Séculos de História. Rio de Janeiro: Civilização Brasileira, 1973.

[29] Ibid.

[30] See Cerbino, Ana Luiza; Cerbino, Beatriz. Sombra: páginas de modernidade. In Confederação Iberoamericana das Associações Científicas e Acadêmicas de Comunicação, 2011, São Paulo. Anais do Confibercom. São Paulo, Confibercom, 2011. Available at: <http://confibercom.org/anais2011/pdf/9.pdf>. Accessed on April 10th, 2014.

[31] Basso, Eliane Fátima Corti. Senhor magazine:modernidade e cultura na imprensa brasileira.[modernity and culture in Brazilian press]

UNITED STATES IN BRAZIL: FROM HOLLYWOOD TO THE AMERICAN WAY OF LIFE

Close to turn hundred years old, sculptor Zélia Salgado recalled Brazil's economic history and the diplomacy for the Americas in the context of the Cold War. According to her empiric perception of the facts, "overnight, all of a sudden there was a turnaround, I don't know why, the English left and the Americans arrived."[27] One answer could be found in Presença dos Estados Unidos no Brasil - Dois Séculos de História, by Luiz Alberto Moniz Bandeira,[28] who extensively addressed the historic process of the political presence of that country and the North-American capital in Brazil, including the ideological plan.[29] Information campaigns, cultural diplomacy, cultural industry, and action models in the scope of arts were all strategic models during the Cold War. It was necessary to create a consumption desire shaped after the American society models as a way to consolidate the country's influence on the Third World.

During the post-war period, Rio de Janeiro became an international symbol of elegance and prestige, largely present in US newspapers and magazines. The city became a sophisticated tourism destination. Everything was sold with its image, from heavy trucks able to overcome the mountains of the Tijuca range, cruise trips, the cool elegance of the tropics before the bossa nova period, to the image of Coca-Cola at the beach. In 1940, the night club Copacabana was opened in New York, which, inspired by its namesake neighborhood in Rio de Janeiro, mixed tropical notions, elegance and leisure. The stage was carioca; the music was Brazilian, Latin and international. The club showed the musical Copacabana, starred by Groucho Marx and Carmen Miranda and was the set for movies like Tootsie, The purple rose of Cairo and The French Connection, among others.

Fast-food restaurant Bob's opened by Robert Falkenburg in 1952 in Copacabana introduced sundae, milkshake, hamburger and cheeseburger, hot dog, and banana split among other delicious foods from the American-way-of-life's fast-food. In 1953, the magazine Casa & Jardim was first launched, dedicated to decoration for an urban middle class that adheres to a new lifestyle, more practical and with a contemporary look. In a diverse direction, another Brazil was becoming more sophisticated in terms of elegance and correction of form: architecture, design of furniture with Joaquim Tenreiro, with bossa nova, literature, graphic arts where magazines stood out including Rio de Janeiro Sombra (1940-1960) edited by Walter Quadros,[30] Rio and Senhor (1959-1964), where Eliane Corti Basso found "exuberance, audacity and challenge of aspiring to be a magazine comparable with the best publications edited in developed countries" to become "one of the most creative and intelligent experiences of the Brazilian press".[31]

"JOGOS AMERICANOS"

The influence of United States culture and customs increases a lot in the post-war period. Among the new products introduced was Coca-Cola, and new habits showed a new lifestyle, closer to the imaginary of the middle class formed by Hollywood movies. Among the habits that became popular were ways to display a meal table, simplified with the idea of "jogo americano" [American place mat set], formed by a small table cloth or individual mat, more practical, economical and faster. The recherché and arduous hand-embroidered tablecloths, preferably of European origin, and that represented a status symbol depending on the amount of work invested and the art applied to the embroidery were dropped. The table started to reflect the modern lifestyle.

OS ESTADOS UNIDOS NO BRASIL: DE HOLLYWOOD AO AMERICAN WAY OF LIFE

Perto de completar cem anos de idade, a escultora Zélia Salgado rememorou a história econômica do Brasil e da diplomacia para as Américas no contexto da Guerra Fria. Segundo sua percepção empírica dos fatos, "da noite para o dia, de repente, houve uma reviravolta, não sei porque, os ingleses saíram e entraram os americanos."[27] Uma resposta poderia ser encontrada em *Presença dos Estados Unidos no Brasil - Dois Séculos de História*, de Luiz Alberto Moniz Bandeira,[28] que abordou extensivamente o processo histórico de expansão da presença política daquele país e do capital norte-americano no Brasil, inclusive no tocante ao plano ideológico.[29] As campanhas de informação, a diplomacia cultural, a indústria cultural e os modelos de ação no plano das artes foram modelos estratégicos para a Guerra Fria. Era necessário criar desejo de consumo nos moldes da sociedade americana como forma de consolidação da influência do país sobre o Terceiro Mundo.

No pós-guerra, o próprio Rio de Janeiro tornou-se símbolo internacional de elegância e prestígio, bastante presente em jornais e revistas dos Estados Unidos. A cidade tornou-se um destino turístico sofisticado. Vendia-se de tudo com sua imagem, desde caminhões pesados capazes de vencer as montanhas do maciço da Tijuca, viagens de cruzeiro, a elegância *cool* dos trópicos no período pré-bossa nova, até a imagem da Coca-Cola na praia. Em 1940, foi aberto em Nova York o *night club* Copacabana que, inspirado no bairro do Rio de Janeiro, misturou noções de trópico, elegância e lazer. O cenário era carioca; a música era brasileira, latina e internacional. O clube apresentou o musical Copacabana, estrelado por Groucho Marx e Carmen Miranda e foi cenário de filmes como *Tootsie, The purple rose of Cairo* e *The French Connection*, entre outros.

A lanchonete Bob's, aberta por Robert Falkenburg em 1952 em Copacabana, lançou no Brasil o *sundae*, o *milk-shake*, o *hamburguer*, o *cheeseburguer*, o *hot-dog*, o *banana split* e outras delícias da *fast-food* do *American way of life*. Em 1953, surge a revista *Casa & Jardim*, dedicada à decoração para uma classe média urbana que adere a um novo estilo de vida, mais prático e com um olhar contemporâneo. Em direção diversa, um outro Brasil sofisticava-se em elegância e correção da forma: a arquitetura, o design de móveis com Joaquim Tenreiro, com a bossa-nova, com a literatura, as artes gráficas em que se destacariam as revistas cariocas *Sombra* (1940-1960) editada por Walther Quadros,[30] *Rio e Senhor* (1959-1964), na qual Eliane Corti Basso encontrou "exuberância, ousadia e desafio de querer ser uma revista comparável com as melhores publicações editadas em países desenvolvidos" para se tornar "uma das experiências mais criativas e inteligentes da imprensa brasileira".[31]

JOGOS AMERICANOS

A influência da cultura e de hábitos dos Estados Unidos amplia-se bastante no pós-guerra nesse período. Entre os novos produtos introduzidos estava a Coca-Cola, e apresentavam-se novos hábitos que apontavam para um novo estilo de vida mais próximo do imaginário da classe média formado pelo cinema de Hollywood. Entre os hábitos disseminados estão modos de apresentar a mesa de refeição, simplificada com a ideia de "jogo americano", formado por uma pequena toalha ou esteira individual, mais prático, econômico e rápido. Saíam de cena as rebuscadas e trabalhosas toalhas bordadas a mão, de preferência de origem europeia, que eram índice de status pela quantidade de trabalho investido e o virtuosismo aplicados ao bordado. A mesa passou a exibir o estilo da vida moderna.

Interiores Modernos Tecidos (Fayga Ostrower e Decio Vieira), Jogo americano, déc. 1950, tecido, Coleção Museu de Arte do Rio (MAR) / Fundo Decio Vieira e Dulce Holzmeister

Interiores Modernos Tecidos (Fayga Ostrower e Decio Vieira), Jogo americano, 1950s, fabric, MAR collection

[27] Entrevista de Zélia Salgado concedida ao autor em 8 de setembro de 2004.

[28] Publicado originalmente em 1973: Bandeira, Luiz Alberto Moniz. *Presença dos Estados Unidos no Brasil - Dois Séculos de História*. Rio de Janeiro: Civilização Brasileira, 1973.

[29] Idem.

[30] Ver Cerbino, Ana Luiza; Cerbino, Beatriz. Sombra: páginas de modernidade. In Confederação Iberoamericana das Associações Científicas e Acadêmicas de Comunicação, 2011, São Paulo. *Anais do Confibercom*. São Paulo, Confibercom, 2011. Disponível em: <http://confibercom.org/anais2011/pdf/9.pdf>. Acesso em 10 de abril de 2014.

[31] Basso, Eliane Fátima Corti. *Revista Senhor*: modernidade e cultura na imprensa brasileira. Rio de Janeiro: Secretaria Especial de Comunicação Social, 2008. p. 91.

Decio Vieira produced some jogos americanos in fabric in two directions: patterns and embroidery. It is possible that the presence of Antonio Bandeira's paintings in the I National Exhibit of Abstract Art in Petrópolis has consolidated Decio Vieira's interest in the image and practice on fabric distinct from his concrete painting from the Frente period. Decio Vieira's and Fayga Ostrower's abstract fabrics also emerge in opposition to Dorothy's Draper style, against the stylization of history and the Hollywoodian rococo presentation. The American embroidery carries an informal abstract pattern whereby the paint is thrown à la Jackson Pollock's (1912-1956) dripped painting and not the French tachism. The Rio de Janeiro artists had known Pollock's works well through the MAM collection since 1952 the donation made by David Rockefeller in the process of the American cultural diplomacy during the Cold War, once the introduction of the abstract expressionist painter would only take place posthumously in 1957, at the 4th São Paulo Biennale.

Between tachism and abstract expressionism, Decio Vieira's jogos americanos would refer more precisely to Pollock's painting. In the latter, the plastic result of the jogos americanos is closer to the pictorial à la abstract collage. This series of jogos americanos in organza suggests a palette of faint tones, sometimes close to Alfredo Volpi or Ione Saldanha. On it, small equally monochromatic embroidered forms are fixed on plain fabric. If the idea of a painting composition appears to persist in them, the colonies of organic forms, however, are articulated in a dynamic fashion, and in some points, they behave as a visible structure.

ORGANIC FORMS AND CALDER

The embroidery of forms on a small cloth to articulate visual games in which these jogos americanos convert appears to be instructed by the idea of a collage. The organic forms in this case can also refer to the presence of Calder in Rio de Janeiro. His exhibit at the MAM in 1948, shortly after the opening of the institution, resulted from the friendship between the artist and two personalities from the city, architect Henrique Mindlin and critic Mário Pedrosa. It was the first solo show of an abstract artist in Rio, where Calder spent a few weeks and also had extensive contact with people from the artistic community, including Lota Macedo Soares, Oscar Niemeyer, and Roberto Burle Marx, among others. More remotely Decio Vieira's interest in Calder resided more in the work itself, like the organic forms in a gouache. Here we have a contact between his design and the art of American modernity.

Although carrying no surrealist discourse, those organic forms created by Decio Vieira also refer to projects or paintings developed with a certain reference to forms of Arp and Calder, and in Brazil, during a certain period, Ismael Nery, Candido Portinari, Athos Bulcão, Paulo Werneck, Roberto Burle Marx, and Zanine Caldas and other artists looking into inscription through decorative arts, the modern expression in public architecture of authors like Oscar Niemeyer. The experience with Interiores Modernos Tecidos ended up consolidating a textile aspiration in the artist's eye and educate his sensitivity for the productive exam of apparel and fabrics in the directions of his own painting. Early on, Decio Vieira understood that decorating fabrics did not match being a neo-concrete painter.

Decio Vieira produziu alguns jogos americanos em tecido em duas vertentes: estamparia e bordado. É possível que a presença da pintura de Antonio Bandeira na *I Exposição Nacional de Arte Abstrata* em Petrópolis tenha consolidado o interesse de Decio Vieira na imagem e prática sobre os tecidos distinta de sua pintura concretista do período Frente. Os tecidos abstratos de Decio Vieira e Fayga Ostrower surgem também em contrapartida ao estilo de Dorothy Draper, contra a estilização da história e ao modo de apresentação do rococó hollywoodiano. Nos serviços americanos, há um padrão abstrato informal em que tinta é lançada à maneira da *dripped painting* de Jackson Pollock (1912-1956) e não do tachismo francês. Os artistas do Rio de Janeiro conheceram bem a obra de Pollock através da coleção do MAM a partir de 1952 doada por David Rockefeller no processo da diplomacia cultural americana na Guerra Fria, já que a apresentação do pintor expressionista abstrato só viria a ocorrer postumamente, em 1957, na *IV Bienal de São Paulo*.

Entre o tachismo e o expressionismo abstrato, os jogos americanos de Decio Vieira estariam se referindo com mais precisão à pintura de Pollock. No segundo tipo, o resultado plástico dos jogos americanos é próximo do pictórico à moda de colagem abstrata. Essa série de jogos americanos em organza sugere uma paleta de tons abatidos, por vezes próximo de Alfredo Volpi ou de Ione Saldanha. Nela, sobre um tecido liso são fixadas, em bordado, pequenas formas igualmente monocromáticas. Se nelas parece persistir a ideia de composição de pintura, as colônias de formas orgânicas, no entanto, são articuladas de modo dinâmico e, em alguns pontos, comportam-se como estrutura visível.

FORMAS ORGÂNICAS E CALDER

O bordado de formas sobre a pequena toalha para a articulação de jogos visuais em que se convertem esses jogos americanos parece instruído pela ideia de colagem. As formas orgânicas neste caso podem remeter também à presença de Calder no Rio de Janeiro. Sua exposição no MAM em 1948, logo depois da fundação da instituição, foi resultante da amizade entre o artista e duas personalidades da cidade, o arquiteto Henrique Mindlin e o crítico Mário Pedrosa. Foi a primeira mostra individual de um artista abstrato o Rio, onde Calder passou algumas semanas e teve, ainda, amplo contato com membros da comunidade artística, como Lota Macedo Soares, Oscar Niemeyer, Roberto Burle Marx, entre outros. Mais remotamente, o interesse de Decio Vieira em Calder estava em sua própria obra, como nas formas orgânicas num guache. Temos aqui um contato entre seu design de tecidos e a arte da modernidade americana.

Embora sem discurso surrealista, aquelas formas orgânicas criadas por Decio Vieira também remetem a projetos ou a pinturas, desenvolvidos com certa referência a formas de Arp e Calder e, no Brasil, em certo período, de Ismael Nery, Candido Portinari, Athos Bulcão, Paulo Werneck, Roberto Burle Marx, Zanine Caldas e outros artistas voltados para a inscrição, através das artes decorativas, da expressão moderna na arquitetura pública de autores como Oscar Niemeyer. A experiência com a Interiores Modernos Tecidos acabou por sedimentar uma vontade têxtil no olhar do artista e educar sua sensibilidade para o exame produtivo de roupas e tecidos em direção de sua própria pintura. Desde cedo,

Alexander Calder no Rio de Janeiro, 1948

Alexander Calder in Rio de Janeirio, 1948

Alexander Calder

Composição, 1946, Óleo sobre tela, 25 x 46 cm, Coleção Museu de Arte de São Paulo (MASP)

Composition, 1946, Oil on canvas, MASP collection (Museu de Arte de São Paulo)

[32] Khosrovani, Hashem. Histoire d'une exposition. In Falk, Toby (Org.). Trésors de l'Islam. Geneva: Musée Rath, 1985.

[33] Apud Semple, Danielle Menezes de Brito. Walter Bacci: Um diálogo entre a artista plástico e o cenógrafo. Revista aSPAs (USP), São Paulo, v. 2, n. 1, p. 3-4, 2012. Available at: <http://www.revistas.usp.br/aspas/article/view/62865>. Accessed on May 20th, 2014.

[34] Damase, Jacques. Sonia Delaunay: rhythms and colours. Londres: Thames and Hudson, 1972.

In this matter, his vision harmonizes with Antônio Maluf's program, a textile engineer and unique geometric artist from São Paulo. Associated with this experience Fayga Ostrower claims "righteousness" between an artist's conceptual program and the work done. This notion needs to be interpreted as the necessary balance between ideas, matter converted into a plastic sign and the aesthetic outcome in form of an art work. The axis between constructive volition and knowledge of the aesthetic dynamics of the fabric provide Decio Vieira with a textile eye which lies in certain subtle textures, but not less rigorously in his drawing and painting. This availability made him search for color not only in the Western theories but also in the chromatic regime in representations of fabrics in illustrations of Persian Islamic manuscripts, like for example, in the Rath Museum book about Islamic art he had in his library.[32]

Decio Vieira seems to have kept attentive to modern apparel and fabric manufactured in Brazil. According to Dulce Holzmeister, perhaps by activating his personal memory as a modern fabric designer, he highly valued the dresses patterned by Walter Bacci (1931) he recommended her to wear. This artist had been a student at the National School of Fine Arts, currently UFRJ, and exhibited drawings for stage designs for the plays George Dandin ou le mari confundu, by Molière, for Les Comédiens de l'Orangerie (1964) and The Diary of a Madman, by Nikolai Gogol, for Rio de Janeiro (1964) at the 8th São Paulo Biennale in 1966. Bacci had also worked as a stage designer and decorator. In order to prepare studies for his stages, he carried out experiments with serigraphy on fabric, which afterwards became pillows, drapes, trivets, tablecloths, T-shirts, shirts, small and large paintings – in director Gianni Ratto's evaluation, Bacci "transforms his instrument in art works".[33] He worked as a stage designer and costume designer for the plays A Doll's House, in 1971, and Gota d'água in 1975. At an invitation from Ratto, Bacci worked at the political resistance play Se correr o bicho pega, se ficar o bicho come, written by Oduvaldo Vianna Filho and Ferreira Gullar and put on in 1965 at the Teatro de Arena in Rio de Janeiro. The play was a work by Grupo Opinião, which was formed in Rio after the 1964 military coup in order to introduce protest theater and Brazilian dramaturgy of interest to the resistance movements.

Finally, perhaps it was predictable that one day Decio Vieira would become involved with Sonia Delaunay's work – fabrics, fashion apparel, movies and theater costumes, paintings and watercolors. The excessive production of decorated utilitarian objects had sent Delaunay to certain ostracism. A book by Jacques Damase about the artist[34] would help reconcile the relationship of Decio Vieira's painting with the Western modernity itself beyond the concretist and neo-concretist canons, until then persisting on a historiography rigidly outlined and that appeared to be exclusively focused on certain artists with a more radical presence in art history. The syntax of color in his painting became denser and richer with more diversified influences of Delaunay. Definitively the artist had disrupted the hierarchy of his visual references and disassembled the partition between the designer and the painter.

Vieira compreendeu que decorar tecidos não coincidia com ser o pintor neoconcreto. Neste ponto, sua visão harmoniza-se com o programa de Antônio Maluf, um engenheiro têxtil e singular artista geométrico de São Paulo. Fayga Ostrower, associada a essa experiência, reivindicava "justeza" entre o programa conceitual de um artista e a obra realizada. Interprete-se esta noção como o necessário equilíbrio entre ideia, matéria convertida em signo plástico e o resultado estético em forma de obra de arte. O eixo entre volição construtiva e conhecimento da dinâmica estética do tecido propiciou a Decio Vieira um olhar têxtil que está em determinadas tramas sutis, mas não menos rigorosamente em sua pintura e desenho. Essa disponibilidade levou-o a buscar a cor não apenas nas teorias ocidentais como também no regime cromático na representação de tecidos em ilustrações de manuscritos islâmicos persas, como, por exemplo, no livro sobre arte islâmica do Museu Rath que possuía em sua biblioteca.[32]

Decio Vieira parece ter se mantido atento ao vestuário e tecidos modernos produzidos no Brasil. Segundo Dulce Holzmeister, ele, talvez em ativação de sua memória pessoal de designer moderno de tecidos, valorizava muito os vestidos estampados por Walter Bacci (1931), que a ela recomendara usar. Esse artista havia sido aluno da Escola Nacional de Belas Artes, da atual UFRJ, e expôs desenhos da cenografia para as peças *George Dandin ou le mari confundu*, de Molière, para Les Comédiens de l'Orangerie (1964) e *O diário de um louco*, de Nikolai Gogol, para o Rio de Janeiro (1964) na *VIII Bienal de São Paulo* de 1966. Bacci atuou ainda como cenógrafo e decorador. Para preparar estudos para seus cenários, fazia experimentos com serigrafia sobre tecido, que depois viravam almofadas, cortinas, descansos de pratos, toalhas de mesa, camisetas, camisas, quadros pequenos e grandes – na avaliação do diretor Gianni Ratto, Bacci "transforma seu instrumento em obra de arte".[33] Foi cenógrafo e figurinista na montagem das peças *Casa de bonecas*, em 1971, e *Gota d'água*, em 1975. A convite de Ratto, Bacci trabalhou na peça de resistência política *Se correr o bicho pega, se ficar o bicho come*, escrita por Oduvaldo Vianna Filho e Ferreira Gullar e montada em 1965 no Teatro de Arena, no Rio de Janeiro. A peça era obra do Grupo Opinião, que se formou no Rio depois do golpe de 1964 para apresentar teatro de protesto e dramaturgia brasileira de interesse das lutas de resistência.

Por fim, talvez fosse previsível que um dia Decio Vieira se envolveria com a obra de Sonia Delaunay – tecidos, roupas para moda, vestuário para cinema e teatro, pinturas e aquarelas. A excessiva produção de objetos utilitários decorados havia levado Delaunay a certo limbo. Um livro de Jacques Damase sobre a artista[34] ajudaria a recompor a relação da pintura de Decio Vieira com a própria modernidade ocidental para além dos cânones concretistas e neoconcretistas, até então fincados numa historiografia traçada com rigidez e que parecia concentrada exclusivamente em determinados artistas com presença mais radical na história da arte. A sintaxe da cor em sua pintura se tornou mais densa e se enriqueceu com aportes mais diversificados de Delaunay. Definitivamente, o artista havia des-hierarquizado suas referências visuais e desmontado a cisão entre o designer e o pintor.

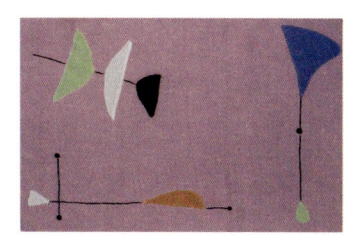

Decio Vieira
Jogo americano, déc. 1950
Coleção Museu de Arte do Rio (MAR) / Fundo Decio Vieira e Dulce Holzmeister

Jogo americano, 1950s, Fabric, MAR collection

[32] Khosrovani, Hashem. Histoire d'une exposition. In Falk, Toby (Org.). *Trésors de l'Islam*. Genebra: Musée Rath, 1985.

[33] Apud Semple, Danielle Menezes de Brito. Walter Bacci: Um diálogo entre a artista plástico e o cenógrafo. *Revista aSPAs* (USP), São Paulo, v. 2, n. 1, p. 3-4, 2012. Disponível em: <http://www.revistas.usp.br/aspas/article/view/62865>. Acesso em 20 de maio de 2014.

[34] Damase, Jacques. *Sonia Delaunay*: rhytms and colours. Londres: Thames and Hudson, 1972.

DESENHO, CORPO E PAISAGEM
DRAWING, BODY AND LANDSCAPE

DV 7.1 • S/ TÍTULO, S.D. • TÊMPERA S/ TELA • 45,5 X 37,8 CM
COLEÇÃO PARTICULAR

NO TITLE • TEMPERA ON CANVAS
PRIVATE COLLECTION

DV 7.2 • S/ TÍTULO, 1947 • CARVÃO E GUACHE S/ PAPEL • 23,6 X 32,6 CM
COLEÇÃO PARTICULAR

NO TITLE, 1947 • CHARCOAL AND GOUACHE ON PAPER
PRIVATE COLLECTION

239

DV 7.3 • S/TÍTULO, 1948 • CARVÃO S/ PAPEL • 25,5 X 38 CM
COLEÇÃO PARTICULAR

NO TITLE, 1948 • CHARCOAL DRAWING
PRIVATE COLLECTION

DV 7.4 • S/TÍTULO, 1949 • CARVÃO S/ PAPEL • 32,3 X 44,7 CM
COLEÇÃO PARTICULAR

NO TITLE, 1949 • CHARCOAL ON PAPER
PRIVATE COLLECTION

DV 7.5 • S/TÍTULO, 1949 • CARVÃO S/ PAPEL • 32,2 X 45 CM
COLEÇÃO PARTICULAR

NO TITLE, 1949 • CHARCOAL ON PAPER
PRIVATE COLLECTION

DV 7.6 • S/TÍTULO, C. 1949 • NANQUIM S/ PAPEL • 49,2 X 34 CM
COLEÇÃO PARTICULAR

NO TITLE, 1949 • CHARCOAL ON PAPER
PRIVATE COLLECTION

DV 7.7 • S/ TÍTULO, 1949 • NANQUIM S/ PAPEL • 66 X 48,5 CM
COLEÇÃO PARTICULAR

NO TITLE, 1949 • CHARCOAL ON PAPER
PRIVATE COLLECTION

244

DV 7.8 • S/ TÍTULO, S.D. (TRÍPTICO) • AQUARELA S/ PAPEL • 42,7 X 19 CM
COLEÇÃO PARTICULAR

NO TITLE, NO DATE - (TRIPTIC) • WATERCOLOR ON PAPER
PRIVATE COLLECTION

245

DV 7.9 • S/ TÍTULO, S.D. • AQUARELA S/ PAPEL
COLEÇÃO PARTICULAR

NO TITLE, NO DATE • WATERCOLOR ON PAPER
PRIVATE COLLECTION

DV 7.10 • S/ TÍTULO, 1970 • TÊMPERA E PASTEL S/ AGLOMERADO • 70 X 50 CM
DV 7.11 • S/ TÍTULO, S.D. • PASTEL S/ PAPEL • 70 X 50,3 CM
COLEÇÃO PARTICULAR

NO TITLE, 1970 • TEMPERA AND PASTEM ON CHIPBOARD
NO TITLE, NO DATE • PASTEL ON PAPER
PRIVATE COLLECTION

DV 7.12 • S/ TÍTULO, S.D. • PASTEL S/ PAPEL • 77 X 56,5 CM
DV 7.13 • S/ TÍTULO, S.D. • PASTEL S/ PAPEL • 70 X 50,3 CM
COLEÇÃO PARTICULAR

NO TITLE, NO DATE • PASTEL ON PAPER
NO TITLE, NO DATE • PASTEL ON PAPER
PRIVATE COLLECTION

DV 7.14 • S/ TÍTULO, 1971 • GUACHE S/ PAPEL • 77,5 X 57 CM
COLEÇÃO PARTICULAR

NO TITLE, 1971 • GOUACHE ON PAPER
PRIVATE COLLECTION

DV 7.15 • S/ TÍTULO, 1971 • GUACHE S/ PAPEL • 70 X 50,5 CM
COLEÇÃO PARTICULAR

NO TITLE, 1971 • GOUACHE ON PAPER
PRIVATE COLLECTION

DV 7.16 • S/ TÍTULO, S.D. • TINTA ACRÍLICA E PASTEL S/ PAPEL • 66,7 X 47,7 CM
COLEÇÃO PARTICULAR

NO TITLE, 1971 • ACRILIC AND PASTEL ON PAPER
PRIVATE COLLECTION

DV 7.17 • S/ TITULO, S.D. • GUACHE S/ PAPEL • 69 X 38 CM
COLEÇÃO PARTICULAR

NO TITLE, 1971 • GOUACHE ON PAPER
PRIVATE COLLECTION

DV 7.18 • S/ TÍTULO, 1970 • PASTEL S/ PAPEL • 56,2 X 76 CM
COLEÇÃO PARTICULAR

NO TITLE, NO DATE • PASTEL ON PAPER
PRIVATE COLLECTION

DV 7.19 • FIGURAS ENTRANDO NO QUADRO, 1970 • TÊMPERA S/ TELA • 110,5 X 75 CM
COLEÇÃO PARTICULAR

HUMAN FIGURES ENTERING IN THE PICTURE, NO DATE • TEMPERA ON CANVAS
PRIVATE COLLECTION

DV 7.20 • FIGURA E PAISAGEM, 1970 • TÊMPERA S/ TELA • 64,7 X 75 CM
COLEÇÃO PARTICULAR

HUMAN FIGURE AND LANDSCAPE • TEMPERA ON CANVAS
PRIVATE COLLECTION

DV 7.21 • FIGURA E PAISAGEM, 1970 • ACRÍLICA E TÊMPERA S/ TELA • 73 X 53,8 CM
COLEÇÃO PARTICULAR

HUMAN FIGURE AND LANDSCAPE • ACRILIC AND TEMPERA ON CANVAS
PRIVATE COLLECTION

DRAWING, BODY AND LANDSCAPE

Milton Dacosta
Sem título, da série Venus, Óleo sobre tela, 27 x 22 cm, Coleção particular

No title, Venus series, Oil on canvas, Private collection

[1] *On December 5th, 1980, in Botafogo, Iberê Camargo shot Sergio Alexandre Esteves Areal, when trying to stop a fight between him and a woman. According to the Iberê Camargo Foundation, the artist was acquitted for self-defence after remaining a month in jail. See: Folha de S. Paulo, São Paulo, April 8th, 2010. Available at: <http://www1.folha.uol.com.br/fsp/ilustrad/fq0804201009.htm>. Accessed on October, 20th, 2014.*

The drawing of female figures appears in Decio Vieira's work of in two occasions. During his formation process, the young apprentice did studies of live models. Everything indicates that he has always given priority to the graphical observation study of the female body, or at least it seems he didn't save sketches of male live models. It can be inferred, with due caution, that this exercise in Vieira's production was not deployed by the size of the libido in the representation of the human body experience. Art history knows many examples like the libido investment in the plastic sign and even of the sexualisation of the look, as in the case of Michelangelo, Auguste Rodin, Di Cavalcanti, Carlos Leão, Pierre Verger, Milton Dacosta, Louise Bourgeois or Roni Horn. Certain works of art clearly indicate one longing eye on the production of the imaginary body of the Other. The model's body is then the target.

In a patriarchal Brazil, studies of a naked male model appeared to be a manifestation forbidden to women. Upon returning from New York in 1917, where she had lessons with living and nude male models, at The Art Students League, Anita Malfatti included these anatomical drawings in her exibit in São Paulo, next to landscapes which were expressionist in the design, color and treatment of the matter. The drawings were evidence that the woman painter stood before the naked men in a professional situation, something really unusual at that time. The Brazilian Civil Code, which had just been enacted the year before, brought advances in the recognition of women civil rights, but married women were still considered relatively incapable. One aspect that illustrated this was the fact in the 1891 Republican Constitution , then in force, the universal suffrage was not recognized, since women had no right to vote.

ART AND DESIRE

The admissibility of the confrontation with the living model was therefore restricted to the heterosexual discourse of men, like Flávio de Carvalho, Guignard, Oscar Niemeyer, Carlos Leão, Decio Vieira, Milton Dacosta and Iberê Camargo, as a sublimation process of the desire in the death of power especially through drawing. In some cases, the practice establishes the unappealing decline of the inventing artist. Only in Flávio de Carvalho the material sign of the painting is in a state of convulsion of desire. In Iberê Camargo, after the murder he committed,[1] the body is determined by pessimism and guilt and loses the "force of the real", the artist's expression of the material sign in his painting. Returning to the representation of the body is the way in which the desire finds compensation in art, qualified as an intense presence of the libido at the time the target seems to escape. The erotic look of Meret Oppenheim, Louise Bourgeois, Maria Martins, Lygia Clark and Lynda Benglis impacts by the sophistication of the signifier and by the audacity of the meaning. In their case, sublimation remains at the service of life pulsations and art reinvents the experience of the longing look. These subjects were also present in the trajectory of Decio Vieira. Among the evidence of this statement is the fact that he acquired in an art bookstore the curated publication on the refined Japanese erotic art of Ukyio-e.

DESENHO, CORPO E PAISAGEM

O desenho de figuras femininas surge na obra de Decio Vieira em duas ocasiões. Em seu processo de formação, o jovem aprendiz fez estudos de modelo vivo. Tudo indica que sempre tenha dado prioridade ao estudo de observação gráfica do corpo da mulher, ou, pelo menos, parece não ter guardado resultados dos esboços de modelos vivos masculinos. Pode-se inferir, com a devida cautela, que esse exercício na produção de Vieira não estava despregado da dimensão da libido na experiência de representação do corpo humano. A história da arte conhece muitos exemplos do investimento da libido no signo plástico e mesmo da sexualização do olhar, como no caso de Michelangelo, Auguste Rodin, Di Cavalcanti, Carlos Leão, Pierre Verger, Milton Dacosta, Louise Bourgeois ou Roni Horn. Certas obras de arte indicam com clareza um olho desejante na produção do corpo imaginário do *outro*. O corpo do modelo é, então, o alvo.

Em um Brasil patriarcal, os estudos de modelo masculino despido pareciam manifestação vedada a mulheres. Ao retornar de Nova York, em 1917, onde tivera aulas de modelos vivos, masculinos e nus, na *The Art Students League*, Anita Malfatti incluiu os respectivos desenhos anatômicos em sua mostra em São Paulo, ao lado de paisagens expressionistas no desenho, cor e tratamento da matéria. Os desenhos eram a evidência de que aquela mulher pintora estivera diante de homens nus em situação profissional, algo incomum naquele tempo. O Código Civil Brasileiro, que fora promulgado no ano anterior, trazia avanços no reconhecimento dos direitos femininos, mas as mulheres casadas continuavam consideradas como relativamente incapazes. Um dos aspectos que ilustravam isso era o fato de na Constituição republicana de 1891, então vigente, a universalidade do sufrágio não ser reconhecida, uma vez que as mulheres não tinham direito a voto.

ARTE E DESEJO

A admissibilidade do confronto com o modelo vivo restringia-se, portanto, ao discurso heterossexual de homens, como Flávio de Carvalho, Guignard, Oscar Niemeyer, Carlos Leão, Decio Vieira, Milton Dacosta e Iberê Camargo, num processo de sublimação do desejo na morte da potência, através do desenho especialmente. Em alguns exemplos, a prática enuncia o inapelável ocaso do artista inventor. Só em Flávio de Carvalho o signo material da pintura está em estado de convulsão do desejo. Em Iberê Camargo, depois do homicídio praticado,[1] o corpo está determinado pelo pessimismo e pela culpa e perde o "vigor do real", expressão do artista sobre o signo material em sua pintura. Voltar à representação do corpo é uma forma pela qual o desejo encontra compensação na arte, qualificada como campo de intensa operação da libido no momento em que seu alvo parece escapar. O olhar erótico de Meret Oppenheim, Louise Bourgeois, Maria Martins, Lygia Clark ou Lynda Benglis impacta pela sofisticação do significante e pela audácia do significado. No caso delas, a sublimação permanece a serviço das pulsões de vida e a arte reinventa a experiência do olhar desejante. Esses temas também estiveram presentes na trajetória de Decio Vieira. Entre os indícios dessa afirmação está o fato de ter adquirido na Livraria Leonardo da Vinci material publicado sobre a refinada arte erótica japonesa Ukyio-e

[1] No dia 5 de dezembro de 1980, no bairro de Botafogo, Iberê Camargo atirou em Sergio Alexandre Esteves Areal, quando tentava apartar uma briga entre ele e uma mulher. De acordo com a Fundação Iberê Camargo, o artista foi absolvido por legítima defesa após permanecer um mês preso. Ver: *Folha de S. Paulo*, São Paulo, 8 de abril de 2010. Disponível em: <http://www1.folha.uol.com.br/fsp/ilustrad/fq0804201009.htm>. Acesso em 20 de outubro de 2014.

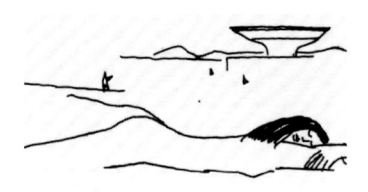

Oscar Niemeyer
Museu de Arte Contemporânea de Niterói, s.d., Nanquim sobre papel
Contemporary Museum of Art, Niterói, no date, Indian ink on paper

[2] *Le Corbusier. Le poème de l'angle droit. Paris: Éditions Tériade, 1955. (work of art with litographs). Free Translation*

A certain interlocking image, perhaps for the seclusion of some female models, results in a veiling face due to the introspective position of the head. These are delicate strategies to protect the model's identity and, in some cases, the simultaneous accent of subjectivity features. There is a look of eroticism in the impossibility of seeing the model's face.

PICTORIAL DON JUANISM

Separated by two decades, the 1970s women in Decio Vieira's painting are emancipated compared to the possible status of his female models two decades before. Thus the apparent availability and relaxed position of these bodies. These women are contemporary to Leila Diniz, Danuza Leão, and Gal Costa. Others could be models from the behavioral universe and ideological-political diagrams of Ipanema beach scenes as in Glauco Rodrigues's painting. Two decades later, the nudity of the closed studio environment is no longer present, but it is present in the public open space of the beach.

Le Corbusier's Poem of the Right Angle (Le poème de l'angle droit), is a verbal-visual device through which the architect exposes his own hunting sexual object. The sensuality of his organic architecture is not detached from his two-dimensional work (paintings, drawings and prints), with the frequent theme of the human body: women, hands and the Modulor proportions system of architecture. In Le Corbusier's album, the man-poem desires the target-bodies as flesh cathedrals in the libido dimension.

Armed with animated features
arrangements to detect
seized to erase all polished
senses awake here is the hunting.
 (...)
The men tell
women in their poems
and their music.
(...)
Modern cathedrals
will be built on this
alignment of fish
the horses Amazons
the constancy of righteousness
patiently awaiting the desire
and alertness.[2]

Certo autofechamento da imagem, talvez pela vontade de recato em alguns modelos femininos, resulta de certa velação do rosto pela posição introspectiva da cabeça. São delicadas estratégias de proteção da identidade do modelo e, em alguns casos, do simultâneo acento de traços da subjetividade. Há uma erotização do olhar nessa impossibilidade de ver o rosto.

DON JUANISMO PICTÓRICO

Separadas por duas décadas, as mulheres na pintura de Decio Vieira da década de 1970 são emancipadas se comparadas à possível situação de seus modelos femininos de duas décadas antes. Por isso, a disponibilidade aparente e relaxada desses corpos. São mulheres contemporâneas de Leila Diniz, Danuza Leão e Gal Costa. Outras bem poderiam ser modelos do universo comportamental e dos diagramas ideológico-políticos das cenas da praia de Ipanema na pintura de Glauco Rodrigues. Duas décadas depois, já não se tem a nudez do ambiente fechado do ateliê, mas sua presença ocorre abertamente no espaço público da praia.

O Poema do ângulo reto (*Le poème de l'angle droit*), de Le Corbusier, é um dispositivo verbo-visual através do qual o arquiteto expõe sua própria caça do objeto sexual. A sensualidade de sua arquitetura orgânica não se desprega de Le Corbusier não se desprega de sua obra bidimensional (pinturas, desenhos e gravuras), com seu frequente tema do corpo humano: mulheres, mãos e o sistema de proporções da arquitetura do Modulor. No álbum de Le Corbusier, o homem-poema deseja o alvo-corpos como catedrais da carne na dimensão da libido:

Le Corbusier
Sem título, técnica mista sobre papel
No title, mixed tecnique on paper

[2] Le Corbusier. *Le poème de l'angle droit*. Paris: Éditions Tériade, 1955. (Obra de arte com litografias). Tradução livre.

Armado de dispositivos animado
por disposições para revelar
apreender desfundar polir todos
sentidos acordados eis a caça
(...)
Os homens se narram
a mulher em seus poemas
e suas músicas
(...)
As catedrais modernas
se construirão sobre tal
alinhamento de peixes
de cabelos das amazonas
a constância a retidão a
paciência a espera o desejo
e a vigilância.[2]

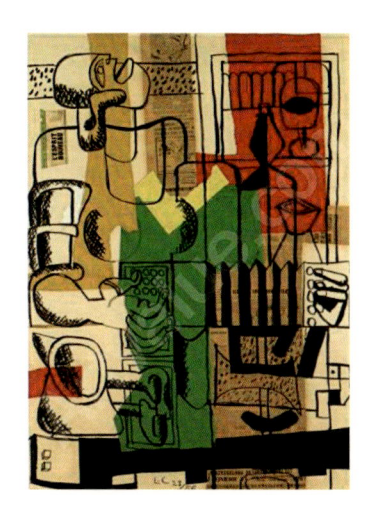

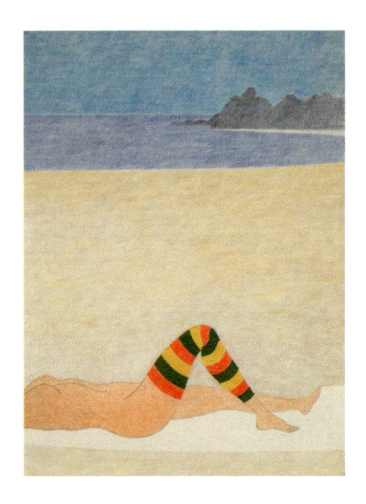

Decio Vieira

Figura e paisagem, 1970, Acrílica e têmpera s/ tela, 73 x 53,8 cm, Coleção particular

Human figure and landscape, 1970, Acrylic and tempera on canvas, Private collection

[3] *According to Oscar Niemeyer: "It's not the right angle that attracts me, nor the straight line, hard, inflexible, created by man. What attracts me is the free and sensual curve, the curve I find in the mountains of my country, the sinuous course of its rivers, in the waves of the sea, the body of the woman preferred. Curves is done throughout the universe, Einstein's curved universe." In: Niemeyer, Oscar. As Curvas do Tempo: memórias. Rio de Janeiro: Revan, 1998.*

[4] *The simultaneous dress, Blaise Cendrars, 1914. In Craik, Jennifer. The face of fashion: cultural studies in fashion. London and New York: Routledge, 1993. p. 1-2.*

Decio Vieira had another point of contact with architecture through Oscar Niemeyer's practice of anthropomorphic landscape.[3] The launch of the Poem of the Right Angle, in 1955, was widely reported by the press. Most likely Oscar Niemeyer had been aware of its contents and images given the similarity of positions of the desire in the graphic binomial female body and architecture. Niemeyer's drawings and poetry reverberates Le Corbusier's poem.

In the humanization process of the landscape, in at least two pictures of the series Figure and Landscape (1970), Decio Vieira dresses the painting with long stockings that go up to the woman's thigh. The image appears to indicate the introduction of a fetish, to help the pictorial discourse as a development of the chromatic theme of the painting. As a paraphrase of Le Corbusier's Poem of the Right Angle, this man narrates the woman in his pictorial device. Painting is then hunting. The woman's bent leg torsions the modular tracks with the sequence of three colors, strengthening the geometry logic. It is worth noting the relationship between color bands in these paintings and the chromatic modulation of a dress fabric painted by Walter Bacci present in the Dulce Holzmeister's closet from the time of her marriage to Decio Vieira. "Every night that we were going out," she says, "I asked Decio what should I wear. He replied, 'a Walter,' 'a Bacci'". He was very fond of Bacci. It is possible that the artist wanted to dress his wife as Sonia Delaunay did in her "simultaneous dress ", a simultaneous color structure. Another geometric piece of clothing shown in Exposition des Arts Décoratifs (1928) refers once again to Walter Bacci dresses worn by Dulce. Cendrars celebrated clothes in a poem.

On her dress she wears a body
The Woman's body is as bumpy as my skull
Glorious if you are made flesh
With Spirit
(...)
Belly
Discs
Sun
And the perpendicular cries of color fall on the thighs
(...)[5]

Outro ponto de contato de Decio Vieira com a arquitetura é a prática da paisagem antropomórfica de Oscar Niemeyer.[3] O lançamento do Poema do ângulo reto, em 1955, foi amplamente divulgado pela imprensa. É bem provável que Oscar Niemeyer tivesse tomado conhecimento de seu teor e de suas imagens tal a similitude de posições do desejo no binômio gráfico corpo feminino e arquitetura. Os desenhos e a poesia de Niemeyer reverberam o poema de Le Corbusier.

No processo de humanização da paisagem, em pelo menos dois quadros da série *Figura e paisagem* (1970), Decio Vieira veste a pintura, com meias longas que sobem até a coxa da mulher. A imagem parece ainda apontar para um expediente de introdução de fetiche, a serviço do discurso pictórico como espaço de desdobramento da pauta cromática do quadro. Em paráfrase do Poema do ângulo reto de Corbusier, este homem narra a mulher em seu dispositivo pictórico. Pintar é, então, caçar. A perna dobrada da mulher torciona as faixas modulares da sequência de três cores, dinamizando a lógica da geometria. Deve-se observar também a relação entre as faixas de cores nesses quadros e a modulação cromática num vestido em tecido pintado por Walter Bacci e que está presente no armário de Dulce Holzmeister desde os tempos de seu casamento com Decio Vieira. "Cada noite que íamos sair," conta ela, "eu perguntava ao Decio o que deveria usar. Ele respondia: 'um Walter,' 'um Bacci'. Ele gostava muito do Bacci." É possível que o artista quisesse cobrir Dulce como Sonia Delaunay em seu "vestido simultâneo", uma estrutura de cor simultânea. Outra roupa geométrica apresentada na *Exposition des Arts Décoratifs* (1928) remete mais uma vez aos vestidos de Walter Bacci usados por Dulce. Cendrars celebrou a roupa em um poema.

Em seu vestido ela usa um corpo

O corpo da mulher é tão acidentado como o meu crâneo

Glorioso se você for feita de carne

Com Espírito

(...)

Barriga

Discos

Sol

E os gritos perpendiculares de cor caem sobre suas coxas

(...)[5]

[3] Segundo Oscar Niemeyer: "Não é o ângulo reto que me atrai, nem a linha reta, dura, inflexível, criada pelo homem. O que me atrai é a curva livre e sensual, a curva que encontro nas montanhas do meu país, no curso sinuoso dos seus rios, nas ondas do mar, no corpo da mulher preferida. De curvas é feito todo o universo, o universo curvo de Einstein." In: Niemeyer, Oscar. *As Curvas do Tempo:* memórias. Rio de Janeiro: Revan, 1998.

[5] Tradução livre do trecho do poema The simultaneous dress, de Blaise Cendrars, de 1914. In Craik, Jennifer. *The face of fashion:* cultural studies in fashion. Londres e Nova York: Routledge, 1993. p. 1-2.

[5] Nochlin, Linda. The body in pieces: the fragment as a metaphor for modernity. London: Thames and Hudson, 1994.

THE CORPS MORCELÉ[5] OF MODERNITY

There are sliced female figures, a radical cut in the faceless image. This is not a cruddy way to decapitate the model's figure, but to operate the modern photographic cut. If there is no face, so there is no psychical physiognomy, but only a faint availability of the body when looked at, to contemplation and desire. One could infer the anatomic continuity and even imagine a face. However, the model's look suffers from an unavoidable opacity because it was definitely hidden by the cut. The eyes are there, but their glance is not revealed.

ANTHROPOMORPHISM

The anthropomorphism landscape at the end of Decio Vieira's life is comparable to Oscar Niemeyer's drawing. Both refer to the female in the imagination of Rio and contrast with the terminology of symbolic war that renamed the mountains of the region by association with animal forms (Dog Face, Corcovado, Goats), objects of the colonial enterprise of the sugar cycle (Sugar Loaf) and navigation (Gávea and Urca), buildings (Castle, St. Anthony, Gloria and St. Benedict, all linked to temples) and the male figures (Sleeping Giant, Two Brothers).

One must consider that in the early 1970s, the beaches of São Conrado and Barra da Tijuca had few buildings - thus the Edenic size of the place.

POP

A pop key may be strongly asserted in the Decio Vieira's production in the early 1970s. Among some artists from the 1950s constructive project, besides him, there was a change to the pop and the new realism, even in such disparate artists as the canonical Waldemar Cordeiro, the concrete Geraldo de Barros, Maurício Nogueira Lima and Judith Lauand. Ivan Serpa deviation was closer to the Argentinean Otra Figuración. Clearly, if compared with Milton Dacosta's baroque Venus, Decio Vieira's female figures carried a Pop drive.

O *CORPS MORCELÉ*[5] DA MODERNIDADE

Há figuras femininas fatiadas, um corte radical na imagem sem rosto. Não se trata de decapitar grosseiramente a figura do modelo, mas de operar o corte fotográfico moderno. Se não há rosto, portanto, não há fisionomia psíquica, mas apenas uma disponibilidade lânguida do corpo ao olhar, à contemplação e ao desejo. Pode-se inferir a continuidade anatômica e mesmo imaginar um rosto. No entanto, o olhar do modelo padece de uma opacidade incontornável, pois foi ocultado definitivamente pelo corte. Os olhos estão aí, mas sua mirada não se revela.

ANTROPOMORFISMO

O antropomorfismo da paisagem no final da vida de Decio Vieira é comparável ao desenho de Oscar Niemeyer. Ambos referem-se ao feminino no imaginário do Rio e contrastam com a terminologia da guerra simbólica que rebatizou as montanhas da região por associação a formas animais (Cara de Cão, Corcovado, Cabritos), objetos da empreitada colonial do ciclo do açúcar (Pão-de-açúcar) e da navegação (Gávea e Urca), construções (Castelo, Santo Antônio, Glória e São Bento, todos vinculados a templos) e a figuras masculinas (Gigante adormecido, Dois irmãos),

Deve-se considerar que no início da década de 1970, as praias de São Conrado e Barra da Tijuca tinham poucas construções de edifícios – por isso a dimensão edênica do lugar.

POP

Pode-se cogitar com veemência a existência de uma chave pop na produção de Decio Vieira do início da década de 1970. Entre alguns artistas oriundos do projeto construtivo da década de 1950, além dele, deu-se uma passagem para o pop e o novo realismo. Mesmo em artistas tão díspares quanto o canônico Waldemar Cordeiro, os concretistas Geraldo de Barros, Maurício Nogueira Lima e Judith Lauand. O desvio de Ivan Serpa esteve mais próximo da *Otra Figuración* argentina.

Decio Vieira
S/ titulo, s.d. Guache s/ papel, 69 x 38 cm, Coleção particular
No title, no date, gouache on paper, Private collection

[6] Nochlin, Linda. *The body in pieces*: the fragment as a metaphor for modernity. Londres: Thames and Hudson, 1994.

MOMENTO ÓRFICO: ZÊNITE DA COR

ORPHIC MOMENT: ZENITH OF THE COLOR

DV 8.1 • S/ TÍTULO, S.D. • TÊMPERA S/ TELA • 46 X 38 CM
COLEÇÃO PARTICULAR

NO TITLE, NO DATE • TEMPERA ON CANVAS
PRIVATE COLLECTION

DV 8.2 • S/ TÍTULO, S.D. • TÊMPERA E ACRÍLICA S/ TELA • 75 X 55 CM
COLEÇÃO PARTICULAR

NO TITLE, NO DATE • TEMPERA AND ACRILIC ON CANVAS
PRIVATE COLLECTION

DV 8.3 • S/ TÍTULO, C. 1970 • TÊMPERA S/ TELA • 65 X 50 CM
COLEÇÃO PARTICULAR

NO TITLE, NO DATE • TEMPERA ON CANVAS
PRIVATE COLLECTION

DV 8.4 • ESPAÇO Nº109, S.D. • TÊMPERA S/ TELA • 129,5 X 97 CM
COLEÇÃO PARTICULAR

SPACE N.109 , NO DATE • TEMPERA ON CANVAS
PRIVATE COLLECTION

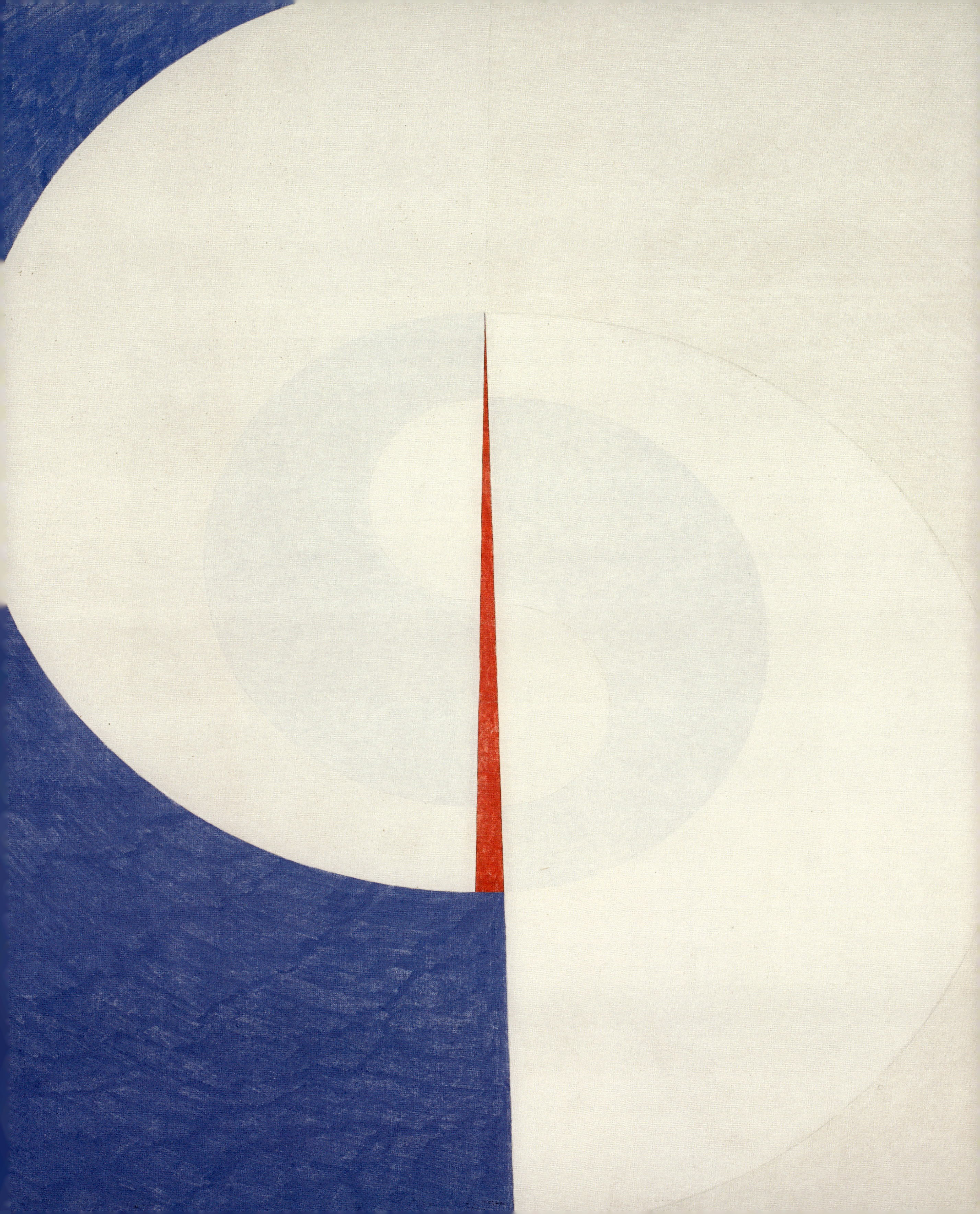

DV 8.5 • S/ TÍTULO, S.D. • PASTEL S/ PAPEL • 48,5 X 66,5 CM
COLEÇÃO PARTICULAR

NO TITLE, NO DATE • PASTEL ON PAPER
PRIVATE COLLECTION

DV 8.6 • S/ TÍTULO, 1982 • TÊMPERA S/ TELA • 27 X 22 CM
COLEÇÃO PARTICULAR

NO TITLE, 1982 • TEMPERA ON CANVAS
PRIVATE COLLECTION

DV 8.7 • S/ TÍTULO, S.D. • GUACHE S/ PAPELÃO • 25 X 50 CM
COLEÇÃO MUSEU DE ARTE DO RIO (MAR) / FUNDO Z

NO TITLE, NO DATE • GOUACHE ON CARDBOARD
MAR COLLECTION

DV 8.8 • S/ TÍTULO, S.D. • GUACHE S/ PAPELÃO • 17 X 50 CM
COLEÇÃO MUSEU DE ARTE DO RIO (MAR) / FUNDO Z

NO TITLE, NO DATE • GOUACHE ON CARDBOARD
MAR COLLECTION

DV 8.9 A • S/ TÍTULO, C. 1980 • TÊMPERA S/ TELA • 127 X 186 CM
COLEÇÃO PARTICULAR

NO TITLE, NO DATE • TEMPERA ON CANVAS
PRIVATE COLLECTION

DV 8.9 B • S/ TÍTULO, S.D. • GUACHE S/ PAPELÃO • 38 X 55 CM
COLEÇÃO PARTICULAR

NO TITLE, NO DATE • GOUACHE ON CARDBOARD
MAR COLLECTION

DV 8.10 A E DV 8.10 B • CADERNO COM ESTUDOS, DÉCADA DE 1970 • GUACHE SOBRE PAPEL • 16 X 23 CM
MUSEU DE ARTE DO RIO / FUNDO ARTRIO

SKETCHBOOK WITH STUDIES, 1970 • GOUACHE ON PAPER
MAR COLLECTION / ARTRIO FUND

277

DV 8.10 C E DV 8.10 D • CADERNO COM ESTUDOS • GUACHE SOBRE PAPEL • 16 X 23 CM • DÉCADA DE 1970
MUSEU DE ARTE DO RIO / FUNDO ARTRIO

SKETCHBOOK WITH STUDIES, 1970 • GOUACHE ON PAPER
MAR COLLECTION / ARTRIO FUND

ORPHIC MOMENT:
ZENITH OF THE COLOR

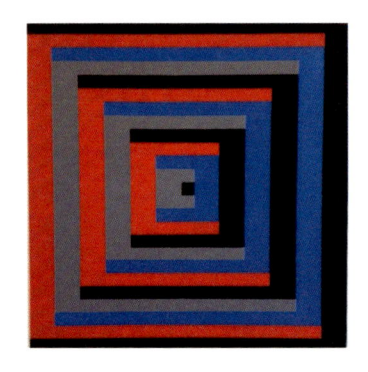

Rubem Ludolf

S/ título, 2003, Óleo sobre tela, 100 x 100 cm, Coleção particular

No title, 2003, Oil on canvas, Private collection

---

[1] Pedrosa, Mário. *Pinturas de Decio Vieira e Rubem Ludolf*. Rio de Janeiro, Galeria do Ibeu, 1965. (Brochure).

[2] Pedrosa, Mário. Crise do condicionamento artístico. In: _____; Amaral, Aracy (Org.), op. cit.

[3] See from the author: Herkenhoff, Paulo. Glosa da crise de 64. In: _____. *Pincelada: pintura e método no Brasil, projeções da década de 1950*, op. cit.

[4] Frege, Gottlob. *The foundations of arithmetic*. Translation J. L. Austin; Evanston: Northwestern University Press, 1992.

[5] See Zalta, Edward N. Gottlob Frege. In: *Stanford Encyclopedia of Philosophy* (Fall 2014 Edition). Stanford, Stanford University. Available at <http://plato.stanford.edu/archives/fall2014/entries/frege/>. Accessed on May 22nd, 2014.

[6] Testimonial given by Dulce Holzmeister to the author on June 5th, de 2013.

In 1965, in the introduction of the joint-show of Decio Vieira and Rubem Ludolf, at the Ibeu Gallery in Rio de Janeiro, Mário Pedrosa indicated that both had freed themselves from the technical rigors, dogmatic limitations, revealed themselves with no orthodoxies nor false regrets; they showed to have assimilated and retained their optimistic and constructive sense from the abstract-geometric "tendency".[2] In another exhibit in the following year, now a solo show held at the Copacabana Palace Gallery Decio Vieira's painting appeared to have exhausted any relation, much earlier with the São Paulo's concretism, and later with the aesthetics from the Frente group, and now also with the neo-concretist movement, and overcame the impasses of the "artistic conditioning"[3] in face of the social crisis that resulted, in political terms, in the 1964 military coup and mounting State violence with the dictatorship. The abstraction and the color in the artist's maturity would surprise through two heterogeneous experiences: the expressionist vigor of the color and the more reflexive moment in its articulation, which will be addressed in this chapter as pulsation of color. This experience in a discreet pitch unveils both strident chromatic fields and color moderation. Narrowing his friendship with Alfredo Volpi had given him a closer contact with the working method of the candid painter who moved him. Still during the 1960s, Decio Vieira meets Dulce Holzmeister. His affective life was positively crossed by radical changes of the color as an announcement of another state of mind. From the 1970s onwards, his painting is crossed over by historical, conceptual, linguistic, material, sensorial, he affective references, which will be pondered here. In this sense, some passages of the analysis of this group of Decio Vieira's works appeal to the idea of "propositional attitude", developed by Gottlob Frege – the philosopher of the modern mathematical logic -,[4] which according to his linguistics works, would be a certain psychological relationship between a person and a proposition, in which belief, desire, intention, discovery, and knowledge etc., intervene with all psychical relations among people on one side, and the propositions on the other side.[5]

If the optimism announced by Mário Pedrosa in the 1956 exhibit came from the 1950s developmentalist process, the political climate in the country would soon become severely aggravated with the unfolding of the dictatorship, under the so-called "years of lead". However, Decio Vieira's personal life would suffer an unexpected turnaround that would affect his painting, restoring the optimism, in a way that never before occurred in his experience, as a result of his affective life built from the marriage to Dulce Holzmeister – a cultured, elegant and exuberant woman. The painting now singing is the symptom of the Dulce syndrome, a reaction to the elected affinities in art, condensation of the aesthetic experience, a dialog with music, linguistic leaps and full affectivity.

"I knew Decio from openings, but with no further contact. Only when he left the studio at rua Djalma Ulrich in Copacabana and opened a studio in São Conrado we started dating, in the late 1960s", says Dulce.[6] Now with the family life routine organized, the artist started to travel abroad and his painting changed under the impact of the pulsation of life, both in the dimension of color and form and the return to figuration. His painting reemerged eroticized in its plastic poetry and his figurative discourse. The couple made two memorable trips to Europe, visiting museums and great art exhibits in 1974 and 1985.

MOMENTO ÓRFICO:
ZÊNITE DA COR

Em 1965, na apresentação da mostra conjunta de Decio Vieira e Rubem Ludolf na Galeria do Ibeu, no Rio de Janeiro, Mário Pedrosa indicou que ambos libertaram-se dos rigorismos técnicos, das limitações dogmáticas, revelavam-se sem ortodoxias e sem falsos arrependimentos, mostravam terem assimilado e guardado da "tendência" abstrato-geométrica o seu sentido otimista e construtivo.[1] Em outra exposição no ano seguinte, agora uma mostra individual realizada na galeria do Copacabana Palace, a pintura de Decio Vieira parecia ter esgotado qualquer relação, muito antes com o concretismo paulista, depois com a estética do grupo Frente e agora também com o movimento neoconcretista. Superava os impasses do "condicionamento artístico"[2] frente à crise social que desembocou, em termos políticos, no golpe militar de 1964 e no processo de montante violência de Estado com a ditadura.[3] A abstração e a cor na maturidade do artista surpreenderiam através de duas experiências heterogêneas: o vigor expressionista da cor e o momento mais reflexivo na articulação dela, que se abordam neste capítulo como uma pulsão de cor. Essa experiência em chave discreta revela tanto campos cromáticos estridentes quanto comedimento colorístico. O estreitamento da amizade pessoal com Alfredo Volpi havia lhe propiciado maior contato com o método de trabalho do pintor cândido que lhe comovia. Ainda nos anos 1960, Decio Vieira conhece Dulce Holzmeister. Sua vida afetiva foi positivamente atravessada por alterações radicais da cor como enunciação de um outro estado de ânimo. A partir da década de 1970, sua pintura é traspassada por referências históricas, conceituais, linguísticas, materiais, sensoriais e afetivas, que são aqui cogitadas. Nesse sentido, dadas passagens na análise desse grupo de obras de Decio Vieira recorrem à ideia de "atitude proposicional", desenvolvida por Gottlob Frege – o filósofo da lógica da matemática moderna –,[4] que seria, de acordo com seus trabalhos de linguística, determinada relação psicológica entre uma pessoa e uma proposição, na qual intervêm crença, desejo, intenção, descoberta, conhecimento, etc., sendo todas relações psíquicas entre as pessoas, de um lado, e as proposições, de outro lado[5].

Se o otimismo que Mário Pedrosa anunciou na exposição de 1965 provinha ainda do processo desenvolvimentista dos anos 1950, o clima político do país brevemente se agravaria mais profundamente com os desdobramentos da ditadura, sob os denominados "anos de chumbo". No entanto, a vida pessoal de Decio Vieira sofreria uma reviravolta inesperada que afetaria sua pintura, restaurando o otimismo, de forma nunca antes ocorrida em sua experiência por resultado de sua vida afetiva construída no casamento com Dulce Holzmeister – uma mulher culta, elegante e exuberante. A pintura, agora cantante, é o sintoma da síndrome de Dulce, resposta às afinidades eletivas na arte, condensação da experiência estética, um diálogo com a música, saltos linguísticos e afetividade plena.

"Conhecia o Decio de vernissage, mas sem maior contato. Quando ele deixou o ateliê da rua Djalma Ulrich em Copacabana e só quando fez um ateliê em São Conrado começamos a namorar, no final dos 1960", conta Dulce.[6] Agora, com a rotina da vida familiar organizada, o artista passou a viajar ao estrangeiro e sua pintura se alterou sob o impacto da pulsão de vida, tanto na dimensão da cor e da forma quanto no retorno à figuração. Sua pintura ressurgiu erotizada em sua poética plástica e em seu discurso figurativo. O casal fez duas viagens memoráveis à Europa, com visitas a museus e grandes exposições de arte, em 1974 e 1985.

Decio Vieira
S/ título, s.d., Têmpera s/ tela, 46 x 38 cm, Coleção particular
No title, no date, Tempera on canvas, Private collection

[1] Pedrosa, Mário. *Pinturas de Decio Vieira e Rubem Ludolf*. Rio de Janeiro, Galeria do Ibeu, 1965. (Folheto).

[2] Pedrosa, Mário. Crise do condicionamento artístico. In: _____; Amaral, Aracy (Org.), op. cit.

[3] Ver do autor: Herkenhoff, Paulo. Glosa da crise de 64. In: _____. *Pincelada: pintura e método no Brasil*, projeções da década de 1950, op. cit.

[4] Frege, Gottlob. *The foundations of arithmetic*. Trad. J. L. Austin; Evanston: Northwestern University Press, 1992.

[5] Ver Zalta, Edward N. Gottlob Frege. In: Stanford Encyclopedia of Philosophy (Fall 2014 Edition). *Stanford, Stanford University*. Disponível em: <http://plato.stanford.edu/archives/fall2014/entries/frege/>. Acesso em 22 de maio de 2014.

[6] Depoimento de Dulce Holzmeister concedido ao autor no dia 5 de junho de 2013.

Rubem Ludolf
S/ título, déc. 1950, Grafite sobre papel, Coleção Museu de Arte o Rio (MAR) / Fundo Rubem Ludolf
No title, 1950s, Graphite on paper, MAR collection

[7] On December 5th, 1980, in Botafogo, Iberê Camargo shot Sergio Alexandre Esteves Areal, when trying to stop a fight between him and a woman. According to the Iberê Camargo Foundation, the artist was acquitted for self-defence after remaining a month in jail. See: Folha de S. Paulo, São Paulo, April 8th, 2010. Available at: <http://www1.folha.uol.com.br/fsp/ilustrad/fq0804201009.htm>. Accessed on October, 20th, 2014.

[8] From the information available, it is not possible, however, to conclude what would be the sequence or which one would be the first work of the series. The evidence of the title is on the catalog of the show Projeto construtivo brasileiro na arte (1950-1962), p. 284, organized by Aracy Amaral. Decio Vieira lived in Rio at this time and certainly saw this title.

[9] Oiticica, Hélio. Cor, tempo e estrutura [Color, time and structure]. Rio de Janeiro, Jornal do Brasil, November 26th, 1960, p. 5. (Sunday Supplement). Oiticica's quotes in this chapter have been extracted from this essay, unless otherwise indicated.

"After marrying me, Decio talked more", says Dulce. The Dulce syndrome in the artist's painting manifested as a sensual explosion of color under a new regime of loquacious and happy forms. If normality in the 20th century psychoanalysis was much focused on loving, working and having pleasure, here the term syndrome is inverted as a problematic condition to indicate a positive use by an affectation of the subject. Such a relevant personal life fact, marked by the love realization and intensity, cannot be relegated in face of the undeniable poetic radiance of the color that appears in the artist's expression. Contemporaneously with the emergence of the singing palette that appeared in Decio Vieira's painting (as seen in the show at Thomas Cohn Gallery, Rio de Janeiro, 1987), would be the opposite in the somber and pessimistic matter that would rule Iberê Camargo's painting after a tragic homicide[7] (as seen in the show at Thomas Cohn Gallery, Rio de Janeiro, in 1984). The color, matter, and figurability in Iberê Camargo's post-homicide paintings of the series A Hora do Pintor respond to the pulsation of death, the difficult elaboration of guilt and its resulting personal pessimism. In the grain of the pictorial voice in Decio Vieira the color dimensions the pulsation of life – in both painters the plastic fact was being presided by affections, because the painting lets itself also be affected and touched by life.

In order to broaden the understanding of Decio Vieira's painting it is necessary to resume the neo-concrete color. The debate with concretism had driven the future neo-concretes toward a conceptual and political severity consistent with its sensorial potentiality in constituting a chromatic discourse never before seen in the country, like Núcleos (1960s) by Hélio Oiticica, constructions that spatialize the color in order to activate the subject of the experience. This could be called sensorial freedom against the Father and Reason Law, defined by demands professed by the artist Waldemar Cordeiro before his formalist rationalism crisis, from the contact with the figuration of Pop Art, which precipitates him toward the theory of communication.

Beginning with Decio Vieira's neo-concretist work Quadrados, retângulos e linha (1961, collection of Roberto and Cacilda Teixeira da Costa), one can safely assume the existence of a series of works focused on the relations between the line, as a structuring phenomenon of the space, in confrontation with two-dimensionality. The painter named the mesh and reiterated the autonomy of modern art. By virtue of other similar works being variables and reproblematizing the item in Teixeira da Costa's collection, what happened here is the option to occasionally adopt the same title – Quadrados, retângulos e linha[8] – for them, even if they carried no title at all, as is frequent in the artist's corpus.

Decio Vieira has played a leading role in one of the most sensual moments of the autonomous color in Brazil, which is detached from any allusion to the real and representation. Immune to logocentrism, neither was it subordinate to the rationalization of space by the rigid geometry. This was his passage from the parsimonious palette from the Frente period and the neo-concretist color in an adjustment where the subject of the chromatic will appears now to be disconnected from all the form of intellectual and political repression. In neo-concretism, Hélio Oiticica, Aluísio Carvão and Decio Vieira are the most disciplined artists involved with the chromatic sensoriality. Upon returning to experiments of color in painting in the full swing of the 1970s, the two latter resist in times of renewed declarations of the painting's death, because producing was a symptom of the persistence of the neo-concrete sensorial will. Yet with no canonic scientism, the neo-concrete painting treated color as a field, but yet irreducible to treat it less as differences of the electromagnetic spectrum wavelength, because the neo-concrete color is affection, phenomenon, symbol, and perception. Hélio Oiticica, the Brazilian artist who mostly wrote about color in his time, addressed it in his signification process as part of a complex formed by color, structure, space, and time, in the essay "Cor, tempo e estrutura" [Color, time and structure] (1960).[9]

"Depois que casou comigo, o Decio falava mais", diz Dulce. A síndrome de Dulce, na pintura do artista, manifestou-se como uma explosão sensual da cor sob um novo regime de formas loquazes e felizes. Se a normalidade na psicanálise do século XX esteve muito concentrada em amar, trabalhar e ter prazer, inverte-se aqui o sentido do termo síndrome como uma condição problemática para indicar um uso positivo por uma afetação do sujeito. Um fato tão relevante da vida pessoal, marcado pela realização amorosa e pela intensidade, não pode ser relegado diante da inegável fulgência poética da cor que desponta na expressão do pintor. Contemporaneamente à emergência da nova paleta cantante, que se desfolhava na pintura de Decio Vieira (conforme a mostra na Galeria Thomas Cohn, Rio de Janeiro, em 1987), estaria o oposto na matéria sombria e pessimista que regeria a pintura de Iberê Camargo depois do trágico cometimento de um homicídio[7] (conforme a mostra na Galeria Thomas Cohn, Rio de Janeiro, em 1984). A cor, matéria e figurabilidade nas pinturas pós-homicídio de Iberê Camargo da série *A hora do Pintor* respondem à pulsão de morte, à dificultosa elaboração da culpa e a seu consequente pessimismo pessoal. No grão da voz pictórica, em Decio Vieira, a cor dimensiona a pulsão de vida – nos dois pintores o fato plástico estava presidido pelos afetos, pois a pintura também se deixa afetar e comove pela vida.

Para ampliar o entendimento da pintura de Decio Vieira é necessário retomar a cor neoconcreta. O debate com o concretismo havia levado os futuros neoconcretos a uma severidade conceitual e política consistente com sua potencialidade sensorial na constituição de um discurso cromático nunca visto no país, como nos *Núcleos* (década de 1960) de Hélio Oiticica, construções que espacializam a cor para ativar o sujeito da experiência. A isso poderíamos chamar de liberdade sensorial contra a Lei do Pai e da Razão, definida pelas cobranças prescritivas do artista Waldemar Cordeiro antes de sua crise de racionalismo formalista, a partir do contato com a figuração da Pop Arte, que o precipita para a teoria da comunicação.

A partir da obra neoconcretista *Quadrados, retângulos e linha* de Decio Vieira (1961, coleção de Roberto e Cacilda Teixeira da Costa), pode-se assumir com segurança a existência de uma série de trabalhos com foco em relações de conforto entre a linha, como um fenômeno estruturador do espaço, e a bidimensionalidade. O pintor nomeou a malha e reiterou a autonomia da arte moderna. Em função de outras obras semelhantes serem variantes e reproblematizadoras da peça da coleção Teixeira da Costa, ocorreu aqui a opção de eventualmente adotar o mesmo título – Quadrados, retângulos e linha[8] – para elas, mesmo se não portassem título algum, como ocorre com frequência no corpus do artista.

Decio Vieira protagonizou um dos momentos mais sensuais da cor autônoma no Brasil, que é despregada de qualquer alusão ao real e à representação. Imune ao logocentrismo, tampouco era subalterna à racionalização do espaço pela geometria rígida. Essa foi sua passagem da parcimoniosa paleta do período Frente e da cor neoconcretista num ajuste em que o sujeito da vontade cromática parece agora desvinculado de toda forma de recalcamento intelectual e político. No neoconcretismo, Hélio Oiticica, Aluísio Carvão e Decio Vieira são os artistas mais disciplinadamente envolvidos com a sensorialidade cromática. No retorno a experimentos da cor na pintura em plena década de 1970, os dois últimos resistem em tempos de renovadas declarações de morte da pintura, pois produzir foi um sintoma da persistência da vontade sensorial neoconcreta. Ainda que sem cientificismo canônico, a pintura neoconcreta tratou a cor como campo, mas, ainda assim, irredutível a tratá-la menos como diferenças de comprimento de ondas do espectro eletromagnético, pois a cor neoconcreta é afetividade, fenômeno, símbolo e percepção. Hélio Oiticica, o artista brasileiro que mais escreveu sobre cor em seu tempo, abordou-a em seu processo de significação como parte de um complexo formado por cor, estrutura, espaço e tempo no ensaio "Cor, tempo e estrutura" (1960).[9]

Decio Vieira

S/ título, s.d., Guache s/ papelão, 38 x 55 cm (detalhe), Coleção particular

No title, Gouache on cardboard (detail), Private collection

[7] No dia 5 de dezembro de 1980, no bairro de Botafogo, Iberê Camargo atirou em Sergio Alexandre Esteves Areal, quando tentava apartar uma briga entre ele e uma mulher. De acordo com a Fundação Iberê Camargo, o artista foi absolvido por legítima defesa após permanecer um mês preso. Ver: Folha de S. Paulo, São Paulo, 8 de abril de 2010. Disponível em: <http://www1.folha.uol.com.br/fsp/ilustrad/fq0804201009.htm>. Acesso em 20 de outubro de 2014.

[8] Não se pode concluir, no entanto, pelos dados disponíveis, qual seria a sequência entre elas ou qual seria a primeira obra da série. A evidência do título está no catálogo da mostra *Projeto construtivo brasileiro na arte* (1950-1962), p. 284, organizado por Aracy Amaral. Decio Vieira, vivia no Rio de Janeiro neste período e seguramente deve ter visto essa titulação.

[9] Oiticica, Hélio. Cor, tempo e estrutura. Rio de Janeiro, *Jornal do Brasil*, 26 de novembro de1960, p. 5. (Suplemento Dominical). As citações de Oiticica neste capítulo, a menos que indicado em contrário, foram extraídas deste ensaio.

Decio Vieira trabalha como assistente de Alfredo Volpi na pintura dos painéis da Companhia Costeira de Navegação

Decio Vieira working as Alfredo Volpi's assistant at the Companhia Costeira de Navegação pannels

[10] Pedrosa, Mário. Introdução a Volpi. Malasartes, Rio de Janeiro, n. 2, p. 32-34, 1976.

[11] Gettens, Rutherford J.; Stout, George L. Painting materials, a short encyclopaedia. Nova York: Dover Publisher, 1966. p. 69-70.

[12] Mayer, Ralph. The artist's handbook of materials and techniques. New York: Viking, 1991. p. 29.

[13] Ibid., p. 147.

After neo-concretism – and as in a renaissance studio – Decio Vieira started to work as an apprentice and assistant of Alfredo Volpi in the preparation of the panels for the Companhia Nacional de Navegação Costeira ships in 1962, and Palácio dos Arcos, headquarters of the Ministry of Foreign Affairs in Brasília, in 1966. Previously, Athos Bulcão had been an assistant to Candido Portinari in the painting of the murals of Saint Francis of Assisi Church at Pampulha (in Belo Horizonte – Minas Gerais), in the 1940s. In the modern Brazil, a highly qualified art occupied the public and collective space. Much different from the opportunism and low quality of the statutory art and the monuments of the 21st century, the public "art" (if it even deserves this qualitative evaluation at all) is currently of very low quality in Brazil. When he was invited for the projects at the Palácio and Costeira, Decio Vieira was part of Volpi's closest affective and intense circle in Rio de Janeiro, which included friendships with sculptor Bruno Giorgi, painters Milton Dacosta and Maria Leontina, critic Mário Pedrosa, and the gallery owner Franco Terranova, among others. Decio Vieira was the only Volpian among neo-concretists, but not for the appearance of the form or for adopting the same pictorial material as argued by a few, but for operating the color on a more lyricist plane, without being tricked by rusticity. Evidently Volpi's work interested the Rio de Janeiro group, as in the article "Introdução a Volpi",[10] by an acute and enthusiastic Mário Pedrosa, however, not to the extent to have constituted direct paradigms for the artists, but perhaps an admirable broad dialog more marked by freedom and the color intuitive poetics.

Was there actually some weigh for the development of Decio Vieira's painting by having adopted tempera – a technical medium that offered Volpi a poetic hypothesis for the material sign of his discourse? It is naive to think that by adopting the same technique, using the studio, or inheriting brushes, paints or chisels from great masters of the arts will transform somebody into a better artist, in the same way that adopting a celebrated theme and the appropriation of masterpieces do not ensure the creation of great works. Two artists used tempera because of Volpi: concretist Hermelindo Fiaminghi and the neo-concrete Decio Vieira. Foolish eyes reduce Decio Vieira's relationship with Volpi to the learning of egg tempera and to the influence that this meant by adopting it. They say it but do not explain the "finding". Tempera had always been available for everybody. It is a material that was developed in Europe and India, including frescos, and which is frequently seen as a medium made with egg, although today albuminous, gelatinous, and colloidal materials are employed.[11] From his contact with Volpi's process, Decio Vieira started to pursue his own language, rethink the color in his painting and investigate his working technical media. The main effect of this experience was the return to color with another breath. Attributing excessive importance to the simple adoption of the same technique used by Volpi, without analyzing the occasional aesthetic effects of the option, can end up as an authority argument due to the lack of a critical argumentation of aesthetic nature.

A pigment, as clarified by the expert Ralph Mayer, is a colorful finely divided substance that shares its chromatic effect with another material, be it when well-mixed, or when applied on a surface through a fine layer.[12] At the most, the technique explains therefore how the pigment is applied on the painting, how the material sign works in terms of physics and chemistry laws, but cannot be a poetic recipe. From the 1970s onwards, Decio Vieira's painting was confronted with new materials such as the acrylic paints and the production of colors that Mayer called "super shiny",[13] and his palette experimented both balanced fauve temperatures and chromatic stridencies. However the color-light, the palette's luminosity, has never been automatically drawn from tempera, from the contact

Depois do neoconcretismo – e como num ateliê renascentista – Decio Vieira pôs-se a trabalhar como aprendiz e assistente de Alfredo Volpi na preparação dos painéis para navios da Companhia Nacional de Navegação Costeira, em 1962, e do Palácio dos Arcos, sede do Ministério das Relações Exteriores em Brasília, em 1966. Anteriormente, Athos Bulcão havia sido assistente de Candido Portinari na pintura dos murais da Igreja de São Francisco de Assis, na Pampulha, na década de 1940. No Brasil moderno, uma arte altamente qualificada pontuava o espaço público e coletivo. Muito diferente do oportunismo e da baixa qualidade da estatuária e dos monumentos do século XXI, a "arte" (se é que merece esta avaliação qualitativa) pública no Brasil é hoje de baixíssimo nível. Quando foi convidado para os projetos do Palácio e da Costeira, Decio Vieira compunha o universo afetivo mais fechado e intenso de Volpi no Rio de Janeiro, que incluía a amizade com o escultor Bruno Giorgi, os pintores Milton Dacosta e Maria Leontina, o crítico Mário Pedrosa, o galerista Franco Terranova, entre outros. Decio Vieira foi o único volpiano dos neoconcretistas, mas não pela aparência da forma ou adoção do mesmo material pictórico como argumentam alguns, mas por operar a cor num plano mais lírico, sem cair no conto do caipirismo. Evidentemente que a obra de Volpi interessava ao grupo carioca, como no artigo "O significado de Volpi",[10] de um agudo e entusiasmado Mário Pedrosa, contudo, não a ponto de ter constituído paradigmas diretos para os artistas, mas talvez um admirável diálogo amplo mais marcado pela liberdade e pela poética intuitiva da cor.

Houve, de fato, algum peso para o desenvolvimento da pintura de Decio Vieira ter adotado a têmpera – meio técnico que ofereceu a Volpi uma hipótese poética para o signo material de seu discurso? É ingênuo pensar que adotar a mesma técnica, usar o ateliê ou herdar pincéis, tintas ou goivas de grandes mestres da arte transforma alguém em melhor artista, do mesmo modo que a adoção de temática consagrada e o citacionismo de obras-primas não garantem a elaboração de grandes obras. Dois artistas usaram a têmpera por causa de Volpi: o concretista Hermelindo Fiaminghi e o neoconcreto Decio Vieira. Olhares pueris reduzem a relação de Decio Vieira com Volpi ao aprendizado da têmpera a ovo e à influência que significou tê-la adotado. Afirmam mas não explicam nem justificam o "achado". A têmpera sempre esteve à disposição de todos. É um material que se desenvolveu na Europa e na Índia, inclusive para afrescos, e que frequentemente é visto como meio formado com ovo, embora hoje empreguem-se materiais albuminosos, gelatinosos e coloidais.[11] A partir do contato com o processo de Volpi, Decio Vieira passou a buscar sua própria linguagem, a repensar a cor em sua pintura e a investigar seus meios técnicos de trabalho. O principal efeito dessa experiência foi retornar à cor com outro fôlego. Atribuir excessiva importância à simples adoção da mesma técnica usada por Volpi, sem analisar os eventuais efeitos estéticos da opção, pode acabar como argumento de autoridade na falta de argumentação crítica de ordem estética.

Um pigmento, no esclarecimento do especialista Ralph Mayer, é uma substância colorida refinada (finely divided) que compartilha seu efeito cromático com outro material seja quando bem misturado, seja quando aplicado sobre uma superfície através de uma camada fina.[12] No máximo, a técnica explica, portanto, como o pigmento é aplicado na pintura, como o signo material funciona em termos das leis da física e da química, mas não pode ser receita poética. A partir da década de 1970, a pintura de Decio Vieira confrontou-se com novos materiais como as tintas acrílicas e com a produção de cores que Mayer denominou de "superbrilhantes",[13] e sua paleta experimentou tanto equilibradas temperaturas *fauves*, quanto estridências cromáticas. No entanto, a cor-luz, a luminosidade da paleta, nunca foi tirada automaticamente da têmpera, do contato com Volpi nem das novidades superbrilhantes. O capítulo 5 do livro de Mayer é dedicado à pintura a têmpera, na qual ele aponta um frescor (*crispness*) brilhante e luminoso que nunca é exatamente alcançado no emprego do óleo ou de outros meios. Na

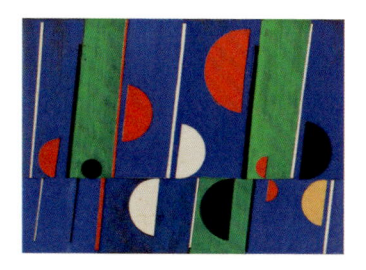

Decio Vieira
Sem título, Caderno com estudos, Guache sobre papel, 16 x 23 cm, Década de 1970, Museu de Arte do Rio / Fundo ArtRio

No title, Sketchbook with studies, 1970s, Gouache on paper, MAR collection

[10] Pedrosa, Mário. "O significado de Volpi" *Malasartes*, Rio de Janeiro, n. 2, p. 32-34, 1976.

[11] Gettens, Rutherford J.; Stout, George L. *Painting materials*, a short encyclopaedia. Nova York: Dover Publisher, 1966. p. 69-70.

[12] Mayer, Ralph. *The artist's handbook of materials and techniques.* Nova York: Viking, 1991. p. 29.

[13] Idem, p. 147.

[14] *Ibid., p. 169.*

[15] *Oiticica, Hélio, op. cit.*

[16] *Mayer, Ralph, op. cit., p. 205.*

with Volpi or from the super shiny novelties. The chapter 5 in Mayer's book is dedicated to tempera, in which he indicates a bright and luminous crispness that is never exactly achieved in the employment of oil or other media. In tempera there are no optical effects,[14] which could explain its appropriateness to Decio Vieira's painting, who, as already known, was not involved, during the Frente and the neo-concrete periods, with the effects of the Op Art. In his referred article "Color, time and structure", Hélio Oiticica says that "to the pigment color, material and opaque per se, I seek to give the sense of light".[15] Volpi's chromatic wisdom led him to adopt tempera for his purposes, because not applying varnishes (or any other form of transparent finishes) ensures greater similarity of the painting with the pigment's natural state and enhances the depth of the hues, as explained by Ralph Mayer.[16] Decio Vieira resisted the temptation of Volpi's little flags, the most known stylistic signature of Brazilian art, never satisfactorily reinterpreted. Even when the relation between paintings and gouaches of the former can be compared with the poles of the latter, marked by diagonal lines that imaginarily fracture and divide the space in the spatialization of color, this plastic procedure was already inserted in the European modernity by orphic painters Robert and Sonia Delaunay. Decio Vieira did not transform his look on Volpi's work into a mirror to see himself. The elective affinity between both would be rather in the geometry delicacy, in certain silences of the painting and in the wish for a sophisticated painting, but never on other strategies of color spatialization and chords of the palette that would be based on a derivative subordination to Volpi.

In the turn to the 1970s, the harmony of color in the Brazilian scene was marked by the painting of Alfredo Volpi, Milton Dacosta, Ione Saldanha, and Decio Vieira, and Hélio Oiticica's multi sensorial experimentalism. Therefore, it was not only exhibits from abroad that could have marked Decio Vieira's look onto color, because MAM Rio held Alfredo Volpi's first retrospective show in 1957, and Milton Dacosta's in 1959, both great painters from his closest circle. With the enthusiasm of the opening of the extraordinary architecture of the Exhibition Block, in 1967, under the presidency of Walther Moreira Salles, the same museum held some retrospective shows of painters like Djanira (1967), Samson Flexor (1968), Tarsila (1969), and Ivan Serpa (1971), which indicated the institutional project of addressing painting as a means to knowledge through its curatorial program. And also Ione Saldanha's show at MAM Rio in 1971 must have nurtured Decio Vieira's dialog with a poetic color, the dynamics of the pictorial object, its formal and chromatic structure, and the reiteration of the painting timeliness in an era of its excessive negation resulting from the expansion of conceptualism.

In the early 1970s, Decio Vieira expanded his relationship with the color not so much of materials (as might appear when his adoption of tempera is emphasized) as the sensorial investigation through chromatic arguments. Under the sign of Dulce Holzmeister. Everything was stimulation, including the trips made by the couple, when they visited retrospective, historiographical and contemporary exhibits like the Kassel Documenta. The painter collected catalogs and art books abroad or ordering them at the Leonardo da Vinci bookshop, which under the direction of Vana Piraccini, had already became a favorite among artists and intellectuals in Rio de Janeiro. Some experiences and publications were important for Decio Vieira in the observation of the palette and chromatic identity of some artists. A book about Willi Baumeister, for example, or an album with reproductions of works of abstract artists from the first half of the 20th century may be strong empiric visual stimuli, beyond historical references. So, Decio Vieira's relationship with Baumeister's palette temperature appears to have two pillars: the German's painting itself, but also the reproductions technique of his images, in glossy colors, in a small fascicle brought from Europe. Between the 1970s and the 1980s, stimulated by the experience of new cultural horizons and under the personal impact of the Dulce syndrome, Decio Vieira has his painting refined in two keys which will now be worked as orphic color and torrid zone.

têmpera não há efeitos óticos[14] que possam explicar sua adequação à pintura de Decio Vieira, que, como já se sabe, não se envolveu, no período Frente e neoconcreto, com os efeitos da Op Art. Em seu referido artigo "Cor, tempo e estrutura", Hélio Oiticica afirma "à cor pigmentar, material e opaca em si, procuro dar o sentido da luz".[15] A sabedoria cromática de Volpi levou-o a adaptar a têmpera a seus propósitos e a explorar a adequada aplicação, pois a não aplicação de vernizes (ou de qualquer outra forma de acabamento transparente) garante maior similitude da pintura com o estado natural do pigmento e realça a profundidade dos tons, conforme a explicação de Ralph Mayer.[16] Decio Vieira resistiu à tentação das bandeirinhas de Volpi, o mais conhecido estilema da arte brasileira, nunca reinterpretado satisfatoriamente. Até quando se pode comparar a relação de pinturas e guaches do primeiro com os mastros do segundo, marcados por linhas diagonais que fraturam e dividem imaginariamente o espaço na espacialização da cor, esse procedimento plástico já estava dado na modernidade europeia pelos pintores orfistas Robert e Sonia Delaunay. Decio Vieira não transformou seu olhar para a obra de Volpi em espelho para se mirar. A afinidade eletiva entre os dois estaria mais no plano da delicadeza da geometria, em certos silêncios da pintura e na vontade de pintura culta, mas nunca em outras estratégias de espacialização da cor e dos acordes da paleta que se baseassem na subalternidade derivativa a Volpi.

Na virada para a década de 1970, a harmonia da cor estava marcada no ambiente brasileiro pela pintura de Alfredo Volpi, Milton Dacosta, Ione Saldanha e Decio Vieira, e pelo experimentalismo plurissensorial de Hélio Oiticica. Portanto, não foram só exposições no exterior que podem ter marcado o olhar de Decio Vieira sobre a cor, pois o MAM Rio realizou a primeira retrospectiva de Alfredo Volpi em 1957 e de Milton Dacosta em 1959, ambos grandes pintores de seu círculo mais próximo. Com o entusiasmo da inauguração da extraordinária arquitetura do Bloco de Exposições, em 1967, sob a presidência de Walther Moreira Salles, o mesmo museu realizou algumas retrospectivas de pintores como as de Djanira (1967), Samson Flexor (1968), Tarsila (1969) e Ivan Serpa (1971), que denotavam o projeto institucional de abordar a pintura como forma de conhecimento através de seu programa curatorial. Ainda a mostra de Ione Saldanha no MAM Rio, em 1971, também deve ter realimentado para Decio Vieira o diálogo com uma poética cor, a dinâmica do objeto pictórico, de sua estrutura formal e cromática, e a reiteração da tempestividade da pintura em tempos de sua excessiva negação resultante da expansão do conceitualismo.

No início da década de 1970, Decio Vieira expandiu sua relação com a cor não tanto de materiais (como poderia parecer quando lhe enfatizam sua adoção da têmpera) quanto pela investigação sensorial através de argumentos cromáticos. Sob o signo de Dulce Holzmeister. Tudo era estímulo, inclusive as viagens realizadas pelo casal, ocasiões em que visitou exposições retrospectivas, historiográficas e contemporâneas como a Documenta de Kassel. O pintor recolhia catálogos e livros de arte no exterior ou nas encomendas à livraria Leonardo Da Vinci, que, sob a direção de Vana Piraccini, já se firmara como a predileta de artistas e intelectuais do Rio de Janeiro. Algumas experiências e publicações foram importantes para Decio Vieira na observação da paleta e identidade cromática de alguns artistas. Um livro sobre Willi Baumeister, por exemplo, ou um álbum com reproduções de obras de artistas abstratos da primeira metade do século XX podem ser, para além de referências históricas, estímulos visuais empíricos fortes. Assim, a relação de Decio Vieira com a temperatura da paleta de Baumeister parece ter dois fundamentos: a pintura mesma do alemão, mas também a técnica de reprodução de suas imagens, em cores brilhantes, num pequeno fascículo trazido da Europa. Entre os anos 1970 e 1980, Decio Vieira, estimulado pela experiência de novos horizontes culturais e sob o impacto pessoal da síndrome de Dulce, tem sua pintura afinada em dois registros que ora serão trabalhados como cor órfica e como zona tórrida.

Afonso Eduardo Reidy
Escada do Bloco de Exposições do Museu de Arte Moderna do Rio de Janeiro, déc. 1960

Modern Art Museum of Rio de Janeiro, Exhibit block stairs, 1960s

[14] Idem, p. 169.

[15] Oiticica, Hélio, op. cit.

[16] Mayer, Ralph, op. cit., p. 205.

Franz Marc
Raposa, 1913, Pintura sobre papel, 87 × 65 cm
Fox, 1913, Painting on paper

[17] Lacan, Jacques. O triunfo da religião – precedido de Discurso aos católicos. Rio de Janeiro: Zahar Editores, 2005. p. 50.

[18] See Gage, John. Colour and Culture – Practice and Meaning form Antiquity to Abstraction. London, Thames and Hudson, 1993, p. 253-264.

[19] Damase, Jacques. Sonia Delaunay – Rhythms and Colours. Londres: Thames and Hudson, 1972.

[20] According to De la loi du contraste simultané des couleurs et de l'assortiment des objets colorés, published by Michel Eugène Chevreul in 1839.[21] Damase, Jacques, op. cit., p. 247-268.

[22] Ibid., p. 261, 259 e 265, respectively.

"The wide-open mouth of colors devours our flesh and blood", from Jorge de Lima's poem A Invenção de Orfeu, would not be, paradoxically, in his orphic paintings but rather in another order of chromatic temperatures and the partition between reason and affection. Lacan addresses hiance or the hollow place, from where the nothing interrogates the subject about sex and about existence.[17] It is from this wide-open dimension that the subject produces the painting that will burn in torrid yellow and scarlet. In a stop in Berlin in 1974, Dulce and Decio attended an exhibit of the expressionist group Der Blauer Reiter, formed by German artists Franz Marc, August Macke and Gabriele Münter, and Russian Wassily Kandinsky and Alexej von Jawlensky, among others. Paul Klee was another artist seen by Decio Vieira in retrospective in Europe. The expressionist color is repeated in his work's burning zone through fields of vigorous brushstrokes juxtaposed to uniform planes in the coexistence between enervation and the control of the surface.

The work of this period, when Decio Vieira emphasizes the movement, the palette and the formal games taken by color in vivacious harmony, was named here "orphic color". Orphism, which emerged with the couple of artists Sonia and Robert Delaunay in 1912, was a painting style influenced by cubism and grounded on zones of subtle colors, articulated in the organization of harmonic compositions. According to John Gage, there was a certain reference to the fauve color and Robert was influenced by Sonia's collages and patchworks.[18] Decio Vieira's chromatic audacity emerged now in a rupture from his contention, using pure and live colors. Beyond the sensations of impressionism, fauvism, with Henri Matisse, André Derain and Maurice de Vlaminck, he proposed a provocative violence, through the split between color and object. The Brazilian artist owned Jacques Damase book's Sonia Delaunay – Rhythms and Colours.[19] For these reasons, the Delaunays' Orpheus will not be the same as Jorge de Lima's wide-open mouth, but both are recognized in the Brazilian painter's practice. The term Orphism was coined by Guillaume Apollinaire to distinguish Delaunays' cubism from the other practices that had appeared. However, Robert Delaunay preferred the denomination simultaneism for the juxtaposition of color zones in reference of Michel Eugène Chevreul's ideas of color contrasts.[20] Apollinaire used the name Orpheus, the poet and musician from the classical Greek mythology, to express the idea that painting should be like music in pursuit of abstraction. Again the idea of music surrounds art, and the orphic color in Decio Vieira's corpus aspires to the condition of cool jazz. With a strong intuitive disposition in the articulation of color, he is more like Sonia Delaunay for the field that Gage called "color without theory",[21] more recurrent in abstract art.

The fragmented forms taken by color, true plastic units of Decio Vieira's poetic discourse, will be called here "color-form" because they are a stylistic signature of the maturity of his painting. They bear an operation of the mathematical unconscious, now bared of the calculation rigor and freed from the intuition of Bergsonian strain. In Oiticica's "structure-time", color and structure are inseparable. Deprived from any intentionality of submitting the color to a mathematical logic of the planes, Decio Vieira experiments in this step autonomy in regard of any obligation of mathematical demonstration of the form, then deprived from any vestiges of a rhetorical role of a plastic theorem. In these works, diagonal lines intersect, as in the Delaunay couple's Orphism, and half-circles of color dislocate in a melodic course. The mobility of interconnected colors-forms results in freedom in regard of the mesh. In a more accurate remission to Sonia Delaunay's work, according to Jacques Damase's book, the diagonal axis that ties the progression of circles and half-circles is in the gouache Composition, the painting Couleur-Rythme, Paris the watercolor Couleur-Rythme.[22]

"A boca hiante das cores nos devora carnes e sangues", do poema A invenção de Orfeu, de Jorge de Lima, não estaria, paradoxalmente, em suas pinturas órficas, mas em outra ordem de temperaturas cromáticas e das cisões entre razão e afetividade. Lacan aborda a hiância ou o lugar oco, de onde o nada interroga o sujeito sobre o sexo e sobre a existência.[17] É dessa dimensão hiante que o sujeito produz a pintura que arderá em amarelo tórrido e escarlate. Em passagem por Munique em 1974, Dulce e Decio viram uma exposição do grupo expressionista do Blauer Reiter formado por artistas alemães Franz Marc, August Macke e Gabriele Münter e pelos russos Wassily Kandinsky e Alexej von Jawlensky, entre outros. Paul Klee foi outro artista repassado por Decio Vieira em retrospectiva na Europa. A cor expressionista é rebatida na zona ardente de sua obra através de campos de pinceladas vigorosas justapostos a planos uniformes na convivência entre enervação e controle da superfície.

O trabalho desse período, em que Decio Vieira enfatiza o movimento, a paleta e os jogos formais tomados pela cor em harmonia vivaz, recebeu aqui a denominação de "cor órfica". O orfismo, que surgiu com o casal de artistas Sonia e Robert Delaunay em 1912, foi um estilo de pintura influenciado pelo cubismo e apoiado em zonas de cores sutis, articuladas na organização de composições harmoniosas. Segundo John Gage, havia certa referência à cor *fauve* e Robert foi influenciado pelas colagens e obras em patchwork de Sonia.[18] A audácia cromática de Decio Vieira surgia agora em ruptura com sua contenção, recorrendo a cores puras e vivas. Para além das sensações do impressionismo, o fauvismo, com Henri Matisse, André Derain e Maurice de Vlaminck, propunha uma violência provocativa, através da cisão entre cor e objeto. O artista brasileiro possuía o livro *Sonia Delaunay – Rhythms and Colours*, de Jacques Damase.[19] Por esses motivos, o Orfeu dos Delaunay não será o mesmo de Jorge de Lima da boca hiante, mas os dois se reconhecem na prática do pintor brasileiro. O termo orfismo foi criado pelo poeta Guillaume Apollinaire para distinguir o cubismo dos Delaunay das demais práticas surgidas. No entanto, Robert Delaunay preferia a denominação simultaneísmo pela justaposição de zonas de cor em referência às ideias de contrastes das cores de Michel Eugène Chevreul.[20] Apollinaire recorreu ao nome de Orfeu, o poeta e músico da mitologia da Grécia clássica, para expressar a ideia de que a pintura deveria ser como a música na busca da abstração. De novo, a ideia de música ronda a arte, e a cor órfica no corpus de Decio Vieira aspira à condição do *cool jazz*. Com uma forte disposição intuitiva na articulação da cor, o artista está mais como Sonia Delaunay para o campo que Gage denominou de "cor sem teoria",[21] mais recorrente na arte abstrata.

Às formas fragmentadas e tomadas por cor, verdadeiras unidades plásticas do discurso poético de Decio Vieira, denominamos aqui de unidades de "cor-forma" ao se constituírem num estilema da maturidade de sua pintura. Há nelas uma atuação do inconsciente matemático, agora despido do rigor do cálculo e liberto pela intuição de cepa bergsoniana. Na "estrutura-tempo" de Oiticica, cor e estrutura são inseparáveis. Destituído de qualquer intencionalidade de submissão da cor a uma lógica matemática dos planos, Decio Vieira experimenta nesta etapa uma autonomia com relação a qualquer dever de demonstração matemática da forma, então destituída de todo vestígio de um papel retórico de teorema plástico. Nessas obras, linhas diagonais se intersectam, como no orfismo do casal Delaunay, e meio-círculos de cor deslocam-se em curso melódico. A mobilidade das cores-formas encadeadas resulta da liberdade com relação à malha. Em remissão mais precisa à obra de Sonia Delaunay, conforme o citado livro de Jacques Damase, o eixo em diagonal que amarra a progressão de círculos e semicírculos está no guache *Composição*, na pintura *Cor-Ritmo. Paris* e na aquarela *Cor-Ritmo. Paris*.[22]

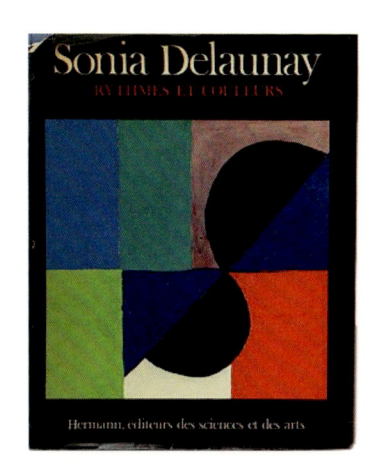

Jacques Damase
Sonia Delaunay: Ritmos e Cores, Londres: Thames and Hudson, 1972.
Sonia Delaunay: Rhythms and Colours, London: Thames and Hudson, 1972.

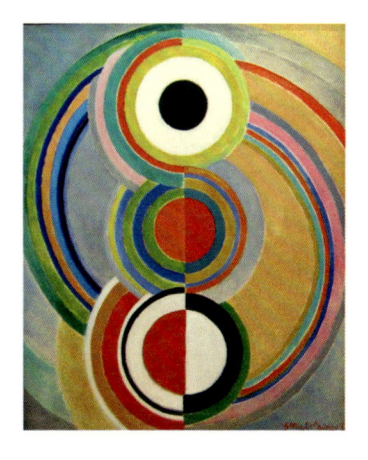

Sonia Delaunay
Ritmo, 1938, Óleo sobre tela
Rhythme, 1938, Oil on canvas

[17] Lacan, Jacques. O triunfo da religião – precedido de Discurso aos católicos. Rio de Janeiro: Zahar Editores, 2005. p. 50.

[18] Ver Gage, John. Colour and Culture – Practice and Meaning form Antiquity to Abstraction. Londres, Thames and Hudson, 1993, p. 253-264.

[19] Damase, Jacques. Sonia Delaunay – Rhythms and Colours. Londres: Thames and Hudson, 1972.

[20] Conforme o trabalho De la loi du contraste simultané des couleurs et de l'assortiment des objets colorés, que Michel Eugène Chevreul publicou em 1839.

[21] Damase, Jacques, op. cit., p. 247-268.

[22] Idem, p. 261, 259 e 265, respectivamente.

Michel-Eugène Chevreul
Cercle chromatique, 1839
Color wheel, 1839

[23] Klee, Paul. Journal. Translation by Pierre Klossowski. Paris: Grasset, 1959. p. 298-299.

[24] Lyotard, Jean-François. Discours, figures. Paris: Éditions Klincksieck, 1974. p. 225-233.

[25] Apud Souza Leite, Márcio Peter. O inconsciente está estruturado como uma linguagem. In: Cesarotto, Oscar. As ideias de Lacan. São Paulo: Iluminuras, 2011. p. 31-42.

[26] Merleau-Ponty, Maurice. L'oeil et l'esprit. Paris: Gallimard, 1964.

These Decio Vieira's gouaches and paintings, which set the color-form in motion, conduct to Paul Klee's thinking, in Jean-François Lyotard's discussion, about the line and the letter. For Klee, the transversal imaginary line is a force that splits the space into two and in this case it will be female or male when it establishes a determinant and discontinued energy.[23] In response to this argument, Lyotard concludes in Discours, figures, that the line operates as a phantasmatic of virility and a regressive determination that refers to the proof of separation of the sexes and the unitary phantasm in Klee's work and visual thinking.[24] In Decio Vieira's work there is the same energetic force in the imaginary line of splitting the color planes and the discontinued action of collisions and radiances of color-light, which Klee would classify as a bipartite unit in the plane of virility. The forms are there as a chain of signifier. The unconscious is exposed in color-form and saying that it is structured as a language would mean thus saying that it has a material reality[25] that the painter shows with the painting. The painter-subject is no more the one who lends his body to the painting, as in Paul Valéry's poetry recovered by Maurice Merleau-Ponty's phenomenology in The eye and the spirit,[26] but now he lends the material sign of his language to figurate what could be the chain of the signifier.

After the second trip to Europe, Decio Vieira reconsidered the semantic value of the color. Only then, in the 1970s, would he overcome the contritions of the orthodox lexicon of concrete art in his early stage, corresponding to what Gage called the "theoretical color". Moreover he expands the sensorial achievements of his neo-concrete work and the plastic economy of the deviation of geometry toward the eloquent presence of the brush traces, in an accumulative economical regime, in the series exhibited at the Copacabana Palace. The artist accomplished all plastic commitments of painting and advanced in the passage from syntax to semantics. This combination means that Decio Vieira adjusted to certain extremes of art history in Brazil. On one side the universal and almost unanimous recognition of Volpi's art in the country, and on the opposite the artists that were to some extent repressed by the constructive project in art like Iberê Camargo.

For Decio Vieira, somehow, it is the return to the color poetics in order to face the problem of unfinished modernity in his neo-concrete experience and in his own plastic thinking in a particular way. Under a certain approach, the painting was assuming the place of the necessary late modernity, which characterized part of the post-war Brazilian art. Color-form itself now works conveying color, inverting the hierarchies of his painting from the Frente period. Thinking relational color appeared to be therefore his unfinished task in the context of the neo-concretism body of ideas.

Another Decio Vieira's gouache figures an imaginary straight line, with the diffuse confluence of the movements towards the center, as in the 1968 series. For the set of bundles of traces-color not to be lost as an amorphous signifier being adrift (which would not confuse with George Bataille's concept of formless), Decio Vieira introduced a sentient line that imaginarily sews, in the center, a straight line for which the ordering reason infers visually, bundles the tensions in caesura and corrodes harmony with ruptures. The disciplined interruption of the trace-color creates a virtual line, inexistent and perceptible, that bears the powers of a double caesura. It functions as a prosody fact that breaks the regularity of the metric standard (and in the duration of the line-color), introduces a pause as in the cadenza of a poem or musical composition. The brush is the artist's scalpel, because that imaginary line is also the perceptional scar of the prosodic cut. Mainly there is a limit installed, with its pact among the colors.

Esses guaches e pinturas de Decio Vieira, que põem em movimento a cor-forma, conduzem ao pensamento de Paul Klee, na discussão por Jean-François Lyotard, sobre a linha e a letra. Para Klee, a linha imaginária transversal é uma força que biparte o espaço e será feminina ou masculina, neste caso, quando estabelece uma energia determinante e descontínua.[23] Em resposta a essa argumentação, Lyotard conclui, em *Discours, figures*, que a linha atua como uma fantasmática de virilidade e uma determinação regressiva que remete à prova de separação dos sexos e do fantasma unitário na obra e no pensamento visual de Klee.[24] Na obra de Decio Vieira está a mesma força energética na linha imaginária de cisão dos planos de cor e na ação descontínua de choques e clarões da cor-luz, que Klee classificaria como unidade bipartida no plano da virilidade. As formas estão ali como cadeia de significante. O inconsciente expõe-se em cor-forma e dizer que ele está estruturado como uma linguagem, significaria, então, dizer que tem uma realidade material[25] que o pintor demonstra com a pintura. O pintor-sujeito não é mais aquele que empresta seu corpo à pintura, como na poesia de Paul Valéry retomada pela fenomenologia de Maurice Merleau-Ponty em *O olho e o espírito*,[26] mas, agora, ele empresta o signo material de sua linguagem para figurar aquilo que poderia ser a cadeia do significante.

Depois de sua segunda viagem à Europa, Decio Vieira reconsiderou o valor semântico da cor. Só então, na década de 1970, ele superaria as contrições do léxico ortodoxo da pintura concretista de sua etapa inicial, correspondente ao que Gage denominou "cor teórica". Ademais, ele amplia as conquistas sensoriais de sua obra neoconcreta e a economia plástica do desvio da geometria para a presença eloquente dos traços a pincel, em regime econômico acumulativo, na série exibida no Copacabana Palace. O artista cumpriu com os compromissos plásticos da pintura e avançou na passagem da sintaxe à semântica. Esse conjunto significa um ajuste a certos extremos da história da arte no Brasil. De um lado o reconhecimento universal no país e quase unânime da obra de Volpi e, no oposto, aos artistas de algum modo recalcados pelo projeto construtivo na arte, como Iberê Camargo.

Para Decio Vieira, de certo modo, trata-se de uma retomada da poética cor para enfrentar o problema da modernidade inacabada em sua experiência neoconcreta e em próprio pensamento plástico de modo particular. Sob certa abordagem, a pintura assumia o lugar da necessária modernidade tardia, que caracterizou parte da arte brasileira do pós-guerra. A própria cor-forma agora trabalha no agenciamento da cor, invertendo as hierarquias de sua pintura do período Frente. Pensar a cor relacional parecia ser, portanto, sua tarefa inacabada no contexto do ideário do neoconcretismo.

Outro guache de Decio Vieira figura uma linha reta imaginária, com a confluência difusa dos movimentos para o centro, como corria na série de 1968. Para que o conjunto de feixes de traços-cor não se perdesse como um significante amorfo em deriva (que não se confundiria com o conceito de informe de Georges Bataille), Decio Vieira introduziu uma linha senciente que costura imaginariamente, ao centro, uma reta pela qual a razão ordenadora se infere visualmente, enfeixa as tensões em cesura e corrói a harmonia com rupturas. A disciplinada interrupção do traço-cor monta uma linha virtual, inexistente e perceptível, que tem a força de uma dupla cesura. Atua como fato de prosódia que quebra a regularidade do padrão da métrica (e na duração da linha-cor), introduz uma pausa tal como na cadência de uma poesia ou peça musical. O pincel é o bisturi do artista, pois aquela linha imaginária também é a cicatriz percepcional do corte prosódico. Sobretudo, instala-se ali uma fronteira com seu pacto entre as cores.

[23] Klee, Paul. *Journal*. Trad. Pierre Klossowski. Paris: Grasset, 1959. p. 298-299.

[24] Lyotard, Jean-François. *Discours, figures*. Paris: Éditions Klincksieck, 1974. p. 225-233.

[25] Apud Souza Leite, Márcio Peter. O inconsciente está estruturado como uma linguagem. In: Cesarotto, Oscar. *As ideias de Lacan*. São Paulo: Iluminuras, 2011. p. 31-42.

[26] Merleau-Ponty, Maurice. *L'oeil et l'esprit*. Paris: Gallimard, 1964.

[27] *The debate about the post-modernity emerged expressly in 1966, in Mário Pedrosa's article "Crise do condicionamento artístico" [Crisis in the artistic conditioning], mentioned before.*

[28] *Lyotard, Jean-François. The Postmodern Condition [1979]. Manchester: Manchester University Press, 1984. p. 111.*

[29] *Habermas, Jürgen. Modernity – an unfinished project [1980]. In: Passerin d'Entrèves, Maurice; Benhabib, Seyla (Ed.). Habermas and the unfinished project of modernity. Cambridge: The MIT Press, 1997. p. 38 onwards.*

[30] *Guinle, Jorge. Jazz Panorama. Rio de Janeiro: José Olympio, 1953.*

[31] *Ferreira Gullar's words reproduced in the brochure of the Exhibit "Artistas de São Conrado homenageiam Decio Vieira" [Artists from São Conrado pay tribute to Decio Vieira]. Rio de Janeiro, Villa Riso, 1986, not numbered.*

[32] *Thelonious Monk recorded the album Round about midnight in 1955. The record was released in 1975 by Columbia and was considered a master piece of the hard bop jazz genre.*

From the 1970s onwards, his investigation of color introduced questions of another order, such as: do the colors exist in a relational situation, that is, are they a relation of formal variables belonging to the Delaunays' simultaneism? What is denoted in those connections of color-forms? What sense production is engendered? Is it an extralogical painting or pure intuition? Or would its logic of the signifier order be in the dimension of the unconscious? In another debate field, the questions in Decio Vieira's work occurred in the realm of modernity where the painter does not think of universal and totalizing color, as intended in the modernism, that the rustic color would dominate Brazil. Is there a post-modern condition of color resulting from the "crisis of the artistic conditioning"?[27] So, what would his palette and sign be in this reaction process against the fatigue of the form? Or would there be an unfinished color project extracted or bequeathed by the modernity in crisis? While Jean-François Lyotard defends, in the essay La condition postmoderne: rapport sur le savoir (1979), that the modern project of realization of universality had been abandoned or liquidated[28], Decio Vieira's return to color problems appeared to lean toward Jürgen Habermas's positioning in Modernity – an unfinished project (1980)[29] in the antithesis of the post-modern conditions. For the painter it was the necessary facing of the demands of painting itself, his never finished project, always open.

"Space is indispensable as a dimension of the work", wrote Helio Oiticica, "but because it already exists, this is not a problem; the problem here is the inclusion of time in the work's structural genesis". Thinking about the problem of time in neo-concretism, in the convergence of senses under the perspective of Maurice Merleau-Ponty's phenomenology and the intersection key among the arts, conducted the eye toward music, the concreteness of the matter to melodies, the materiality of the sign to the abstract dimension of art. Bossa nova and jazz have also marked this historic period in Rio de Janeiro. Collections of jazz records were common in the city in the 1950s and 1960s; the most known perhaps was Jorginho Guinle's,[30] who also published a book about the subject.

Decio Vieira used to listen to MEC radio's jazz program on Tuesdays. When a new record arrived, people were invited to his house to listen to it along with him, both at his house at rua Djalma Ulrich in Copacabana, and then in São Conrado. Critic Ferreira Gullar recollects one of these sessions: "on Saturdays, he used to gather his friends in his apartment in Copacabana, to drink, dance and listen to music, especially jazz".[31] Once in an evening gathering to listen to jazz records, Decio Vieira, in his always simple, almost worker-like appearance, was asked "what are you doing here"? His gentle answer was: "I'm sorry, but I am the owner of the house". "Decio was a jazz aficionado. He had many records," recalls Dulce Holzmeister. On that evening, some friends had invited other friends and the house was so full that they wondered about the painter's modest appearance in his own studio.

A set of canvases by Decio Vieira, in tempera, oil or pastel, could be taken as a repertoire of melodies of colors-form. A drawing named Estudo para "Round about midnight" de Theolonius Monk [sic][32] is a circle divided into four parts as the phases to the day. A red arrow pointing up is the sign of Monk's song title Round midnight. It is an exception to the structure naming in reference to this classical record in jazz repertoire.

This segment in Decio Vieira's semiotic operation conducts the eye, as if listening to jazz, to understand the musical structure rather than memorizing it, refusing to produce an automatic eye of the Gestalt law from the regular mechanical forms and the very own mesh in the space structure in modernity. With the melodic connectedness of the half-circles in the orphic series, the jazz aficionado Decio Vieira appears to have concluded that in art, as in jazz, despite the substitutions in harmony, a jazz standard can always be reduced to

A partir da década de 1970, sua investigação da cor lançava indagações de outra ordem, tais como: as cores existem em situação relacional, ou seja, são uma relação de variáveis formais que são da família do simultaneísmo dos Delaunay? O que se denota nestes encadeamentos de cores-formas? Que produção de sentido se concatena? Trata-se de uma pintura extralógica ou pura intuição? Ou seria sua lógica da ordem do significante na dimensão de inconsciente? Em outro campo do debate, os questionamentos na obra de Decio Vieira se davam no plano da modernidade em que o pintor não pensa em cor universal e totalizante, como se pretendeu no modernismo que a cor caipira desse conta do Brasil. Existe uma condição pós-moderna da cor resultante da "crise do condicionamento artístico"?[27] Então, o que seria sua paleta e signo material nesse processo de reação contra a fadiga da forma? Ou haveria ainda um projeto inacabado de cor extraído ou legado pela modernidade em crise? Enquanto Jean-François Lyotard defende, no ensaio *La condition postmoderne: rapport sur le savoir* (1979), que o projeto moderno de realização da universalidade tenha sido abandonado ou liquidado,[28] o retorno de Decio Vieira a problemas da cor pareceu pender, na antítese da condição pós-moderna, para o posicionamento de Jürgen Habermas em *Modernidade – um projeto inacabado* (1980).[29] Para o pintor, foi o necessário enfrentamento das demandas da própria pintura, seu projeto nunca acabado, sempre aberto.

"O espaço é imprescindível como dimensão da obra," escreveu Hélio Oiticica, "mas, pelo fato de já existir em si, não constitui problema; o problema aqui é a inclusão do tempo na gênese estrutural da obra". Pensar o problema do tempo no neoconcretismo, na confluência dos sentidos sob a perspectiva da fenomenologia de Maurice Merleau-Ponty e a chave da intersecção entre artes, conduziu o olhar à música, a concretude da matéria a melodias, a materialidade do signo à dimensão abstrata da arte. A bossa nova e o jazz também pontuaram esse tempo histórico no Rio de Janeiro. Coleções de discos de jazz eram comuns na cidade nas décadas de 1950 e 1960; a mais conhecida talvez fosse a de Jorginho Guinle,[30] que também publicou um livro sobre o assunto.

Decio Vieira ouvia o programa de jazz das terças-feiras na Rádio MEC. Quando chegava um disco novo, as pessoas eram convidadas a irem escutar com ele, tanto na casa da rua Djalma Ulrich, em Copacabana, quanto, depois, na de São Conrado. O crítico Ferreira Gullar recorda-se de uma dessas sessões: "aos sábados, ele reunia os amigos no seu apartamento em Copacabana, para bebericar, dançar e ouvir música, jazz especialmente".[31] Certa vez, em uma reunião noturna para escutar discos de jazz, perguntaram a Decio Vieria, com sua aparência sempre simples, quase de operário, "o que você está fazendo aqui"? Sua resposta delicada foi: "desculpa, mas sou o dono da casa". "Decio era muito amante do jazz. Tinha muitos discos," lembra Dulce Holzmeister. Naquela noite, os amigos tinham convidado outros amigos e a casa ficou tão cheia que estranharam a aparência modesta do pintor em seu próprio ateliê.

Um conjunto de quadros de Decio Vieira a têmpera, óleo ou pastel, poderia ser tomado como um repertório de melodias de cores-forma. Um desenho inscrito como *Estudo para "Round about midnight" de Theolonius Monk* [sic][32] é um círculo dividido em quatro partes como as fases do dia. Um seta vermelha, apontada para o alto, é o índice da hora do título da música Round midnight, de Monk. Trata-se de uma exceção na nomeação da estrutura em referência a este disco clássico no repertório do jazz.

Este segmento da operação semiótica de Decio Vieira conduz o olhar como se jazz escutasse, a compreender a estrutura musical em vez de memorizá-la, recusando-se a produzir um olhar automático da lei da Gestalt a partir de formas mecânicas regulares e da própria malha na estrutura do espaço na modernidade. Com o encadeamento melódico dos meio-círculos na série órfica, o Decio Vieira jazz maníaco parece ter concluído que na arte, como no jazz, a

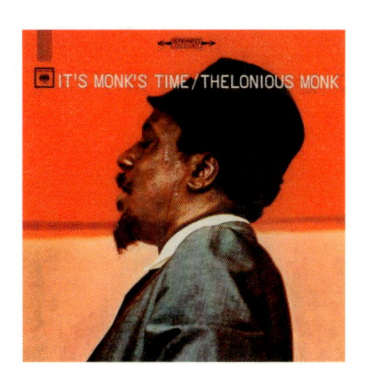

Thelonious Monk
It' Monk's time, 1964, Álbum, 33 rpm, Arquivos Decio Vieira
Disco, Decio Vieira Archives

[27] O debate sobre a pós-modernidade surgiu expressamente em 1966, no artigo de Mário Pedrosa "Crise do condicionamento artístico", anteriormente mencionado.

[28] Lyotard, Jean-François. *The Postmodern Condition* [1979]. Manchester: Manchester University Press, 1984. p. 111.

[29] Habermas, Jürgen. Modernity – an unfinished project [1980]. In: Passerin d'Entrèves, Maurice; Benhabib, Seyla (Ed.). *Habermas and the unfinished project of modernity*. Cambridge: The MIT Press, 1997. p. 38 e seguintes.

[30] Guinle, Jorge. Jazz Panorama. Rio de Janeiro: José Olympio, 1953.

[31] Palavras de Ferreira Gullar reproduzidas do folheto da exposição "Artistas de São Conrado homenageiam Decio Vieira". Rio de Janeiro, Villa Riso, 1986, não numerado.

[32] Thelonious Monk gravou o álbum Round about midnight em 1955. O disco foi lançado em 1957 pela Columbia e passou a ser considerado uma obra prima do gênero jazzístico do hard bop.

[33] Moe, Henrik et al. Klee et la musique. Paris: Musée National d'Art Moderne; Centre Georges Pompidou, 1985. The relationship of Klee and music was exhaustively analyzed by the authors of this catalog.

[34] Fiedler, Konrad. Essais sur l'art. Translation Daniel Wieczorek. Paris: Ed. de l'Imprimeur, 2002.

[35] The phrase "chord melody" has no translation to Portuguese in the specialized literature. The term has been defined by Fordham as "a style that permitted melody, harmonies and bassline to be played simultaneously". Apud Mongiovi, Angelo Guimarães. Chord-melody: investigação e arranjos para guitarra 2013. 120 p. Dissertation (Masters in Communication). Department of Communication and Art, Universidade de Aveiro. p. 13. Available at: <http://ria.ua.pt/bitstream/10773/11393/1/7778.pdf>. Acessed on February 12th, 2014.

[36] In Oiticica's line, mentioned previously: "What I do is music". See manuscript draft [1979] from Hélio Oiticica to the publication Biscoito Fino, available at the Program Hélio Oiticica/Itaú Cultural, in: <http://www.itaucultural.org.br/aplicexternas/enciclopedia/ho/index.cfm?fuseaction=documentos&cod=457&tipo=2>. Accessed on October 7th, 2014.

[37] Brito, Ronaldo. Neoconcretismo: vértice e ruptura do projeto construtivo brasileiro. Rio de Janeiro: Funarte, 1985. p. 44.

[38] Sphan was replaced by the Instituto do Patrimônio Histórico e Artístico Nacional [Institute of the National Historic and Artistic Heritage] (Iphan).

a small set of basic figures and patterns. Once the relationship of Decio Vieira's painting with music was summoned, these logic schemes could be compared to musical scores that sought some sort of notation of the dynamic movement of the colors-form in the space as in the vast repertoire of relations between Paul Klee and music.[33] However this would not be enough.

If jazz is syncopation and improvisation, it would be difficult to imagine the interest of a jazz aficionado painter as Decio Vieira in the control of the pre-visualizable form claimed by Konrad Fiedler's theory of the pure visuality.[34] The imaginary work of the semicircular waves is sustaining the propagation of the sound in his painting through diagonal axes of power, forming a sequence of progressions on the canvas, like jazz. Some jam session-like improvisation and its chord melody can be seen.[35] The eye is taken by the fluidity of a jazz performance, with the modular improvisation and its comping in the form of semicircles.

Decio Vieira understood however that jazz does not dismiss certain degrees of automatic patterns like phrases, turnarounds, progressions, patterns. In this musical genre, as much as in this painter, there is a harmonization between the components of automatism and the ones of improvisation in the melodic unfolding in music, in painting or in drawing. The developments of color-space lend a polyrhythmic dimension to the time of art. The improvisation of jazz, impregnated in the painter's perception resolves and avoids the automatic execution of the work. The sequence of diagonal semicircular progressions also alludes to the way the contrabass is held, because graphically a string instrument is organized around a sequence of parallel lines. Now jazz as art carries chromatic lines. In face of the images and stimuli suggested by Decio Vieira's work, the viewer strums the space and could paraphrase Hélio Oiticica in his already mentioned statement: "What I see is music".[36]

The reactivation of baroque, a strong claim displayed from Waldemar Cordeiro to Lygia Clark in the constructive art in Brazil, has also required its mark in Decio Vieira's work. Cordeiro had lived in the baroque Rome until settling in Brazil in 1949, while Clark knew the circuit of colonial towns of Minas Gerais, her home state. So they were two artists who had lived in big baroque art and architecture centers. If Decio Vieira was born in Petrópolis, a city dominated by the neo-classical style of the imperial period, however, his studies at the Course of Advertising Design and Graphic Arts at Fundação Getulio Vargas in 1946 gave him the chance to have a close contact with the erudite thinker Hannah Levy, a baroque expert. Another baroque scholar at FGV, also during Decio Vieira's time, was the literary critic Otto Maria Carpeaux, director of the institution's library between 1944 and 1949. In an essay about neo-concretism, the historian Ronaldo Brito identifies a neo-baroque dimension of the Brazilian modernism in the analysis about the constructive movement in São Paulo, by recognizing that "in spite of the proposal to create an 'industrial baroque', responding to the specific dispositions of the Brazilian reality, concretism had not been able to systematically think about the political reason of its practice and justify its insertion in our cultural environment".[37]

Hannah Levy had been responsible for introducing the baroque theory in the studies of Brazilian colonial art at the Serviço do Patrimônio Histórico e Artístico Nacional (Sphan)[38] [Service of the National Historic and Artistic Heritage], under an intellectually rigorous standpoint from her studies about Heinrich Wölfflin. All of this allows drawing the conclusion that Decio Vieira got acquainted with professor Levy's theses about baroque in Brazil, about the values of art, and about its social dynamics. Among Wölfflin's writings are "Renaissance and Baroque" (1888), which evokes the guidance he had received from renaissance expert Jacob Burckhardt, "The classic art" (1898) and "Principles of art history" (1915).

despeito das substituições na harmonia, um padrão jazzístico (*jazz standard*) pode ser sempre reduzido a um pequeno conjunto de figuras e padrões (*patterns*) básicos. Convocada a relação da pintura de Decio Vieira com a música, estes esquemas lógicos poderiam ser comparados a partituras que buscassem uma espécie de notação do movimento dinâmico das cores-forma no espaço como no vasto repertório de relações da produção de Paul Klee com a música.[33] No entanto, isto seria pouco.

Se o jazz é síncope e improvisação, seria difícil imaginar o interesse de um pintor jazz maníaco como Decio Vieira pelo controle da forma pré-visualizável reivindicada pela teoria da visualidade pura de Konrad Fiedler.[34] O trabalho imaginário das ondas semicirculares é sustentar a propagação do som em sua pintura através de eixos diagonais de força, formando uma sequência de progressões no quadro, como o jazz. Vê-se algo da improvisação da jam session e de sua chord melody.[35] O olhar leva-se pela fluidez de uma performance de jazz, com a improvisação modular e seus acompanhamentos (*comping*) na formas dos semicírculos.

Decio Vieira compreendeu que o jazz não dispensa, no entanto, certos graus de padrões automáticos como frases, *turnarounds*, progressões, padrões. Há, neste gênero musical como neste pintor, uma harmonização entre os componentes de automatismo e os de improvisação no desdobramento melódico na música, na pintura ou no desenho. Os desdobramentos da cor-espaço conferem uma dimensão polirrítmica ao tempo da arte. A improvisação do jazz, impregnada na percepção do pintor, resolve e evita a execução automática do quadro. A sequência de progressões semicirculares em diagonal também alude ao modo de empunhar o contrabaixo, pois, graficamente, um instrumento de cordas organiza-se em torno de uma sequência de linhas paralelas. Agora, o jazz, como a arte, tem linhas cromáticas. Diante das imagens e estímulos sugeridos pela obra de Decio Vieira, o espectador dedilha o espaço e poderia parafrasear Hélio Oiticica na afirmação já mencionada: "O que vejo é música".[36]

A reativação do barroco, forte reivindicação explicitada da arte construtiva no Brasil de Waldemar Cordeiro a Lygia Clark, também solicitou sua marca na obra de Decio Vieira. Cordeiro viveu na Roma barroca até fixar-se definitivamente no Brasil, em 1949, enquanto Clark conhecia o circuito das cidades coloniais de Minas Gerais, seu estado natal. Portanto eram dois artistas que viveram em grandes centros de arte e arquitetura barrocas. Se Decio Vieira nasceu em Petrópolis, cidade dominada pelo neoclássico do período imperial, no entanto, seus estudos no Curso de Desenho de Propaganda e de Artes Gráficas da Fundação Getulio Vargas em 1946, lhe propiciaram, como já foi dito, forte contato com a erudita pensadora Hannah Levy, uma especialista no barroco. Outro estudioso do barroco na FGV, ainda na época de Decio Vieira, era o crítico literário Otto Maria Carpeaux, diretor da biblioteca da instituição entre 1944 e 1949. Em ensaio sobre o neoconcretismo, o historiador Ronaldo Brito detecta uma dimensão neobarroca do modernismo brasileiro na análise do movimento construtivo em São Paulo, com o reconhecimento de que, "apesar da proposta de criação de um 'barroco industrial', atendendo às disposições específicas da realidade brasileira, o concretismo não foi capaz de pensar sistematicamente a razão política de sua prática e justificar a sua inserção no nosso ambiente cultural".[37]

Hannah Levy havia sido responsável pela introdução da teoria do barroco nos estudos da arte brasileira colonial no Serviço do Patrimônio Histórico e Artístico Nacional (Sphan)[38] sob um ponto de vista intelectualmente rigoroso a partir de seus estudos de Heinrich Wölfflin. Tudo isso autoriza a conclusão de que Decio Vieira tivesse entrado em contato com as teses da professora Levy sobre o barroco no Brasil, sobre os valores da arte e sobre sua dinâmica social. Entre os escritos de Wölfflin, estão "Renascimento e barroco" (1888), que evoca a orientação que recebeu do especialista em renascimento Jacob Burckhardt, "A arte clássica" (1898) e "Princípios da história da arte" (1915). Ainda na Europa, Levy havia reivindicado a necessidade

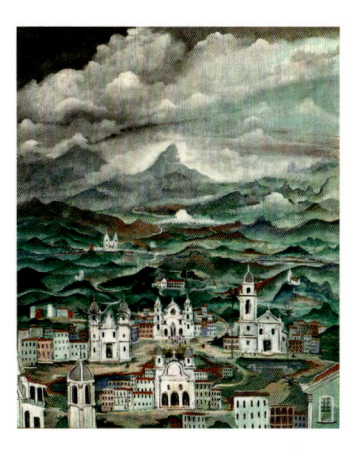

Alberto da Veiga Guignard

Paisagem imaginária, 1941, Óleo sobre madeira, 120 × 99,5 cm, Coleção particular

Imaginary landscape, 1941, Oil on wood, Private collection

---

[33] Moe, Henrik et al. *Klee et la musique*. Paris: Musée National d'Art Moderne; Centre Georges Pompidou, 1985. A relação de Klee com a música foi exaustivamente analisada pelos autores desse catálogo.

[34] Fiedler, Konrad. *Essais sur l'art*. Trad. Daniel Wieczorek. Paris: Ed. de l'Imprimeur, 2002.

[35] O termo "chord melody" não é traduzido para o português pela literatura especializada. Foi definido por Fordham como "a style that permitted melody, harmonies and bassline to be played simultaneously" ("Um estilo que permitiu a melodia, harmonias e bassline serem tocadas simultaneamente". Tradução minha). Apud Mongiovi, Angelo Guimarães. *Chord-melody:* investigação e arranjos para guitarra. 2013. 120 p. Dissertação (Mestrado em Comunicação). Departamento de Comunicação e Arte, Universidade de Aveiro. p. 13. Disponível em: <http://ria.ua.pt/bitstream/10773/11393/1/7778.pdf>. Acesso em 12 de fevereiro de 2014.

[36] Na frase de Oiticica, citada anteriormente: "O que faço é música". Ver esboço manuscrito [1979] de Hélio Oiticica para a publicação Biscoito Fino, disponível no Programa Hélio Oiticica/Itaú Cultural, em: <http://www.itaucultural.org.br/aplicexternas/enciclopedia/ho/index.cfm?fuseaction=documentos&cod=457&tipo=2>. Acesso em 7 de outubro de 2014.

[37] Brito, Ronaldo. *Neoconcretismo:* vértice e ruptura do projeto construtivo brasileiro. Rio de Janeiro: Funarte, 1985. p. 44.

[38] O Sphan foi substituído pelo Instituto do Patrimônio Histórico e Artístico Nacional (Iphan).

Back in Europe Levy had claimed the need for sociology of art,[39] where she announced a less autotelic position than Wölfflin, because she believed in the immanent evolution of styles subject to cultural contaminations. Thanks to her appropriate university education, she remodeled Sphan's intellectual dimension in the study of the colonial period by elaborating a precious corpus of research with essays. Before or simultaneously to Hanna Levy's epistemological leap, some authors, like José Marianno Filho, Salomão de Vasconcellos, Godofredo Filho, Augusto de Lima Júnior, Robert Smith, and Roger Bastide (who publishes Psicanálise do cafuné[40] in 1943) had debated ideas, but not with the FGV professor's sound scientific perspective and deep analysis.[41] The groundbreaking role of her article *A propósito de três teorias sobre o barroco* [About the baroque three theories] (1941),[42] in which she studies the ideas of Heinrich Wölfflin, Max Dvorák and Leo Ballet is largely recognized, because for the first time in Brazil "the theoretical paths are thoroughly analyzed regarding baroque as a stylistic category", according to Guilherme Simões Gomes Júnior, who also evaluates that in *Valor artístico e valor histórico: importante problema da História da Arte* [Artistic value and historical value: important problem of Art History] (1940),[43] Levy had already advocated for the scientific method and the consideration of "value" in the art work.[44]

The difference of baroque in modernism and in the constructive languages resided in pursuing history as a pillar of modernity and the national identity that culminates with the creation of Sphan; it then continues with Hannah Levy and ends with historians like Myriam Andrade Ribeiro de Oliveira, in the historiographical construction, and Guilherme Simões Gomes Júnior, in the survey of the history of concept. Against the subordination of form to the excessively rhetorical program, for example, in Tarsila's hesitant nationalist painting,[45] the abstract-geometric artists, mainly the neo-concrete, like Decio Vieira, improved the well-grounded recognition plan of major aspects of the modern art (like Malevich, Mondrian and Albers) as a necessary condition for the construction of an autonomous language. Moreover, at the time of the FGV course this historiographical procedure – to refer to the European art history to build the most rigorous understanding of the Brazilian baroque – had already been imposed by Hannah Levy in articles like "A pintura colonial no Rio de Janeiro: notas sobre suas fontes e alguns de seus aspectos" [Colonial painting in Rio de Janeiro: notes about its sources and some of its aspects] (1942)[46] and "Modelos europeus na pintura colonial" [European models in the colonial painting] (1944).[47] All this positioning, perhaps as a dislike of certain conduct of the modernist nationalism, would be summarized by her in 1975 in one question: "if art works were merely reflecting prevalent conditions within a specific historic environment, how could they be experienced in periods different of their time of origin?"[48] In short, the limitless esteem that Decio Vieira reveals in the 1970s for the history of European modern art or for the Persian traditional painting was grounded on a certain historicity of the constructed concrete form itself and not on the mere appropriation in vogue over the following decade.

The dynamics of the curves through circles and semicircles, in articulations of circles, must be understood as an expansion of the polysemous vision of the painter Decio Vieira on color-form. It's worth returning here to the Wölfflin of the analytical confrontation between the classical and the baroque in the opposition of the articulations of multiplicity and unit. The philosopher observes in the already mentioned work "Princípios da história da arte" [Principles of art history] that classic art, unlike baroque, achieves the unit when working the parts as independent under a regime of formal coordination. What is baroque in these Decio Vieira's works reposes on the abolition of the uniform independence of the planar forms toward a dynamic organization that is more uniform in its entirety. Thus a certain unit in the perception of its multiplicity of elements and details. In baroque, the line loses

---

[39] Levy, Hannah. *Sur la nécessité d'une sociologie de l'art*. Actes du Deuxième Congrès International d'Esthétique et de Science de l'art. Paris, 1937. p. 342-345. Decades later, Levy would be accused of immance in the United States. See: Kern, Daniela Pinheiro Machado. *Hanna Levy Deinhard depois de Heinrich Wölfflin: do Formalismo à Sociologia da Arte*. In: Belchior, Luna Halabi; Pereira, Luísa Rauter; da Mata, Sérgio Ricardo (Orgs.) Anais do 7°. Seminário Brasileiro de História da Historiografia – Teoria da história e história da historiografia: diálogos Brasil-Alemanha. Ouro Preto: EdUFOP, 2013. Available at: < http://www.seminariodehistoria.ufop.br/7snhh/snhh7/media/arquivos/sistema/trabalhos/Hanna_Levy_Deinhard_depois_de_Heinrich_Wolfflin__do_formalismo_a_sociologia_da_arte.pdf>. Accessed on October 31th, 2014.

[40] Bastide, Roger. *Psicanálise do cafuné*. São Paulo: Guaíra, 1941. In this collection are included the essays Sociologia do barroco and Mito do Aleijadinho.

[41] Gomes Júnior, Guilherme Simões. *Palavra peregrina: o barroco e o pensamento sobre artes e letras no Brasil*. São Paulo: Eduspa, 1998. p. 64-76.

[42] Levy, Hannah. *A propósito de três teorias sobre o barroco*. Revista do Serviço do Patrimônio Histórico e Artístico Nacional, Rio de Janeiro, n. 5, p. 259-284, 1941.

[43] Levy, Hannah. *Valor artístico e valor histórico: importante problema da história*. Revista do Serviço do Patrimônio Histórico e Artístico Nacional, n. 4, p. 181-192, 1940.

[44] Gomes Júnior, Guilherme Simões, op. cit., p. 70.

[45] About the aspects of the control of Tarsila's social class, see: Herkenhoff, Paulo. *As duas e a única Tarsila*. In: Hedel-Samson, Brigitte (Org.). Tarsila do Amaral: peintre brésilienne à Paris 1923-1929. Paris: Maison de l'Amérique Latine, 2005. p. 80-93.

[46] Levy, Hannah. *A pintura colonial no Rio de Janeiro: notas sobre suas fontes e alguns de seus aspectos*. Revista do Serviço do Patrimônio Histórico e Artístico Nacional, n. 6, p. 7-79, 1942.

[47] Levy, Hannah. *Modelos europeus na pintura colonial*. Revista do Serviço do Patrimônio Histórico e Artístico Nacional, n. 8, p. 7-65, 1944.

[48] Deinhard, Hanna. *Reflections on Art History and Sociology of Art*. Art Journal, v. 35, n. 1, p. 29-32, 1975. p. 31 Hanna Deinhard foi o nome adotado por Levy nos Estados Unidos. Ver Kern, Daniela Pinheiro Machado, op. cit.

de uma sociologia da arte,[39] em que anunciava uma posição menos autotélica do que Wölfflin, pois acreditava na evolução imanente dos estilos sujeita a contaminações culturais. Graças a sua formação universitária apropriada, remodelou a dimensão intelectual do Sphan no estudo do período colonial com a elaboração de um precioso corpus de pesquisa com ensaios. Antes ou paralelamente ao salto epistemológico de Hannah Levy, alguns autores, como José Marianno Filho, Salomão de Vasconcellos, Godofredo Filho, Augusto de Lima Júnior, Robert Smith e Roger Bastide (que publica *Psicanálise do cafuné*[40] em 1943) haviam debatido ideias, mas não com a perspectiva científica sólida e a profundidade de análise da professora da FGV.[41] O papel pioneiro de seu artigo "A propósito de três teorias sobre o barroco (1941)",[42] no qual estuda as ideias de Heinrich Wölfflin, Max Dvorák e Leo Ballet é amplamente reconhecido, porque, pela primeira vez no Brasil "são examinadas em detalhe as principais vertentes teóricas pelas quais o barroco se constituiu como categoria estilística", conforme Guilherme Simões Gomes Júnior, que avalia, ainda, que Levy, em "Valor artístico e valor histórico: importante problema da História da Arte" (1940),[43] já havia feito a defesa do método científico e da consideração de "valor" na obra de arte.[44]

A diferença do barroco no modernismo e nas linguagens construtivas estava em buscar a história como pilar da modernidade e a identidade nacional que culmina com a criação do Sphan, tem continuidade com Hannah Levy e se arremata com historiadores como Myriam Andrade Ribeiro de Oliveira, na construção historiográfica, e Guilherme Simões Gomes Júnior, no levantamento da história do conceito. Contrários à subalternidade da forma ao programa excessivamente retórico, por exemplo, da pintura nacionalista hesitante de uma Tarsila,[45] os artistas abstrato-geométricos, sobretudo os neoconcretos, como Decio Vieira, apuraram o bem fundamentado plano de reconhecimento de aspectos capitais da história da arte moderna (como Malevich, Mondrian e Albers) como a condição necessária para a construção da linguagem autônoma. Agregue-se que à época do curso da FGV, esse procedimento historiográfico – de recurso à história da arte europeia para construir o mais rigoroso entendimento do barroco brasileiro – já havia sido imposto por Hannah Levy em artigos como "A pintura colonial no Rio de Janeiro: notas sobre suas fontes e alguns de seus aspectos" (1942)[46] e "Modelos europeus na pintura colonial" (1944).[47] Todo esse posicionamento, talvez em desagrado a certa conduta do nacionalismo modernista, seria por ela resumido, em 1975, em uma indagação: "se obras de arte estivessem meramente refletindo condições prevalentes em um ambiente histórico específico, como poderiam ser experienciadas em períodos diferentes de seu tempo de origem?"[48] Em suma, o apreço sem fronteiras que Decio Vieira revela nos anos 1970 pela história da arte moderna europeia ou pela pintura tradicional da Pérsia tinha fundamentos em certa historicidade da própria forma concreta construída e não no mero citacionismo em voga na década seguinte.

A dinâmica das curvas através de círculos e semicírculos, em encaixes de discos, deve ser entendida como uma ampliação da visão polissêmica do pintor Decio Vieira sobre a cor-forma. Cabe aqui retomar o Wölfflin do confronto analítico entre o clássico e o barroco na oposição das articulações de multiplicidade e de unidade. O filósofo observa no trabalho já citado "Princípios da história da arte" que a arte clássica, diferentemente do barroco, atinge a unidade ao trabalhar as partes como independentes sob um regime de coordenação formal. O que há de barroco nessas obras de Decio Vieira repousa na abolição da independência uniforme das formas planares na direção de uma engrenagem dinâmica mais uniforme em sua totalidade. Daí certa unidade na percepção de sua multiplicidade de elementos e detalhes. No barroco, a linha perde a predominância, persegue-se a uniformização do motivo e, para tanto, a interdependência uniforme das partes é abolida para estabelecer-lhes um processo de subordinação. Essa é a razão dessas obras evitarem o signo material gráfico. Nesses trabalhos, ainda

---

[39] Levy, Hannah. Sur la nécessité d'une sociologie de l'art. *Actes du Deuxième Congrès International d'Esthétique et de Science de l'art*. Paris, 1937. p. 342-345. Décadas depois, Levy seria acusada de imanentismo nos Estados Unidos. Ver: Kern, Daniela Pinheiro Machado. Hanna Levy Deinhard depois de Heinrich Wölfflin: do Formalismo à Sociologia da Arte. In: Belchior, Luna Halabi; Pereira, Luisa Rauter; da Mata, Sérgio Ricardo (Orgs.) *Anais do 7º. Seminário Brasileiro de História da Historiografia – Teoria da história e história da historiografia*: diálogos Brasil-Alemanha. Ouro Preto: EdUFOP, 2013. Disponível em: < http://www.seminariodehistoria.ufop.br/7snhh/snhh7/media/arquivos/sistema/trabalhos/Hanna_Levy_Deinhard_depois_de_Heinrich_Wolfflin__do_formalismo_a_sociologia_da_arte.pdf>. Acesso em 31 de outubro de 2014.

[40] Bastide, Roger. *Psicanálise do cafuné*. São Paulo: Guaíra, 1941. Nesta coletânea estão os ensaios Sociologia do barroco e Mito do Aleijadinho.

[41] Gomes Júnior, Guilherme Simões. *Palavra peregrina*: o barroco e o pensamento sobre artes e letras no Brasil. São Paulo: Eduspa, 1998. p. 64-76.

[42] Levy, Hannah. A propósito de três teorias sobre o barroco. *Revista do Serviço do Patrimônio Histórico e Artístico Nacional*, n. 5, p. 259-284, 1941.

[43] Levy, Hannah. Valor artístico e valor histórico: importante problema da histórica. *Revista do Serviço do Patrimônio Histórico e Artístico Nacional*, n. 4, p. 181-192, 1940.

[44] Gomes Júnior, Guilherme Simões, op. cit., p. 70.

[45] A propósito dos aspectos do controle de classe social de Tarsila ver: Herkenhoff, Paulo. As duas e a única Tarsila. In: Hedel-Samson, Brigitte (Org.). *Tarsila do Amaral*: peintre brésilienne à Paris 1923-1929. Paris: Maison de l'Amérique Latine, 2005. p. 80-93.

[46] Levy, Hannah. A pintura colonial no Rio de Janeiro: notas sobre suas fontes e alguns de seus aspectos. *Revista do Serviço do Patrimônio Histórico e Artístico Nacional*, n. 6, p. 7-79, 1942.

[47] Levy, Hannah. Modelos europeus na pintura colonial. Revista do Serviço do Patrimônio Histórico e Artístico Nacional, Rio de Janeiro, n. 8, p. 7-65, 1944.

[48] Deinhard, Hanna. Reflections on Art History and Sociology of Art. *Art Journal*, v. 35, n. 1, p. 29-32, 1975. p. 31 Hanna Deinhard foi o nome adotado por Levy nos Estados Unidos. Ver Kern, Daniela Pinheiro Machado, op. cit.

[49] *Sfumato, along cangiante, chiaroscuro and unione, is one of the four canonical modes of the Renaissance painting. The term sfumato comes from the Italian sfumare, meaning evaporate like smoke. See Levy, Mervyn. The pocket dictionary of art terms. Nova York: New York Graphic Society, 1961. p. 103. In the definition in English, sfumato: "the soft blending of light tones into dark".*

[50] *The reference to a windmill may have emerged from the title of a book of collected articles by Rodrigo Naves. O vento e o moinho: ensaios sobre arte moderna e contemporânea. São Paulo: Companhia das Letras, 2007.*

[51] *Decio Vieira. In: Enciclopédia Itaú Cultural Artes Visuais. Available at: <http://enciclopedia.itaucultural.org.br/pessoa21454/decio-vieira>. Accessed on April 13th, 2013.*

[52] *Oiticica, Hélio. Cor, tempo e estrutura [1960]. In: Amaral, Aracy (coord.). Projeto construtivo brasileiro na arte (1950-1962), op. cit., p. 268-272.*

predominance, the uniformity of the motif is pursued, and therefore, the interdependence of the parts is abolished in order to establish a subordination process. This is the reason why these works avoid the graphic material sign. In these works, still in Hélio Oiticica's "constructive will", the diversity of forms, dimensions and colors of the curved elements, the way they fit, and the diagonal line sustain, articulate and unify the whole in contemplation of a vibrant and sonorous surface. This is precisely what sustains the diversified polysemous totality experienced by the passage from the linear to the pictorial, by the visual dynamics that articulates the exchanges between light, color, matter, form, structure, time and music, as a subtle manifestation of the baroque unconscious that crosses the Brazilian culture over time.

Brazilian critics find it difficult to analyze Decio Vieira's production because of the low exposure of his works, but also because of his discreet and withdrawn side as a person. There are just a few primary sources, documents and critical or historiographical analyses that encourage or render analyses of his production. Even a well-intentioned critic like Sérgio Bruno Martins can be wronged even in regard of the artist's name or when interpreting his drawing. His analytical effort, at least, attempts to surpass the vice of the Rio de Janeiro academic critics of insufficiently devoting to the individual analysis of specific works. In order to validate his sole critical analysis of one painting by Decio Vieira, this critic attributes the sfumato[49] character to the sign and uses pseudomorphism in the analysis of the structure. Without it his thinking would not unfold. He compares one drawing by Decio Vieira to a windmill, that is, the blades of a windmill that make the eye rotate, and correlates the delicacy of the trace to gases, in order to be able to defend the idea of sfumato. Sérgio Bruno Martins's pseudomorphic logic needs to force the reduction of Decio Vieira's subtle material sign to a gaseous image that would propel the blades of the critic's "mill".[50] The sfumato suggestion in Decio Vieira's work had already been introduced in a 2005 apocryphal comment on the Enciclopédia Itaú Cultural.[51] None of this is in the logic of Decio Vieira's drawing, which is the effort to convert the line (disciplined juxtaposition of lines) into a plane; the movement of planes. Attributing the function of a windmill to these planar structures moves the logic of movement by these planes' own propulsion to an external meteorological power that would move the mil. Decio Vieira did not propose matter in sfumato like Leonardo da Vinci, nor atmospheric surfaces in its geometric abstraction that could be compared to passages from the painting of Turner or Guignard, in its atmospheric sense of converting light into color, or the pictorial matter into dynamic energy of the climate elements or even inventions built by men such as ship sails, balloons or windmills.

Aggravating his difficulties, Sérgio Bruno Martins struggles to no avail in an impressionist confusion, resulting from a game of words, for example when he employs terms like "smoky" in English and "sfumato" in Italian (the technique) to describe and comment certain drawings of Decio Vieira. None of this however exists in this artist's work. As a matter of fact, the critic mistakenly attributes a simulation of the fluid mechanics that would overlap the solid mechanics, which is the stroke of the pencil (solid) and the viscous matter (pastel) onto the strong and equally solid paper. This does not happen. There is also a historical mistake in the confrontation of the relationship between Decio Vieira and Volpi and the crossing between the pastel and the egg tempera techniques.

The chromatic intuition and the formal improvisation in Decio Vieira's pictorial work drive him even more apart from the lexicon constructed by the concretist painting still persistent in the 1960s. Among the neo-concretists, Hélio Oiticica separated the colors that were more open to the light, phenomenologically seen as "colors-light", such as white, yellow, orange, and light-red under the dimension of the temporal sense of the color.[52] Interestingly these

da ordem da "vontade construtiva" de Hélio Oiticica, a diversidade das formas, dimensões e cores dos elementos curvos, o modo de encaixe deles entre si e as linhas diagonais sustentam, articulam e unificam o todo na contemplação de uma superfície vibrante e sonora. Isso é, justamente, o que sustenta a totalidade polissêmica multivariada experimentada pela passagem do linear para o pictórico, pela dinâmica visual que articula as trocas entre luz, cor, matéria, forma, estrutura, tempo e música, como uma sutil manifestação do inconsciente barroco que atravessa a cultura brasileira através dos tempos.

A crítica brasileira encontra dificuldades para analisar a produção de Decio Vieira por conta da baixa exposição de sua obra, mas também de seu lado discreto e silencioso como pessoa. São poucas as fontes primárias, documentos e análises críticas ou historiográficas que estimulem ou propiciem análises de sua produção. Mesmo um crítico bem-intencionado como Sérgio Bruno Martins equivoca-se até mesmo na grafia do nome ou na interpretação do desenho do artista. Seu esforço analítico, pelo menos, tenta superar o vício da crítica acadêmica carioca de pouco se dedicar em profundidade à análise individual de obras específicas. Para que sua única análise crítica de uma obra de Decio Vieira funcione, esse crítico atribui o caráter de *sfumato*[49] ao signo e recorre ao pseudomorfismo na análise da estrutura. Sem isso, seu pensamento não se desdobraria. Compara um desenho de Decio Vieira a um moinho de vento (*windmill*, no texto em inglês), isto é, às pás de um moinho de vento que fariam o olho girar, e correlaciona a delicadeza do traço a gases, para poder defender a ideia de sfumato. A lógica pseudomórfica de Sérgio Bruno Martins precisa forçar a redução do signo material sutil de Decio Vieira a uma imagem gasosa que propalasse as pás do "moinho" do crítico.[50] Essa sugestão de *sfumato* na obra de Decio Vieira já havia sido lançada por comentário apócrifo em 2005, na Enciclopédia Itaú Cultural.[51] Defenda-se que nada disto está na lógica do desenho de Decio Vieira, que é o esforço de conversão da linha (a justaposição disciplinada de linhas) em plano; o movimento dos planos. Atribuir a função de moinho de vento a estas estruturas planares desloca a lógica de movimento por propulsão própria desses planos para uma força meteorológica exterior que moveria o moinho. Decio Vieira não propôs matéria em *sfumato* como em Leonardo da Vinci, nem superfícies atmosféricas em sua abstração geométrica que pudessem ser comparadas a passagens da pintura de um Turner ou de um Guignard, em seu sentido atmosférico de conversão de luz em cor, ou da matéria pictórica em energia dinâmica dos elementos do clima ou, ainda, de engenhos construídos pelo homem como velas de navio, balões ou moinhos de ventos.

Para agravar suas dificuldades, Sérgio Bruno Martins debate-se irresoluvelmente numa confusão impressionista, resultante de um jogo de palavras, por exemplo, quando emprega os termos *smoky* em inglês (esfumaçado) e *sfumato* em italiano (o expediente técnico) para descrever e comentar certos desenhos de Decio Vieira. Nada disso, no entanto, existe na obra deste artista. De fato, o crítico atribui equivocadamente ao artista uma simulação da mecânica dos fluidos que sobrepor-se-ia à mecânica dos sólidos, que é a passagem do lápis (sólido) e do viscoso (pastel) sobre o papel forte e igualmente sólido. Isso não ocorre. Há também um erro histórico na confrontação da relação de Decio Vieira com Volpi e no cruzamento entre as técnicas do pastel e da têmpera a ovo.

A intuição cromática e a improvisação formal na obra pictórica de Decio Vieira afastam-no ainda mais do léxico construído pela pintura concretista e persistente ainda na década de 1960. Entre os neoconcretistas, Hélio Oiticica separou as cores mais abertas à luz, vistas fenomenologicamente como "cores-luz", tais como o branco, amarelo, laranja, vermelho-luz sob a dimensão do sentido temporal da cor.[52] Note-se que esses dois artistas não se envolveram com o cientificismo cromático que marcou certa produção construtiva na América Latina, como ocorrera na Europa e nos Estados Unidos. Foi na crise da aura da pintura, que o brasileiro Israel

---

[49] O *sfumato*, ao lado do *cangiante*, *chiaroscuro* e *unione*, è um dos quatro modos canônicos da pintura renascentista. O termo *sfumato* vem do italiano *sfumare*, significando evaporar como fumaça. Ver Levy, Mervyn. *The pocket dictionary of art terms*. Nova York: New York Graphic Society, 1961. p. 103. Na definição em inglês, sfumato: "the soft blending of light tones into dark".

[50] A referência a moinho pode ter surgido do título da coletânea de Rodrigo Naves. *O vento e o moinho*: ensaios sobre arte moderna e contemporânea. São Paulo: Companhia das Letras, 2007.

[51] Decio Vieira. In: *Enciclopédia Itaú Cultural Artes Visuais*. Disponível em: <http://enciclopedia.itaucultural.org.br/pessoa21454/decio-vieira>. Acesso em 13 de abril de 2013.

[52] Oiticica, Hélio. Cor, tempo e estrutura [1960]. In: Amaral, Aracy (coord.). *Projeto construtivo brasileiro na arte* (1950-1962), op. cit., p. 268-272.

[53] Benjamin, Walter. The work of art in the age of mechanical reproducibility: second version. In: Eiland, Howard; Jennings, Michael W. (Ed.). Walter Benjamin: Selected writings. Volume 3: 1935-1938. Translation Howard Eiland. Cambridge: The Belknap Press of Harvard University Press, 2003. p. 101-134.

[54] See: Jimenez, Ariel. Carlos Cruz-Diez in conversation with Ariel Jimenez. New York: Fundación Cisneros, 2010. p. 56.

[55] According to Edwin Land and John J. McCann, The retinex theory assumes that there are three independent cone systems, peaking in the long-, middle-, and short-wavelength regions of the visible spectrum. Each system forms a separate image of the world in terms of lightness that shows a strong correlation with reflectance within its particular band of wavelengths. These images are not mixed, but rather are compared to generate color sensations. The problem then becomes how the lightness of areas in these separate images can be independent of flux. See: Land, Edwin H. e McCann, John J. Lightness and retinex theory. In: Journal of the Optical Society of America, v. 61, n. 1, p. 1-11, 1971.

[56] Pedrosa, Israel. Da cor à cor inexistente. Rio de Janeiro: Senac Nacional, 2009.

[57] Pontual, Roberto. Israel Pedrosa. In: Dicionário das artes plásticas no Brasil. Rio de Janeiro, Civilização Brasileira, 1969.

[58] Pedrosa, Israel, op. cit., p. 244.

two artists have not become involved in the chromatic scientism that marked a certain constructive production in Latin America, as had occurred in Europe and the United States. It was in the crisis of the painting aura that the Brazilian Israel Pedrosa and the Venezuelan Carlos Cruz-Diez, two Latin Americans, faced the color before the new electronic media and the mechanical reproduction media, the technological and cultural phenomenon that Walter Benjamin had discussed in the essay The work of art in the age of mechanical reproducibility (1936).[53] This is precisely when the necessary investigation of painting sharpens, in face of the new advanced optical devices of the industry, that Decio Vieira frees the color, but without protecting it from these effects. In common, Pedrosa and Cruz-Diez were marked by a practically unprecedented scientism in the Latin American production and for loyalty to the problem that involved them. Pedrosa's "inexistent" color will think the chromatic phenomenon in face of the system provided by the television and Cruz-Diez's "transformative color" becomes involved with the photography technology to improve his aesthetics of the optical phenomenon of the modular colors. The interest of the latter in the articles of the American Edwin Land, the inventor of Polaroid, opened him paths toward the idea of chromo-saturation. As soon as he read Land's article "Experiments in color vision" Cruz-Diez created kind of a "stroboscopic cube" and found himself fascinated in seeing how such simple procedures could generate such complex results.[54] Cruz-Diez's series Fisiocromias (1959) are based on relations of the chromatic organization as "transformative" possibilities of the observation of color. Land developed filters for the polarization of light, which ended up as steps toward the invention of the instant photography. Previously, this scientist had created the "retinex" theory, relative to the functioning of the vision of color,[55] which had intellectually sustained his inventions and his theories and that grounded Cruz-Diez's investigative purpose of "dematerialization of the color".

Israel Pedrosa, also a painter from Rio de Janeiro and from Decio Vieira's generation, had a complex intellectual universe, which included the collaboration with the experimental composer Claudio Santoro to readings of Goethe's theories about color. He dedicated himself to the investigation of the mode of inexistence of color, but not its dematerialization like Cruz-Diez. Two cognitive responses address the way to know and experiment the color incorporated to the world by the phenomenon of painting. From the empirical observation of light in a summer afternoon over a certain environment, Pedrosa concluded that he saw a physics phenomenon (rather than an optical illusion) when observing the inexistent color in the chromatic context of the scene, and from then on he started to research the productive chromatic relations of the "inexistent color" on the white background of a canvas. From then on he got interested in the color that was not painted, that is, a color with no chemical support.[56] He argued that in the perception three main features were distinguished that correspond to the color's basic parameters: matrix (wavelength), value (luminosity or brightness) and chrome (saturation or purity of the color). His investigations in practicing painting resulted in series such as Mutações Cromáticas and Formas Virtuais. The scientist painter explores the "color dynamogenesis" in order to create in a same space transformations in the process of his perception starting from the same hue. Roberto Pontual describes the observation of the "inexistent color" from the way "one produces the visual perception of complementary colors formed by collisions of hues of a primary color".[57] Very few painters in Brazil were devoted to painting as the production of knowledge about color, like Israel Pedrosa, Alfredo Volpi, Aluísio Carvão, Hélio Oiticica, Eduardo Sued, Decio Vieira, and José Maria Dias da Cruz. Due to his personal observations about the diverse aspects of color in confrontation with the new optical-electronic technologies, Israel Pedrosa rendered consultancy services for the implementation of color systems for television broadcasters in Brazil and Germany. In regard of the episteme of color in this artist, Iberê Camargo, valuing his humanist bias, observed that it "enriches and renovates the palette (perhaps it will be considered anachronistic mentioning it) that is still conserved in the hands of man, which the heart commands. You have an open path in front of you. And you will run it with the same honesty and modesty that marked your arduous climbing".[58]

Pedrosa e o venezuelano Carlos Cruz-Diez, dois latino-americanos, enfrentaram a cor diante dos novos meios eletrônicos e dos meios de reprodução mecânica, o fenômeno tecnológico e cultural que Walter Benjamin havia debatido no ensaio *A obra de arte na era de sua reprodutibilidade técnica* (1936).[53] É justamente quando se aguça a necessária investigação da pintura, em face dos novos dispositivos óticos avançados da indústria, que Decio Vieira libera a cor, mas sem protegê-la desses efeitos. Em comum, Pedrosa e Cruz-Diez eram marcados por um cientificismo praticamente inaudito na produção latino-americana e por uma fidelidade ao problema que lhes envolveu. A "cor inexistente" de Pedrosa pensará o fenômeno cromático em face do sistema propiciado pela televisão e a "cor transformativa" de Cruz-Diez envolve-se com a tecnologia da fotografia para apurar sua estética do fenômeno ótico das cores modulares. O interesse deste último nos artigos do americano Edwin Land, o inventor da Polaroid, abriu-lhe caminhos para a ideia de cromo-saturação. Tão logo leu o artigo "Experiments in color vision", de Land, Cruz-Diez criou uma espécie de "cubo estroboscópico" e se disse fascinado em ver como procedimentos tão simples geravam resultados tão complexos.[54] A série das *Fisiocromias* (1959) de Cruz-Diez baseia-se em relações da organização cromática como possibilidades "transformativas" da observação da cor. Land desenvolveu filtros para a polarização da luz, que terminaram como etapas para a invenção da fotografia instantânea. Antes, esse cientista havia constituído a teoria "retinex", relativa ao funcionamento da visão da cor,[55] que sustentara intelectualmente seus inventos e suas teorias e que embasou o propósito investigativo de Cruz-Diez de "desmaterialização da cor".

Israel Pedrosa, pintor também do Rio de Janeiro e da geração de Decio Vieira, dispunha de um complexo universo intelectual, que incluía desde a colaboração com o compositor experimental Claudio Santoro até leituras da teoria de Goethe sobre a cor. Dedicou-se à investigação do modo de inexistência da cor, mas não de sua desmaterialização como em Cruz-Diez. São duas entregas cognitivas que abordam a forma de conhecer e de experimentar a cor incorporada ao mundo pelo fenômeno da pintura. A partir da observação empírica da luz de uma tarde de verão sobre determinado ambiente, Pedrosa concluiu ter visto um fenômeno físico (e não uma ilusão ótica) ao observar, no contexto cromático da cena, uma cor inexistente, e a partir daí, passou a pesquisar sobre o fundo branco da tela relações cromáticas produtivas da "cor inexistente". Desse momento em diante, interessou-lhe a cor que, não havia sido pintada, isto é, uma cor quimicamente sem suporte.[56] Argumentava que na percepção distinguem-se três características principais que correspondem aos parâmetros básicos da cor: matriz (comprimento de onda), valor (luminosidade ou brilho) e croma (saturação ou pureza da cor). As investigações, a partir da prática da pintura, resultaram em séries como *Mutações Cromáticas* e *Formas Virtuais*. O pintor cientista explora a "dinamogênese da cor" para criar, num mesmo espaço, transformações no processo de sua percepção a partir de um mesmo tom. Roberto Pontual descreve a observação da "cor inexistente" a partir do modo "como se produz a percepção visual de cores complementares formado por entrechoques de tonalidades de uma cor primária".[57] Pouquíssimos pintores no Brasil dedicaram-se à pintura como produção de conhecimento da cor como Israel Pedrosa, Alfredo Volpi, Aluísio Carvão, Hélio Oiticica, Eduardo Sued, Decio Vieira e José Maria Dias da Cruz. Por conta de suas observações pessoais sobre os mais diferentes aspectos da cor no confronto com as novas tecnologias ótico-eletrônicas, Israel Pedrosa chegou a prestar consultoria para a implantação do sistema de cor para emissoras de televisão no Brasil e na Alemanha. A propósito da epistheme da cor nesse artista, Iberê Camargo, em valorização de seu viés humanista, observou que ela "enriquece e renova a paleta (talvez considerem anacrônico mencioná-la) que se conserva ainda na mão do homem, que o coração comanda. Tens à tua frente um caminho aberto. E tu o percorrerás com a mesma honestidade e modéstia que marcaram tua árdua escalada".[58]

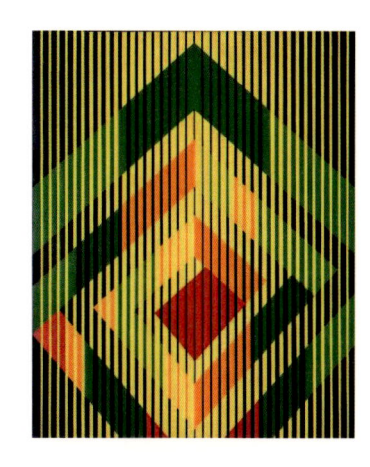

Israel Pedrosa
Mutações cromáticas, 1987, Acrílica s/ tela, 73 x 60 cm, Coleção particular
Cromatic Mutations, 1987, Acylic on canvas, Private collection

[53] Benjamin, Walter. The work of art in the age of mechanical reproducibility: second version. In: Eiland, Howard; Jennings, Michael W. (Ed.). *Walter Benjamin:* Selected writings. Volume 3: 1935-1938. Trad. Howard Eiland. Cambridge: The Belknap Press of Harvard University Press, 2003. p. 101-134.

[54] Ver: Jimenez, Ariel. *Carlos Cruz-Diez in conversation with Ariel Jimenez.* Nova York: Fundación Cisneros, 2010. p. 56.

[55] Segundo Edwin Land e John J. McCann, a teoria retinex assume que existem três sistemas independentes de cones e atuantes em relação às regiões de ondas longas, médias e curtas do espectro visível. Cada sistema forma uma imagem separada do mundo a partir da luminosidade em correlação com a reflexão de uma faixa específica do comprimento da onda, sem que as imagens se misturem, mas são comparadas para gerar sensações cromáticas. O problema é, então, como a luminosidade de área nessas imagens separadas pode ser independente do fluxo. Ver: Land, Edwin H. e McCann, John J. Lightness and retinex theory. In: *Journal of the Optical Society of America*, v. 61, n. 1, p. 1-11 , 1971.

[56] Pedrosa, Israel. *Da cor à cor inexistente.* Rio de Janeiro: Senac Nacional, 2009.

[57] Pontual, Roberto. *Israel Pedrosa*. In: Dicionário das artes plásticas no Brasil. Rio de Janeiro, Civilização Brasileira, 1969.

[58] Pedrosa, Israel, op. cit., p. 244.

Decio Vieira
Garrafa com linhas e lãs, Coleção Particular

Bottle with knitting wool and cord, Private collection

Decio Vieira
S/ título, s.d., Guache s/ papel, 50 x 35 cm, Coleção particular

No title, no date, Gouache on paper, Private collection

[59] *Gage, John. The Technique of Seurat: A Reappraisal. The Art Bulletin, n. 69, p. 448, 1987. The author analyzes how the technique was the body and soul of the art for Seurat.*

[60] *Blanc, Charles. Grammaire des arts du dessin: architecture, sculpture, peinture. Paris: Librairie Renouard, 1876.*

[61] *In the case of Almir Mavignier, the dots are formed by squeezing the tube directly against the canvas; afterwards a smaller dot in another color is put on top of the first dot.*

In turn, Decio Vieira's perceptional color, from the 1970s onwards, grew increasingly opposite to Pedrosa and Cruz-Diez. He appears to have avoided any involvement with the chromatic scientism, a conceptual mark, parallel to the effects of the Op Art, in the solution of the problems posed by the exhaustion of geometric art in face of the 1964 sociopolitical crisis and the impasses of the concrete art. It is worth reiterating that his path could be no other than experiencing the affectivity of color. The space in a painting was divided vertically, as it had occurred in his light geometry. The optical regime intuitively juxtaposes a silent green monochromatic field to a noisy plane constituted by repeated traces that shape multiple blue, red or yellow patches. Among the primary colors, blue and yellow press on the hypothesis to form the green in the neighboring rectangle. The visual pressure of the dynamic zone of patches of color tears the geometric pact of space division and invades, through the top and bottom limit, in bleeding the green field, roughly, monochromatic. In the bottom the red expands to find its temperature in its opposing pair, the green; on the top, the yellow and the blue confront with the chromatic hypothesis of its union. Even if the rupture is governed by the prism, the vertical limit is the pact that is disrespected, blurred and invaded. It is power and pressure against the original protocol that equally converges stridency and containment, rupture and caesura in significant form.

The separation of color in the formation of planes through separated brushstrokes shows that, in Decio Vieira's history, a particular "divisionism" developed. His painting however must not be confused with pointillism, which not necessarily operated the separation of colors. He should rather be referred to divisionism, a post-impressionist movement that worked the separation of colors, which optically articulated through zones of dots and traces (and not through the mixture of pigments), as in the painting of Georges Seurat,[59] Van Gogh, Jean Metzinger, Giovanni Segantini, Gaetano Previati, and Robert Delaunay in the European modernity. Seurat identified himself as "impressionist luminist". In this investigation of color are the ideas and the theory of Michel Eugène Chevreul's chromatic diagram and Charles Blanc's color wheel in the Grammaire des arts du dessin.[60]

Since the 1970s, Decio and his wife Dulce used to accumulate remains of colored wool threads inside transparent bottles, which ended up working as a trigger for the painter's chromatic imaginary. The divisionist plane formed by brushstrokes in Decio Vieira's spatial logic is of the same order of the drawings, where fields of color were constituted by visible traces (brushstrokes), parallel, organized in division. It is evident that in the historic horizon is the painting of Paul Cézanne. Unlike sfumato in George Seurat's and Oswaldo Goeldi's drawing, Decio Vieira's drawing did not use such procedure. His divisionism, not far from Charles Blanc's chromoluminarism, with the opposition of red and yellow in his color wheel, and of Michel Eugène Chevreul, operates through the mixture of pigments (the so-called subtractive process), and the additive process of optical mixing of color-light through the juxtaposition of pigments by brushstrokes. Another Brazilian case is Almir Mavignier's, in which the color dots are formed by juxtaposition, but operated by overlapping.[61] Other cultured references are in certain paintings of Athos Bulcão and José Maria Dias da Cruz.

The predominant expressiveness in these gouaches do not come so much from the vigor of the gesture than from the chromatic relations established in the compositions. This is also a period of chromatic stridencies as never seen before in the development of Decio Vieira's palette – yellow, orange and red. There is order and enervation in these accumulated traces. Now this painter appears to be more interested specifically in Mondrian's warm primary colors than in suprematist Malevich's white on white.

Por seu turno, a cor percepcional de Decio Vieira, a partir da década de 1970, esteve cada vez mais no polo oposto à Pedrosa e Cruz-Diez. Ele parece ter evitado qualquer envolvimento com o cientificismo cromático, uma baliza conceitual, paralela aos efeitos da Op Art, na solução dos problemas abertos pelo esgotamento da arte geométrica diante da crise sociopolítica de 1964 e pelos impasses da arte concreta. Há que se reiterar que seu caminho não poderia ser outro senão a vivência da afetividade da cor. O espaço em uma pintura foi dividido verticalmente, como ocorrera em sua geometria da luz. O regime ótico justapõe intuitivamente um silencioso campo monocromático verde a um ruidoso plano constituído por traços repetidos que conformam múltiplas manchas azuis, vermelhas ou amarelas. Dentre as cores primárias, azuis e amarelos pressionam sobre a hipótese de formação do verde no retângulo vizinho. A pressão visual da zona dinâmica de manchas de cores rompe o pacto geométrico de divisão do espaço e invade, pelo limite superior e inferior, em transbordamento, o campo verde, grosso modo, monocromático. Embaixo, o vermelho expande-se para encontrar sua temperatura em seu par oponente, o verde; acima, o amarelo e o azul confrontam-se com a hipótese cromática de sua junção. Mesmo que a ruptura seja regida pelo prisma, a fronteira vertical é o pacto que se desrespeita, borra e invade. É força e pressão contra o protocolo original que converge igualmente estridência e comedimento, ruptura ou cesura em forma significante.

A separação das cores na formação de planos através de pinceladas separadas demonstra que, na história de Decio Vieira, desenvolveu-se um "divisionismo" particular. Sua pintura, no entanto, não deve ser confundida com o pontilhismo, que não operou, necessariamente, a separação de cores. Ele deve ser referido ao divisionismo, movimento pós-impressionista que trabalhava a separação das cores, as quais se articulavam oticamente através de zonas de pontos e traços (e não através da mistura de pigmentos), como na pintura de Georges Seurat,[59] Van Gogh, Jean Metzinger, Giovanni Segantini, Gaetano Previati e Robert Delaunay na modernidade europeia. Seurat identificava-se como "impressionista luminista". Nessa investigação da cor, estão as ideias e a teoria do diagrama cromático de Michel Eugène Chevreul e a roda das cores de Charles Blanc na *Grammaire des arts du dessin*.[60]

Desde a década de 1970, Decio Vieira e sua esposa Dulce mantiveram o hábito de acumular sobras de fios de lã coloridos em garrafas transparentes, que acabavam funcionando como um disparador do imaginário cromático do pintor. O plano divisionista, formado por pinceladas, é, na lógica espacial de Decio Vieira, da mesma ordem dos desenhos, em que campos de cor eram constituídos por traços (pinceladas) visíveis, paralelos, organizados em divisão. É evidente que no horizonte histórico também está a pintura de Paul Cézanne. Distintamente do *sfumato* do desenho de Georges Seurat e de Oswaldo Goeldi, o desenho de Decio Vieira não recorreu a tal procedimento. Seu divisionismo, não distante do cromoluminismo de Charles Blanc, com a oposição de vermelho e amarelo em sua roda das cores, e de Michel Eugène Chevreul, opera por mistura de pigmentos (o dito processo subtrativo), e o processo aditivo de mistura ótica de cor-luz por justaposição de pigmentos por pinceladas. Outro caso brasileiro é o de Almir Mavignier, em que os pontos de cor se formam por justaposição, mas operados por sobreposição.[61] Outras referências cultas estão em certas pinturas de Athos Bulcão e de José Maria Dias da Cruz.

A expressividade predominante nesses guaches não advém tanto do vigor do gesto quanto das relações cromáticas estabelecidas nos conjuntos. Esse é também um período de estridências cromáticas como nunca vistas no desenvolvimento da paleta de Decio Vieira – amarelos, laranjas e vermelhos. Há ordem e enervação nesses traços acumulados. Este pintor parece agora mais interessado especificamente nas cores primárias quentes de Mondrian do que no Malevich suprematista do branco sobre branco.

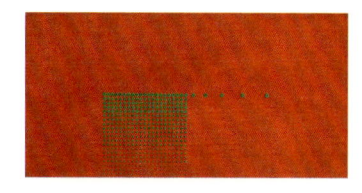

Almir Mavignier

Sem título, 1957, Óleo s/ tela, 20,5 x 40,5 cm, Coleção particular

No title, 1957, Oil on canvas, Private collection

[59] Gage, John. The Technique of Seurat: A Reappraisal. *The Art Bulletin*, n. 69, p. 448, 1987. O autor analisa como a técnica era, para Seurat, o corpo e a alma da arte.

[60] Blanc, Charles. *Grammaire des arts du dessin*: architecture, sculpture, peinture. Paris: Librairie Renouard, 1876.

[61] No caso de Almir Mavignier, os pontos são formados ao espremer o tubo diretamente contra a tela; em seguida, um ponto menor, em outra cor, é posto sobre este ponto inicial.

Aluísio Carvão
Cubocor, 1960, Pintura sobre cimento, 16,5 x 16,5 x 16,5 cm, Coleção particular
Cubocor, 1960, Painting on cement, Private collection

[62] Both paintings have been acquired during the curatorship of Fernando Cocchiarale with resources provided by Petrobras.

[63] Oiticica, Hélio apud Favaretto, Celso. A invenção de Hélio Oiticica. São Paulo: Edusp, 2000. p. 134.

The field of juxtaposed brushstrokes – as occurred with the planes formed by traces in drawings – will always be marked by rectangles as evocative vestiges of the mesh and its myth. Persian Islamic art for him was also a determining factor of visual information, as I mentioned in the previous chapter.

Decio Vieira's both works from the MAM Rio collection substantiate a history of color in the post-war Brazil, in its path of redness.[62] The artist's painting is next to Hélio Oiticica's monochromes of Relevos espaciais, Núcleos and Bólides (from 1959 through 1964), Aluísio Carvão's Cubocor (1960), the page "O homem começou a marcar o tempo", from Lygia Pape's Livro da Criação (1959-1960), and Franz Weissmann's Encontro (1983), in the shaping and unfolding of the neo-concrete color. In regard of Sala de sinuca (1966), Hélio Oiticica said to be expressing "the terrible human passions" with the red and the green.[63] The history of red in the Brazilian art also includes Tomie Ohtake (untitled, from the 1961 series of blind paintings), Hermelindo Fiaminghi (Retícula Cor-luz, 1961), Katie van Scherpenberg (Rio vermelho, 1983 and Jardim Vermelho, 1986), Cildo Meireles (Desvio para o vermelho, 1967-1984), Lygia Pape (Manto tupinambá, 1996/1999), Emmanuel Nassar (Gambiarra, 1988), Rosângela Rennó (Série Vermelha, 2000), and Niura Bellavinha (installation and video A medida do impossível, 2005).

In the exemplary case of the neo-concrete painting Cromática by Aluísio Carvão (1960, National Museum of Fine Arts collection) the hue difference resides in the light and temperature differences between two fields, which refers to the Fiat Lux board in Lygia Pape's Livro da Criação (1959-1960) and Mira Schendel's monotypes of the first day in the series Gênesis (1964, MAR collection). In Cromática, the diagonal limit bears an ambivalent meaning of separation and contagion. At a certain moment, Decio Vieira appears to evoke the intense and accumulated pictorial gesture of the paintings from the Copacabana Palace gallery. They are analytical works of the trichromatic vision of the human eye, which however is irreducible to a mechanical reception machine. The trace or the brushstroke are now submitted to another ordering regime of the visible spectrum and space activation, from the color physiology toward the author's eye and calligraphy as a flow of discharges of electric waves. Nothing of this is hidden. All of this would be insufficient if the task were not to problematize the physics of the electromagnetic radiation up to the resolution in poiesis. In this group of works, Decio Vieira's homage to the square, which would always be a reference to Albers, creates a red field upon which traces are disciplinarily interrupted to mark the square. In two other paintings, a line vertically divides the space and installs in each one its own regime of ordering and disharmony. In them, the virtual geometry defines vertical horizons – they are frontiers in the eye where the political inflexion point of the sign is situated.

In Decio Vieira's corpus, the orphic group of paintings constituted a visual syntax in which all color-form is articulated to one another in the structure, in a sort of generative connectedness. It has already been seen that the color will be discursive in its autonomous plastic poetics, differently from the pursuits of the Frente group period and the syntheses of neo-concretism – therefore, there is no rest of the use of the orthogonal grid. The color no longer designates a position in the light spectrum, but it surprises in the field of references to the significations. The color is in a state of identity and subordination in the chromatic transformation of the painting under the movement of the eye, but it is a color free of rationalism. In a linguistic perspective, the painting becomes a phrasal syntactic movement of the color, operates as a sensorial argument whereby the phrasal developments coordinate themselves intuitively by planar and chromatic functions in the dynamization of the structure. All of this could perhaps be called poetics of the desire for freedom.

O campo das justaposições de pinceladas – como ocorrera com os planos formados por traços em desenhos – estará sempre balizado por retângulos como vestígios evocativos da malha e de seu mito. A arte islâmica persa também foi para ele um fator determinante de informação visual, conforme mencionei no capítulo anterior.

As duas obras de Decio Vieira na coleção do MAM Rio substanciam uma história da cor no pós-guerra no Brasil, em sua vertente da vermelhidão.[62] A pintura do artista está junto com os monocromos de Hélio Oiticica dos *Relevos espaciais*, *Núcleos e Bólides* (de 1959 a 1964), o *Cubocor* (1960) de Aluísio Carvão, a folha "O homem começou a marcar o tempo", do *Livro da Criação* de Lygia Pape (1959-1960), e *Encontro* (1983), de Franz Weissmann, na conformação e nos desdobramentos da cor neoconcreta. A respeito de *Sala de sinuca* (1966), Hélio Oiticica afirmou expressar com o vermelho e o verde "as terríveis paixões humanas".[63] A história do vermelho na arte brasileira inclui ainda Tomie Ohtake (sem título, da série das pinturas cegas de 1961), Hermelindo Fiaminghi (*Retícula Cor-luz*, 1961), Katie van Scherpenberg (*Rio vermelho*, 1983 e *Jardim Vermelho*, 1986), Cildo Meireles (*Desvio para o vermelho,* 1967-1984), Lygia Pape (*Manto tupinambá*, 1996/1999), Emmanuel Nassar (*Gambiarra*, 1988), Rosângela Rennó (*Série Vermelha*, 2000) e Niura Bellavinha (instalação e vídeo *A medida do impossível,* 2005).

No caso exemplar da pintura neoconcreta *Cromática* de Aluísio Carvão (1960, coleção Museu Nacional de Belas Artes) a diferença tonal está nas diferenças da luz e da temperatura entre dois campos, que remete à prancha do Fiat Lux do *Livro da Criação* (1959-1960) de Lygia Pape e às monotipias do primeiro dia da série *Gênesis* (1964, coleção MAR) de Mira Schendel. Em *Cromática*, a fronteira diagonal tem significado ambivalente de separação e de contágio. Em certo momento, Decio Vieira parece evocar o gesto pictórico intenso e acumulado das pinturas da galeria do Copacabana Palace. São obras analíticas da visão tricromática do olho humano, que, no entanto, é irredutível a uma máquina receptora mecânica. O traço ou a pincelada são submetidos, agora, a outro regime de ordenamento do espectro visível e ativação do espaço, a partir da fisiologia da cor para o olhar e a caligrafia do autor como fluxo de descargas de ondas elétricas. Nada disso é ocultado. Tudo isso seria insuficiente se a tarefa não fosse problematizar a física da radiação eletromagnética até sua resolução em poiesis. Nesse grupo de obras, uma homenagem ao quadrado de Decio Vieira, que seria sempre uma referência a Albers, monta um campo vermelho sobre o qual traços interrompem-se disciplinadamente para a demarcação do quadrado. Em dois outros quadros, uma linha divide verticalmente o espaço e instala em cada um seu próprio regime de ordenamento e de desarmonia. Neles, a geometria virtual define horizontes verticais – são fronteiras no olhar onde se situa o ponto de inflexão política do signo.

No corpus de Decio Vieira, o grupo órfico de pinturas constituiu uma sintaxe visual em que toda cor-forma se articula a outra na estrutura, em uma espécie de encadeamento generativo. Já se viu que a cor será discursiva em sua poética plástica autônoma, distintamente das buscas do período do grupo Frente e das sínteses do neoconcretismo – por isso, não há o repouso do recurso à quadrícula ortogonal. A cor já não designa uma posição no espectro da luz, mas surpreende no campo das referências aos significados. A cor vive um estado de identidade e subordinação no devir cromático do quadro sob o movimento do olhar, mas é uma cor liberta do racionalismo. Em perspectiva linguística, um quadro passa a ser um movimento sintático frasal da cor, opera como um argumento sensorial em que os desdobramentos frasais coordenam-se intuitivamente por funções planares e cromáticas na dinamização da estrutura. A tudo isso, talvez se pudesse denominar poética do desejo de liberdade.

Decio Vieira

S/ título, c. 1960, Guache s/ papel, 49,8 x 42 cm, Coleção MAM Rio

No title, 1960, Gouache on paper, MAM Rio collection

[62] As duas pinturas foram adquiridas durante a curadoria de Fernando Cocchiarale com recursos da Petrobras.

[63] Oiticica, Hélio apud Favaretto, Celso. *A invenção de Hélio Oiticica*. São Paulo: Edusp, 2000. p. 134.

MALHAS ORTOGONAIS E DISSONANTES: ENTRE O PRUMO E O DESVIO DE UM MITO MODERNISTA

ORTHOGONAL AND DISSONANT MESHES: BETWEEN THE PLUMB LINE AND THE DEVIATION OF A MODERNIST MYTH

DV 9.1 • S/ TÍTULO, C. 1977 • TÊMPERA S/ TELA • 61 X 46,2 CM
COLEÇÃO PARTICULAR

NO TITLE, C.1977 • TEMPERA ON CANVAS
PRIVATE COLLECTION

DV 9.2 • S/ TÍTULO, C. 1960 • TÊMPERA S/ TELA • 83,5 X 83,5 CM
COLEÇÃO PARTICULAR

NO TITLE, C.1960 • TEMPERA ON CANVAS
PRIVATE COLLECTION

DV 9.3 • S/ TÍTULO, S.D. • TÊMPERA S/ TELA • 159,5 X 120 CM
COLEÇÃO PARTICULAR

NO TITLE, NO DATE • TEMPERA ON CANVAS
PRIVATE COLLECTION

DV 9.4 • S/ TÍTULO, C. 1960 • TÊMPERA S/ TELA • 54,5 X 37,5 CM
COLEÇÃO PARTICULAR

NO TITLE, C.1960 • TEMPERA ON CANVAS
PRIVATE COLLECTION

DV 9.5 • S/ TÍTULO, C. 1960 • TÊMPERA S/ TELA • 34,7 X 26,7 CM
COLEÇÃO PARTICULAR

NO TITLE, C.1960 • TEMPERA ON CANVAS
PRIVATE COLLECTION

DV 9.6 • S/ TÍTULO, C. 1970 • TÊMPERA S/ TELA • 35 X 27 CM
COLEÇÃO PARTICULAR

NO TITLE, C.1970 • TEMPERA ON CANVAS
PRIVATE COLLECTION

DV 9.7 • S/ TÍTULO, S.D. • TÊMPERA S/ TELA • 54 X 65 CM
COLEÇÃO PARTICULAR

NO TITLE, NO DATE • TEMPERA ON CANVAS
PRIVATE COLLECTION

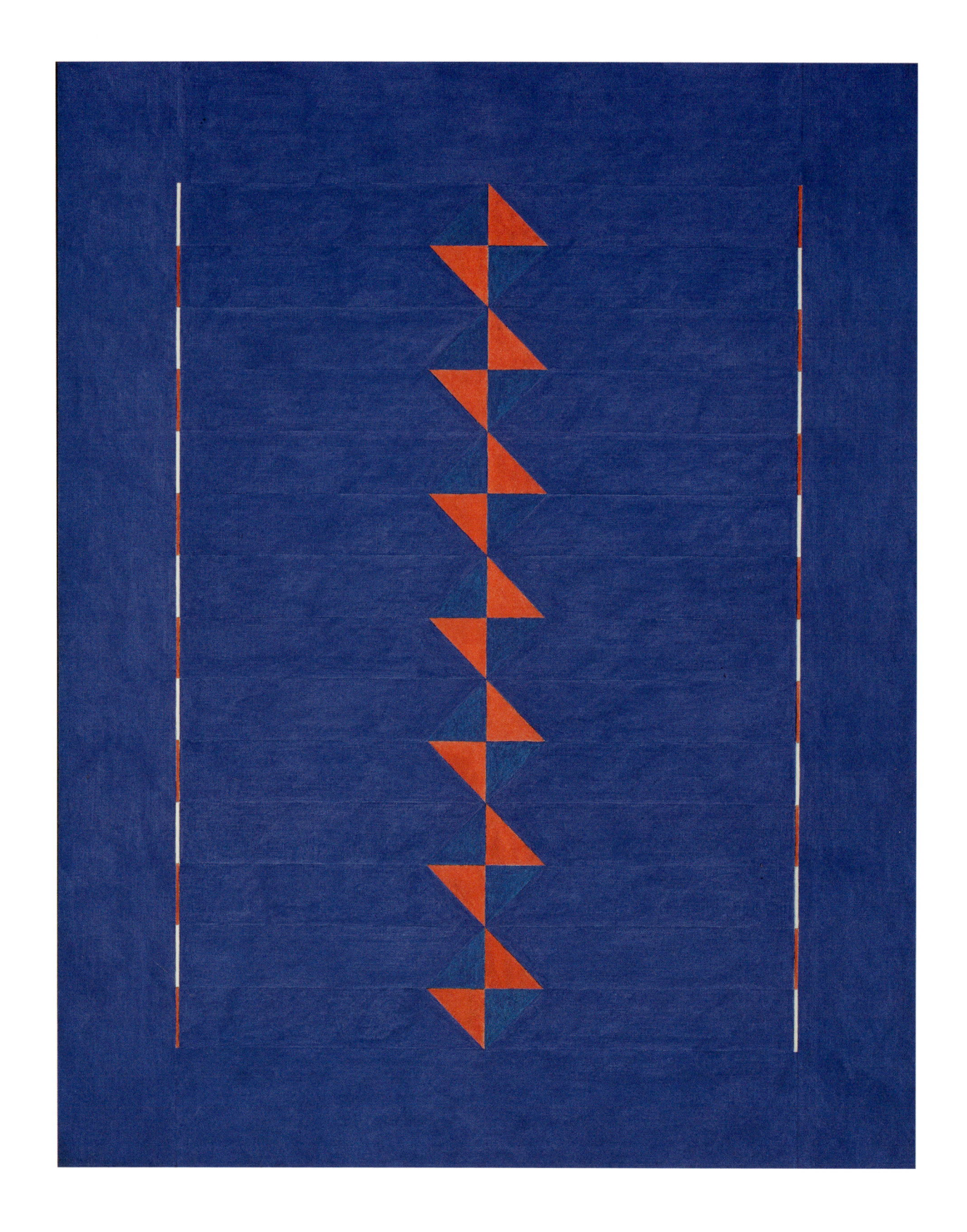

DV 9.8 • S/ TÍTULO, C. 1980 • TÊMPERA S/ TELA • 100 X 80 CM
COLEÇÃO PARTICULAR

NO TITLE, C.1980 • TEMPERA ON CANVAS
PRIVATE COLLECTION

DV 9.9 • S/ TÍTULO, S.D. • TÊMPERA S/ TELA • 41 X 33 CM
COLEÇÃO PARTICULAR

NO TITLE, NO DATE • TEMPERA ON CANVAS
PRIVATE COLLECTION

DV 9.10A • S/ TÍTULO, S. D. • ÓLEO S/ TELA • 65 X 53
COLEÇÃO PARTICULAR

NO TITLE, NO DATE • OIL ON CANVAS
PRIVATE COLLECTION

DV 9.10 • S/ TÍTULO, S. D. • ÓLEO S/ TELA • 65 X 53
COLEÇÃO PARTICULAR

NO TITLE, NO DATE • OIL ON CANVAS
PRIVATE COLLECTION

DV 9.11 • S/ TÍTULO, S.D. • TÊMPERA S/ TELA • 125 X 125 CM
COLEÇÃO PARTICULAR – COMODANTE MAC DE NITERÓI

NO TITLE, NO DATE • TEMPERA ON CANVAS
PRIVATE COLLECTION - LENT TO MAC NITERÓI

DV 9.12 • S/ TÍTULO, S.D. • TÊMPERA S/TELA • 100 X 81 CM
COLEÇÃO PARTICULAR

NO TITLE, C.1977, NO DATE • TEMPERA ON CANVAS
PRIVATE COLLECTION

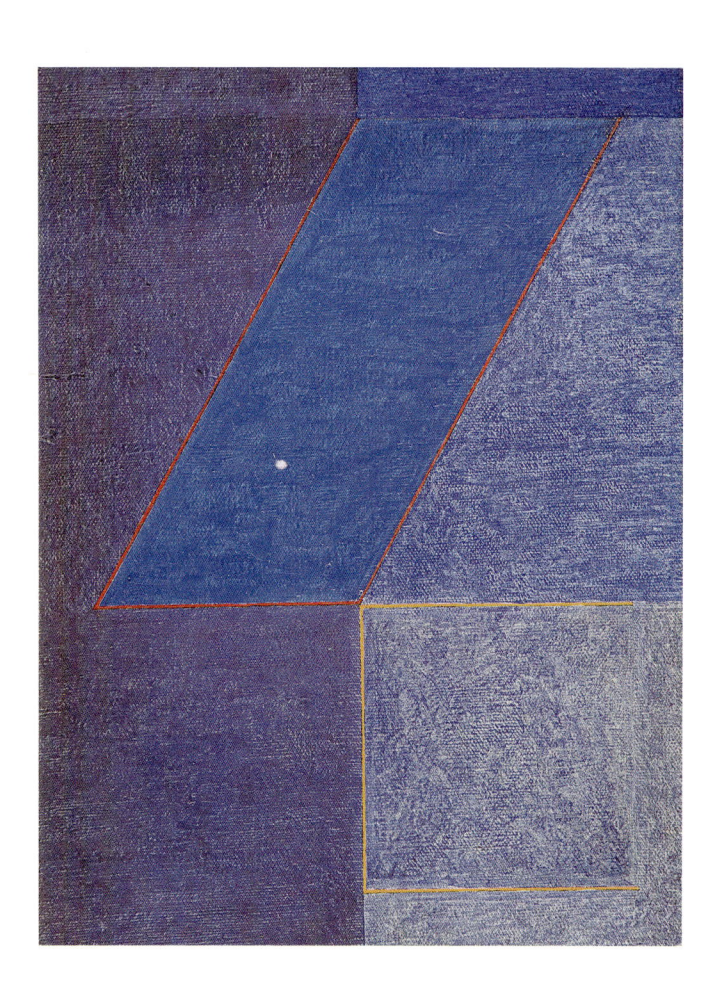

DV 9.13 • S/ TÍTULO, S.D. • TÊMPERA S/ TELA • 34 X26 CM
COLEÇÃO PARTICULAR

NO TITLE, NO DATE • TEMPERA ON CANVAS
PRIVATE COLLECTION

DV 9.14 • S/ TÍTULO, C. 1980 • TÊMPERA S/ TELA • 130 X 97 CM
COLEÇÃO PARTICULAR

NO TITLE, C.1980 • TEMPERA ON CANVAS
PRIVATE COLLECTION

DV 9.15 • S/ TÍTULO, S.D. • TÊMPERA S/ TELA • 46 X 33 CM
COLEÇÃO PARTICULAR

NO TITLE, NO DATE • TEMPERA ON CANVAS
PRIVATE COLLECTION

DV 9.16 • S/ TÍTULO, C. 1970 • TÊMPERA S/ TELA • 35 X 27 CM
COLEÇÃO PARTICULAR

NO TITLE, C.1970 • TEMPERA ON CANVAS
PRIVATE COLLECTION

DV 9.17 • S/ TÍTULO, C. 1980 • TÊMPERA S/ TELA • 125 X 125 CM
COLEÇÃO PARTICULAR

NO TITLE, C.1980 • TEMPERA ON CANVAS
PRIVATE COLLECTION

DV 9.18 • S/ TÍTULO, C. 1987 • TÊMPERA S/ TELA • 100 X 100 CM
COLEÇÃO PARTICULAR

NO TITLE, C.1987 • TEMPERA ON CANVAS
PRIVATE COLLECTION

DV 9.19 • S/ TÍTULO, C. 1987 • TÊMPERA S/ TELA • 125 X 125 CM
COLEÇÃO PARTICULAR

NO TITLE, C.1987 • TEMPERA ON CANVAS
PRIVATE COLLECTION

ORTHOGONAL AND DISSONANT MESHES: BETWEEN THE PLUMB LINE AND THE DEVIATION OF A MODERNIST MYTH

[1] In the painting of the São Paulo concretists, a similar role is played by the mesh in Judith Lauand's work and in some structures of the "visible idea" of Waldemar Cordeiro.

[2] After the experiences of repeated and accumulated brushstrokes on the Copacabana Palace exhibit, Decio Vieira resumed his focus on the geometric abstraction.

[3] Krauss, Rosalind. Grids. October, v. 9, p. 50-64, 1979.

[4] Ibid., p. 50.

[5] Elderfield, John. Grids. Artforum, v. 10, n. 9, p. 52-59, 1972.

In the neo-concretist circle, Decio Vieira would establish as the artist of the mesh, in opposition of the color or light planar dimension in the plastic path of Lygia Clark, Hélio Oiticica or Aluísio Carvão. In his corpus, the space is problematized by orthogonal structures of squares and occasionally triangles, stabilized circles, or in some situations, by the deviation by diagonal lines and lozenges, as if a plane situated outside the current modular rhythm, indicated a discreet skeptical movement in regard of the pre-visualizing reason of the form.[1] With his set of red, orange and yellow monochromes, from the 1950s onwards, Oiticica expelled the mesh from the object's interior, as it would occur in modernism with all monochromes, but he recovered it in the outside of the painting, in his way of displaying the composition, placing it in the virtual dimension, but perceptible as a mesh by the viewer's mathematical unconscious. In the Brazilian constructive project, Decio Vieira was a delicate articulator of geometric dimensions. In the midst of harmony, rectangles and triangles emerge together by means of lines and planes. The reiterated relations between plane and line in the drawing and in the painting in his corpus are surprised by the difference between full and opaque planes and transparent planes determined by the charge of matter. His chromatic wisdom, for example, is fully shown when he uses black to constitute density in planes of shadows and somber depths. An opaque black keeps the eye on the surface. So, the planes form some sort of checkered topography toward the site where the eye is situated in the experience of light, even in its scarcity and absence.

MESH AND MYTH OF MODERNITY

Thinking about the sense of returning to the mesh[2] in Decio Vieira's painting refers one to the anthological article Grids,[3] of 1979, in which the historian Rosalind Krauss argues that the mesh was the central myth of modernism, because it defined the "modernity of modern art", unarguably exposed the denial of the past, kept the exclusive focus on visuality, affirmed the will to silence and symbolized its hostility to literature, to narrative and to discourse.[4] The mesh, insists Krauss, is antinatural, antimimetic and antireal. Years earlier, in 1972, John Elderfield, had deplored its abusive use as a crutch that did not require significant effort, because it worked as a kind of ready-made or default model. The critic also censored its exploration to merely inaugurate paintings.[5] However after the neo-concrete project the mesh, for Decio Vieira, could never be a simple armature of the painting. Elderfield's and Krauss's articles must be read with special attentions, because both ignored the spatial achievements of the constructive art in Argentina and Uruguay in the mid-1940s and of neo-concretism in the next decade.

MALHAS ORTOGONAIS E DISSONANTES: ENTRE O PRUMO E O DESVIO DE UM MITO MODERNISTA

No círculo neoconcretista, Decio Vieira se firmaria como o artista da malha, em contraposição à dimensão planar da cor ou da luz no percurso plástico de Lygia Clark, Hélio Oiticica ou Aluísio Carvão. Em seu corpus, o espaço é problematizado por estruturas ortogonais de quadrados e, eventualmente, de triângulos, de círculos estabilizados ou, em outras situações, pelo desvio por linhas diagonais e losangos, como se um plano, situado fora do ritmo modular vigente, indicasse um discreto movimento cético com respeito à razão pré-visualizadora da forma.[1] Com seu conjunto de monocromos vermelhos, laranjas e amarelos, a partir do final dos anos 1950, Oiticica expulsou a malha do interior do objeto, tal como aconteceria no modernismo com todo monocromo, mas recuperou-a no exterior do quadro, em seu modo de dispor o conjunto, instalando-o na dimensão virtual, mas perceptível como malha pelo inconsciente matemático do espectador. No projeto construtivo brasileiro, Decio Vieira foi um delicado articulador de dimensões geométricas. Em meio ao estado de harmonia, surgem juntos retângulos e triângulos através de linhas e e planos. As reiteradas relações entre plano e linha no desenho e na pintura em seu corpus são surpreendidas pela diferença entre planos plenos e opacos e planos transparentes determinados pela carga de matéria. Sua sabedoria cromática apresenta-se plena, por exemplo, quando usa o preto para constituir densidade em planos de sombras e profundidades sombrias. Um preto opaco mantém o olhar na superfície. Assim, os planos constituem uma espécie de topografia quadriculada para o lugar onde o olho se situa na experiência da luz, mesmo em sua escassez e ausência.

MALHA E MITO DA MODERNIDADE

Pensar o sentido do retorno à malha[2] na pintura de Decio Vieira remete ao antológico artigo "Grid",[3] de 1979, em que a historiadora Rosalind Krauss argumenta que a malha foi o mito central do modernismo, pois definiu "a modernidade da arte moderna", expôs inapelavelmente a negação do passado, manteve o foco exclusivo na visualidade, afirmou o desejo de silêncio e simbolizou a hostilidade com a literatura, a narrativa e o discurso.[4] A malha, insiste Krauss, é antinatural, antimimética e antirreal. Anos antes, em 1972, John Elderfield havia deplorado seu uso abusivo como uma muleta que não exigia esforço significativo, pois funcionava como uma espécie de *ready-made* ou como um modelo predeterminado. O crítico censurou, ademais, a sua exploração para meramente lançar pinturas.[5] No entanto, depois do projeto neoconcreto, a malha nunca poderia ser, para Decio Vieira, uma simples armadura do quadro. Os artigos de Elderfield e Krauss devem ser lidos com especial atenção, porque ambos desconheciam as conquistas espaciais da arte construtiva na Argentina e no Uruguai em meados dos anos 1940 e do neoconcretismo na década seguinte.

Decio Vieira alimenta um pássaro, déc. 1960

Decio Vieira feeds a bird - 1960s

[1] Na pintura dos concretistas paulistanos, um papel semelhante é desempenhado pela malha na obra de Judith Lauand e em algumas estruturas da "ideia visível" de Waldemar Cordeiro.

[2] Depois das experiências de repetição e acúmulo de pinceladas na exposição do Copacabana Palace, Decio Vieira recompôs o foco na abstração geométrica.

[3] Krauss, Rosalind. Grids. *October*, v. 9, p. 50-64, 1979.

[4] Idem, p. 50.

[5] Elderfield, John. Grids. *Artforum*, v. 10, n. 9, p. 52-59, 1972. Elderfield usou os termos *default mode* e *inaugurate paintings* no original, aqui traduzidos como "modelo predeterminado" e "lançar pinturas".

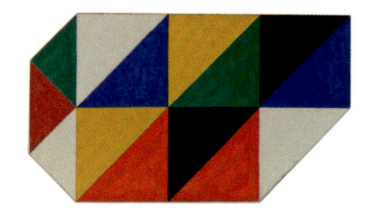

Decio Vieira

S/ título, s.d. , Têmpera s/ tela colada em aglomerado, 42 x 73,8 cm, Coleção Museu de Arte do Rio (MAR) / Fundo Z

No title, no date, Tempera on canvas glued to chipboard, MAR collection

Rhod Rothfuss

3 circulos rojos, 1948, Esmalte sobre madeira, 100 x 64 cm, Coleção particular

3 red circles, 1948, Enamel on wood, Private collection

[6] *Orthogonality was one of the foundations of the aesthetics for some abstract-geometric artists of the Frente Group.*

ORTHOGONALITY

Decio Vieira has revisited and has always operated with orthogonality, an important value to neo-plasticism, insofar as to put it on the basis of his personal constructive project. His grids resumed the very orthogonality experience of the Frente Group[6] and the developments of neo-concretism. Even if transversal lines can be drawn in the division and subdivision of squares, the limit of the geometry here is to not destabilize the governing harmony of the coincidence relation of the angles between the support and the mesh, and thus impose the mathematical logic of the structure. In the orthogonal (or perpendicular) mesh two straight lines or two planes make a 90° angle – thus the symbol of orthogonality be$\perp$. Overall, orthogonality in mathematics is governed by perpendicularity, or the relation between two lines in a right angle. In summary, Decio Vieira operated in the Cartesian plane in those paintings. A group of Decio Vieira's paintings, in which yellow squares are inscribed in white meshes, dialog with the painting Planos em superfície modulada (1957-1958) from the period of Lygia Clark's neo-concrete logic gestation. In both artists the light game develops in the place found for the yellow "solarity" and the primal white, of suprematist strain, dominating the field. The materialist condition of light dismisses the metaphysical understanding of the sign.

The substantive perpendicularity emerges in the late 16th century. The etymology of this term helps to understand Decio Vieira's constructive discipline. Perpendicular comes from the Latin perpendicularis, which means "vertical with a plumb line"; perpendiculum is the plumb line and perpendere is to carefully weigh. In the book of Amós, in the Bible, the Lord is revealed as the balance for the wrongdoing:

> *Thus He showed me, and behold, the Lord was standing by a vertical wall with a plumb line, in His hand. And the Lord said to me, 'Amos, what do you see?' And I said 'a plumb line'. Then said the Lord, 'Behold, I am about to put a plumb line in the midst of My people Israel: I will spare them no longer'. (Am 7, 7-8).*

Part of Decio Vieira's pictorial production dedicates therefore to pass the eye to the plumb line of rationality.

HOMAGE TO THE SQUARE AND THE LITTLE FLAGS

An extensive practice of the constructive movement in Brazil was the subdivision of the square by the crossing of diagonals drawn from the angles to form an X. This was partly deference to Joseph Albers and his extensive investigation of the series Homage to the square (1950-1976). The geometric result, in vertical rectangles and squares, also occurred alluding to the popular motifs of Alfredo Volpi's painting, especially when a triangle appeared to be missing at the bottom of the plane, opening kind of a "little flag", the celebrated stylistic signature of the São Paulo artist. However, one can cogitate about an unexpected origin, without dismissing the role of Volpi's oeuvre with Decio Vieira. The second owned in his library the book Meaning in the visual arts, by Erwin Panofsky, a North-American translation from the original (1939) published in 1955, whose cover depicts the contact between two triangles (one of them wagering) – one red, one blue – which, transparent, overlap the board Tragic scene, extracted from Sebastiano Serlio's Libro Primo d'architettura (second half of the 16th century), accentuating its perspective. So the graphic design of book's cover celebrates orthogonality and perspective. Moreover, the cover binds two meanings of the expression "orthogonal lines". The vertexes of both

ORTOGONALIDADE

Decio Vieira revisitou e sempre operou com a ortogonalidade, valor tão caro ao neoplasticismo, de forma a colocá-la na base de seu projeto construtivo pessoal. Suas quadrículas retomavam a própria experiência de ortogonalidade do Grupo Frente[6] e os desdobramentos do neoconcretismo. Ainda que se possa traçar linhas transversais na divisão e subdivisão de quadrados, o limite da geometria está aqui em não desestabilizar a harmonia regente da relação de coincidência dos ângulos entre o suporte e a malha e, com isso, impor a lógica matemática da estrutura. Na malha ortogonal (ou perpendicular) duas retas ou dois planos fazem um ângulo de 90° – daí o símbolo da ortogonalidade na geometria ser ⊥. Em termos gerais, a ortogonalidade na matemática é regida pela perpendicularidade, ou a relação entre duas linhas em ângulo reto. Em suma, Decio Vieira operava o plano cartesiano nessas pinturas. Um grupo de pinturas suas, nas quais quadrados amarelos são inscritos na malha branca, guarda diálogo com a pintura *Planos em superfície modulada* (1957-1958) do período de gestação da lógica neoconcreta em Lygia Clark. Nos dois artistas, o jogo de luz se desenvolve no lugar encontrado para a "solaridade" do amarelo e o branco primal, de cepa suprematista, dominante do campo. A condição materialista da luz dispensa o entendimento metafísico do signo.

O substantivo perpendicularidade surge no final do século XVI. A etimologia desse termo ajuda a compreender a disciplina construtiva de Decio Vieira. Perpendicular provém do latim *perpendicularis*, que significa "vertical como uma linha de prumo"; *perpendiculum* é o prumo e *perpendere* é pesar cuidadosamente. No livro de Amós, na Bíblia, o Senhor é revelado como a balança para o descaminho:

> Eis o que me mostrou o Senhor Javé: o Senhor estava de pé sobre um muro a prumo, com um prumo na mão. Que estás vendo, Amós?, perguntou-me. Eu disse: Um prumo. Eis que vou passar ao prumo o meu povo de Israel, replicou o Senhor, e não lhe perdoarei mais. (Am 7, 7-8).

Parte da produção pictórica de Decio Vieira dedica-se, portanto, a passar o olhar ao prumo da racionalidade.

HOMENAGEM AO QUADRADO E AS BANDEIRINHAS

Uma extensa prática do movimento construtivo no Brasil foi a subdivisão do quadrado pelo cruzamento de diagonais tiradas a partir dos ângulos para formar um X. Em parte, era uma deferência a Josef Albers e a sua extensa investigação da série *Homenagem ao quadrado* (1950-1976). O resultado geométrico, em retângulos verticais e em quadrados, também ocorria em alusão aos motivos populares da pintura de Alfredo Volpi, especialmente quando parecia faltar um triângulo na base do plano, abrindo-se com isso uma espécie de "bandeirinha", o consagrado estilema do pintor paulistano. No entanto, pode-se cogitar uma inesperada origem, sem descartar o papel da obra de Volpi junto a Decio Vieira. Este último possuía em sua biblioteca o livro *Meaning in the visual arts*, de Erwin Panofsky, tradução norte-americana do original (1939), publicada em 1955, cuja capa retrata o contato entre dois triângulos (um deles trucando) – um vermelho e outro azul – que, transparentes, sobrepõem-se à prancha *Cena trágica*, extraída do *Libro Primo d'architettura* (segunda metade do século XVI) de Sebastiano Serlio, acentuando-lhe a perspectiva. Assim, o design gráfico da capa deste livro celebra a ortogonalidade e a perspectiva. A capa, ademais, une dois sentidos da expressão "linhas ortogonais". Os vértices dos dois triângulos monocromáticos encontram-se no ponto de fuga da imagem de Serlio. É o sentido renascentista

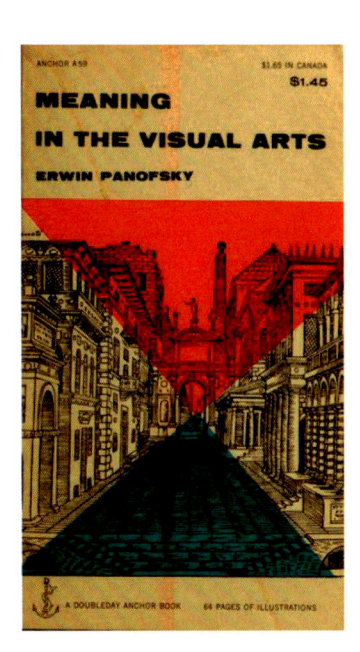

Erwin Panofsky

Meaning in the visual arts, Capa de George Giusti, Nova York: Doubleday Anchor Books, 1955

Meaning in the visual arts, George Giusti cover, New York: Doubleday Anchor Books, 1955

Decio Vieira

S/ título, s.d., Grafite e aquarela sobre papel, Coleção Museu de Arte do Rio (MAR) / Fundo Decio Vieira e Dulce Holzmeister

No title, no date, Graphite and watercolor on paper, MAR collection

[6] A ortogonalidade foi uma das bases da estética de alguns artistas abstrato-geométricos do Grupo Frente.

Athos Bulcão

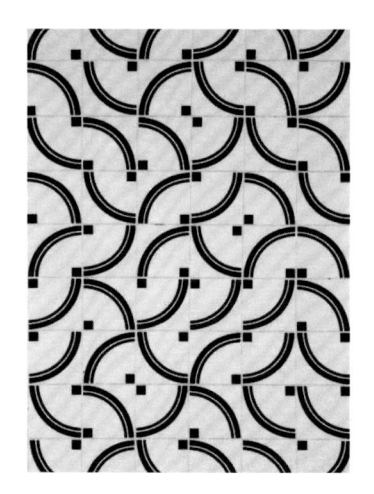

Painel de azulejos, Brasília, Instituto Rio Branco, Ministério das Relações Exteriores, 1998

Tiles panel, Brasilia, Rio Branco Institute, Foreign Affairs Ministery, 1998

[7] Rothfuss, Rhod. El marco: un problema de plástica actual. Arturo: Revista de Arte Abstracta, Buenos Aires, n. 1, 1944.

[8] Colpitt, Frances. The shape of painting in the 1960s. Art Journal, v. 50, n.1, p. 50-52, 1991.

[9] Krauss, Rosalind, op. cit, p. 54.

[10] Walter Bacci e as formas coloridas em tecidos [Walter Bacci and the colored forms in fabrics]. Jornal do Brasil, Rio de Janeiro, September 20th, 1964, p. 9, no authorship. (Revista de Domingo).

monochromatic triangles meet in the vanishing point of Serlio's image. It is the renaissance sense of orthogonality in the representation. The cover reiterates vanishing points, in Serlio's perspective design and in the tension of the touch of the vertexes, last possibility of the tact. The same cover also includes the value of the term in modernity, not as a perspective process, but also in the vertical and horizontal straight lines that produce an angle in their intersection. This was the question for Piet Mondrian, Theo van Doesburg, part of the Frente Group and artists like the American Burgoyne Diller. In Mondrian the mesh was defined as a scheme of spaced parallel bars. After the reference to Panofsky's edition and Serlio's image, it is worth returning to Rosalind Krauss to confront the modernist mesh with the grids of windows in the symbolist painting, which differentiated it from the classic perspective of Paolo Uccello and Leonardo, whose studies were from the science of the real realm, and not a way to suspend it, as in the mesh. Decio Vieira appropriated Panofsky's cover to produce his antimimetic structures of the real.

CUT OF THE PAINTING

One single painting by Decio Vieira appears to have resumed the historic question of the object in art through the cut in the support according to the color planes, kind of an amputation of the rectangle from this support. Such work is part of the experimental tradition of the irregular frame (marco irregular, in Spanish) of 1942, of the Uruguayan Rhod Rothfuss – who writes the article El marco: un problema de plástica actual [The frame: a current plastic problem] (1944)[7] and integrates the Argentinean group Madí – followed by Frank Stella's shaped canvas in the American minimalism. From the 1950s onwards, the European and North-American experiences, with artists like Richard Smith and Frank Stella exhibiting in the show The Shaped Canvas (The Guggenheim Museum, New York, 1964), came from the idealism of the spatial era, according to Frances Colpitt.[8] If the power of the mesh implies masking and revealing – and with it the strengthening of its mythic condition[9] – the orthogonal meshes unveil in their dimensions outside the stabilizing coordinates of the eye. Here, in this Decio Vieira's object, the ideological success of the mesh lies in reiterating its materialist dimension.

TRIANGLES

Another problematization of the relations between form, color and modulation in Decio Vieira's production are those yarns in the triangles, in his effort to remain inside the stabilizing logic of the mesh. In a group of triangles, the modulation of triangles alternates the rhythm of the form by color and at the same time interrupts the sequence with the presence of a circle. In other paintings there are sequences of forms that are similar to those that had already appeared under another regime of paintings of Ivan Serpa's group Faixas ritmadas (1953), activated by a series of planes, which in technical terms, configure dramatic isosceles obtuse angle triangles. Triangles also appear in concretist Rubem Ludolf's drawings (Quadrado, 1958) and the neo-concretist Hércules Barsotti (Branco/preto, 1960). In Vieira and Serpa they are tense yarns; in Ludolf and Barsotti, Gestalt games. Ludolf's Quadrado operates in the Gestalt mode of certain procedures of Victor Vasarely, with the conversion from an organized sequence by dimensions, of lines of triangles into rectangles. Drawings of the stage designer and decorator Walter Bacci used to allude to the form of the "Japanese folding toys", referred to in the article "Walter Bacci e as formas coloridas em tecidos" [Walter Bacci and the colorful forms in fabrics][10], and seem to hold Decio Vieira's structures with triangles.

da ortogonalidade na representação. A capa reitera pontos de fuga, no desenho de perspectiva de Serlio e na tensão do toque dos vértices, última possibilidade do tato. A mesma capa também inclui o valor do termo na modernidade, não como processo de perspectiva, mas de linhas retas vertical e horizontal que produzem ângulo em sua interseção. Essa era a questão de Piet Mondrian, Theo van Doesburg, de parte do Grupo Frente e de artistas como o americano Burgoyne Diller. Em Mondrian, a malha se definia como um esquema de barras paralelas espaçadas. Depois da referência à edição de Panofsky e à imagem de Serlio, cabe reintroduzir Rosalind Krauss por confrontar a malha modernista com as esquadrias das janelas na pintura simbolista, o que a diferenciou da perspectiva clássica de Paolo Uccello e Leonardo, cujos estudos eram da ordem da ciência do real, e não um modo de suspendê-lo, como na malha. Decio Vieira se apropriou da capa de Panofsky para produzir suas estruturas antimiméticas do real.

RECORTE DO QUADRO

Um único quadro de Decio Vieira, parece ter retomado a histórica questão do objeto na arte através do recorte do suporte segundo os planos de cor, uma espécie de amputação do retângulo desse suporte. Tal obra inscreve-se na tradição experimental da moldura irregular (*marco irregular*, em espanhol) de 1942, do uruguaio Rhod Rothfuss – que escreve o artigo *El marco: un problema de plástica actual* (1944)[7] e integra o grupo argentino Madí –, seguida pelo shaped canvas de Frank Stella no minimalismo americano. A partir da década de 1950, as experiências europeia e norte-americana, com artistas como Richard Smith e Frank Stella exibidos na mostra The *Shaped Canvas* (The Guggenheim Museum, Nova York, 1964), provinham do idealismo da era espacial, de acordo com Frances Colpitt.[8] Se o poder da malha implica em mascarar e revelar – e com isso ocorre o fortalecimento de sua condição mítica[9] – as malhas ortogonais desvelam-se em suas dimensões fora das coordenadas estabilizadoras do olhar. Aqui, neste objeto de Decio Vieira, o sucesso ideológico da malha está em reiterar sua dimensão materialista.

TRIÂNGULOS

Outra problematização das relações entre forma, cor e modulação na produção de Decio Vieira são as fiadas nos triângulos, em seu esforço de permanência dentro da lógica estabilizadora da malha. Em um grupo de pinturas, a modulação dos triângulos alterna o ritmo da forma pela cor e, ao mesmo tempo, interrompe a sequência com a presença de um círculo. Em outras pinturas ocorrem sequências de formas semelhantes àquelas que já haviam aparecido sob outro regime nas pinturas do grupo *Faixas ritmadas* (1953) de Ivan Serpa, movimentadas por uma série de planos que, em termos técnicos, configuram-se como dramáticos triângulos obtusângulos isósceles. Triângulos também surgem em desenhos do concretista Rubem Ludolf (*Quadrado*, 1958) e do neoconcretista Hércules Barsotti (*Branco/preto*, 1960). Em Vieira e Serpa são fiadas tensas; em Ludolf e Barsotti, jogos de Gestalt. O *Quadrado* de Ludolf opera, no modo gestáltico de certos procedimentos de Victor Vasarely, com a conversão, a partir de uma organizada sequência por dimensões, de filas de triângulos em retângulos. Desenhos do cenógrafo e decorador Walter Bacci aludiam à forma dos "brinquedos japoneses de dobraduras", referidos no artigo "Walter Bacci e as formas coloridas em tecidos",[10] e parecem guardar as estruturas com triângulos de Decio Vieira.

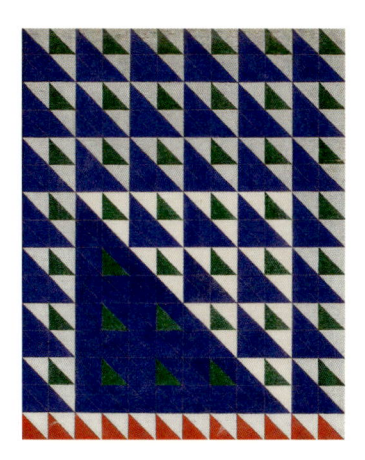

Decio Vieira
S/ título, s.d., Têmpera s/ tela, 41 x 33 cm, Coleção particular
No title, no date, Tempera on canvas, Private collection

[7] Rothfuss, Rhod. El marco: un problema de plástica actual. *Arturo: Revista de Arte Abstracta*, Buenos Aires, n. 1, 1944.

[8] Colpitt, Frances. The shape of painting in the 1960s. *Art Journal*, v. 50, n.1, p. 50-52, 1991.

[9] Krauss, Rosalind, op. cit, p. 54.

[10] Walter Bacci e as formas coloridas em tecidos. *Jornal do Brasil*, Rio de Janeiro, 20 de setembro de 1964, p. 9, sem autoria. (Revista de Domingo).

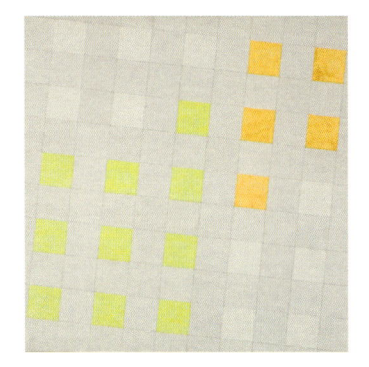

Decio Vieira
S/ título, c. 1987, Têmpera s/ tela,
125 x 125 cm, Coleção particular
*No title, c.1987, Tempera on canvas,
Private collection*

[11] *Ibid.*

AZULEJARIA

The century-old habit of azulejaria (tile work) of the Lusitanian world was recovered in the Brazilian modernity through a double track path, because on one side there was the recovery of the historical references for its national discourse, quite different from the retour à l'ordre of the European vanguards of the 1910s and 1920s; and on the other side the use of its dimension of geometric mesh. In spite of its inclusion in the categories of structures that constitute autonomy with respect to the real, azulejaria, however ends up as an orthogonal grid. It is in this strict sense that azulejaria is recovered in this essay, because Decio Vieira's geometric painting can be correlated with the idea of abstract azulejaria of the modernism for a historic reason as well. Not only because the Portuguese tradition had produced purely abstract tile panels as early as the 17th century, but also because the geometric artists carried out azulejaria projects that drove apart from the nationalist or regionalist figuration of the azulejaria of the modern artists, like Portinari, at the Ministry of Education in Rio de Janeiro, and Pampulha in Belo Horizonte; Vieira da Silva at the Rural Federal University of Rio de Janeiro; Djanira at the Santa Bárbara Tunnel in Rio de Janeiro; and the artists from Osirarte, in São Paulo. These images, modulated by the spatial unit of the tiles, cross the constructive unconscious in Brazilian art. The azulejaria of the geometric abstraction emerged in the 1950s with the experience of Antônio Maluf, Roberto Burle Marx and Athos Bulcão (as in the examples of the panels at FGV headquarters in Rio de Janeiro), and Rubem Ludolf, the already mentioned long-standing friend of Decio Vieira.

In 1964, Walter Bacci held an exhibit at Porão da Chica da Silva in Rio de Janeiro that was commented in the already mentioned Jornal do Brasil report, where the highlights were mysticism, the suns, tiles, the yellow lands and the blue. There one is also informed that Bacci did paintings and mosaic, "later he got acquainted with the magic of patterned colors".[11] The space division in the fabrics painted by the artist may have called Decio Vieira's attention because they started at a certain geometrization and in them Bacci was introducing, also according to Jornal do Brasil, "tiles as a background. By the way, Bacci is doing an azulejaria study, a research work that is plastically being executed by Hilda Goitz". One of the dresses recommended to Dulce Holzmeister by Decio Vieira carries connections between azulejaria and mandalas that appear to be present in his own painting.

DISSONANT MESHES AND STRUCTURAL TENSIONS

In the 1980s, Decio Vieira's painting posits a new problem: the picture can be no absolute resting field, but it would not be an anxious convulsion either. In the 1950s the artist worked with the visual discretion of the articulating facts of the geometric structure. In this aspect there was a certain moderation of the activating or stabilizing differences of the surface, thus, of the eye itself. In the 1980s, Decio Vieira disturbs the harmonic order of the eye, through the split between the angles of the mesh, a bet on the geometric drawing, and the support of the painting. This harmony was present in Mondrian's neoplastic work, in Josef Albers's concrete production of the Homages to the square and in the Frente Group. Once the logic of the mesh is defined in this Decio Vieira's painting, the incoincidence between two orthogonal overlapped orders introduces a Gestalt dissonance, a soft disharmony intended to reinvigorate the formal game and capture the eye's interest by the unexpected in the modular rhythm. These dissonances, ruptures and breakdowns of the modular logic are found in coeval works of Brazilian sculptors as Franz

AZULEJARIA

O hábito secular da azulejaria do mundo lusitano foi retomado na modernidade brasileira por uma via de mão dupla, pois de um lado, ocorreu a recuperação de referências históricas para seu discurso nacional, bem diferente do *retour à l'ordre* das vanguardas europeias nas décadas de 1910 e 1920, e, de outro lado, o recurso a sua dimensão de malha geométrica. Malgrado seu perfilamento nas categorias das estruturas que constituem autonomia com respeito ao real, a azulejaria, no entanto, termina por se constituir numa quadrícula ortogonal. É nesse estrito sentido que a questão da azulejaria é tomada neste ensaio, porque a pintura geométrica de Decio Vieira pode ser correlacionada à ideia de azulejaria abstrata do modernismo também por uma razão histórica. Não apenas porque a tradição portuguesa produziu painéis de azulejos puramente abstratos já no século XVII, como também porque os artistas geométricos realizaram projetos de azulejaria que se distanciavam da figuração nacionalista ou regionalista da azulejaria dos modernos, tais como Portinari, no Ministério da Educação, no Rio de Janeiro, e na Pampulha, em Belo Horizonte; Vieira da Silva, na Universidade Federal Rural do Rio de Janeiro; Djanira, no Túnel Santa Bárbara na cidade carioca; e os artistas da Osirarte, em São Paulo. Essas imagens, moduladas pela unidade espacial dos azulejos, atravessam o inconsciente construtivo na arte brasileira. A azulejaria da abstração geométrica surgiu a partir da década de 1950 na experiência de Antônio Maluf, Roberto Burle Marx, Athos Bulcão (como no exemplo dos painéis do edifício sede da FGV, no Rio de Janeiro) e Rubem Ludolf, o já mencionado amigo de longa data de Decio Vieira.

Em 1964, Walter Bacci realizou uma exposição no Porão da Chica da Silva, no Rio de Janeiro, que foi comentada na citada matéria do *Jornal do Brasil*, em que foram destacados o misticismo, os sóis, azulejos, as terras amarelas e os azuis. Ali também se informa que Bacci fez pintura e mosaico, "depois conheceu a magia das cores estampadas".[11] A divisão do espaço nos tecidos pintados pelo artista pode ter chamado a atenção de Decio Vieira, pois partiam de certa geometrização e neles Bacci introduzia, ainda segundo o *Jornal do Brasil*, "azulejos como fundo. Aliás, Bacci está fazendo um estudo de azulejaria, trabalhos de pesquisa que está [sic] sendo executado plasticamente por Hilda Goitz". Um dos vestidos recomendados a Dulce Holzmeister por Decio Vieira tem vínculos entre azulejaria e mandalas que parecem estar presentes em sua própria pintura.

MALHAS DISSONANTES E TENSÕES ESTRUTURAIS

Na década de 1980, a pintura de Decio Vieira propõe um novo problema: o quadro pode não ser um campo de repouso absoluto, mas tampouco seria uma convulsão ansiosa. Na década de 1950, o artista trabalhou com a discrição visual dos fatos articuladores da estrutura geométrica. Havia, nesse aspecto, um comedimento das diferenças ativadoras ou estabilizadoras da superfície e, logo, do próprio olhar. Durane os anos 1980, Decio Vieira perturba a ordem harmônica do olhar pela cisão entre os ângulos da malha; aposta no desenho geométrico e no suporte da pintura. Essa harmonia estava na obra neoplástica de Mondrian, na produção concreta de Josef Albers das *Homenagens ao quadrado* e no Grupo Frente. Definida a lógica da malha nessa pintura de Vieira, a incoincidência entre duas ordens ortogonais sobrepostas introduz uma dissonância gestáltica, uma suave desarmonia com o objetivo de revigorar o jogo formal e capturar o interesse do olhar pelo inesperado no ritmo modular. Essas dissonâncias, rupturas e panes da lógica modular são encontradas em obras coevas de escultores brasileiros como Franz Weissmann, Ascânio MMM e Sérgio Camargo. Ressalte-se o fato de que Decio Vieira sempre foi avesso ao apelo às conturbações

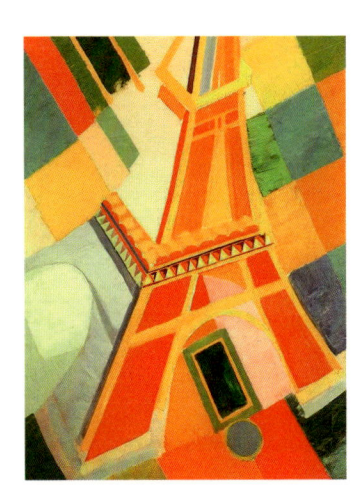

Roberto Delaunay
Torre Eiffel, 1924-1926, Óleo sobre tela, 160,5 x 120 cm
Eiffel tower, 1924-1926, Oil on canvas

[11] Idem.

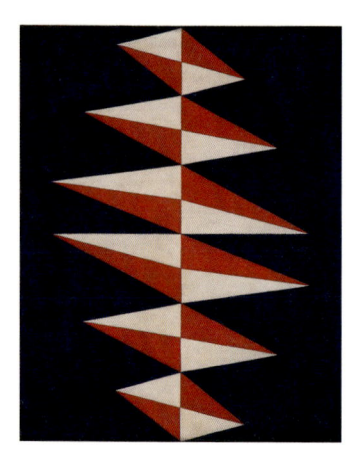

Decio Vieira
S/ título, s. d., Óleo s/ tela, 65 X 53 cm, Coleção particular

No title, no date, Oil on canvas, Private collection

[12] Krauss, Rosalind, op. cit., p. 57.

[13] Ibid.

Weissmann, Ascânio MMM and Sérgio Camargo. It is worth highlighting the fact that Decio Vieira has always been contrary to appealing to the most anxious or vehement disturbances of the form to impress the brain's mechanical perception, in the Gestalt laws terms of observation of the form. He distinguishes himself from excellent artists like Geraldo de Barros and Aluísio Carvão or from the intense seduction of the Op Art of the old concretists Lothar Charoux and Luiz Sacilotto in a later work already under the sign of Victor Vasarely. The disjunctive juxtaposition of his meshes with the incoincidence of the right angles of the two overlapped meshes adopts a position that is opposite to the conjunctive character of Lygia Clark's Planos em superfície modulada (1957-1958). Paintings can be displayed as bundles of angles. Decio Vieira's dissonant mesh keeps its autotelic sense, but it does not fail to install itself in the viewer's field of vision. These meshes also provide the eye with confronting itself with its own dissonant phenomena, because the painter incites the physiology of the perceiving mechanisms. In these terms the mesh will assume the condition of "an emblem of the infrastructure of vision".[12]

This binary relation between two meshes converges to the structuralist approach posited by Krauss for this modern myth.[13] The mesh is the very own structure of the myth and not something that is narrated. What disturbs here is to perceive the bivalent space, ordered by two incoincident meshes. In this case the artist keeps the eye under the centripetal force of the mesh, which impedes its continuation, under the Gestalt law of the good continuity of the form in centrifuge direction, beyond the surface of the painting. Under a strict sense of mathematics, Decio Vieira perverts the orthogonality and the respective perpendicularity to posit a variable set of n dimensions and structural relations in possible overlaps of meshes, an operation in which there is some arbitrariness in the correlation between the two overlapped meshes and their color squares. This mental procedure could be named "perverted orthogonality" as its generative principle, not of mere geometric images, but of pictorial-plastic structures activated by the defamiliarization resulting from the non-correlation between the two geometric overlapped meshes.

Logic of incoincidence, similar to Decio Vieira's dissonances, is in panels that form the series Azulejões (2000) of the painter Adriana Varejão that form the mesh of incongruences of the representation by the decorative drawing. In this operation mode emerges the idea of fracturing the image and fragmenting the orthogonal composition of this "pseudo-azulejaria". Also the linear dissonances in Decio Vieira never result in fragmentation of the sense or loss of structure cohesion. In this contact point between the artist's geometric logic and Adriana Varejão's emerges the denomination "transversal azulejaria" for the first, in order to indicate the similarity to tile work that is mistakenly laid in a non-perpendicular pattern to the wall receiving it. In the 1970s, Ivens Machado destabilized the printing of pages, school note pads and spools of ruled foolscap pages as a drawing method to produce political diagrams of insubordination under the military dictatorship.

A water color by Sonia Delaunay depicts the costume sketch for the dance Le p'tit parigot (1926) for the namesake movie directed by René Le Somptier. The body is dressed by a diagonal zigzag like an electric discharge. The vertiginous dynamics of the body-dress is not distant from the diagonal speed imposed by Decio Vieira in his meshes. After all, are they disturbed meshes or disturbing meshes? Disturbed because they seem to produce a detour toward the incoincidence between two overlapped meshes, which appear to escape from an adjustment between them and the "articulated" position of their angles in relation to the orthogonal support. Disturbing because the eye does not recognize the formal righteousness upon which the balance of the structure would rest.

mais ansiosas ou veementes da forma para impressionar a percepção mecânica pelo cérebro, nos termos das leis da Gestalt de observação da forma. Ele se distingue de excelentes artistas como Geraldo de Barros e Aluísio Carvão ou da intensa sedução da Op Art dos antigos concretistas Lothar Charoux e Luiz Sacilotto em obra posterior já sob o signo de Victor Vasarely. A justaposição disjuntiva das malhas de Decio Vieira, com a incoincidência dos ângulos retos das duas malhas sobrepostas, adota posição oposta ao caráter conjuntivo dos *Planos em superfície modulada* (1957-1958) de Lygia Clark. Pinturas podem se apresentar como feixes de ângulos. A malha dissonante do artista mantém seu sentido autotélico, mas também não deixa de se instalar no campo do olhar do espectador. Essas malhas também propiciam ao olhar confrontar-se com seus próprios fenômenos dissonantes, pois o pintor acirra a fisiologia dos mecanismos de percepção. Nesses termos, a malha assume a condição de "emblema da infraestrutura da visão".[12]

Essa relação binária entre duas malhas conflui para a abordagem estruturalista proposta por Krauss para esse mito moderno.[13] A malha é a própria estrutura do mito e não algo que se narre. O que perturba é perceber o espaço bivalente, ordenado por duas malhas incoincidentes. Neste caso, o artista mantém o olhar sob a força centrípeta da malha, que impede sua continuação, sob a lei da Gestalt, da boa continuidade da forma em direção centrífuga, para além da superfície do quadro. Sob o estrito sentido da matemática, Decio Vieira perverte a ortogonalidade e a respectiva perpendicularidade para propor um conjunto variável de *n* dimensões e relações estruturais em possíveis sobreposições de malhas, operação na qual não falta certa arbitrariedade no correlacionamento entre as duas malhas sobrepostas e seus quadrados de cor. A esse procedimento mental, poderíamos atribuir a denominação de "ortogonalidade pervertida" como seu princípio generativo, não de meras imagens geométricas, mas de estruturas plástico-pictóricas ativadas pelo estranhamento resultante do não correlacionamento das duas malhas geométricas superpostas.

Uma lógica da incoincidência, semelhante às dissonâncias de Decio Vieira, está em painéis que compõem a série dos *Azulejões* (2000) da pintora Adriana Varejão, que formam a malha de incongruências da representação pelo desenho decorativo. Nesse modo de operação, surge a ideia de fratura da imagem e de fragmentação do conjunto ortogonal dessa pseudoazulejaria. Também as dissonâncias lineares em Decio Vieira jamais resultam em fragmentação do sentido ou em perda de coesão da estrutura. Nesse ponto de contato entre a lógica geométrica do artista e a de Adriana Varejão surge a denominação "azulejaria transversal" para o primeiro, para indicar uma similitude a uma azulejaria equivocadamente assentada em modo não perpendicular ao muro que a recebe. Na década de 1970, Ivens Machado desestabilizou a impressão de páginas, cadernos escolares e de bobinas para folhas de papel almaço pautado como um método de desenho para produzir diagramas políticos da subversão da ordem sob a ditadura militar.

Uma aquarela de Sonia Delaunay, retrata o projeto de figurino para a dança *Le p'tit parigot* (1926) do filme homônimo dirigido por René Le Somptier. O corpo é vestido por um ziguezague em diagonal, como uma descarga elétrica. A vertiginosa dinâmica desse corpo-roupa não está distante da velocidade diagonal imposta por Decio Vieira em suas malhas. Afinal, são elas malhas inquietas ou malhas inquietantes? Inquietas porque parecem produzir um desvio para a incoincidência entre as duas malhas superpostas, que parecem escapar de um ajuste entre si e da posição "encaixada" de seus ângulos com relação ao suporte ortogonal. Inquietantes porque o olhar não reconhece a justeza formal sobre a qual o equilíbrio da estrutura repousaria.

Sonia Delaunay
Le petit parigot, 1926, Figurino para dança
Le petit parigot, 1926, Dance costume

[12] Krauss, Rosalind, op. cit., p. 57.

[13] Idem.

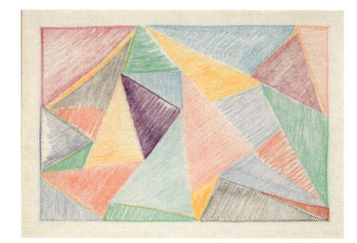

Decio Vieira
S/ título, s.d., Pastel S/ papel, 70 x 99 cm,
Coleção particular

*No title, no date, Pastel on paper,
Private collection*

[14] *See catalog Klee et la musique. Paris: Centre Georges Pompidou; Musée National d'Art Moderne, 1985.*

MUSIC

It was already said that Decio Vieira was a great jazz aficionado and the fact that all art should aspire to the condition of music. In this sense, the present essay has been crossed by references to Decio Vieira's direct or indirect relations with music, either with more detailed analyses or by simple mentions. In some works, the dynamics of the space points to graphic correlations between form and music, like in Paul Klee's visual Bachian fugues.[14] If art, as already seen, is music for Walter Pater, Mário Pedrosa and Hélio Oiticica, then this painting exposes a musicality that is sometimes improvisation, sometimes dissonance, like in the unstable harmonies of jazz.

FRACTALITY

A series of drawings looks like a disordered geometry, as if the mesh had been fractured, and thus lacerated when compared with the usual more visually cohesive form. The maximum rupture would be an absolute denial of the logic. The mesh can no longer exercise the absolute control of the space, but it should admit a certain degree of lack of control of the eye. These paintings and drawings cannot be detached from the logic of the political control that was in force during the military regime started in 1964, because they inscribe limits of the pre-visualizable rationality. The dictatorship, as a rationality crisis, puts at stake the very own "crystal" of the constructive art, like Ivens Machado's panels covered by white tiles (1973) with defects and cracks. Decio Vieira's paintings and Machado's panels appear to operate according to failures of the reason, or even resulting from a metrological failure.

A study for red, green and blue material (1922) by Sonia Delaunay is in the genesis of Decio Vieira's series of drawings that will be named "fractals", because it is reproduced in a book about the Russian painter that is part of the Brazilian artist's library.. In the painter's new sketches/scratches the fractal planes proliferate like a passage from an organized geometric vision to geometry outside of the mesh, where they articulate as fragments of a shattered space.

Some of these lacerations are closed, with the forms integrated as a tectonic geometric field. It is a self-contained logic that organizes the space around itself. For the Heirinch Wölfflin of the Kunstgeschichtliche Grundbegriffe, the tectonic structures are of the order visually enunciated by the law. These are the tectonic drawings of Decio Vieira. The philosopher's binary logic – binarism, somehow, is in Krauss's structuralism, in the discussion of the third principle of art history – posits an opposition between tectonic relations. The opposite will emerge in other drawings by Vieira, in which lies a denial of the mathematical enunciation. Such drawing could be denominated, according to Wölfflin's terminology, atectonic forms, which in their opening also appear to escape from their own territory, keeping the composition cohesive by rules that are not clearly laid out. The device-line in these drawings once again activates the planar will, another principle raised by the Kunstgeschichtliche Grundbegriffe. In this group of works, when the luminosity of the planes is equivalent, the result is the reiteration of the planarity of the created space. They are surfaces that coordinate a parsimonious movement for the rest of the eye. In opposite cases, through the chromatic perspective of the dark and bright monochromatic planes, Decio Vieira builds concave and convex folds upon the surface, which bears tensions of the collapsing mesh and the principles of art history.

The demonstration that Decio Vieira is the painter of the mesh is to recognize him as a celebrated modernist myth among the most important ones in the construction of the autonomy of form. In his painting, the meshes are placed as a totalizing condensation of structures, but in a dialectic dimension – a troubled dispersion of the eye. The stability and the deviation of the mesh in Decio Vieira's production work as a metaphor of the modernist myth himself in his task to build the look. Now mature, the artist opposes the excess of purity.

MÚSICA

Já se aludiu ao fato de que Decio Vieira era um grande apreciador de jazz e de que toda arte aspirasse à condição de música. Nesse sentido, o presente ensaio tem sido atravessado por referências às relações diretas ou indiretas de Decio Vieira com a música, ora com análises mais detalhadas, ora por simples menções. Em algumas obras, a dinâmica do espaço aponta para correlações gráficas entre forma e música, como no movimento das fugas bachianas visuais de Paul Klee.[14] Se a arte, como já se viu, é música para Walter Pater, Mário Pedrosa e Hélio Oiticica, então, essa pintura expõe uma musicalidade que é ora improviso, ora dissonância, como nas harmonias instáveis do jazz.

FRACTALIDADE

Uma série de desenhos aparenta uma geometria em desordem, como se a malha houvesse sofrido fratura e, logo, esfacelamento quando comparada à forma visualmente mais coesa usual. A ruptura máxima seria uma absoluta recusa da lógica. A malha já não pode exercer o controle absoluto do espaço, mas deve admitir um grau de descontrole do olhar. Essas pinturas e desenhos não podem ser despregados da lógica do controle político que vigorou durante o regime militar iniciado em 1964, porque inscrevem limites da racionalidade pré-visualizável. A ditadura, como crise da racionalidade, põe em jogo o próprio "cristal" da arte construtiva, como os painéis recobertos de azulejos brancos (1973) com defeitos e rachaduras de Ivens Machado. As pinturas de Decio Vieira e os painéis de Machado parecem operar segundo falhas da razão, ou mesmo resultar de uma falha metrológica.

Um estudo para material vermelho, verde e azul (1922) de Sonia Delaunay está na gênese da série de desenhos de Decio Vieira que serão denominados "fractais", pois está reproduzido em um livro sobre a pintora russa que consta na biblioteca do artista brasileiro. Nos novos riscos do pintor, os planos fractais proliferam-se como uma passagem de uma visão geométrica organizada para uma geometria fora da malha, em que se articulam como fragmentos de um espaço estilhaçado.

Alguns desses esfacelamentos são fechados, com as formas integradas como um campo geométrico tectônico. É uma lógica autocontida que organiza o espaço em torno de si mesmo. Para o Heinrich Wölfflin dos Kunstgeschichtliche Grundbegriffe, as estruturas tectônicas são da ordem visualmente enunciada da lei. São esses os desenhos tectônicos de Decio Vieira. A lógica binária do filósofo – o binarismo, de certo modo, está no estruturalismo de Krauss, na discussão do terceiro princípio da história da arte – propõe uma oposição entre relações tectônicas. O oposto surgirá em outros desenhos de Vieira, nos quais se dá uma recusa ao enunciado matemático. Tais desenhos poderiam ser denominados, de acordo com a terminologia de Wölfflin, de formas atectônicas, que em sua abertura parecem também se evadir de seu próprio território, mantendo-se o conjunto coeso por regras não claramente detectáveis. O dispositivo-linha nesses desenhos volta a acionar a vontade planar, outro princípio levantado da *Kunstgeschichtliche Grundbegriffe*. Nesse grupo de obras, quando a luminosidade dos planos se equivale, o resultado é a reiteração da planaridade do espaço criado. São superfícies que conjugam um parcimonioso movimento em garantia do repouso do olhar. Em casos opostos, através da perspectiva cromática dos planos monocromáticos escuros e claros, Decio Vieira constrói dobras côncavas e convexas sobre a superfície, que vive tensões da malha em colapso e dos princípios da história da arte.

A demonstração de que Decio Vieira é o pintor da malha é reconhecê-lo consagrado a um dos mitos modernistas mais centrais na construção da autonomia da forma. Em sua pintura, as malhas não são postas como uma condensação totalizante de estruturas, mas em uma dimensão dialética – uma dispersão atribulada do olhar. A estabilidade e o desvio da malha na produção de Decio Vieira põem-se como metáfora do próprio mito modernista em suas tarefas de construção do olhar. Amadurecido, o artista se opõe ao excesso de pureza.

Decio Vieira
S/ título, s.d., Pastel s/ papel, Coleção particular
No title, no date, Pastel on paper, Private collection

[14] Ver o catálogo Klee et la musique. Paris: Centre Georges Pompidou; Musée National d'Art Moderne, 1985.

SOB O MANDO DAS CRIANÇAS: A ARTE, O PARAÍSO, O IMAGINÁRIO E A EDUCAÇÃO

UNDER THE COMMAND OF CHILDREN: ART, PARADISE, IMAGINARY AND EDUCATION

DV 10.1 • LINO DOS SANTOS FILHO • MAQUETE DA ROCINHA, S.D.
ISOPOR, PAPEL, PLÁSTICO E MADEIRA • 11,5 X 16 X 15 CM
COLEÇÃO MUSEU DE ARTE DO RIO - DOAÇÃO DULCE HOLZMEISTER

SANTOS, LINO • NO TITLTE, NO DATE • POLYSTYRENE, PAPER, PLASTIC AND WOOD
MAR COLLECTION - DULCE HOLZMEISTER DONATION

Fotos das crianças na casa de Decio e Dulce

Pictures of tchildren at Decio and Dulce's home

NOV 73

NOV 73

Fotos das crianças na casa de Decio e Dulce

Pictures of tchildren at Decio and Dulce's home

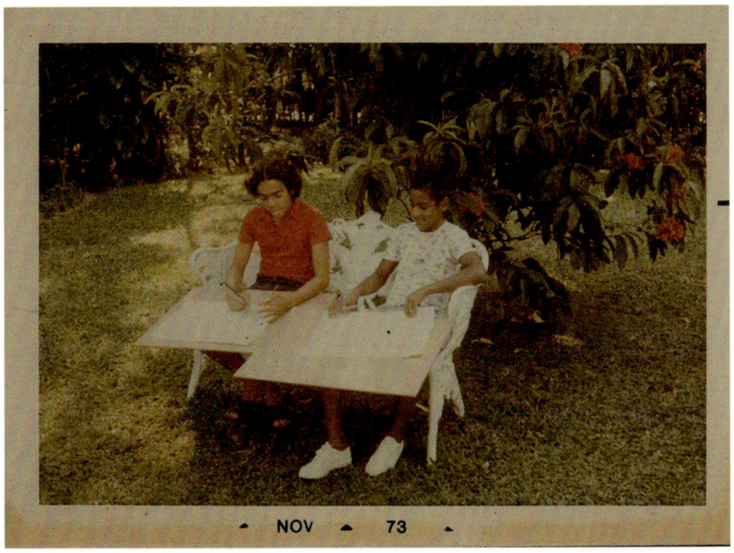
NOV 73

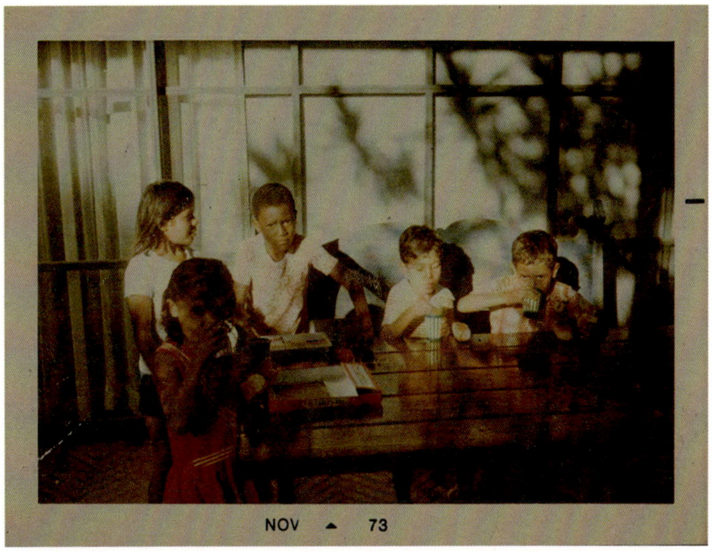
NOV 73

UNDER THE COMMAND OF CHILDREN: ART, PARADISE, IMAGINARY AND EDUCATION

[1] In his library there were Herbert Read's titles as alterar para: Education through Art (London: Faber and Faber, 1967), first published in 1943, and The meaning of art (London: Faber and Faber, 1931).

[2] Lobato, José Bento Monteiro. A propósito da exposição Malfatti [About the Malfatti exhibit]. O Estado de S. Paulo, December 20th, 1917. (Evening edition).

A set of photographs from November 1973 registers the teaching experience Decio Vieira and Dulce Holzmeister carried out in their home in São Conrado, Southern region of Rio de Janeiro, where they put together an art studio for the children who lived in the favela Rocinha.

This experience, beyond generosity and social interest, had direct precedents in the city's art history and education. Decio Vieira belonged to the groundbreaking generation that in the post-war period introduced the debate about the artist's education, art, education and infant expression, with new foundations and goals. One needed to understand that it was better for children to explore their own personal imaginary than to think about the collective symbolic language. In the late 1940s this discussion took shape in Brazil, mainly in Rio de Janeiro, under the impact of an experience of an exhibit of English children brought to the city as a result of an effort of the cultural diplomacy and under the influence of Herbert Read, one of Decio Vieira's readings.[1] In 1946, Read published the seminal work The Aesthetic Method of Education, which in the next decade would affect the understanding about the relations between art and education in Rio de Janeiro. In the same year FGV offered the already mentioned course that Decio Vieira attended.

The varied experiences in other cities throughout Brazil are beyond the scope of this analysis. However, two negative positions from São Paulo, noisy and aggressive in regards of the infant visual production, extrapolated the local limits. Monteiro Lobato's conservatism opened the negativity side in the country with the famous article A propósito da exposição Malfatti [About the Malfatti exhibit] (1917),[2] published afterwards in a book titled Paranoia ou mistificação? [Paranoia or mystification?], in which the deep-rooted conservative taste of the São Paulo oligarchy coined a powerful expression to fight the introduction of modernity in São Paulo. The influent writer correlated in his article Anita Malfatti's expressionist painting with the visual works made by madmen (hence the idea of paranoia) and with children's paintings (hence, mystification).

In a second moment, in his attack against the representation in art expressed in the Ruptura manifesto (1952), painter Waldemar Cordeiro did not dare to mention modernist artists (Tarsila do Amaral, Anita Malfatti and Victor Brecheret), already firmly grounded as the modern identity from São Paulo in their dynamic profile in the alliance between the symbolic appropriation by the bourgeoisie and the production of official art for the state of São Paulo. Neither did he dare to directly confront Mário Pedrosa, but he obliquely attacked some of his key positions. Without mentioning him, the combative painter announced his disdain for the art produced in the mental hospitals or the children's visual production, two areas of interest for Mário Pedrosa, rejected by Monteiro Lobato. Living the environment and the times, Decio Vieira certainly did not ignore this confrontation, much less so due to the opening of the art courses for children at MAM Rio given by Ivan Serpa.

SOB O MANDO DAS CRIANÇAS:
A ARTE, O PARAÍSO, O IMAGINÁRIO E A EDUCAÇÃO

Um conjunto de imagens fotográficas de novembro de 1973 registra a experiência didática de Decio Vieira e Dulce Holzmeister em sua casa no bairro de São Conrado, na Zona Sul do Rio de Janeiro, onde o casal montou um ateliê de arte para as crianças da favela da Rocinha.

Essa experiência, para além da generosidade e do interesse social, tinha precedentes diretos na história da arte e educação na cidade. Decio Vieira pertenceu à geração desbravadora que introduziu no pós-guerra o debate sobre a formação do artista, arte, educação e expressão infantil, com novas bases e objetivos. Era preciso compreender que melhor cabe à criança explorar seu imaginário pessoal do que já pensar na linguagem simbólica no plano coletivo. Em fins da década de 1940, essa discussão tomou vulto no Brasil, sobretudo a partir do Rio de Janeiro, sob o impacto da experiência de uma exposição de crianças inglesas trazida à cidade no esforço da diplomacia cultural e sob a influência do pensamento de Herbert Read, de quem Decio Vieira foi leitor.[1] Em 1946, Read publicou a obra seminal *The Aesthetic Method of Education*, que na década seguinte produziria efeitos no Rio de Janeiro sobre o entendimento das relações entre arte e educação. Nesse mesmo ano, a FGV ofereceu o curso de arte que Decio Vieira frequentou, já abordado anteriormente.

A variada experiência de outras cidades do Brasil foge do escopo desta análise. No entanto, duas posições negativas paulistanas, ruidosas e agressivas com relação à produção visual infantil, extrapolaram os limites locais. O conservadorismo de Monteiro Lobato abriu o polo da negatividade no país com o famoso artigo *A propósito da exposição Malfatti* (1917),[2] publicado posteriormente em livro com o título *Paranoia ou mistificação?*, no qual o arraigado gosto conservador da oligarquia paulista cunhou potente expressão para combater a introdução da modernidade em São Paulo. O influente escritor correlacionou em seu artigo a pintura expressionista de Anita Malfatti aos trabalhos visuais dos loucos (daí, a ideia de paranoia) e à pintura das crianças (daí, a mistificação).

Num segundo momento, em seu ataque à representação na arte expresso no manifesto *Ruptura* (1952), o pintor Waldemar Cordeiro não ousou citar os artistas modernistas (Tarsila do Amaral, Anita Malfatti e Victor Brecheret), já firmemente assentados como identidade paulista moderna em seu perfil dinâmico na aliança entre a apropriação simbólica pela burguesia e a produção de arte oficial para o estado de São Paulo. Tampouco se atreveu ao enfrentamento direto com o crítico Mário Pedrosa, mas atacou obliquamente algumas de suas posições-chave. Sem mencioná-lo, o combativo pintor anunciou seu desprezo pela arte produzida nos manicômios ou pela produção visual de crianças, duas áreas de interesse de Mário Pedrosa, negadas por Monteiro Lobato. Vivendo o ambiente e a época, Decio Vieira certamente não ignorou esse enfrentamento, até por conta da abertura dos cursos de arte para crianças no MAM Rio ministrados por Ivan Serpa.

[1] Em sua biblioteca encontravam-se títulos de Herbert Read como *Education through Art* (Londres: Faber and Faber, 1967), publicado originalmente em 1943, e *The meaning of art* (Londres: Faber and Faber, 1931).

[2] Lobato, José Bento Monteiro. A propósito da exposição Malfatti. *O Estado de S. Paulo*, 20 de dezembro de 1917. (Edição noturna).

[3] César, Osório. *A expressão artística nos alienados: contribuição para o estudo dos symbolos na arte*. São Paulo: Officinas Graphicas do Hospital de Juquery, 1929.

[4] Cordeiro, Waldemar. *Teoria e prática do concretismo carioca [theory and practice of concretism in Rio]*. Arquitetura e Decoração, São Paulo, April 1957, p. 17.

[5] Varela, Noemia. *Movimento Escolinhas de Arte [Art Schools movement]*. Fazendo artes, Rio de Janeiro, Funarte, n° 13, p. 3, 1988.

[6] Ibid.

[7] Pedrosa, Mário. *Esse menino Jorge [This boy Jorge]*. Republished in: Amaral, Aracy. *Um círculo de ligações: Foujita no Brasil, Kaminagai e o jovem Mori [A circle of connections: Foujita in Brazil, Kaminagai ans the Young Mori]*. São Paulo: Banco do Brasil Cultural Center 2008. p. 179-180.

[8] Republished in Amaral, Aracy (Org.). *Dos murais de Portinari aos espaços de Brasília*, op. cit., p. 71-73 e 74-78, respectively.

Waldemar Cordeiro did not dare either to foster direct disputes between Osório César, Tarsila's ex-husband, an active physician who developed fundamental experiences about art and madness at the Psychiatric Hospital Juqueri (with the participation of artists like Flávio de Carvalho and Maria Leontina, for whom Decio Vieira nurtured a friendship), and author of the bibliographic milestone A expressão artística dos alienados [The artistic expression of the lunatics] (1929).[3] With Waldemar Cordeiro the 1917 Monteiro Lobato syndrome was repeating, now under a logocentric script of art. In the 1957[4] article Teoria e prática do concretismo carioca [Theory and practice of concretism in Rio de Janeiro], Cordeiro attacked the geometric artists in Rio, namely Ivan Serpa, although he did not refer to Decio Vieira. In this environment of differences regarding the empirical grounds of a subjectivity study process, implemented by Nise da Silveira and absorbed by Mário Pedrosa in the 1940s, which would later result in the neo-concretism, Cordeiro updates Monteiro Lobato's negative position in face of modernism.

In order to understand the political ground of Dulce Holzmeister's and Decio Vieira's educational project, it is also important to remember that historically the role of art in children's education experimented an epistemological leap with the artist Augusto Rodrigues, founder of Escolinha de Arte do Brasil, in Rio de Janeiro in 1948. Therefore Decio Vieira should be seen as a member of a generation of artists from Rio marked by the pedagogical action of Augusto Rodrigues. In addition to the conceptual parameters and educational practices, the dissemination of art schools throughout Brazil, South America and Portugal is also to be highlighted. In Augusto Rodrigues's circle, Noemia Varela highlighted this dissemination of the idea of the Escolinha de Arte as an "expression not always well understood, but of appropriate use to better situate the educational policy".[5] Dulce Holzmeister's and Decio Vieira's humble initiative must be understood as the possible contribution of two individuals for such desire of transformation to which Augusto Rodrigues and Noemia Varela dedicated themselves. In the movement there was a "utopian and always necessary intention to supply the absence of creativity in our educational system, especially in its educative practice", and "mobilizing ideas in other areas where art-education is truly practiced", as Varela said, and for whom the Movimento Escolinhas de Arte, with Rodrigues, has crossed "the very own art-education that has been built in the visionary strive to be innovative, to reach action and knowledge longing for and possible to be recreated, in the core of the Brazilian educative process".[6]

Already in 1947, Mário Pedrosa discussed the psychical and aesthetic consequences of the precocity in the unlived childhood of the juvenile Japanese-Brazilian artist Jorge Mori, who was showing in Rio de Janeiro. "This boy is a prodigy", but "he needs the street, companions, kites, girlfriends, football", suggested a generous Pedrosa.[7] What he was underpinning with this image was the challenge and the excessive responsibility of a virtuous young man that dominated the technique but was too immature to put together a poetic discourse. The critic was a frequent reader of works about creativity written by Rudolf Arnheim and Herbert Read, and was acquainted with John Dewey's ideas. Mainly in three texts - Crescimento e criação [Growing up and creation] (1954), Crianças na Petite Galerie [Children at the Petite Galerie] and Frade cético, crianças geniais [Skeptical priest, genius children] (1957)[8] - he himself addressed plurality and the development of the understanding of the world in the quotidian by a child, distinguishing the artist's education from the relation between art and education.

Waldemar Cordeiro também não se atreveu a alimentar disputas diretas com Osório César, ex-marido de Tarsila, atuante médico que desenvolvia experiências fundamentais sobre arte e loucura no Hospital Psiquiátrico do Juqueri (de que participaram artistas como Flávio de Carvalho e Maria Leontina, por quem Decio Vieira nutria amizade), e autor do marco bibliográfico *A expressão artística nos alienados* (1929).³ Com Waldemar Cordeiro, repetia-se a síndrome de Monteiro Lobato de 1917, agora sob um roteiro logocêntrico da arte. No artigo *Teoria e prática do concretismo carioca*, de 1957,⁴ Cordeiro atacou os artistas geométricos do Rio, nomeadamente Ivan Serpa, embora não se tenha referido a Decio Vieira. Nesse quadro de diferenças no tocante às bases empíricas de um processo de estudos da subjetividade, implantadas por Nise da Silveira e absorvidas por Mário Pedrosa na década de 1940, processo esse que desembocaria no neoconcretismo, Cordeiro *aggiorna* a postura negativa de Monteiro Lobato diante do modernismo.

Para compreender o solo político do projeto educacional de Dulce Holzmeister e Decio Vieira, também é importante lembrar que, historicamente, o papel da arte na formação das crianças experimentou um salto epistemológico com o artista Augusto Rodrigues, fundador da Escolinha de Arte do Brasil, no Rio de Janeiro, em 1948. Portanto, Decio Vieira deve ser visto como membro de uma geração de artistas cariocas marcada pela ação pedagógica de Augusto Rodrigues. Além dos novos parâmetros conceituais e práticas educativas, indique-se a disseminação de escolinhas de arte pelo Brasil, na América do Sul e em Portugal. No círculo de Augusto Rodrigues, Noemia Varela ressaltou essa disseminação das ideias da Escolinha de Arte como "expressão nem sempre bem compreendida, mas de uso adequado para melhor situar a política educacional".⁵ A singela iniciativa de Dulce Holzmeister e Decio Vieira deve ser entendida assim como a possível contribuição de dois indivíduos para tal vontade de transformação a que se dedicaram Augusto Rodrigues e Noemia Varela. Havia no movimento uma "utópica e sempre necessária intencionalidade de suprir a ausência de criatividade de nosso sistema educacional, especialmente em sua prática educativa", e "ideias mobilizadoras em outras áreas onde se faz realmente arte-educação", como afirmou Varela, para quem o Movimento Escolinhas de Arte, a partir de Rodrigues, atravessou "a própria arte-educação que vem sendo construída, no afã visionário de se fazer inovadora, de chegar a um agir e um saber desejosos e possíveis de recriação, no âmago do processo educativo brasileiro".⁶

Já em 1947, Mário Pedrosa discutia as consequências psíquicas e estéticas da precocidade na infância não vivida pelo artista adolescente nipo-brasileiro Jorge Mori, que exibia no Rio de Janeiro. "Esse menino é um prodígio", mas "precisa de rua, de companheiros, de papagaios, de namoradas, de futebol", sugeria um generoso Pedrosa.⁷ O que ele apontou com essa imagem foi o desafio e a responsabilidade excessiva para um jovem virtuoso que dominava a técnica, mas ainda era imaturo para a constituição de um discurso poético. O crítico era um assíduo leitor dos trabalhos sobre a criatividade de Rudolf Arnheim e Herbert Read e conhecia as ideias de John Dewey. Sobretudo em três textos – *Crescimento e criação* (1954), *Crianças na Petite Galerie e Frade cético, crianças geniais* (1957)⁸ –, ele próprio abordou a pluralidade e o desenvolvimento da compreensão do mundo no cotidiano pela criança, distinguindo a formação do artista da relação entre arte e educação.

Augusto Rodrigues
Meninas na Escolinha de Arte do Brasil, déc. 1950, Fotografia
Girl at Escolinha de Arte do Brasil, 1950s, Photograph

³ César, Osório. *A expressão artística nos alienados: contribuição para o estudo dos symbolos na arte*. São Paulo: Officinas Graphicas do Hospital de Juquery, 1929.

⁴ Cordeiro, Waldemar. Teoria e prática do concretismo carioca. *Arquitetura e Decoração*, São Paulo, abril de 1957, p. 17.

⁵ Varela, Noemia. Movimento Escolinhas de Arte. *Fazendo artes*, Rio de Janeiro, Funarte, nº 13, p. 3, 1988.

⁶ Idem

⁷ Pedrosa, Mário. Esse menino Jorge. Transcrito em: Amaral, Aracy. *Um círculo de ligações:* Foujita no Brasil, Kaminagai e o jovem Mori. São Paulo: Centro Cultural Banco do Brasil, 2008. p. 179-180.

⁸ Reproduzidos em Amaral, Aracy (Org.). *Dos murais de Portinari aos espaços de Brasília*, op. cit., p. 71-73 e 74-78, respectivamente.

[9] *Pedrosa, Mário. Necessidade vital. Rio de Janeiro: Livraria Casa do Estudante do Brasil, 1949. p. 219. The theses at São Paulo universities tend to ignore the debates promoted by Pedrosa and Ivan Serpa about art in children's education. One example is Lima, Sidiney Peterson F. Escolinha de Arte do Brasil: movimentos e desdobramentos. In: Geraldo, Sheila Cabo; Costa, Luiz Cláudio da (Orgs.). Anais do Encontro da Associação Nacional de Pesquisadores em Artes Plásticas. Rio de Janeiro: ANPAP, 2012. p. 454-466. Available at: <http://www.anpap.org.br/anais/2012/pdf/simposio3/sidiney_peterson_lima.pdf>. Accessed on November 10th, 2014.*

In the first text, Pedrosa observed the infant and juvenile designers involved in art courses in Rio, like Carlos Val, who had participated in the Frente group – and was therefore close to Decio Vieira, also a participant of this movement. Pedrosa showed great familiarity with Herbert Read's positions in the already mentioned works The Aesthetic Method of Education (1946) and Education through Art (1954), such as the need to address "infant art" based on specific criteria, once children would not necessarily become artists. "Art" is taken as a subjectivation process, because it disciplines the mechanical gestures. Read had already been mentioned by the critic in 1947 in Arte, necessidade vital [Art, vital need], when addressing education, and one can imagine that the text had been read by the generation of Decio Vieira, Ivan Serpa and Augusto Rodrigues.

In the second article, Pedrosa launched the politics of the look when claiming the "disarming of the adult's arrogance in face of a child", because the teacher's position must be also the one of an apprentice of the child, a value that Dulce Holzmeister and Decio Vieira considered in their work with the juveniles from Rocinha. This positioning was also in consonance with what would become the first movement of modern pedagogy in Brazil with Anísio Teixeira (the theory of democratization through education, partly inspired in Dewey), preceding Paulo Freire's pedagogy of the oppressed. Pedrosa had had closer contact with the impact of Dewey's ideas about the education system in the United States when he took refuge in Washington in the 1940s to escape Vargas's Estado Novo [civil dictatorship imposed by President Getulio Vargas from 1937 through 1945]. So he designated the place of the images produced by children in the realm of psychology and visual culture, distinguishing them from art.

It is noteworthy to remember that the ideas of the British critic Herbert Read shaped the first theoretical discussion that grounded and raised the debates about the relations between art and education, and that have captured the attention of Ivan Serpa and Mário Pedrosa. The first art course at MAM Rio was created by Serpa in 1952. It took place at first on the 13th floor at 33 rua Pedro Lessa, and then it was transferred to the Darke Building at rua 13 de maio, and eventually it occupied the pilotis of the Ministry of Education. Decio Vieira was a teacher at the MAM courses, invited by Serpa.

Ivan Serpa's didactic experimentalism employed at the museum had Mário Pedrosa's conceptual support from the beginning. In the early 1950s he would become a teacher to Aluísio Carvão, Rubem Ludolf, João José Costa, and brothers Hélio and César Oiticica. Serpa was gifted with an exceptional ability to encourage his students to exercise a rigorous wish to be an artist. Moreover he was curious about the world's art events, keeping himself informed through the frequent purchase of books, whose information he always shared with his students and colleagues. MAM would soon become a laboratory of investigation of the form, permeated by reflections about the experience of the psychiatric art-therapy, discussions about the Gestalt theory of form and the phenomenology of perception. The courses offered in this institution have given density to the second phase of concrete art in Rio de Janeiro, because from them emerged artists that succeeded the Engenho de Dentro trio (Almir Mavignier, Abraham Palatnik and Ivan Serpa) prior to the Frente group.

No primeiro texto, Pedrosa observava os desenhistas infantis e adolescentes envolvidos nos cursos de arte do Rio, como Carlos Val, que havia participado do Grupo Frente – e, portanto, era próximo de Decio Vieira, também participante desse movimento. Pedrosa demonstrava grande familiaridade com posições de Herbert Read nos trabalhos já mencionados The Aesthetic *Method of Education* (1946) e *Education through Art* (1954), tais como a necessidade de abordar a "arte infantil" com base em critérios específicos, visto que as crianças não se tornariam necessariamente artistas. A "arte" é tomada como processo de subjetivação, por ser disciplinadora dos gestos mecânicos. Read fora citado pelo crítico já em 1947 em *Arte, necessidade vital*, ao abordar a educação,[9] e pode-se imaginar que o texto tenha sido lido pela geração de Decio Vieira, Ivan Serpa e Augusto Rodrigues.

No segundo artigo, Pedrosa lançava uma política do olhar ao reivindicar "o desarmar da arrogância do adulto em face da criança", porque a posição do professor deve ser também de aprendiz da criança, valor que Dulce Holzmeister e Decio Vieira consideraram no trabalho com os jovens moradores da Rocinha. Esse posicionamento colocava-se também em consonância com o que seria o primeiro movimento da moderna pedagogia no Brasil com Anísio Teixeira (a teoria da democratização pela educação, em parte inspirado em Dewey), precedente da pedagogia do oprimido de Paulo Freire. Pedrosa tomara maior contato com o impacto das ideias de Dewey sobre o sistema educacional nos Estados Unidos, ao se refugiar do regime do Estado Novo de Vargas em Washington, na década de 1940. Designou, assim, o lugar das imagens produzidas por crianças no campo da psicologia e da cultura visual, distinguindo-a da arte.

Cabe relembrar que as ideias do crítico britânico Herbert Read conformaram a primeira discussão teórica que calçou conceitualmente e levantou os debates sobre as relações entre arte e educação, tendo capturado a atenção de Ivan Serpa e de Mário Pedrosa. O primeiro curso de arte do MAM Rio foi criado por Serpa em 1952. Funcionou inicialmente no 13º andar do número 33 na rua Pedro Lessa, depois transferiu-se para o Edifício Darke, na rua 13 de Maio, e finalmente ocupou os pilotis do edifício do Ministério da Educação. Decio Vieira foi professor dos cursos do MAM, a convite de Serpa.

O experimentalismo didático de Ivan Serpa, aplicado nesse museu, teve o apoio conceitual de Mário Pedrosa desde seu início. Na primeira metade dos anos 1950, viria a ser professor de Aluísio Carvão, Rubem Ludolf, João José Costa, os irmãos Hélio e César Oiticica. Serpa era dotado de uma excepcional capacidade de estimular seus alunos para uma exercitação rigorosa da vontade de ser artista. Além disso, era um curioso sobre os acontecimentos da arte no mundo, mantendo-se informado através da compra assídua de livros, cujas informações eram sempre compartilhadas com seus estudantes e colegas. O MAM logo se transformaria num laboratório de investigação da forma, permeado por reflexões sobre a experiência da arte-terapia psiquiátrica, discussões sobre a teoria da Gestalt da forma e a fenomenologia da percepção. Os cursos oferecidos nessa instituição conferiram densidade à segunda etapa carioca na arte concreta, pois deles surgiram artistas que sucederam ao trio do Engenho de Dentro (Almir Mavignier, Abraham Palatnik e Ivan Serpa) antes da formação do Grupo Frente.

Vista da Rocinha no início da década de 1960

Rocinha view at the beginning of 1960s

[9] Pedrosa, Mário. *Necessidade vital*. Rio de Janeiro: Livraria Casa do Estudante do Brasil, 1949. p. 219. As teses de universidades paulistas tendem a relegar os debates promovidos por Pedrosa e Ivan Serpa sobre arte na educação da criança. Um exemplo é Lima, Sidiney Peterson F. Escolinha de Arte do Brasil: movimentos e desdobramentos. In: Geraldo, Sheila Cabo; Costa, Luiz Cláudio da (Orgs.). *Anais do Encontro da Associação Nacional de Pesquisadores em Artes Plásticas*. Rio de Janeiro: ANPAP, 2012. p. 454-466. Disponível em: <http://www.anpap.org.br/anais/2012/pdf/simposio3/sidiney_peterson_lima.pdf>. Acesso em 10 de novembro de 2014.

Aula com o professor Guignard na Escolinha do Parque, Belo Horizonte, déc de 1940

Class with Professor Guignard at Escolinha do Parque, Belo Horizonte, 1940s

[10] Testimonial of Elisa Martins da Silveira. In: Grupo Frente/1954-1956; I Exposição Nacional de Arte Abstrata Hotel Quitandinha/1953, op. cit.

[11] Testimonial of Decio Vieira. In: Grupo Frente/1954-1956; I Exposição Nacional de Arte Abstrata Hotel Quitandinha/1953, op. cit.

[12] Mindlin, Henrique. *Modern architecture in Brazil*. New York: Reinhold Publishing Co., 1956. p. 78.

[13] Czajkowski, Jorge. A arquitetura racionalista e a tradição brasileira [The rationalist architecture and the Brazilian tradition]. *Gávea*, n. 10, p. 24-35, 1993.

[14] Dulce lost contact with her and does not recall Silvana's family name.

Ivan Serpa published Crescimento e Criação in 1954, the year Decio Vieira, Val and Hélio Oiticica, then aged 17 years, studied with him. In the foreword, Pedrosa pointed phenomenology and Gestalt in the "perceptional conceptualization" of Serpa's method, and extolled Arnheim's ideas in Art and Visual Perception about the fearlessness for the emotional and the comprehension by the child of the development process of the visual concept. For Pedrosa, the Serpa method overcame certain observations of Arnheim in regard of the birth of the form. Due to all of this, years later Decio Vieira would invite Ivan Serpa to visit and examine the paintings and drawings of the Rocinha children. He argued that the rigor demanded from the students drove apart the mere freeing effects of the infant drawing that interfered with the appearance of the form and led to an "increasing complexity of the form". "Ivan was very hard on the students", says his student Elisa Martins da Silveira, "he was even rude. When he didn't like a work, he would tear it down in front of the student and throw it in the trash bin. He did this to me several times. It was not easy to listen to his criticism. He was cruel, but an excellent teacher".[10] In his private studio, in the late 1960s, Serpa's classes were totally devoted to comments about the work done by the student at home in the previous week. Decio Vieira reiterates the vision about the teacher's temperament: "Ivan was very authoritarian, imposing. He just said I don't like it, case closed".[11] In this period, the first hour was dedicated to creation, the second to comments about the works done. From this passage, one can observe Decio Vieira's concern with the art teaching method.

This concern deserves an explanation about how it led to a concrete experience in the 1970s. Before marrying Decio Vieira, Dulce Azeredo Holzmeister had been married to the businessman Martin Chrysostomos Holzmeister, who died in 1963. Martin was a nephew of the Austrian architect Clemens Holzmeister, former director of the Vienna Academy of Fine Arts and author of stage settings at the Salzburg Festival. The couple had five children and built a large house at rua Jaime Silvado number 20, in São Conrado, a strip of land squeezed between the beach and the Tijuca forest. In the surroundings there were the Gávea Golf Club and the favela Rocinha, then in full swing of growth. The project of the house was authored by the architect Paulo Santos, historian of architecture and urbanism connected with the Institute of National Historic and Artistic Heritage (Iphan), and the gardens were designed by landscape designer Roberto Burle Marx. The Holzmeisters' house, dated 1955, appears in Henrique Mindlin's book Modern architecture in Brazil, a milestone in the Brazilian modern architecture historiography.[12] Due to its attention to simple and historical materials, the ecological comfort, the colonial constructive tradition, the style of the house fits the concept of "carioca nativism", developed by historian Jorge Czajkowski in a research carried out at the Pontifical Catholic University of Rio de Janeiro.[13]

Through the Catholic Church during the 1960s Dulce Holzmeister developed an educational work at the favela Rocinha. She also participated in the Campaign of Women for Democracy (Camde), fostered by the Institute of Research and Social Studies (Ipes). Most of the Camde participants aligned with the Church's conservative wing and intended to mobilize women in protests against João Goulart's government. In 1964 Dulce created a professional school, with teachers from Senai for courses like plumbing, tile setting and bricklaying. "I learned along with them because I was there at 7 am", she says. The school disappeared because it was demolished for the construction of the Lagoa Barra road. Only in the 1970s, already married to Decio Vieira, she planned with him the art school for children from Rocinha, now in her own home. In order to break the exclusion cycle the couple had the help of Silvana, a community leader at the favela.[14] The school was installed in the house's large garage, in a setting with a garden, swimming pool, architecture and nature, tradition and modernity. "Volpi, whenever he came to Rio to visit Decio, he came to the house and said 'this is paradise!'", she says proudly.

Ivan Serpa publicou *Crescimento e criação* em 1954, ano em que Decio Vieira, Val e Hélio Oiticica, então com 17 anos, estudavam com ele. No prefácio, Pedrosa apontava a fenomenologia e a Gestalt na "conceitualização percepcional" no método Serpa, e exaltava as ideias de Arnheim em *Art and Visual Perception* sobre o destemor pelo emocional e a compreensão pela criança do processo de desenvolvimento do conceito visual. Para Pedrosa, o método Serpa superava certas observações de Arnheim quanto à questão do nascimento da forma. Por tudo isso, anos mais tarde Decio Vieira convidaria Ivan Serpa a visitar a escolinha e a examinar as pinturas e desenhos das crianças da Rocinha. Este argumentava que o rigor exigido dos alunos afastava os meros efeitos liberatórios do desenho infantil que interferissem com o aparecimento da forma e levava à "crescente complexidade da forma". "Ivan era muito duro com os alunos," relata sua aluna Elisa Martins da Silveira, "chegava a ser grosseiro. Quando não gostava de um trabalho, chegava a rasgá-lo diante do aluno, jogando-o em seguida na lata de lixo. Fez isso comigo várias vezes. Não era fácil ouvir suas críticas. Era um carrasco, mas ótimo professor".[10] Em seu ateliê privado, no final da década de 1960, as aulas de Serpa eram totalmente dedicadas aos comentários sobre os trabalhos realizados pelo aluno em sua casa na semana anterior. Decio Vieira reitera a visão do temperamento do professor: "Ivan era bastante autoritário, impositivo. Ele dizia não gosto e pronto, a questão estava fechada".[11] Nesse período, a primeira hora da aula era dedicada à criação, a segunda ao comentário dos trabalhos realizados. Dessa passagem, denota-se a preocupação de Decio Vieira com a metodologia do ensino da arte.

Resta explicar como essa preocupação conduziu a uma experiência concreta na década de 1970. Antes de se unir a Decio Vieira, Dulce Azeredo Holzmeister havia sido casada com o empresário Martin Chrysostomos Holzmeister, de quem ficou viúva em 1963. Martin era sobrinho do arquiteto austríaco Clemens Holzmeister, antigo diretor da Academia de Belas Artes de Viena e autor de cenários para o Festival de Salzburg. O casal teve cinco filhos e construiu uma ampla casa na rua Jaime Silvado, nº 20, no bairro de São Conrado, uma faixa de terra espremida entre a praia e a floresta da Tijuca. Em suas imediações localizavam-se o Gávea Golf Club e a favela da Rocinha, então em franco crescimento. O projeto da casa era do arquiteto Paulo Santos, historiador da arquitetura e urbanismo vinculado ao Instituto do Patrimônio Histórico e Artístico Nacional (Iphan), e o dos jardins, do paisagista Roberto Burle Marx. A casa dos Holzmeister, datada de 1955, aparece no livro *Modern architecture in Brazil*, de Henrique Mindlin, marco da historiografia da moderna arquitetura brasileira.[12] Por sua atenção aos materiais despojados e históricos, pelo conforto ecológico, pela tradição construtiva colonial, o estilo da casa enquadra-se no conceito de "nativismo carioca", desenvolvido pelo historiador Jorge Czajkowski em pesquisa realizada na Pontifícia Universidade Católica do Rio de Janeiro.[13]

Através da Igreja católica, na década de 1960 Dulce Holzmeister desenvolveu um trabalho educacional na favela da Rocinha. Participou também da Campanha da Mulher pela Democracia (Camde), fomentada pelo Instituto de Pesquisas e Estudos Sociais (Ipes). Em sua maioria, as participantes da Camde alinhavam-se com a ala conservadora da Igreja e dispunham-se a mobilizar mulheres em protestos públicos contra o governo de João Goulart. Em 1964 Dulce criou na Rocinha uma escola profissionalizante, que contava com professores do Senai para cursos de bombeiro, ladrilheiro e pedreiro. "Eu aprendi junto com eles porque estava lá às 7 horas da manhã", diz ela. A escola desapareceu porque sua sede foi demolida ao ser atingida pelo traçado da autoestrada Lagoa Barra. Só na década de 1970, já casada com Decio Vieira, planejou junto com ele a escolinha de arte para crianças da Rocinha, agora em sua própria casa. Para romper o ciclo da exclusão, o casal foi auxiliado por Silvana,[14] líder comunitária da favela. A escolinha foi instalada na ampla garagem da casa, num cenário de jardim com piscina, de arquitetura e natureza, de tradição e modernidade. "Volpi, sempre que vinha ao Rio em visita a Decio, ia lá em casa, dizia 'isto aqui é um paraíso!'", afirma Dulce orgulhosamente.

[10] Depoimento de Elisa Martins da Silveira. In: *Grupo Frente/1954-1956; I Exposição Nacional de Arte Abstrata Hotel Quitandinha/1953*, op. cit.

[11] Depoimento de Decio Vieira. In: *Grupo Frente/1954-1956; I Exposição Nacional de Arte Abstrata Hotel Quitandinha/1953*, op. cit.

[12] Mindlin, Henrique. *Modern architecture in Brazil*. Nova York: Reinhold Publishing Co., 1956. p. 78.

[13] Czajkowski, Jorge. A arquitetura racionalista e a tradição brasileira. *Gávea*, n. 10, p. 24-35, 1993.

[14] Por ter perdido o contato com ela, Dulce não se recorda do sobrenome de Silvana.

Crianças da escolinha de arte na casa de Decio Vieira e Dulce Holzmeister, 1973

Children at art school at Decio Vieira and Dulce Holzmeister's house 1973

---

[15] See report Parceiro do RJ mostra ateliê para crianças na Rocinha [Partner of RJ shows studio for children at Rocinha], aired in the [news show] RJ-TV, on February 7th, 2012. Available at: <http://g1.globo.com/rio-de-janeiro/parceiro-rj/noticia/2012/02/parceiro-do-rj-mostra-atelie-para-criancas-na-rocinha.html>. Accessed on November 10th, 2014.

[16] Guedes, Marta Cardoso. Inclusão em educação na Rocinha: vivências lúdico-criadoras do fazer artístico nas culturas, políticas e práticas de uma escola de ensino fundamental [Inclusion in education at Rocinha: ludic-creative experiences of the artistic realm in the cultures, policies and practices of an elementary school]. 2011. 233 p. Dissertation (Masters in Education) – Post-graduation Program in Education, Universidade Federal do Rio de Janeiro, Rio de Janeiro. Available at: <http://www.educacao.ufrj.br/ppge/dissertacoes/marta_cardoso_guedes.pdf>.

[17] Transcription from the report mentioned above, Parceiro do RJ mostra ateliê para crianças na Rocinha.

[18] Apud Guedes, Marta Cardoso, idem, p. 30.

[19] Idem, p. 66.

[20] The object of art as the condition of "things as formed matter". Heidegger, Martin. A origem da obra de arte [The origin of the work of art]. Translation by Maria da Conceição Costa. Lisboa: Edições 70, 1977. p. 13-19.

[21] Vigotski, Lev Semionovitch. Imaginação e criação na Infância [Imagination and creativity in childhoss]. Translation by Zoia Prestes. São Paulo: Editora Ática, 2009. p.118-119.

[22] Republished in Amaral, Aracy (Org.). Dos murais de Portinari aos espaços de Brasília, op. cit., p. 74-78.

The course took place on Wednesdays from 2 to 4 pm. With wood taken from boxes, 15 sets of tables and benches were made. Each child would find paper, brushes and gouache on their table. According to Ivan Serpa's analysis, as told by Dulce, the children from Rocinha worked more spontaneously with their imaginary, much focused on their immediate reality, because at that time they had no access to television. Serpa's middle class students, in turn, according to himself, showed a strong influence from the televisions shows. By the end of the year, there was a Christmas party for which Decio organized an exhibit with the children's works and invited their parents.

With the adolescent Lino, coming from the previous didactic experience, the children also learned to swim in Dulce's and Decio's swimming pool. Sharing the family's swimming pool with the children from Rocinha is yet another evidence of the couple's generosity to eliminate the social hurdles or those grounded on "sanitary precautions". Again both operated in the inclusion/exclusion axis. In the field of creative economy, among the couple's students emerges the case of Lino dos Santos Filho, who until his death in May 2014 maintained connections with Dulce; at Rocinha, he created a course for children called Escola do Tio Lino, where he developed the project "Exchange a weapon for a brush" upon realizing that the children "imitated the traffickers' behaviors when playing with weapons made of wood".[15] The studio offered painting, scale model, drawing, photography, and reading classes. Lino himself is the author of a Rocinha scale model, built with recycled materials, today in the MAR's collection. The result of the couple's and Lino's initiatives appears to converge toward Marta Cardoso Guedes's arguments, who in a study about Rocinha, analyzed the possibility raised by Lev Vigotski's theory in Imaginação e criação na infância [Imagination and creation in childhood] about the laws of imagination: when grounded on the connection between reality and phantasy, those laws would drive the human creation, opening a path to rupture and increasing of reality.[16]

In the didactic experience developed by Dulce Holzmeister and Decio Vieira, some values become evident and that guided the relationship between art and education. There is an aspect of social work, with the belief on the constitutive role of the expression and self-esteem of underprivileged children in an area that was already run over by the violence of criminals and policemen, as was the case of Rocinha. As a result of working with the relationships between the imaginary of violence and the symbolic world of those children exposed to the violence of traffic, Lino withdrew many young people from this activity: "There were 47 young people involved with trafficking, some of them were fogueteiros [guys who set off fireworks to announce the arrival of police], some studied, but stopped going to school because they made good money. Today I have 11 micro entrepreneurs at Rocinha".[17]

According to a Jornal do Brasil report of May 23rd, 1973, Rocinha started to be formed during the 1940s by migrants from the Northeastern region employed in civil construction that was expanding in the area.[18] These people "assembled their houses overnight, after being cleared by the 'guards' and obtaining materials in the construction sites where they worked". In the 1970s, when Dulce and Decio Vieira implemented their didactic experience, the extremely poor community had only two schools and one day care facility. According to Dulce, Decio Vieira "liked very much to teach" because he also understood the value of experience in a child's education. Marta Cardoso Guedes's research in Rocinha considers that "by allowing the symbolic game, the ludic-creative experiences of the artistic activities, [the teachers] were recovering the pleasure of playing in the school environment, allowing the development of the superior psychical functions".[19] Aware of the exclusion/inclusion dialectic of the population that was marginalized from education, the couple worked in a process of "embodying images" (what Heidegger would call symbolizing "shaping" of the artwork),[20] and which for Vigotski is a particular procedure that merges technical discipline and creativity experiments and represents the most powerful tool available for children's educators.[21] Dulce also recalls that Decio, echoing the already mentioned position of Mário Pedrosa in the article Frade cético, crianças geniais,[22] has always said that "the children rule".

O curso funcionava às quartas-feiras das 14 às 16 horas. Com madeira de caixote, foram feitos 15 conjuntos de mesas e banquinhos. Cada criança encontrava papel, pincéis e guache em sua mesa. Segundo a análise de Ivan Serpa, relatada por Dulce, as crianças da Rocinha trabalhavam de modo mais espontâneo com o imaginário, muito voltado para a realidade imediata que viviam, pois na época não tinham acesso à televisão. Já os alunos de classe média de Serpa, segundo ele próprio, apresentavam sintomas de grande influência dos programas de televisão. No final do ano, havia uma festa de Natal para a qual Decio organizava uma exposição dos trabalhos das crianças e convidava os pais delas.

Com o adolescente Lino, oriundo da experiência didática anterior, as crianças também passaram a aprender a nadar na piscina da casa de Dulce e Decio. Compartilhar a piscina da família com as crianças da Rocinha é mais uma evidência da generosidade do casal na eliminação de interdições de ordem social ou fundadas em "precauções sanitárias". De novo, os dois operavam no eixo inclusão/exclusão. No campo da economia criativa, entre os alunos do casal desponta o caso acima mencionado de Lino dos Santos Filho, que, até sua morte, em maio de 2014, manteve vínculos com Dulce, e criou, na Rocinha, o curso infantil Escola do Tio Lino, onde desenvolveu o projeto "Troque uma arma por um pincel" quando percebeu que as crianças "imitavam o comportamento dos traficantes ao brincar com armas de madeira".[15] O ateliê ofereceu aulas de pintura, maquete, desenho, fotografia e leitura. O próprio Lino é autor de uma maquete da Rocinha, construída com materiais reciclados, hoje na coleção do MAR. O resultado das iniciativas do casal e de Lino parece convergir para os argumentos de Marta Cardoso Guedes, que, em estudo sobre a Rocinha, analisou a possibilidade levantada pela teoria de Lev Vigotski em *Imaginação e criação na infância* sobre as leis da imaginação: ao se apoiarem na vinculação entre realidade e fantasia, tais leis impulsionariam a criação humana, abrindo caminho para o rompimento e a ampliação da realidade.[16]

Na experiência didática desenvolvida por Dulce Holzmeister e Decio Vieira, ficam patentes alguns valores que nortearam a relação entre arte e educação. Há um aspecto de ação social, com a crença no papel constitutivo da expressão e da autoestima de crianças desassistidas numa área já assolada pela interpenetração da violência de bandidos e de policiais, como era o caso da favela da Rocinha. Por trabalhar as relações entre o imaginário da violência e o mundo simbólico das crianças expostas à violência do tráfico, Lino tirou muitos jovens dessa atividade: "Foram 47 jovens que estavam envolvidos no tráfico, alguns eram fogueteiros, alguns estudavam, mas pararam de ir à escola porque no tráfico ganhavam bem. Hoje tenho 11 microempresários dentro da Rocinha".[17]

Segundo reportagem do *Jornal do Brasil* de 23 de maio de 1973, a ocupação da Rocinha foi iniciada na década de 1940 por nordestinos empregados na construção civil que se expandia na região. Os migrantes "armavam suas casas da noite para o dia, após obterem permissão dos 'guardas' e conseguirem material nas obras em que trabalhavam."[18] Nos anos 1970, época em que Dulce e Decio Vieira implantaram sua experiência didática, a comunidade, extremamente carente, contava apenas com duas escolas e uma creche. Segundo Dulce, Decio Vieira "gostava muito de dar aula" porque compreendia também o valor da experiência na formação de uma criança. A pesquisa de Marta Cardoso Guedes na Rocinha toma em consideração que, "ao permitir o jogo simbólico, as vivências lúdico-criadoras do fazer artístico, [os professores] estariam resgatando o prazer em brincar para o ambiente escolar, permitindo o desenvolvimento das funções psíquicas superiores".[19] Consciente da dialética da exclusão/inclusão da população marginalizada da educação, o casal operou no processo de "encarnação das imagens" (o que Heidegger chamaria de "enformação" simbolizadora da obra de arte),[20] que, para Vigotski, é um procedimento particular que conjuga disciplina técnica a experimentos de criatividade e constitui o instrumento mais potente à disposição do educador para a infância.[21] Dulce lembra ainda que Decio, ecoando a já citada posição de Mário Pedrosa no artigo *Frade cético, crianças geniais*,[22] sempre dizia que "as crianças é que mandam".

---

[15] Ver a matéria *Parceiro do RJ mostra ateliê para crianças na Rocinha*, exibida no RJ-TV, em 7 de fevereiro de 2012. Disponível em: <http://g1.globo.com/rio-de-janeiro/parceiro-rj/noticia/2012/02/parceiro-do-rj-mostra-atelie-para-criancas-na-rocinha.html>. Acesso em 10 de novembro de 2014.

[16] Guedes, Marta Cardoso. *Inclusão em educação na Rocinha:* vivências lúdico-criadoras do fazer artístico nas culturas, políticas e práticas de uma escola de ensino fundamental. 2011. 233 p. Dissertação (Mestrado em Educação) – Programa de Pós-graduação em Educação, Universidade Federal do Rio de Janeiro, Rio de Janeiro. Disponível em: <http://www.educacao.ufrj.br/ppge/dissertacoes/marta_cardoso_guedes.pdf>.

[17] Transcrição a partir da matéria acima citada, *Parceiro do RJ mostra ateliê para crianças na Rocinha*.

[18] Apud Guedes, Marta Cardoso, idem, p. 30.

[19] Idem, p. 66.

[20] O objeto da arte na condição de "coisa como matéria enformada". Heidegger, Martin. *A origem da obra de arte*. Trad. Maria da Conceição Costa. Lisboa: Edições 70, 1977. p. 13-19.

[21] Vigotski, Lev Semionovitch. *Imaginação e criação na Infância*. Trad. Zoia Prestes. São Paulo: Editora Ática, 2009. p.118-119.

[22] Reproduzido em Amaral, Aracy (Org.). *Dos murais de Portinari aos espaços de Brasília*, op. cit., p. 74-78.

CONSIDERAÇÕES FINAIS

FINAL CONSIDERATIONS

DV 11.1 • GARRAFA COM LINHAS E LÃS
COLEÇÃO PARTICULAR

BOTTLE WITH KNITTING WOOL AND CORD
PRIVATE COLLECTION

DV 11.2 • S/ TÍTULO, S.D. • TÊMPERA S/ TELA • 46 X 38 CM
COLEÇÃO PARTICULAR

NO TITLE, NO DATE • TEMPERA ON CANVAS
PRIVATE COLLECTION

DV 11.3 • S/ TÍTULO, S.D. • TÊMPERA S/ TELA • 46 X 38 CM
COLEÇÃO PARTICULAR

NO TITLE, NO DATE • TEMPERA ON CANVAS
PRIVATE COLLECTION

DV 11.4 • S/ TÍTULO, S.D. • TÊMPERA S/ TELA • 66 X 66 CM
COLEÇÃO PARTICULAR

NO TITLE, NO DATE • TEMPERA ON CANVAS
PRIVATE COLLECTION

DV 11.5 • S/ TÍTULO, S.D. • TÊMPERA S/ AGLOMERADO • 50 X 50 CM
COLEÇÃO MUSEU DE ARTE DO RIO (MAR) / FUNDO Z

NO TITLE, NO DATE • TEMPERA ON CHIPBOARD
MAR COLLECTION

360

DV 11.6 • S/ TÍTULO, S.D. • GUACHE S/ PAPEL • 50 X 50 CM
COLEÇÃO MUSEU DE ARTE DO RIO (MAR) / FUNDO Z

NO TITLE, NO DATE • GOUACHE ON PAPER
MAR COLLECTION

DV 11.7 • S/ TÍTULO, S.D. • GUACHE S/ PAPEL • 67 X 52 CM
COLEÇÃO MUSEU DE ARTE DO RIO (MAR) / FUNDO Z

NO TITLE, NO DATE • GOUACHE ON PAPER
MAR COLLECTION

DV 11.8 • S/ TÍTULO, S.D. • GUACHE S/ PAPEL • 50 X 35 CM
COLEÇÃO PARTICULAR

NO TITLE, NO DATE • GOUACHE ON PAPER
PRIVATE COLLECTION

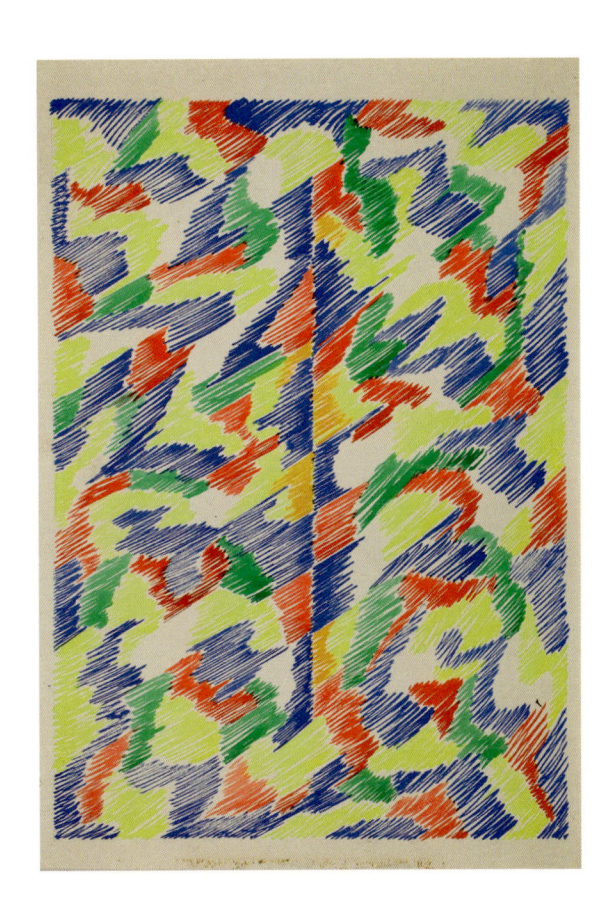

DV 11.9 • S/ TÍTULO, S.D. • GUACHE S/ PAPEL • 50 X 35 CM
COLEÇÃO MUSEU DE ARTE DO RIO (MAR) / FUNDO Z

NO TITLE, NO DATE • GOUACHE ON PAPER
MAR COLLECTION

DV 11.10 • GARRAFA COM LINHAS E LÃS
COLEÇÃO PARTICULAR

BOTTLE WITH KNITTING WOOL AND CORD
PRIVATE COLLECTION

CAIXA VERMELHA COMO ROLOS DE LÃ DE VAN GOGH • V43V/1962 • 11 X 30 CM
VAN GOGH MUSEUM, AMSTERDAM (VINCENT VAN GOGH FOUNDATION)

RED LACQUERED BOX WITH KNOTS OF WOOL • V43V/1962
VAN GOGH MUSEUM, AMSTERDAM (VINCENT VAN GOGH FOUNDATION)

FINAL CONSIDERATIONS

Bruno Lechowsky
Sem título, 1932, Óleo sobre tela, 40 x 50 cm, Coleção Museu de Arte do Rio (MAR) / Fundo Gustavo Rebello
No title, 1932, Oil on canvas. MAR collection

[1] Bois, Yve-Alain. Painting as model, op. cit., p. XI- XXX.

[2] Bento, Antonio. Alunos da FGV na ABI. Diário Carioca, 11 de março de 1947, p. 6.

[3] Vieira, Lúcia Gouvêa. Salão de 1931: Marco da revelação da arte moderna em nível nacional [Milestone of the revelation of modern art at national level], op. cit.

[4] Herkenhoff, Paulo. Rio de Janeiro: a paisagem da modernidade brasileira. In: Vasquez, Pedro et al. 5 visões do Rio na coleção Fadel, op. cit.

[5] Pleynet, Marcelin. Système de la peinture. Paris: Éditions du Seuil 1977.

The delicate affection of the form in Decio Vieira does not grow apart from his biography. The rational options of his restrict geometry of the Frente period or the complexities of his neo-concrete work are not enough to explain the artist's entire corpus. His discipline and his coherence sustained the foundation of his ethical relation with art. The "Decio Vieira" critical and historiographical problem posited challenges to define his painting model and its respective analysis required by his oeuvre throughout 40 years.

While an artist with scarce production and against the formalization of the writing of his own positions, Decio Vieira however has formulated significant questions for the visual thinking in Brazil. The beginning of the research found rare materials to supply the information needed for a text intended to fill the critical and historiographical blank around his work. In the methodological realm, Yve-Alain Bois's book Painting as model,[1] was of great value because it raises questions about the theorization of painting in modernity, and posits some analytical parameters that were certainly invaluable for this approach about Decio Vieira's production. It was worth understanding the extension and the relevance of the gap. Among the challenges was the singularization of Decio Vieira's production about the geometric abstraction universe in Brazil. Much of the Brazilian art historiography needs to pay attention to the semantic degradation of those who use terms like "neo-concretism" right and left to an opportunistic advantage of the current prestige of artists who produced the plastic thinking of this major movement of the country's art and the critics who created its theory. This Brazilian confusion, "jeitinho" [typical Brazilian way of doing things much based on improvisation] and "geleia geral" [expression coined by the concrete poet Décio Pignatari to refer to a country whose society was divided and contradictory on the threshold of modernity and tradition] is not a simple slide of lexical semantics. Like an abyss of knowledge, this irresponsibility has been sustained with the semantic degradation of the concept.

FORMATION

The principles of art history postulated by Heinrich Wölfflin and introduced in Brazil by Hannah Levy somehow appear to have been introduced in Decio Vieira's imaginary guidance of his artistic education during the course at FGV. Later on they will subtly reemerge deep-rooted in the maturation of his constructive will, axis of his aesthetic option. Isabel Sá Pereira, also a student at the course, tells critic Antonio Bento that "everything resulted from a lot of material work".[2] Such pedagogical experience for modernity, made possible by FGV, is one of the main chapters of the modernization of art education in Brazil, along with the reform of the National School of Fine Arts by Lucio Costa[3] and the Núcleo Bernardelli experiences with Bruno Lechowski, and Pro-Arte with Guignard.[4] This justification refers to what in the international scene Marcelin Pleynet discussed about the teaching process of painting as a critical mode, as teaching of a system that works in relation with the material background that, in the end, can objectify it as a language.[5] The semantic dimension of the material sign of art as instance where the tension of the language takes place.

CONSIDERAÇÕES FINAIS

A delicada afetividade da forma em Decio Vieira não se descola de sua biografia. As opções racionais de sua restrita geometria do período Frente ou as complexidades da neoconcretude não dão conta de explicar todo o corpus do artista. Sua disciplina e sua coerência sustentaram a base de sua relação ética com a arte. O problema crítico e historiográfico "Decio Vieira" propôs desafios de definição de seu modelo de pintura e da respectiva análise requerida por sua obra ao longo de cerca de 40 anos.

Embora tenha sido um artista de escassa produção e avesso à formalização da própria escrita de suas posições, Decio Vieira, no entanto, formulou questões significativas para o pensamento visual no Brasil. Encontrou-se, no início das investigações, escassez de material que suprisse as necessidades de informação para um texto com tarefas como a de preencher esse vazio crítico e historiográfico em torno de sua obra. No campo metodológico, *Painting as model*,[1] o livro de Yve-Alain Bois, foi de grande valia porque suscita questões da teorização da pintura na modernidade, propõe alguns parâmetros analíticos que, seguramente, foram valiosos para esta abordagem da produção de Decio Vieira. Cabia compreender a extensão e os relevos da lacuna. Entre os desafios, estava a singularização da produção do artista sobre o universo da abstração geométrica no Brasil. Muito da historiografia da arte brasileira precisa atentar para a degradação semântica dos que utilizam a torto e a direito termos como "neoconcretismo" para o proveito oportunista do prestígio atual de artistas que produziram o pensamento plástico deste movimento capital da cultura do país e os críticos que elaboraram sua teoria. Essa confusão, jeitinho e "geleia geral" brasileira não é simples resvalo de semântica léxica. Como um abismo do conhecimento, essa irresponsabilidade tem se sustentado à base da degradação semântica do conceito.

FORMAÇÃO

Os princípios da história da arte postulados por Heinrich Wölfflin e introduzidos no Brasil por Hanna Levy parecem ter sido inseridos, de alguma forma, na orientação do imaginário de Decio Vieira no curso da FGV, durante sua formação artística. Eles ressurgirão, mais tarde, sutilmente arraigados na maturação de sua vontade construtiva, eixo de sua opção estética. Isabel Sá Pereira, também aluna do curso, declara ao crítico Antonio Bento que "tudo resultou de muito trabalho material".[2] Tal experiência pedagógica para a modernidade, propiciada pela FGV, inscreve-se como um dos principais capítulos da modernização do ensino da arte no Brasil, ao lado da reforma da Escola Nacional de Belas Artes por Lucio Costa[3] e das experiências do Núcleo Bernardelli com Bruno Lechowski, e da Pró-Arte com Guignard.[4] Essa justificativa remete ao debate de Marcelin Pleynet, na cena internacional, sobre o processo de ensino da pintura como um modo crítico, como ensino de um sistema que funciona em relação com o *fundo material* que, por fim, pode por si objetivá-lo como uma linguagem.[5] A dimensão semântica do signo material da arte como instância onde a tensão da linguagem se elabora.

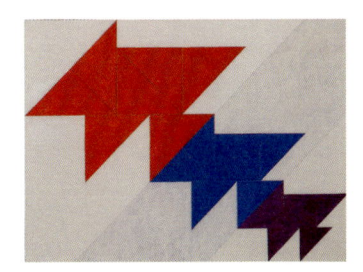

Decio Vieira
S/ título, c. 1970, Têmpera s/ tela, 55 x 75 cm, Coleção particular

No title, c.1970 - tempera on canvas, Private collection

[1] Bois, Yve-Alain. *Painting as model*, op. cit., p. XI- XXX.

[2] Bento, Antonio. Alunos da FGV na ABI. *Diário Carioca*, 11 de março de 1947, p. 6.

[3] Vieira, Lúcia Gouvêa. *Salão de 31:* Marco da revelação da arte moderna em nível nacional, op. cit.

[4] Herkenhoff, Paulo. Rio de Janeiro: a paisagem da modernidade brasileira. In: Vasquez, Pedro et al. *5 visões do Rio na coleção Fadel*. Rio de Janeiro: Edições Fadel, 2009. p. 169-219.

[5] Pleynet, Marcelin. *Système de la peinture*. Paris: Éditions du Seuil 1977.

Decio Vieira
Caderno com estudos, Guache sobre papel, 16 x 23 cm, Década de 1970, Museu de Arte do Rio / Fundo ArtRio
Sketchbook with studies, 1970s, Gouache on paper, MAR collection

---

[6] Brito, Ronaldo. *Neoconcretismo, vértice e ruptura do projeto construtivo brasileiro*, op. cit.

[7] *Arte brasileira na coleção Fadel: da inquietação do moderno à autonomia da linguagem*. Rio de Janeiro: Centro Cultural do Banco do Brasil, 2002.

[8] Herkenhoff, Paulo. *Pincelada: pintura e método no Brasil, projeções da década de 1950*, op. cit.

[9] Bergson, Henri. *Ensaio sobre os dados imediatos da consciência*. Trad. J. S. Gama. Lisboa: Edições 70, 1988. First published in 1889.

[10] Deleuze, Gilles. *El Bergsonismo*. Trad. Luis F. Carracedo. Madrid: Cátedra, 1996. p. 75-94.

[11] Habermas, Jürgen. *Modernity – an unfinished project*. In: *Habermas and the unfinished project of modernity*. Maurice Passerin d'Entrèves e Seyla Benhabib (Ed.). Cambridge: The MIT Press, 1997. p 40.

[12] Bois, Yve-Alain, op. cit., p. xvi.

[13] See Leacock, Nina K. *Character, silence, and the novel: Walter Benjamin on Goethe's Elective Affinities*. Narrative, v. 10, n. 3, p. 277-306, 2002.

[14] Benjamin, Walter. *Goethe's Elective Affinities* [1924]. In: Bullock, Markus; Jennings, Michel W. (Eds.). *Walter Benjamin: Selected writings 1013-1926*. Cambridge: The Belknap Press of Harvard University Press, 2002. Vol.1.

[15] Martins, Sérgio Bruno. *O MAR de cima abaixo*. [MAR from top to bottom]. Available at the website <http://www.blogdoims.com.br/ims/o-mar-de-cima-a-baixo-%E2%80%93-por-sergio-martins/>, on July 30th, 2013.

[16] Vigny, Alfred de apud Charpier, Jacques; Seghers, Pierre. *L'Art Poétique*. Paris: Éditions Seghers, 1956. p. 275.

By the end of the following decade, the exhibit Projeto construtivo brasileiro na arte [Brazilian constructive project in art] (1950-1962), organized by Aracy Amaral at MAM Rio in 1977, must also have been an opportunity for artists like Decio Vieira to carry a deep analysis of their trajectory until then, already taking some historical distance, and within a new context with the abstract-geometric movement in the country. However, there, like in Ronaldo Brito,[6] and my own introductory texts of the Fadel collection in 2002,[7] and in 2009 the exhibit Pincelada [Brushstroke], at Instituto Tomie Ohtake, dedicated to issues related with the methodology of painting in Brazil in the 1950s,[8] Decio Vieira was introduced in a simplified fashion and comparatively unbalanced in relation with other artists, therefore below of his importance. Historically, Mário Pedrosa, Ferreira Gullar and Frederico Morais were the critics who have most devoted to the reading of his production. Even so, a text that presents his work from a more comprehensive historical and critical perspective is not known.

Ronaldo Brito's irony in addressing Henri Bergson's concept of duration by the neo-concretist artists, for considering it passé, did not consider the effective productivity of the idea of duration for neo-concretism. In the essay Essai sur les données immédiates de la conscience (1889)[9] Bergson confronts duration in the realm of consciousness in opposition to the scientific dimension of time. Moreover, Brito discords from the positive understandings of Giles Deleuze[10] and Jürgen Habermas[11] about those Bergson's ideas. Yve-Alain Bois highlights that "an 'old' idea can always be summoned for its rescue when a 'new' theoretical model fails to extract perception from the studied object."[12] Curator of valuable versions of the São Paulo Biennale, Sheila Leirner considered Decio Vieira's semantic economy when including him in the exhibit Em busca da essência: elementos de redução na arte brasileira [In pursuit of essence: reduction elements in the Brazilian art] in the 1987 show in São Paulo.

At the end of the present essay, the expectation is to have consistently addressed some aspects of the mistakes made about the history of interpretation of Decio Vieira's work. We have exhausted some fallacious subjects about his work: the possible absence from the Frente Group, the "influence" of Volpi justified in the occasional use of tempera, the interpretation and treatment of his drawing as sfumato being mistakes of Decio Vieira's work reception. Nothing of what is now being raised would be an exercise of "immanent criticism"[13] in which the theorist's work "would complete" the literary work by articulating or unfolding an internal trend as in the case of the young Walter Benjamin with the work Goethe's elective affinities.[14] The danger is that one will end up "knowing" Decio Vieira more through mistakes spread on the Internet, which only falsely could be taken as Benjaminian "immanent criticism".

In a quick review of an exhibit, the critic Sérgio Bruno Martins deviates, through a pseudomorphist approach, when comparing Decio Vieira's structure to a windmill.[15] There, his interpretation of the form and the mode of working the matter of the painting open a path for mistakes. This unfortunate metaphor suggests the relation between rhyme and the machine 'mill' in the thinking of the poet Alfred de Vigny, who places a fourth capacity next to judgment, memory and imagination, which can work without them: the mill that turns without making us dream and produces a dull and regular sound: "it is the mechanic capacity of poetry, the one that makes it minor, but not the poet: it is nothing but it frequently deceives."[16] Sensitive neo-concrete and geometer, Decio Vieira was never an

A exposição *Projeto construtivo brasileiro na arte* (1950-1962), organizada por Aracy Amaral no MAM Rio em 1977, deve ter sido também a oportunidade, para artistas como Decio Vieira, de uma profunda análise de sua trajetória até então, já sob distanciamento histórico e em nova contextualização com o conjunto do movimento abstrato-geométrico no país. No entanto, ali, como em Ronaldo Brito[6] ou em meus próprios textos de apresentação da coleção Fadel em 2002[7] e, em 2009, sobre a mostra Pincelada, no Instituto Tomie Ohtake, dedicada a questões da metodologia da pintura no Brasil na década de 1950,[8] Decio Vieira foi apresentado de modo simplificado e comparativamente desequilibrado em relação a outros artistas, aquém, portanto, de sua importância. Historicamente, Mario Pedrosa, Ferreira Gullar e Frederico Morais foram os críticos que mais se dedicaram a leituras de sua produção. Ainda assim, não se conhece um texto que apresente sua obra em perspectiva histórica e crítica mais abrangente.

A ironia de Ronaldo Brito na abordagem do conceito de duração de Henri Bergson pelos artistas neoconcretista, por considerá-la como *passé*, não levou em conta a efetiva produtividade da ideia de duração para o neoconcretismo. No *Ensaio sobre os dados imediatos da consciência*,[9] Bergson confronta a duração no campo da consciência em oposição à dimensão científica do tempo. Sobretudo, Brito discrepa dos entendimentos positivos de Gilles Deleuze[10] e de Jürgen Habermas[11] sobre aquelas ideias de Bergson. Yve-Alain Bois acentua que "uma 'velha' ideia pode sempre ser convocada para seu resgate quando um 'novo' modelo teórico fracassa em extrair percepção do objeto em estudo".[12] Curadora de valiosas versões da Bienal de São Paulo, Sheila Leirner considerou a economia semântica de Decio Vieira ao incluí-lo na exposição *Em busca da essência: elementos de redução na arte brasileira na mostra paulistana* de 1987.

Ao cabo deste ensaio, a expectativa é de que alguns aspectos da história dos equívocos de interpretação da obra de Decio Vieira tenham sido enfrentados consistentemente. Desfolhamos alguns argumentos falaciosos sobre sua obra: a possível não participação no Grupo Frente, a "influência" de Volpi justificada no eventual uso da matéria da têmpera, assim como a interpretação e o tratamento de seu desenho nos termos de *sfumato* como sendo equívocos na história da recepção de sua obra. Nada daquilo que ora se levanta seria um exercício de "crítica imanente"[13] em que o trabalho do teórico "completaria" o trabalho literário ao articular ou desdobrar uma tendência interna como no caso do jovem Walter Benjamin com a obra *Afinidades eletivas* de Goethe.[14] O perigo é que se acabe "conhecendo" mais Decio Vieira através de equívocos disseminados pela internet, que só falsamente poderiam ser tomados como da ordem da "crítica imanente" benjaminiana.

Na rápida resenha de uma exposição, o crítico Sérgio Bruno Martins desvia-se, através de abordagem pseudomorfista, ao comparar uma estrutura de Decio Vieira a um moinho.[15] Ali, sua interpretação da forma e do modo de trabalhar a matéria da pintura abre caminho para equívocos. Essa infeliz metáfora lembra a relação entre rima e a máquina "moinho" no pensamento do poeta Alfred de Vigny que põe, ao lado do julgamento, da memória e da imaginação, uma quarta faculdade capaz de caminhar sem eles - o moinho, que gira sem que nos faça sonhar e produz um som adormentado e regular: "é a faculdade mecânica da poesia, aquela que faz o menor, mas não o poeta: não é nada, mas isto engana frequentemente".[16] Neoconcreto e geômetra sensível, Decio Vieira nunca foi agente do mecanismo previsível da máquina concretista de pintar quadros. O poeta parnasiano como máquina de fazer verso (Oswald de Andrade) e o pintor neoconcretista

[6] Brito, Ronaldo. *Neoconcretismo, vértice e ruptura do projeto construtivo brasileiro*, op. cit.

[7] *Arte brasileira na coleção Fadel:* da inquietação do moderno à autonomia da linguagem. Rio de Janeiro: Centro Cultural do Banco do Brasil, 2002.

[8] Herkenhoff, Paulo. Pincelada: pintura e método no Brasil, projeções da década de 1950, op. cit.

[9] Bergson, Henri. *Ensaio sobre os dados imediatos da consciência*. Trad. J. S. Gama. Lisboa: Edições 70, 1988. Publicado originalmente em 1889.

[10] Deleuze, Gilles. *El Bergsonismo*. Trad. Luis F. Carracedo. Madri: Cátedra, 1996. p. 75-94.

[11] Habermas, Jürgen. Modernity – an unfinished project. In: Habermas and the unfinished project of modernity. Maurice Passerin d'Entrèves e Seyla Benhabib (Ed.). Cambridge: The MIT Press, 1997. p 40.

[12] Bois, Yve-Alain, op. cit., P. XVI.

[13] Ver Leacock, Nina K. Character, silence, and the novel: Walter Benjamin on Goethe's Elective Affinities. *Narrative*, v. 10, n. 3, p. 277-306, 2002.

[14] Benjamin, Walter. Goethe's Elective Affinities [1924]. In: Bullock, Markus; Jennings, Michel W. (Eds.). *Walter Benjamin:* Selected writings 1013-1926. Cambridge: The Belknap Press of Harvard University Press, 2002. Vol.1.

[15] Martins, Sérgio Bruno. O MAR de cima abaixo. Disponível em: <http://www.blogdoims.com.br/ims/o-mar-de-cima-a-baixo-%E2%80%93-por-sergio-martins/>. Acesso em 30 de julho de 2014.

[16] Vigny, Alfred de apud Charpier, Jacques; Seghers, Pierre. *L'art Poétique*. Paris: Éditions Seghers, 1956. p. 275. Tradução livre.

[17] Pedrosa, Mario. Alexandre Calder, escultor de cata-ventos. Correio da Manhã, Rio de Janeiro, 10 de dezembro de 1944. p. 1. (Segunda Seção).

[18] Muneratto, Bruno. Transformação no conceito de espaço: o Móbile de Alexander Calder, a arquitetura nova nacional, a crítica de Mario Pedrosa em seus interdiálogos. [Transformation in the concept of space: Alexandre Calder's mobile, the new national architecture, Mário Pedrosa's criticism in his interdialogs]. Available at the website <http://www.unicamp.br/chaa/eha/atas/2008/MUNERATTO,%20Bruno%20Gustavo%20-%20IVEHA.pdf> on September 14th, 2014.

[19] In Portuguese would be no different

[20] Panofsky, Erwin. Three decades of art history in the United States. In: Meaning in the visual arts [1955]. Chicago: University of Chicago Press, 1982. p. 329-330.

[21] Bois, Yve-Alain, op. ciT., P. XXVIII.

[22] Decio Vieira owned paintings by Alfredo Volpi. In the 1960s, Decio managed to have some friends acquiring paintings by Volpi, like the poet Ledo Ivo, who bought three canvases (according to an informal testimony of Gonçalo Ivo to the author in October 20th, 2014).

[23] Mayer, Ralph. Manual do artista de técnicas e matérias, op. cit.

[24] Castro, Willys de. Volpi. Galeria São Luís, São Paulo, setembro de 1960.

[25] No authorship. Copied from Enciclopédia Cultural Itaú in October 2014 in the website >http://enciclopedia.itaucultural.org.br/pessoa21454/decio-vieira >.

agent of the predictable mechanism of the concretist machine of painting canvases. The Parnassian poet as a machine to produce verses (Oswald de Andrade) and the neo-concretist painter as a machine to paint canvases (Mário Pedrosa). The reductionism in comparing the optical power of form in Decio Vieira with a mill differs substantially from Mário Pedrosa's evaluation between the real movement of a weather vane and an Alexander Calder's mobile by effect of air dislocation in the environment, and treating him as the "sculptor of weather vanes".[17] One cannot transfer this machine image to Decio Vieira, unless by pseudomorphism, because Calder reversed "the order and the sculpture started to move on its own", ponders Bruno Muneratto.[18] Another mistake made by Sérgio Bruno Martins – identifying Decio Vieira's drawing method with the sfumato technique – introduced an unnecessary and unavoidable analytical impasse, far from constituting an aporetic problem in the sense of an investigation instrument borrowed from Jacques Derrida. The ingenuous pseudomorphist logic here was grounded in comparing the forms to blades, the structure to the mill, the drawing technique to sfumato, and sfumato as the smoke dislocating in the atmosphere. When Erwin Panofsky moved to the United States he deplored the inappropriate use of technical terms and concepts to designate certain material processes of art and bringing confusion among them, like in the named example, the confusion between "dissolved" and sfumato, as did Martins. Panofsky demands that "when speaking or writing in English,[19] even an art historian must more or less know what he means and mean what he says."[20] Yve-Alain Bois takes these mistakes to discuss the need of precision in the use of language about art. The next mistake is the way Decio Vieira's works was correlated to Alfredo Volpi's work.[21]

According to Dulce Holzmeister, "many people think" that Volpi painted the Dom Bosco panel at the Itamaraty Palace in Brasília "putting Decio's face on the saint". His more intense contact with Alfredo Volpi, with the execution of the mural in Brasília commissioned to the master from São Paulo, was a moment in the painting field comparable to an epistemological leap. It is ingenuous to characterize the moment by his choice of a painting method, tempera, which was the same as Alfredo Volpi's.[22] What remains in the middle of the way when Decio Vieira and Volpi are automatically intertwined? Highlighting and justifying Decio Vieira's connections with Alfredo Volpi due to tempera is the same as saying that he was also influenced by Ralph Mayer, the technical scholar of art materials who published the Artist's handbook of materials and techniques (1940).[23] By working with Volpi, Decio may have recognized his own sensitive geometry in an elective affinity dimension. "Volpi paints Volpis", says Willy de Castro;[24] Decio Vieira, however, has never painted Volpis, much less so has he intended to paint them, as it appears that certain immature critics are insinuating. One cannot think that the color in Decio Vieira had Volpian accords. In his painting it is the color itself that finds another poetics, singular and disconnected from the chromatic canon of the constructive experience; and, finally, one can embrace his latent and unique poetic hypothesis.

The developments of Decio Vieira's plastic thinking never reiterate "more of the same" neither do they operate in face of a senseless replication, by false differences or simulated transformations. The reiteration of mistakes ends up cementing fallacious arguments thus propagating them as conclusive and unquestionable. At the Itaú Cultural Encyclopedia website, like a "Sérgio Bruno Martins syndrome", a number of mistakes and imprecisions about Decio Vieira is corroborated, namely: the artist learns with Alfredo Volpi "the technique of tempera that lends his work a more lyric character in abstraction"; "use of sfumato" and "in a dialog with Volpi's production Decio Vieira produces an economical painting, with the subtle employment of light, in constructions that use predominantly white."[25]

como máquina de pintar quadros (Mário Pedrosa). O reducionismo na comparação da força ótica da forma em Decio Vieira a um moinho difere muito da avaliação feita por Mário Pedrosa entre o movimento real de um cata-vento e um móbile de Alexander Calder, a quem, por efeito do deslocamento do ar no ambiente, tratou como o "escultor de cata-ventos".[17] Não se pode transpor essa imagem de máquina para Decio Vieira, a menos que por pseudomorfismo, posto que Calder reverteu "a ordem e a escultura passou a mover-se sozinha", pondera Bruno Muneratto.[18] Outro equívoco de Sérgio Bruno Martins – identificar o método de desenho de Decio Vieira com a técnica do *sfumato* – introduziu um desnecessário e incontornável impasse analítico, longe de constituir um problema aporético no sentido de instrumento de investigação que lhe emprestou Jacques Derrida. A ingênua lógica pseudomorfista aqui baseou-se em comparar formas a pás, a estrutura ao moinho, o método de desenho à técnica do *sfumato* e o *sfumato* como fumaça em deslocamento na atmosfera. Erwin Panofsky, quando migrou para os Estados Unidos deplorou o uso indevido dos termos técnicos e conceitos para designar certos processos materiais da arte e trazendo confusão entre eles, tal qual, em seu exemplo nomeado, a confusão entre "dissolvido" e *sfumato*, como fez Martins. Panofsky cobra que "quando falando ou escrevendo em inglês,[19] um historiador da arte deve saber mais ou menos o que ele quer dizer e dizer o que ele quer dizer".[20] Yve-Alain Bois toma esses equívocos para debater a necessidade de precisão no uso da língua sobre a arte.[21]

O próximo equívoco é a maneira de correlacionar a obra de Decio Vieira à de Alfredo Volpi. Segundo Dulce Holzmeister, "muita gente acha" que Volpi pintou o painel de Dom Bosco no Palácio do Itamaraty de Brasília "colocando a cara do Decio no santo". A execução do mural em Brasília, encomendado ao mestre de São Paulo, foi um momento comparável, no campo da cor em sua pintura, a um salto epistemológico. É ingênuo caracterizar o momento por sua escolha de um método de pintura, a têmpera, que era a mesma de Alfredo Volpi.[22] O que fica no meio do caminho quando automaticamente enlaçam um artista ao outro? Ressaltar e justificar os vínculos de Decio Vieira com Alfredo Volpi a partir da têmpera equivaleria dizer que ele também teria sido influenciado por Ralph Mayer, o estudioso técnico dos materiais de arte que publicou o *Manual do artista de técnicas e matérias* (1940).[23] No convívio com Volpi, Decio pode ter reconhecido sua própria geometria sensível em dimensão de afinidade eletiva. "Volpi pinta Volpis", proclamou Willys de Castro;[24] Decio Vieira, no entanto, nunca pintou volpis, muito menos pretendeu pintá-los, como parece insinuar equivocadamente certa crítica pouco amadurecida. Não se pode pensar que a cor em Decio Vieira tivesse acordes volpianos. Em sua pintura, é a cor mesma que encontra outra poética, singular e desatrelada do cânon cromático da experiência construtiva e, finalmente, pode-se abraçar sua hipótese poética latente e própria.

Os desdobramentos do raciocínio plástico de Decio Vieira nunca reiteram "mais do mesmo", nem operam mediante a replicação gratuita, por falsas diferenças ou por transformações simuladas. A reiteração dos equívocos acaba por cimentar argumentos falaciosos e, logo, propagá-los como conclusivos e inquestionáveis. No site da Enciclopédia Itaú Cultural,, como "síndrome de Sérgio Bruno Martins", já se corrobora um elenco de equívocos e imprecisões sobre Decio Vieira, tais como a afirmação de que o artista aprende com Alfredo Volpi "a técnica da pintura a têmpera, que confere ao seu trabalho um caráter mais lírico na abstração"; ou de que o "uso do *sfumato*" e "em diálogo com a produção de Volpi, faria com que ele realizasse uma pintura econômica, com o emprego sutil da luz, em construções que utilizam predominantemente o branco".[25]

Decio Vieira

S/ título, s. d., Óleo s/ tela, 65 x 53 cm, Coleção Particular

No title, no date, Oil on canvas, Private Collection

[17] Pedrosa, Mário. Alexandre Calder, escultor de cata-ventos. *Correio da Manhã*, Rio de Janeiro, 10 de dezembro de 1944. p. 1. (Segunda Seção).

[18] Muneratto, Bruno. Transformação no conceito de espaço: o Móbile de Alexander Calder, a arquitetura nova nacional, a crítica de Mário Pedrosa em seus interdiálogos. *Anais do IV Encontro de História da Arte. Campinas:* Unicamp, 2008. p. 791-797. Disponível em: <http://www.unicamp.br/chaa/eha/atas/2008/MUNERATTO,%20Bruno%20Gustavo%20-%20IVEHA.pdf>. Acesso em 14de setembro de 2014.

[19] Em português não seria diferente.

[20] Panofsky, Erwin. Three decades of art history in the United States. In: *Meaning in the visual arts* [1955]. Chicago: University of Chicago Press, 1982. p. 329-330. Tradução livre.

[21] Bois, Yve-Alain, op. cit., p. XXVIII.

[22] Decio Vieira possuía uma pintura de Alfredo Volpi. Na década de 1960, conseguiu que alguns de seus amigos também adquirissem pinturas de Volpi, como o poeta Ledo Ivo, que comprou três telas (conforme o depoimento informal de Gonçalo Ivo ao autor, em 20 de outubro de 2014).

[23] Mayer, Ralph. *Manual do artista de técnicas e matérias*, op. cit.

[24] Castro, Willys de. *Volpi*. Galeria São Luís, São Paulo, setembro de 1960.

[25] Sem autoria. Transcrito da Enciclopédia Cultural Itaú, disponível em: <http://enciclopedia.itaucultural.org.br/pessoa21454/decio-vieira>. Acesso em 10 de outubro de 2014

[26] *The term climax here is used in the sense of a graphic model of drama in the Ancient Rome theater and in Shakespeare's "Freytag's Pyramid".*

[27] *In a conversation with the author around 2004.*

[28] *Frota, Eduardo e Herkenhoff, Paulo. "Tatu: futebol, adversidade e cultura da caatinga". Rio de Janeiro, MAR, 2014, non numbered brochure.*

[29] *Walter Bacci e as formas coloridas em tecidos. Jornal do Brasil, Rio de Janeiro, 20 de setembro de 1964, p. 9, no authorship. (Revista de Domingo).*

[30] *Decio Vieira pertence a uma geração de pintores que vivenciou o impactante efeito da introdução da tinta acrílica para a arte. Ele parece ter sempre evitado a superfície brilhante da pintura a óleo.*

[31] *Semple, Danielle Menezes de Brito. Walter Bacci: Um diálogo entre a artista plástico e o cenógrafo. Revista aSPAs (USP), São Paulo, v. 2, n. 1, p. 3-4, 2012. Available at the website <http://www.revistas.usp.br/aspas/article/view/62865>, on June 6th, 2013.*

[32] *Magaldi, Sábato. O universal brasileiro. Available at the website <http://www.chicobuarque.com.br/critica/crit_gota_universal.htm>, on June 6th, 2013.*

Decio Vieira was an artist of proportions and balance, but frequently in his painting disturbances of logic occur, as discreet as effective about the optical unconscious, like the scratches on the monochromes and dissonant overlaps of meshes. This is the painter's perversity: disharmonize by being subliminal and summon the mathematical unconscious to instability. The exploration of modes to constitute a crisis in geometry is a form of conveying the signifier and its semiological fluctuation in the condition color-form. More over some historical responsibilities of the form have been addressed in his corpus. Although the tension points in his painting lie in the formal moderation, it is possible to project in it the political sense as a confrontation between form and the rupture of reason under the 1964 authoritarian regime, according to the arguments of the chapter Orthogonal and dissonant meshes – between the plumb line and the deviation of a modernist myth In the sculpture Broken Obelisk (1963-1967), Barnett Newman institutes a poetic mystery on the limit point between the needle head of the upside down obelisk that touches and rests in tense and absolute gravity, upon the apex of a pyramid, or in its climax.[26] The sculpture was dedicated to Martin Luther King soon after his assassination. All the gravity drama is there, like the axis mundi in Constantin Brancusi's Endless column (1918). But in the work of Rubem Ludolf, a great friend of Decio Vieira's, the tension contacts occurred with another kind of subtlety, like in the "meeting of vortices" of planes as a vibration point of color by effects of contrasts, according to Eugène Chevreul's theory. Ludolf used to say that this tension point symbolized the encounter with his father.[27] Another tension order emerges from the interruption of the peripheral white disc in Lygia Clark's tondo Ovo linear [Linear egg] (1958) that precipitates optical responses from the mind to conclude the incomplete contour of the form. The tension of the unfinished form of Ovo linear was of the same order as the contact point between the ovoid volume and the disc upon which it rested in Constantin Brancusi's Newborn (1925) to symbolize the trauma of birth, the separation between the self and the Other, and the solitude and abandonment in the subject's primal contact with the extra-uterine world. The geometric abstraction takes ground of a dramatic structure in a dialectic process with all the idealism of the form and the order in the foundation of the constructive project.

Decio Vieira transformed the color into the power of the sensorial dimension from the 1970s onwards, with a complex genesis involving utilitarian arts, modern painting and the traditional art of an Islamic country. It could be situated among the "abrasive abstractions", Eduardo Frota's image to discuss certain production of Antonio Bandeira.[28] In the first aspect, Walter Bacci, and later Sonia Delaunay (see chapters "Quitandinha effect: intelligence in design" and "Orphic moment: Zenith of the color", respectively) are the fashion references that would expand the chromatic arc in Decio Vieira's painting. A Jornal do Brasil 1964 report was mentioned in this essay that informed about a Walter Bacci show, highlighting the rusticity of the materials employed and its adaptation to the modern and colonial environments, as raw canvas and rough cotton.[29] The understanding of the material sign and the vibrant color in Bacci must have mobilized Decio Vieira for the experiments of materiality and the strident palette.[30] Danielle Semple's monograph project feeds these reflections about the crossing of looks between these two artists[31]- Bacci was connected with the theater of resistance with his stage design for plays like Se correr o bicho pega, se ficar o bicho come (1966) by Ferreira Gullar and Oduvaldo Vianna Filho, and direction by Gianni Ratto. Later came Gota d'água (1975) by Paulo Pontes and Chico Buarque, directed again by Ratto. At that time, Sábato Magaldi highlighted the challenge to put together the "complexity of situations" and the several locations of action in Gota d'água. Bacci "put a unique device on the stage, for the forward and backward movement, only in Egeu's working room", says the theater critic, "the use of space became frequently forced because there was no justification for this grandiose stage, without a rational distribution of areas."[32]

Decio Vieira foi um artista das proporções e do equilíbrio, mas, frequentemente em sua pintura ocorrem perturbações da lógica, tão discretas quanto efetivas sobre o inconsciente ótico, como os arranhados sobre os monocromos e as sobreposições dissonantes de malhas. Essa é a perversidade do pintor: desarmonizar por subliminaridade e convocar o inconsciente matemático para a instabilidade. A exploração de modos de constituir uma crise da geometria é uma forma de agenciar o significante e ainda de sua flutuação semiológica na condição cor-forma. Também foram abordadas algumas responsabilidades históricas da forma em seu corpus. Embora os pontos de tensão em sua pintura estejam no comedimento formal, nele é possível projetar sentido político como confronto entre forma e a ruptura da razão sob o regime autoritário de 1964, conforme os argumentos expostos no capítulo *Malhas ortogonais e dissonantes: entre o prumo e o desvio de um mito modernista*. Na escultura *O obelisco quebrado* (*Broken Obelisk* 1963-1967), Barnett Newman institui um mistério poético no ponto limite entre a ponta da agulha do obelisco de cabeça para baixo, que toca e repousa, em gravidade tensa e absoluta, sobre o ápice (*apex*) de uma pirâmide ou em seu clímax.[26] A escultura foi dedicada a Martin Luther King logo depois de seu assassinato. Todo o drama da gravidade está ali, assim como no *axis mundi da Coluna infinita* (1918) de Constantin Brancusi. Já na obra de Rubem Ludolf, grande amigo de Decio Vieira, os toques de tensão ocorriam com outra sutileza, por exemplo no "encontro de vértices" de planos como ponto de vibração de cores por efeitos de contrastes, conforme a teoria de Eugène Chevreul. Ludolf dizia que este ponto de tensão simbolizava o encontro com seu pai.[27] Outra ordem de tensão surge da interrupção do círculo branco periférico na pintura *Ovo linear* (1958), de Lygia Clark, que precipita respostas óticas da mente para concluir o contorno da forma incompleto. A tensão da forma inconclusa deste quadro era da mesma ordem do ponto de contato entre o volume ovoide e o círculo sobre o qual repousava em *Recém-nascido* (1925), de Constantin Brancusi, na simbolização do trauma do nascimento, da separação entre o eu e o *outro* e da solidão e abandono no contato primal do sujeito com o mundo extrauterino. A abstração geométrica toma foro de estrutura dramática em processo dialético com todo o idealismo da forma e da ordem na base do projeto construtivo.

A cor foi transformada por Decio Vieira em vigor da dimensão sensorial a partir da década de 1970, tendo naquele momento uma gênese complexa que envolve as artes utilitárias, a pintura moderna e a arte tradicional de um país islâmico. Ela poderia ser situada entre as "abstrações abrasivas", imagem de Eduardo Frota para discutir certa produção de Antonio Bandeira.[28] No primeiro aspecto, Walter Bacci e, depois, Sonia Delaunay (ver os capítulos *Efeito Quitandinha: inteligência no design* e *Momento órfico: zênite da cor*, respectivamente) são as referências na moda que haveriam de expandir o arco cromático na pintura de Decio Vieira. Citou-se neste ensaio uma matéria publicada no *Jornal do Brasil* em 1964 que noticiou uma mostra de Walter Bacci, ressaltando a rusticidade do material empregado e sua adaptação aos ambientes modernos e coloniais, como a lona crua e o algodão grosso.[29] O entendimento do signo material e da cor vibrante em Bacci provavelmente mobilizou Decio Vieira pelos experimentos da materialidade e da paleta estridente.[30] O artigo de Danielle Semple alimenta essas reflexões sobre o cruzamento de olhares entre esses dois artistas[31] – Bacci foi ligado ao teatro de resistência com sua cenografia para peças como *Se correr o bicho pega, se ficar o bicho come* (1966), de autoria de Ferreira Gullar e Oduvaldo Vianna Filho, com direção de Gianni Ratto. Depois foi a vez de *Gota d'água* (1975), de Paulo Pontes e Chico Buarque, com direção do mesmo Ratto. Na ocasião, Sábato Magaldi ressaltou o desafio de levar à cena a "complexidade de situações" e diversos locais de ação de *Gota d'água*. Bacci "pôs no palco um dispositivo único, com avanço e recuo apenas na sala de trabalho de Egeu," analisa o crítico de teatro; "a utilização do espaço torna-se com frequência forçada, porque não havia justificativa para esse cenário grandioso, sem uma racional distribuição de áreas".[32]

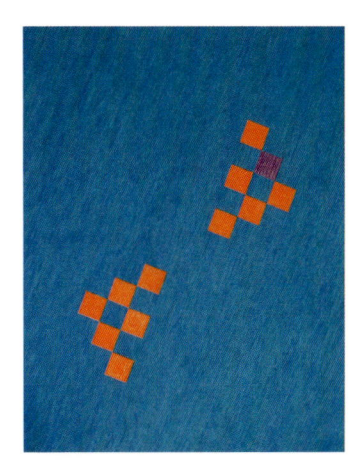

Decio Vieira
S/ título, s.d., Têmpera s/ tela, 159,5 x 120 cm, Coleção particular

No title, no date, Tempera on canvas, Private collection

[26] O termo clímax está utilizado aqui no sentido do modelo gráfico de montagem do drama no teatro da Roma antiga e em Shakespeare na "Pirâmide de Freytag".

[27] Em conversa informal com autor autor em 2004.

[28] Frota, Eduardo; Herkenhoff, Paulo. *Tatu: futebol, adversidade e cultura da caatinga*. Rio de Janeiro, MAR, 2014. Folheto não-paginado.

[29] Walter Bacci e as formas coloridas em tecidos. *Jornal do Brasil*, Rio de Janeiro, 20 de setembro de 1964, p. 9, sem autoria. (Revista de Domingo).

[30] Decio Vieira pertence a uma geração de pintores que vivenciou o impactante efeito da introdução da tinta acrílica para a arte. Ele parece ter sempre evitado a superfície brilhante da pintura a óleo.

[31] Semple, Danielle Menezes de Brito. Walter Bacci: Um diálogo entre a artista plástico e o cenógrafo. *Revista aSPAs* (USP), São Paulo, v. 2, n. 1, p. 3-4, 2012. Disponível em: <http://www.revistas.usp.br/aspas/article/view/62865>. Acesso em 6 de junho de 2013.

[32] Magaldi, Sábato. *O universal brasileiro*. Disponível em: <http://www.chicobuarque.com.br/critica/crit_gota_universal.htm>. Acesso em 6 de junho de 2013.

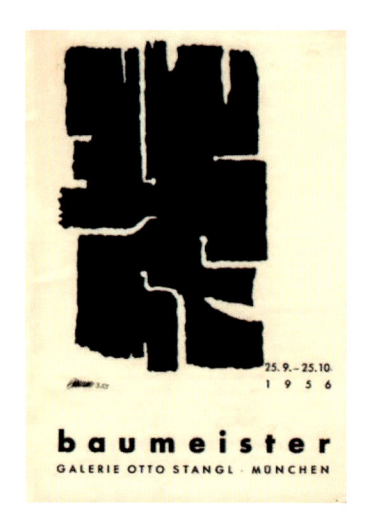

Baumeister. Munique, Galerie Otto Stangl, 1956, Arquivos Decio Vieira

Decio Vieira Archives

[33] *No authorship. Baumeister. Munique, Galerie Otto Stangl, 1956.*

[34] *Damase, Jacques. Sonia Delaunay: rhytms and colours, op. cit.*

[35] *See Hoog, Michel. Preface. In Damase, Jacques, op. cit., p. 11-24.*

[36] *Cendrars, Blaise; Delaunay, Sonia. La prose du Transsibérien et de la Petite Jehanne de France. Paris: Editions des Hommes Nouveaux, 1913.*

[37] *Damase, Jacques.. op. cit., p. 84.*

Perhaps as a memory of the artist that over the 1950s had produced decorative fabrics Decio Vieira kept some jars with pigments in his studio; some were empty, showing only remains of the color once stored in them. A special jar of the set gathered monochromatic threads of wool and cotton in several colors. The little balls of threads shaped tufts of color, a theme that would reappear in his painting. Decio Vieira possessed a pamphlet about Willi Baumeister where paintings were reproduced, like Bluxao (1955) with patches of strong colors that dynamize the space, but that are enhanced by the reproduction quality of the graphic industry of that time.[33] The Brazilian painter's task when working with fabrics was to implement some logic of ordering the pictorial tufts of color, as lines, brushstrokes or patches.

In the background of the historic references and the imaginary triggers, Decio Vieira had acquired the English edition of the celebrated book Sonia Delaunay: rhythms and colours (1972),[34] which had been edited in Paris the year before. In this work, profusely illustrated, images emerge whose plastic matters appear to have intensely animated Vieira's visual thinking in an imaginary dialog of abounding possibilities. After Josef Albers, it is time to think about Sonia Delaunay (1885-1879) as a source of references for Decio Vieira. However, only for reductionism can one consider these works as appropriations of Sonia Delaunay, because Decio Vieira took matters of the dynamics between form and color to develop them into a key of his own, like Lygia Clark and Hélio Oiticica in the 1950s recapture of Mondrian and Malevich to fix the foundations of their neo-concretist problematic from the viewpoint of the legacy of challenges or legacies left unsolved or open by neo-plasticism and suprematism.

The Decio Vieira aligned with orphic Delaunay crosses many regions of his creative dimension for fashion and apparel, including painted fabrics and the Robes-poèmes (1969, Poems-dresses), which can be evoked in the analysis of Walter Bacci's dresses. This late association between Decio Vieira and the postulates of Sonia Delaunay's work appears to bear the Russian painter's affinity with Eugène Chevreul's theory of color (De la couler et de l'assortiment des objets colores consideres d'après dette loi, 1839, with a second edition in 1889) and her followers George Seurat, Paul Signac and Henri-Edmond Cross.[35] Delaunay integrated colors in printed expressionist au pouchoir patches to the poetic text of Blaise Cendrars in the dépliant, today considered a book of artist, La prose du Transsibérien et de la Petite Jehanne de France [Prose of the Trans-Siberian and the Little Jehanne of France] (1913).[36] After the accelerated poetic rhythm, Cendrars's poem, a mosaic of travel impressions, is dedicated to musicians. Delaunay announces that she had worked with simultaneous colors (couleurs simultanées). La prose du Transsibérien is a landmark of the history of color in the European modernity and would not have gone unnoticed by Decio Vieira.

The book, La prose du Transsibérien was splendidly reproduced in four unfolded pages, highlighting the greatness of the artistic and graphic achievement. Jacques Damase analyzes La prose du Transsibérien, showing the relationship between the poem's rhythmic movement and the simultaneous colors (couleur simultanée). The author also observes that the long format, like a pamphlet and a road map, has influenced modern artists to recapture the polyptych structure in painting and tapestry with woven poetic emblems, an old tradition of the medieval Arabic culture.[37] Decio Vieira's drawing has always carried the rhythm of the pencil in the formation of the plane-color through straight, parallel and juxtaposed lines. In study shets one can see that he thinks the passages of color in zones and tufts, like the patches in La prose Transsibérien.

Talvez como memória do artista, que na década de 1950 havia produzido tecidos decorativos, Decio Vieira conservava vidros com pigmentos em seu ateliê; alguns estavam vazios, apenas guardando vestígios da cor uma vez ali estocada. Um vidro especial no conjunto reunia fios monocromáticos de lã e algodão em cores diversas. Os bolinhos das linhas conformavam tufos de cor, questão que reapareceria em sua pintura. O artista possuía um opúsculo sobre Willi Baumeister no qual se reproduzem pinturas, como *Bluxao* (1955), com manchas de cores fortes que dinamizam o espaço, mas que são exacerbadas pela qualidade da reprodução de cores da indústria gráfica da época.[33] A tarefa do pintor brasileiro, voltado para a tecelagem, é implantar uma lógica de ordenamento de tufos pictóricos de cor, fossem linhas, pinceladas ou manchas.

No pano de fundo das referências históricas e nos disparadores do imaginário, Decio Vieira havia adquirido a edição inglesa do alentado livro *Sonia Delaunay: rhytms and colours* (1972),[34] que fora editado em Paris no ano anterior. Nessa obra, profusamente ilustrada, surgem imagens cujas questões plásticas parecem ter movimentado intensamente o pensamento visual do artista, num diálogo imaginário de abundantes possibilidades. Depois de Josef Albers, chega a vez de pensar em Sonia Delaunay como uma matriz de referências para Decio Vieira. No entanto, só por reducionismo, pode-se considerar estas obras como citacionistas de Delaunay, pois Vieira tomou questões da dinâmica entre forma e cor para desdobrá-las em chave própria, assim como na década de 1950, Lygia Clark e Hélio Oiticica retomaram Mondrian e Malevich para fixarem as bases de sua problemática neoconcretista, sob o ponto de vista do legado de desafios plásticos irresolutos ou abertos pelo neoplasticismo e pelo suprematismo.

Decio Vieira, alinhado com a orfista Delaunay, atravessa muitas regiões de sua dimensão criativa para a moda e o vestuário, incluindo tecidos pintados e os *Robes Poèmes* (1969), que podem ser evocados na análise dos vestidos de Walter Bacci. Essa associação tardia do artista aos postulados da obra de Sonia Delaunay parece trazer consigo a afinidade da pintora com a teoria da cor de Eugène Chevreul (*De la loi du contraste simultané des couleur et de l'assortiment des objets colorés*, 1839, com segunda edição em 1889) e de seus seguidores Georges Seurat, Paul Signac e Henri-Edmond Cross.[35] Delaunay integrou cores em manchas expressionistas impressas *au pouchoir* ao texto poético de Blaise Cendrars no *dépliant*, hoje considerado um livro-de-artista pioneiro, *La prose du Transsibérien et de la Petite Jehanne de France* (1913).[36] Depois do ritmo poético acelerado, o poema de Cendrars, um mosaico de impressões de viagens, é dedicado aos músicos. Delaunay anuncia que trabalhou com cores simultâneas (*couleurs simultanées*). *La prose du Transsibérien* é um marco da história da cor na modernidade europeia e não poderia ter passado despercebida por Decio Vieira.

La prose du Transsibérien foi esplendidamente reproduzida em quatro páginas desdobradas, que ressaltam a grandeza do feito artístico e gráfico. Jacques Damase analisa a obra, apontando-lhe a relação entre a movimentação rítmica do poema e as cores simultâneas. O autor também observa que o formato longo, como um panfleto e um mapa rodoviário, influenciou na retomada pelos artistas modernos da estrutura do políptico em pintura e da tapeçaria com emblemas poéticos tramados, uma antiga tradição da cultura árabe medieval.[37] O desenho de Decio Vieira sempre teve um ritmo do lápis na formação do plano-cor, através de traços retos, paralelos e justapostos. Em folhas de estudos, vê-se que ele pensa passagens de cor em zonas e tufos, como as manchas de *La prose du Transsibérien*.

Sonia Delaunay e Blaise Cendrars, La prose du Transsibérien et de la Petite Jehanne de France, 1913

Sonia Delaunay and Blaise Cendrars, La prose du Transsibérien et de la Petite Jehanne de France, 1913

[33] Sem autor. *Baumeister*. Munique, Galerie Otto Stangl, 1956.

[34] Damase, Jacques. *Sonia Delaunay*: rhytms and colours, op. cit.

[35] Ver Hoog, Michel. Preface. In Damase, Jacques, op. cit., p. 11-24.

[36] Cendrars, Blaise; Delaunay, Sonia. *La prose du Transsibérien et de la Petite Jehanne de France*. Paris: Editions des Hommes Nouveaux, 1913.

[37] Damase, Jacques. op. cit., p. 84.

Sonia Delaunay
Etude pour la Foule, Boulevard Saint Michel, 1914, Pastel sobre papel, 25,5 x 22 cm

Etude pour la Foule, Boulevard Saint Michel, 1914, Pastel on paper

[38] Damase, Jacques. op. cit., p. 272.

[39] Idem, p. 70.

[40] *Khosrovani, Hashem, op. cit., p. 10.*

Four gouache studies kept in the same note pad indicate the orphic gouache Color-Rhythm (1939)[38] of Delaunay worked by Decio Vieira as a serial paintings with variations. Decio Vieira's method to study the colors for his drawing is also similar to Sonia Delaunay's Light study, Boulevard Saint-Michel (1912-1913, crayon on paper).[39] Other studies of this series include Study of crowds, Boulevard Saint-Michel (1912) and Movement of crowds, Electric prisms (1914). Decio Vieira's chromatic will appeared to translate Delaunay's "slavonic colors" – expression used by by Matisse to describe the vivacity of the vernacular color reinterpreted by her – strident tropicality, already much different from Volpi's rustic palette. Decio Vieira understood that fashion is part of modern culture – from Charles Baudelaire to Walter Benjamin – and for him Sonia Delaunay was a standout who worked through the connection between clothing, body and modern art. In this sense, compared with Tarsila do Amaral, Delaunay has produced radical structures; she did not only consume clothing and fashion. For Delaunay, like for Louise Bourgeois and Decio Vieira, clothing is language and not a symbol of prestige.

The third moment of the matured and more experimental color in Decio Vieira's experience comes from the Islam. In 1985, he made with Dulce a second trip to Europe. They also visited Greece. Decio bought a super-8 camera and enjoyed filming, as Dulce told. In Geneva they saw the exhibit Trésors de l'Islam at the Musée Rath – "the visitor will find exceptional works," warned Hashem Khosrovani, president of the event organizing committee.[40] The visit to the exhibit and the purchase of the catalog Trésors de l'Islam are evidence that the visit to Switzerland offers materials to analyze Decio Vieira's detour toward Islam.

In the neo-concrete environment information circulated about mathematics developed in the Arabic-Islamic world and its aesthetic consequences upon architecture and ornaments. José Oiticica Filho, Hélio's father, was a mathematics teacher. Lygia Pape had included the Arabic space in the Livro da Arquitetura [Book of Architecture] (1959-1960), in which she took architecture as a numeric will. A way of seeing mathematics is what drove the neo-concrete production and the Islamic culture closer. Pape has also made the super-8 film Arenas calientes [Hot arenas] (1974), alluding to the violent political situation in Palestine and that includes a sculpture of Ascânio MMM due to the work's Islamic matrix. Much closer to Decio Vieira, his stepdaughter Monica Holzmeister (Monica Pinho) was married to José Luiz França de Pinho, who had worked in Algeria in the 1970s as an architect in Oscar Niemeyer's team, author of a project for a mosque in Algiers. When recognizing the art of the Islamic world seen in the Geneva show, Decio Vieira appeared to have been more focused on the splendors of the Iranian book. From the 14th through the 17th centuries flourished one of the most beautiful moments of the illuminated book of the history of writing. Some of the aspects of the Iranian Islamic canon attract the Brazilian painter: (a) chromatic audacities; (b) the melodic movements of the form; (c) the relationship between illustration and text; (d) the abstract dimension in regard of the figurative and (e) the transgression of the division lines of space.

Quatro estudos de guache conservados no mesmo caderno apontam para o guache orfista *Cor-Ritmo* (1939)[38] de Sonia Delaunay trabalhado por Decio Vieira como pintura serial em variantes. O método do artista, de estudar as cores para seu desenho, é ainda semelhante ao *Estudo de luz, Boulevard Saint-Michel* (1912-1913, crayon sobre papel)[39] também de Delaunay. Outros estudos dessa série são *Estudo de multidão, Boulevard Saint-Michel* (1912) e *Movimento de multidão, Prismas elétricos* (1914). A vontade cromática de Decio Vieira pareceria traduzir as "cores eslavônicas" de Delaunay – expressão usada por Matisse para descrever a vivacidade da cor vernacular por ela reinterpretada – em tropicalidade estridente, já bastante diversa da paleta caipira de Volpi. Decio Vieira compreendeu que a moda é parte da cultura da modernidade – de Charles Baudelaire a Walter Benjamin – e, para ele, Sonia Delaunay foi uma artista de proa que atua pela conexão entre roupa, corpo e arte moderna. Nesse sentido, comparada a uma Tarsila do Amaral, Delaunay produziu estruturas radicais, não apenas consumiu roupa e moda. Para Delaunay, como para Louise Bourgeois e Decio Vieira, roupa é linguagem e não símbolo de prestígio.

O terceiro momento da cor amadurecida e mais experimental na trajetória de Decio Vieira vem do Islã. Em 1985, como já foi dito anteriormente, Dulce e Decio fizeram uma segunda viagem à Europa, ocasião em que visitaram também a Grécia. Decio comprou uma máquina de super-8 e "curtiu filmar", nas palavras de Dulce. Em Genebra, viram a exposição *Trésors de l'Islam* no Musée Rath – "o visitante encontrará obras excepcionais," advertia Hashem Khosrovani, presidente do comitê organizador do evento.[40] A visita à exposição e a compra do catálogo evidenciam que a visita à Suíça oferece-nos material para análise do desvio do olhar de Decio Vieira para o Islã.

No ambiente neoconcretista circularam informações sobre a matemática desenvolvida no mundo árabe-islâmico e suas consequências estéticas sobre a arquitetura e o ornamento. José Oiticica Filho, o pai de Hélio, era professor de matemática. Lygia Pape havia incluído o espaço árabe no *Livro da Arquitetura* (1959-1960), no qual tomou a arquitetura como vontade numérica. Um modo de ver a matemática é o que aproximou a produção neoconcreta da cultura do Islã. Pape também realizou o filme em super-8 *Arenas calientes* (1974), que alude à violenta situação política na Palestina e inclui uma escultura de Ascânio MMM pela matriz islâmica na obra. Ainda mais perto de Decio Vieira, sua enteada Monica Holzmeister (Monica Pinho) casou-se com José Luiz França de Pinho, que trabalhara na Argélia, na década de 1970, como arquiteto da equipe de Oscar Niemeyer, autor de um projeto para uma mesquita em Argel. Em reconhecimento da arte do mundo islâmico vista na mostra em Genebra, Decio Vieira pareceu ter focado mais nos esplendores do livro iraniano. Nos séculos XIV a XVII floresce um dos mais belos momentos do livro iluminado da história da escrita. Alguns aspectos do cânon islâmico iraniano atraem o pintor brasileiro: (a) as audácias cromáticas; (b) os movimentos melódicos da forma; (c) a relação entre ilustração e texto; (d) a dimensão abstrata em relação ao figurativo e (e) a transgressão das linhas de divisão do espaço.

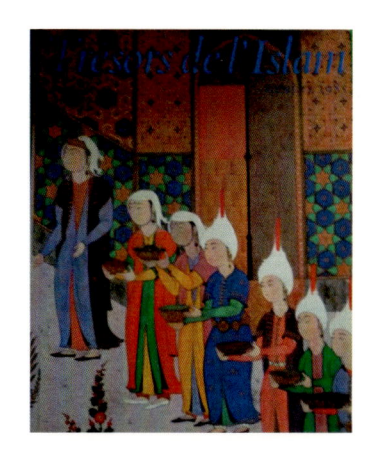

Hashem Khosrovani e outros
Trésors de l'Islam., Genebra, Musée Rath, 1985
Geneve, Rath Museum, 1985

[38] Damase, Jacques. op. cit., p. 272.

[39] Idem, p. 70.

[40] Khosrovani, Hashem, op. cit., p. 10.

[41] Khosrovani, Hashem, op. cit, p. 77,

(a) The art of Iran is a field of chromatic energy, articulated through the audacities of the palette and harmonic command on contrasts and tensions. On the board Sam and Zal arriving in Cabul (c. 1520-1530) that appears in detail on the cover of the Geneva show catalog, the clothing of the aligned officers holding gifts for the visitors are long monochromatic parallel strips in a musicality constituted of strong colors: red, green, yellow, blue, and orange put an order to the sequence. The central square in a Decio Vieira canvas juxtaposes and harmonizes patches of strident colors. As in the clothing of Sam and Zal arriving in Cabul they do not mix. Unexpectedly the transcultural arc of his painting imbricates certain logic of the palette of the Iranian classical miniature and the tropical palette of the fabrics painted by Walter Bacci for Dulce's dresses.

(b) The intensity and the harmony of the movements of form. The static and the fluid, the living and the inanimate, everything forms a universe of harmonic movements: altocumulus clouds, rocks, bushes, and people (brutes) bend in coordinated movements, even if in antagonistic directions. The entire surface of the image accentuates a cavern with a crown of centripetal movements. What is stratified in these Decio Vieira's paintings are the power lines of the brushstroke.

(c) The relationship between the illustration territory and the writing of the text activates the entire field of the support. In some special cases, there are no areas of the illustrated sheet that are not occupied by calligraphy, figuration or abstract motifs. The formal scheme of some of Decio Vieira's paintings appears to refer to the structuration of some Persian illustrations, such is the integration between the geometric cut of the rational form in the center and the enervation of the Islamic calligraphy, thus also in the chromatic trace of the Brazilian painter.

(d) The abstract dimension in regard of the figurative. The edges of some illustrated Persian texts were decorated with plants and animals; others received exclusively abstract patterns. The edges of medieval and renaissance European manuscripts differ from the same space of their Islamic contemporary manuscript counterparts. In the West there was a graphic activation of the frame with arabesques and objects, whereas in Islam there was a symbolic-decorative effort in lower hues that would ennoble the peripheral area without visual exacerbation. In Europe the representation of objects abounds; in its Muslim counterpart there is a chromatic lowering, valuing the abstract ornamentation, of natural rhythms and gesture. The contrast (between the illustrated with strong presence of the drawing and color in the Islamic graphic arts) juxtaposed to abstract discreet zones indicate the repetition in Decio Vieira's oeuvre as in a painting where a central monochromatic square has a wide edge "decorated" with yellow patches and red and blue traces. The white central square holds relative weigh because it represents a uniform and opaque mass of matter.

(e) The transgression of the space division lines is on the board The death of Zahhak (c. 1535); in it rocks escape the limits of the illustration, they spill over the ornamental surface as a need beyond what is pre-defined by the canon of the miniature. In this board, the good beats the evil,[41] the logic of the signification overlaps the established spatial limit – the No of the signifier. It was seen earlier that in Decio Vieira's painting, the brushstroke – the painter's political passage – unregulated the rationalist geometric order.

(a) A arte do Irã é um campo de energia cromática, articulada através de audácias da paleta e domínio harmônico sobre os contrastes e tensões. Na prancha *Sam e Zal recebidos em Cabul* (c. 1520-1530), que aparece em detalhe na capa do catálogo da mostra de Genebra, a roupa dos oficiais enfileirados com oferendas aos visitantes são longas faixas monocromáticas paralelas numa musicalidade constituída de cores fortes: fortes: vermelho, verde, amarelo, azul e laranja ordenam a sequência. O quadrado central num quadro de Decio Vieira justapõe e harmoniza manchas de cores estridentes. Como na roupagem de *Sam e Zal recebidos em Cabul*, elas não se misturam. Inesperadamente, o arco transcultural de sua pintura se interliga a certa lógica da paleta da miniatura clássica iraniana e a paleta tropical dos tecidos pintados por Walter Bacci para os vestidos de Dulce.

(b) A intensidade e a harmonia dos movimentos da forma. O estático e o fluido, o vivo e o inanimado, tudo compõe um universo de movimentos harmoniosos: nuvens *altocumulus*, rochas, arbustos e pessoas (algozes) curvam-se em movimentos coordenados, mesmo se em direção antagônica. Toda a superfície da imagem acentua uma caverna com uma coroa de movimentos centrípetos. O que se estratifica nessa pinturas de Decio Vieira são as linhas de força da pincelada.

(c) A relação entre o território da ilustração e a escritura do texto ativa todo o campo do suporte. Em alguns casos especiais, não há área da folha ilustrada que não seja ocupada por caligrafia, figuração ou motivos abstratos. O esquema formal de algumas pinturas de Decio Vieira parece aludir à estruturação de algumas ilustrações persas, tal a integração entre o recorte geométrico da forma racional ao centro e a enervação da caligrafia islâmica e, logo, também o traço cromático do pintor brasileiro.

(d) A dimensão abstrata em relação ao figurativo. As bordas de alguns textos persas ilustrados eram decoradas com plantas e animais; outras recebiam padrões exclusivamente abstratos. As bordas dos manuscritos europeus medievais e renascentistas diferem do mesmo espaço nos manuscritos islâmicos, seus contemporâneos na história. No Ocidente ocorria uma ativação gráfica da moldura com arabescos e objetos, enquanto no Islã há um esforço simbólico-decorativo em tons rebaixados que enobrecem a área periférica sem exacerbação visual. Na Europa, abunda a representação de objetos; em sua contrapartida muçulmana, há rebaixamento cromático, valorização da ornamentação abstrata, dos ritmos naturais e do gesto. O contraste (entre o ilustrado com forte presença de desenho e cor nas artes gráficas islâmicas) justaposto a zonas discretas abstratas indica o rebatimento na obra de Decio Vieira, como numa pintura em que um quadrado central monocromático tem uma larga borda "decorada" por manchas amarelas e traços vermelhos e azuis. O quadrado central branco adquire um peso relativo por representar uma massa uniforme e opaca de matéria.

(e) A transgressão das linhas de divisão do espaço está na prancha *A morte de Zahhak* (c. 1535). Nela rochas escapam dos limites da ilustração, transbordam sobre a superfície ornamental como necessidade de um espaço para além do pré-definido pelo cânon da miniatura. Nessa prancha o bem triunfa sobre o mal,[41] a lógica do significado sobrepõe-se ao limite espacial convencionado – o não do significante. Viu-se acima que, na pintura de Decio Vieira, a pincelada – a passagem política do pintor – desregulava a ordem geométrica racionalista.

[41] Khosrovani, Hashem, op. cit, p. 77,

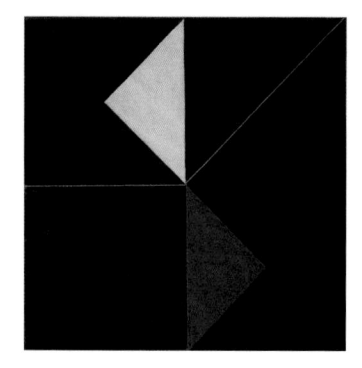

Decio Vieira
S/ título, s.d., Têmpera s/ tela, 125 x 125 cm, Coleção João Sattamini, Comodante MAC de Niterói

No title, no date, Tempera on canvas, João Satamini collection, lent to MAC Niterói

In 1955, rare titles appear referring to the real in paintings of oil on canvas, but which should perhaps be analyzed as chromatic ideas and not as figurations shown in an exhibit: Cidade azul [Blue city], Face de Deus [Face of God] and Sol Fechado [Closed Sun], paintings that were not even localized by images. Therefore it is only possible to think that the titles refer to images, but not necessarily the coincidence between the verbal reference of the title and the occasional figurative representation of the subjects. Moreover, one can hypothesize that Sol fechado is a way to verbalize the identity or the chromatic intensity of the painting. Cidade azul could also be the same case. One can here call it "theme of city" a recurring place in the Brazilian art when representing an abstract urban density, taking Rio de Janeiro as a paradigm (not São Paulo) with artists like São Paulo natives Livio Abramo and Manabu Mabe. The abstract urban landscapes created by Antonio Bandeira include A grande cidade iluminada [The large illuminated city] (1953), Paisagem azul [Blue landscape] (1956) and Cidade iluminada azul [Blue illuminated city] (1962). The creation of the calligraphy of the human image nears the ideogram in the drawing and engraving of Darel Valença Lins. Face de Deus is equally compatible with an abstract image; all it takes is to refer to the relationship of some artists with metaphysical references. From the theosophical perspective, Manoel Santiago, a forerunner in the abstract art in Brazil, even before Semana de Arte Moderna de 1992 [1922 Week of Modern Art], with paintings like A pureza [The purity] (1918) and O Arhat [The Arhat] (1923) and O pensamento [The thought] (1919), built with patches, or tufts of color. For the exhibit at Thomas Cohn Gallery in 1987, Decio Vieira organizes his participation with four pastel works dated 1954. They were identified by the color: untitled (green), untitled (red), untitled (white) and untitled (ochre).

The extension of discussion themes in Decio Vieira's oeuvre and even the until now unedited recognition of the corpus of his production, indicate how much is left to be worked by historiography. This essay is intended to open the path to further studies around this painter with his exemplary work. This is not a definitive work, but it introduces the founding question: what does Decio Vieira's work ask from us in terms of theory and research?

I claim that the affective encounter with Dulce Holzmeister was the existential experience that structured Decio Vieira's poiesis. It cannot be just a coincidence that the most luminous and singing moment of the color in his painting occurs precisely during the process of discovering the woman who lit his existence, with whom he built the density of affection, structured a relationship of companionship, traveled together, enjoyed and discussed art, developed social projects and shared an enormous joy of living. They lived in a house of excellent modernist architecture, with gardens and close to the exuberant forest of the São Conrado neighborhood in Rio de Janeiro. The power of the color is the full sensuality.

Em 1955, aparecem raros títulos alusivos ao real em pinturas a óleo sobre tela, mas que talvez devessem ser analisados como ideias cromáticas e não como figurações apresentadas numa exposição: *Cidade azul, Face de Deus* e *Sol Fechado*, quadros não localizados sequer por imagens. Portanto, é apenas possível cogitar que fossem títulos alusivos a imagens, mas não necessariamente a coincidência entre o referente verbal do título e a eventual representação figurativa dos assuntos. Cogite-se, ademais, a hipótese de que *Sol Fechado* fosse um modo de verbalizar a identidade ou a intensidade cromática da pintura. *Cidade azul* poderia ser o mesmo caso. Permita-se aqui denominar de "tema da cidade" o foro recorrente na arte brasileira da representação abstratizada da densidade urbanística, tomado o Rio de Janeiro como paradigma (e não São Paulo) com artistas como os paulistas Livio Abramo e Manabu Mabe. Os panoramas urbanos abstratos elaborados por Antonio Bandeira incluem *A grande cidade iluminada* (1953), *Paisagem azul* (1956) e *Cidade iluminada azul* (1962). A elaboração da caligrafia da imagem urbana beira o ideogramático no desenho e na gravura de Darel Valença Lins. *Face de Deus* é igualmente compatível com uma imagem abstrata, basta recorrermos à relação de alguns artistas com alusões metafísicas. Na perspectiva da teosofia, há Manoel Santiago, pioneiro da arte abstrata no Brasil, antes mesmo da Semana de Arte Moderna de 1922, com pinturas como *A pureza* (1918), *O Arhat* (1923) e *O pensamento* (1919), construídas por manchas, ou tufos de cor. Para sua exposição na Galeria Thomas Cohn em 1987, Decio Vieira organizou sua participação com quatro obras em pastel datadas de 1954. Foram identificadas pela cor: sem título (verde), sem título (vermelho), sem título (branco) e sem título (ocre).

A extensão dos temas de discussão da obra de Decio Vieira e mesmo o reconhecimento, inédito até aqui, do corpus de sua produção, indicam o quanto ainda resta da realização da modernidade a ser trabalhada pela historiografia. Espera-se que este ensaio abra caminhos para outros estudos em torno desse pintor de obra exemplar. Esta não é uma obra definitiva, mas introduz a indagação fundadora: o que a obra de Decio Vieira nos pede em termos de teoria e pesquisa?

Reivindico que o encontro afetivo com Dulce Holzmeister tenha sido a experiência existencial estruturante da *poiesis* de Decio Vieira. Não pode ser mera coincidência que o momento mais luminoso e cantante da cor em sua pintura ocorra justamente no processo de descoberta da mulher que iluminou sua existência, com quem ele construiu a densidade do afeto, estruturou uma relação de companheirismo, viajou junto, viu e discutiu arte, empreendeu projetos sociais e compartilhou uma imensa alegria de viver. Moravam numa casa de excelente arquitetura modernista, com jardins e próxima a uma exuberante floresta nos lados de São Conrado no Rio de Janeiro. O vigor da cor é a sensualidade plena.

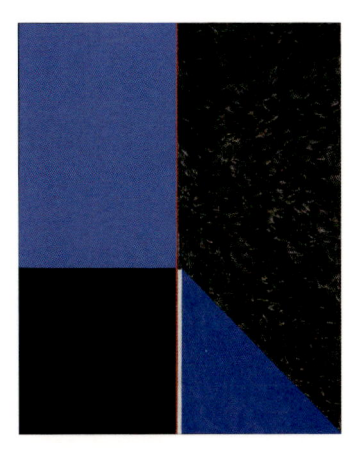

Decio Vieira
S/ título, s.d., Têmpera s/tela, 100 x 81 cm,
Coleção particular

*No title, no date, Tempera on canvas,
Private collection*

DECIO VIEIRA E O NEOCONCRETISMO: VIGOR E LIRISMO

DECIO VIEIRA AND NEO-CONCRETISM: VIGOR AND LYRICISM

DV 12.1 • S/ TÍTULO, S.D. • TÊMPERA S/ TELA COLADA EM AGLOMERADO • 42 X 73,8 CM
COLEÇÃO MUSEU DE ARTE DO RIO (MAR) / FUNDO Z

NO TITLE, NO DATE • TEMPERA ON CANVAS ON CHIPBOARD
MAR COLLECTION

DV 1.16 • S/ TÍTULO, S.D. • PASTEL S/ PAPEL • 70 X 99 CM
COLEÇÃO PARTICULAR

NO TITLE, NO DATE • PASTEL ON PAPER
MAR COLLECTION

DV 1.17 • S/ TÍTULO, S.D. • PASTEL S/ PAPEL • 69,5 X 100 CM
COLEÇÃO PARTICULAR

NO TITLE, NO DATE • PASTEL ON PAPER

MAR COLLECTION

DV 1.18 • S/ TÍTULO, S.D. • PASTEL S/ PAPEL • 56,5 X 86,5 CM
COLEÇÃO PARTICULAR

NO TITLE, NO DATE • PASTEL ON PAPER
MAR COLLECTION

DV 1.19 • S/ TÍTULO, S.D. • PASTEL S/ PAPEL
COLEÇÃO PARTICULAR

NO TITLE, NO DATE • PASTEL ON PAPER
MAR COLLECTION

DV 1.12 • S/ TÍTULO, S.D. • PASTEL S/ PAPEL • 24 X 24 CM
COLEÇÃO PARTICULAR

NO TITLE, NO DATE • PASTEL ON PAPER
MAR COLLECTION

DV 1.14 • S/ TÍTULO, S.D. • PASTEL S/ PAPEL • 48,2 X 47,8 CM
COLEÇÃO PARTICULAR

NO TITLE, NO DATE • PASTEL ON PAPER
MAR COLLECTION

DV 12.6 • S/ TÍTULO, C. 1970 • TÊMPERA S/ TELA • 55 X 75 CM
COLEÇÃO PARTICULAR

NO TITLE, C.1970 • TEMPERA ON CANVAS
MAR COLLECTION

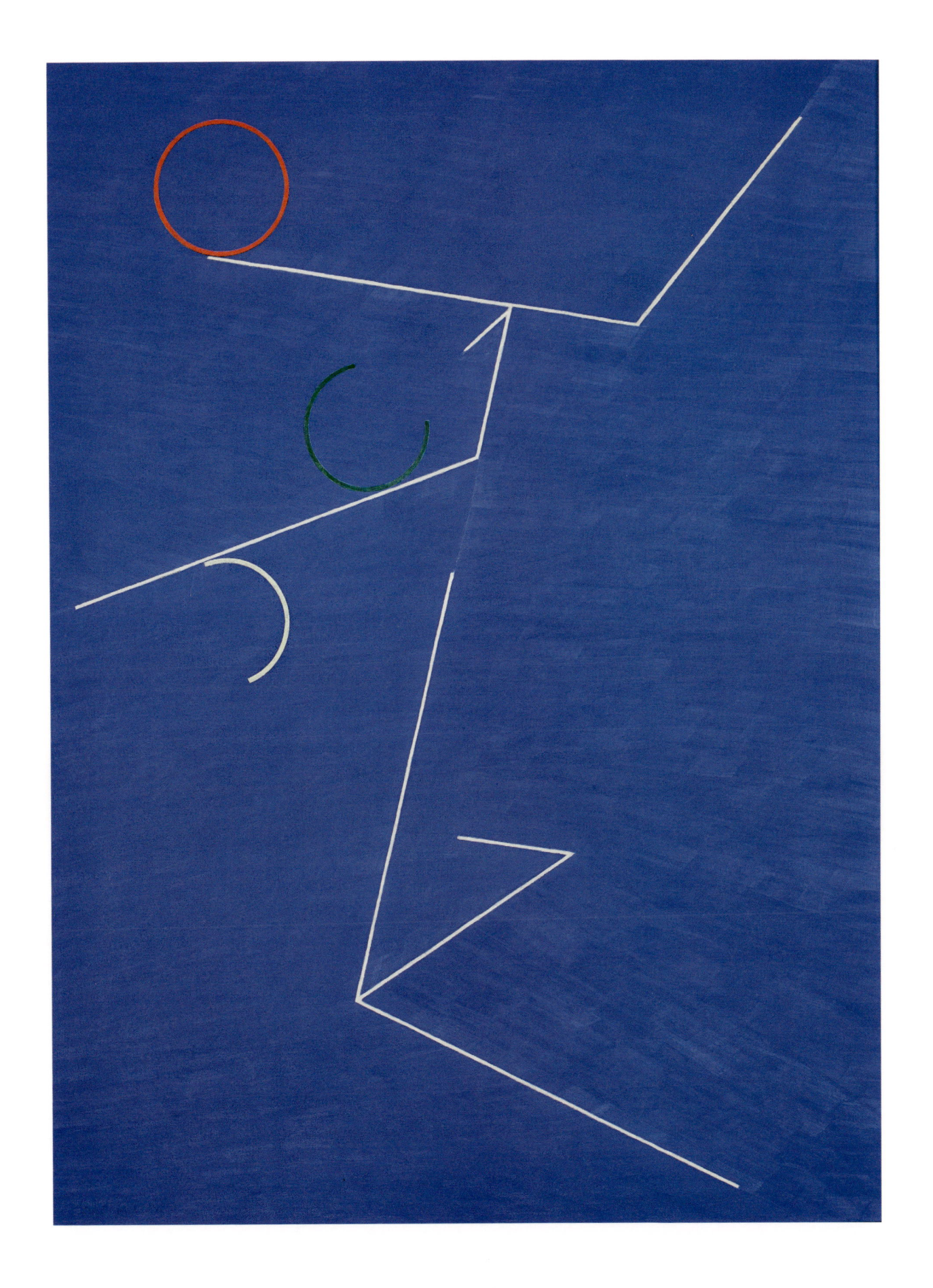

DV 12.7 • S/ TÍTULO, 1979/1980 • TÊMPERA S/ TELA • 130 X 97 CM
COLEÇÃO PARTICULAR

NO TITLE, 1979/1980 • TEMPERA ON CANVAS

MAR COLLECTION

DECIO VIEIRA AND NEO-CONCRETISM: VIGOR AND LYRICISM

Decio Vieira was certainly not a cursed artist as was, for example, Ismael Nery. He did not face great economic difficulties, not because he was rich, but because of his simple and frugal lifestyle. On two occasions he taught an art course at the Museu de Arte Moderna do Rio de Janeiro (MAM Rio), which brought him no income yet was a source of great enjoyment. So much so that, in 1970, in their own house in Joá District, his wife set up an art school for children from the Rocinha favela. At its peak it had 60 students in two groups, who received a snack and swimming classes. The experience lasted two years.

But even if he was not cursed, the art circuit – especially the critics – never gave him the attention his work deserved. Three years ago, while preparing his resume for the catalog of an exhibition that wound up not being held, I was surprised by the fact that over the 40 years of his career Decio Vieira received just one prize, conferred by the City Government of Teresópolis, at the I Exposição Nacional de Arte Moderna, in 1959. In his whole life he never received a single art grant.

A member of the Frente Group (1954) and the concrete (1956) and neo-concrete (1959) movements, Decio Vieira participated in the show of concrete art organized by Max Bill in 1960, in Zürich, which also featured works by his Brazilian colleagues and historical names of international constructive art such as Mondrian, Malevitch and Arp. In those 40 years of activity, he held only three solo shows: in 1966, at the Galeria do Copacabana Palace; in 1981, at Galeria Nuchy; and in 1987, at Galeria Thomas Cohn, for which there were not even introductory texts. And he held a show together with Rubem Ludolf, at Galeria Ibeu, presented by critic Mário Pedrosa, one of the few who kept a long-standing interest in Decio Vieira.

AN ALOOF PERSONALITY

What explains this? I believe that the artist himself was partly responsible, due to his shy and aloof personality. Commenting on his 1981 exhibition, I wrote: "I think that people born in Petrópolis, in psychological terms, are closer to Minas Gerais than to Rio de Janeiro. It must be the mountains or something else that I have not discovered. Decio never sought to be in the foreground, he was not one for controversy, preferring to stay in the shadows rather than the limelight."

He was not, however, an introverted person, who found it hard to communicate. It's true that he didn't talk a lot, and even less about himself. And in regard to his own work he was severely self-critical. Nevertheless, he had a friendly and pleasant way of treating people. He had faithful friends such as Volpi, Milton Dacosta and Aluísio Carvão, and good relations among the young artists. There was a time, in the late 1950s, early '60s, when he would gather friends to have some drinks and listen to jazz. He admired Gerry Mulligan, whom he honored in the canvas he sent to the Zürich exhibition, as well as John Coltrane, Miles Davis, Thelonious Monk, and the Modern Jazz Quartet. Among his last sketches I found some whose theme is the film Around Midnight, a filmmaking classic about jazz.

DECIO VIEIRA E O NEOCONCRETISMO: VIGOR E LIRISMO

Decio Vieira certamente não foi um artista maldito, como por exemplo, Ismael Nery. Não enfrentou grandes dificuldades econômicas, não porque fosse rico, mas pelo modo simples e austero de viver. Em duas oportunidades foi professor do Museu de Arte Moderna do Rio de Janeiro (MAM Rio), o que não chegava a ser uma fonte de renda, mas uma atividade prazerosa. Tanto que, em 1970, com sua mulher, montou em sua própria casa, no Joá, uma escolinha de arte para crianças da favela da Rocinha. Chegou a ter 60 alunos, em duas turmas, os quais, além de aprenderem arte, recebiam lanche e aulas de natação. A experiência durou dois anos.

Mas, se não foi um maldito, não mereceu do circuito de arte, especialmente da crítica, a atenção que sua obra merecia. Há três anos, ao elaborar seu currículo para o catálogo de uma exposição, que afinal não se realizou, surpreendi-me com o fato de que Decio Vieira recebeu, em 40 anos de carreira, um único prêmio, concedido pela Prefeitura de Teresópolis, na I Exposição Nacional de Arte Moderna, em 1959. Jamais ganhou uma bolsa de arte em sua vida.

O artista integrou o Grupo Frente (1954), os movimentos Concreto (1956) e Neoconcreto (1959) e participou, ao lado de seus colegas brasileiros e de nomes históricos da arte construtiva internacional, como Mondrian, Malevich e Arp, da mostra de Arte Concreta, organizada por Max Bill, em 1960, em Zurique. Mas nesses 40 anos de atividade, realizou apenas três mostras individuais: em 1966, na Galeria do Copacabana Palace, em 1981, na Galeria Nuchy e, em 1987, na Galeria Thomas Cohn, para as quais sequer houve textos de apresentação. E realizou uma mostra conjunta com Rubem Ludolf, na Galeria IBEU, apresentada por Mario Pedrosa. Aliás, foi esse crítico um dos únicos que se interessaram de forma continuada pela produção de Decio Vieira.

PERSONALIDADE ARREDIA

Por que tudo isso acontece? Creio que, em parte, o responsável foi o próprio artista, com sua personalidade tímida e arredia. Comentando sua exposição de 1981, escrevi: "Acho que a gente nascida em Petrópolis, como psicologia, está mais para Minas Gerais do que para Rio de Janeiro. Deve ser a serra ou outra coisa qualquer que eu não descobri. Decio nunca desejou o primeiro plano, não era muito afeito à polêmica, preferindo ficar à sombra que à luz dos holofotes.

Não era, porém, pessoa de comunicabilidade difícil, ensimesmada. Certo, não era de falar muito e menos ainda de si próprio. E com relação a sua própria obra, tinha uma autocrítica severa. Porém, no trato com as pessoas era afável e doce. Tinha amigos fiéis como Volpi, Milton Dacosta e Aluísio Carvão, e bom trânsito entre os artistas jovens. Houve um tempo, no final dos anos 1950, início dos 1960, que reunia amigos para bebericar e ouvir jazz. Admirava Gerry Mulligan, a quem homenageou na tela que enviou para a exposição Zurique, John Coltrane, Miles Davis, Thelonious Monk e o *Modern Jazz Quartet*. Entre seus últimos croquis, encontrei alguns que tinham por tema o filme *Around Midnight*, um clássico cinematográfico sobre jazz.

It was only after a lot of pressure from his brothers that he took his first trip to Europe, in the early 1970s. In Italy he went to Lucca to see Giotto's frescoes and the work of the "primitive" Renaissance artists, as recommended by Volpi. In Arezzo, he was enchanted by the work of Pierro della Francesca. He saw Kandinski and other artists of Der Blaue Reiter, in Munich, and Sonia Delaunay, in Paris.

A SENSUAL CAT

At first, Decio Vieira strove to promote not his own painting, but rather abstract art in general, as director of the Associação Petropolitana de Belas Artes (1951–1962), which held annual exhibitions at the Museu Imperial and courses at the Palácio de Cristal. And according to statements by various people, it was his idea to organize the I Exposição Nacional de Arte Abstrata at the Hotel Quitandinha, Petrópolis, in 1953, the first overview of nonfigurative art held in Brazil after the impact of the I Bienal de São Paulo. I am not going to dedicate space here to describing the importance of this pioneering event, nor to his participation in the Frente Group or his links with Axel Leskoschek, since I analyzed these themes in the exhibition that I organized at Galeria Banerj, when I served as director there, which were accompanied by well-documented catalogs.

It is important to note, however, that Decio Vieira's friendship with Ivan Serpa was certainly the main link between the young artists of Petrópolis and the members of the Frente Group. Decio admired Serpa, as he told me in this statement from November 1984: "We liked Serpa's work. He was moreover a teacher and this meant a lot. He had a critical point of view on our work. He was a fighter, he gave interviews, he was always appearing, participating in movements. We wanted to gain some space at a time when there were no art galleries and the newspapers were all in favor of Portinari and Di Cavalcanti, not giving anyone else any chance to appear. We were intensely opposed to those two artists. For all these reasons, Ivan Serpa's leadership was important for us."

Analyzing Decio Vieira's works at the second exhibition of the Frente Group (1955), Pedrosa observed: "We have a painting of predominant sensible qualities, but still ruled by the rigor of an intelligence which, for concealing a certain dose of irony and perhaps even skepticism, nevertheless acts, by means of size and proportion, to correct the excesses of the sensible or even of good taste." Today, looking retrospectively at his work, I can say, on the other hand, that he corrected the excesses of reason and of rigor with the introduction of a sensible and emotional note.

In the ten years that followed, Pedrosa kept critical tabs on our artist's development. Indeed, it was Decio's painting that helped the critic to distinguish the artistic behavior of the artists from Rio de Janeiro as opposed to those of São Paulo, when the two groups were engaged in a great controversy. "The Rio de Janeiro artists," he wrote in 1957, "are far from the severe concretist approach of their colleagues from São Paulo. They are more empirical, or else the sun and the sea make them negligent about doctrine. While they primarily love the canvas – which for them is their ultimate physical-sensorial contact with the material, and, through it, in some way, with nature – the artists from São Paulo primarily love the idea." He then defines Decio as "a sensual cat who transpires aristocratic indolence, agility and intelligence. What concerns him is the space of the canvas, which he articulates in a color that is totally personal, effusive and non-delimiting. He is abstract more than concretist. The other Rio de Janeiro painters also commit sins and heresy."

Só depois de muito pressionado pelos irmãos, realizou sua primeira viagem à Europa, no início da década de 1970. Na Itália, foi a Lucca ver os afrescos de Giotto e a obra dos "primitivos renascentistas", por recomendação de Volpi. Em Arezzo, deixou-se encantar por Piero della Francesca. Viu Kandinsky e outros artistas do *Der Blaue Reiter*, em Munique, e Sonia Delaunay, em Paris.

UM GATO SENSUAL

No início, até que Decio Vieira se movimentou bastante para promover, não a sua pintura, mas a arte abstrata. Foi diretor da Associação Petropolitana de Belas Artes (1951-1962), que promoveu exposições anuais no Museu Imperial e cursos no Palácio de Cristal. E foi dele, segundo vários testemunhos, a ideia de organizar a I Exposição Nacional de Arte Abstrata no Hotel Quitandinha, em Petrópolis, em 1953, o primeiro balanço da arte não-figurativa feito no país após o impacto da I Bienal de São Paulo. Não vou aqui insistir na importância desse evento pioneiro, nem tampouco na sua participação no Grupo Frente ou seus vínculos com Axl Leskoschek, pois estes temas eu analisei nas exposições que organizei na Galeria Banerj, quando era diretor, e em mostras acompanhadas por catálogos bem documentados.

É importante destacar, no entanto, que a amizade de Decio Vieira e Ivan Serpa terá sido, com certeza, o principal elo entre os jovens artistas de Petrópolis e os integrantes do Grupo Frente. Decio admirava Serpa, como me contou nesse depoimento de novembro de 1984: "Nós gostávamos do trabalho de Serpa. Ademais, ele era professor e isto contava muito. Tinha um ponto de vista crítico sobre o nosso trabalho. Era um lutador, dava entrevistas, estava sempre aparecendo, participando dos movimentos. Nós queríamos conquistar um espaço numa época em que não havia galerias de arte e os jornais eram todos favoráveis a Portinari e Di Cavalcanti, não dando chances a ninguém de aparecer. Éramos muito hostis a esses dois artistas. Por tudo isso, a liderança de Ivan Serpa era importante para nós".

Analisando as obras de Decio Vieira na segunda exposição do Grupo Frente (1955), Pedrosa observou: "Temos uma pintura de qualidades sensíveis predominantes, mas que não foge ao rigor de uma inteligência que, por esconder certa dose de ironia e talvez até de ceticismo, nem por isso deixa de ser atual para corrigir, pela medida e pela proporção, os excessos do sensível ou mesmo do bom gosto". Hoje, vendo retrospectivamente sua obra, posso dizer, por outro lado, que ele corrigiu os excessos da razão e do rigor com a introdução de uma nota sensível e emotiva.

Nos dez anos que se seguem, Pedrosa acompanhará criticamente a evolução do nosso artista. Aliás, terá sido a pintura de Decio que o ajudou a distinguir o comportamento artístico dos cariocas e paulistas, então envolvidos em uma grande polêmica. "Os artistas cariocas" – escreveu em 1957 – "estão longe dessa severa consciência concretista de seus colegas paulistas. São mais empíricos, ou então o sol e o mar os induzem a certa negligência doutrinária. Enquanto amam sobretudo a tela, que lhes fica como o último contato físico-sensorial com a matéria, e, através desta, de algum modo, com a natureza, os paulistas amam sobretudo a ideia". Define, então, Decio como "um gato sensual que transpira indolência aristocrática, agilidade e inteligência. O que o preocupa é o espaço da tela, que articula numa cor toda pessoal, efusiva e não delimitadora. É antes abstrato que um concretista. Os outros pintores cariocas também cometem pecados e heresia".

THE PLEASURE OF PAINTING

As the title of an article I wrote concerning Decio Vieira's first solo show, soon after my arrival in Rio de Janeiro in 1966, I used an expression that became a cliché in the 1980s: The Pleasure of Painting. I wrote: "Decio has rediscovered the act of painting, the hedonistic pleasure of color, of the well-worked material. Decio is a scrupulously careful painter. He carefully prepares his thin or thick canvases, he applies plaster to them, and mixes his paint with carbon-filtered kerosene, making the material rarefied."

A friend of Volpi, he hosted him at his studio on Rua Djalma Ulrich, helping him in the production of four panels for the Navegação Costeira ocean liner company in 1962, and in another work, for the Palácio Itamaraty, in Brasília, in 1966. Like Volpi, he developed a taste for painting as a craft and not only as an illustration of a set of aesthetic ideas. He was not the type who gave explanations, who knew all about the painting even before finishing it, sometimes even before beginning it. Like Kandinsky, he knew that "the fundamental battle of art is always the battle on the canvas." He would painstakingly develop the painting while making it, discovering things, allowing the meanings to come to life little by little. That is to say, for him the act of painting was something sensual.

Today, five years after his death on May 31, 1988, and on the eve of a retrospective exhibition in his honor at the galleries of the of the Instituto Brasileiro de Arte e Cultura [Brazilian Istitute of Art and Culture], I remember the very thin figure of Decio Vieira arriving at his afternoon classes at the MAM Rio, carrying a round basket from which he would carefully remove the pigments, brushes and other materials and tools of the painter's craft, whose techniques he taught with great relish and care.

THE PHASES OF HIS PAINTING

Decio Vieira did not date his paintings, thus complicating the work of the art historian/ critic. And sometimes, after interruptions, he would go back to certain themes, further complicating the work of dating. I nevertheless dare to divide his work into eight phases, which I will describe below:

1. THE PETRÓPOLIS PHASE. A time of learning and formal experiments, developed in Petrópolis until 1953, but which includes some paintings done in Rio de Janeiro, in 1946, when he was attending classes by Axel Leskoschek, in Gloria District. Decio was always, by choice or vocation, a constructive artist, and this penchant for nonfigurative art was also stimulated by Fayga Ostrower, with whom he studied in 1948. The geometric abstraction that he did in his initial phase was very typical of the 1940s, with curved elements and hollow structures. In other paintings shown at the Hotel Quintandinha, Pedrosa already noted a "sculptural monumentality," in counterpoint to the absence of any greater rhythmic vitality. That is, for him geometry was still a theme, he lacked a purely abstract view of form.

2. THE RED PHASE. Already residing in Rio de Janeiro and a member of the Frente Group, he began to treat painting as a "constructed space." He was most likely already under the impact of the work by the Swiss concrete artists he saw at the first two editions of the Bienal de São Paulo (Sophie Tauber-Arp, Leo Leupi and Richard Lohse) and other concrete artists such as Camille Graeser, Vordemberg-Gildwart, Tomás Maldonado and Max Bill. It should be remembered that the latter was in Rio de Janeiro in 1953 to give a conference, and that an exhibition by Argentinean concrete artists was held that same year at the MAM Rio. His canvases evince a concern to occupy and divide the space in such a way as to make it expressive. The color gains autonomy: the red predominates. Besides painting, he drew a lot with pastel: there is a contrast between the diagonal strokes made by the stick of colored pastel and the different-sized squares distributed asymmetrically in the space.

O PRAZER DA PINTURA

Ao comentar a primeira individual de Decio Vieira, em 1966, recém chegado ao Rio de Janeiro, usei como título do artigo uma expressão que virou clichê na década de 1980: o prazer da pintura. Escrevi: "Decio redescobriu a importância do ato de pintar, o prazer hedonístico da cor, da matéria bem trabalhada. Decio é um pintor minucioso. Prepara cuidadosamente suas telas, finas ou grossas, aplica-lhes o gesso e pintura com óleo, mistura ao querosene, filtrado com carvão, tornando a matéria rarefeita".

Amigo de Volpi, hospedando-o em seu ateliê na rua Djalma Ulrich, ajudou-o na realização dos quatro painéis para os navios da Navegação Costeira, em 1962, e de um outro, para o Palácio Itamaraty, em Brasília, em 1966. Como Volpi, desenvolveu o gosto pela pintura enquanto ofício e não apenas como ilustração de um ideário estético. Não era do tipo que dava explicações, que sabia do quadro antes mesmo de terminá-lo, às vezes antes mesmo de começá-lo. Como Kandinsky, sabia que "a batalha fundamental da arte é sempre a batalha sobre a tela". Ficava curtindo o quadro, descobrindo coisas, deixando que os significados viessem à tona pouco a pouco. Enfim, pintar para ele era algo sensual.

Hoje, cinco anos após sua morte, ocorrida em 31 de maio de 1988 e às vésperas de uma exposição-síntese em sua homenagem nas galerias do Instituto Brasileiro de Arte e Cultura, recordo-me da figura muito magra de Decio Vieira, chegando para suas aulas à tarde no MAM Rio, com uma cesta redonda na mão, de onde tirava, cuidadosamente, pigmentos, pincéis e outros materiais e apetrechos do ofício de pintura, cuja técnica ele ensinava com muito gosto e carinho.

AS FASES DE SUA PINTURA

Decio Vieira não datava seus quadros, dificultando o trabalho do historiador-crítico de arte. E algumas vezes, após interrupções, retomava certos temas, dificultando mais ainda a datação. Contudo, arrisco-me a dividir sua obra em oito fases, que descrevo sucintamente a seguir:

1. FASE DE PETRÓPOLIS. Aprendizado e experimentos formais. Desenvolve-se em Petrópolis até 1953, mas inclui algumas esticadas até o Rio de Janeiro, em 1946, para assistir às aulas de Axl Leskoschek, no bairro da Glória. Decio sempre foi, por opção e vocação, artista construtivo, e essa disposição para uma arte não-figurativa foi também estimulada por Fayga Ostrower, com quem estudaria em 1948. A abstração geométrica que realizava em sua fase inicial era bem típica dos anos 1940, com elementos curvos e estruturas vazadas. Pedrosa já notara em outras pinturas expostas no Hotel Quitandinha, uma "monumentalidade escultórica", em contrapartida à ausência de maior vitalidade rítmica. Ou seja, a geometria para ele era ainda tema, faltava-lhe uma visão puramente abstrata da forma.

2. FASE VERMELHA. Já instalado no Rio de Janeiro e integrando o Grupo Frente, começa a tratar a pintura como "espaço construído". Provavelmente já sob o impacto da pintura dos concretos suíços vistos nas duas primeiras bienais de São Paulo (Sophie Taeuber-Arp, Leo Leupi e Richard Lohse) e de outros concretos como Camille Graeser, Vordemberge-Gildewart, Tomás Maldonado e Max Bill. Recorde-se que este último esteve no Rio de Janeiro, em 1953, para proferir uma conferência e que houve no mesmo ano uma exposição de artistas concretos argentinos no MAM Rio. Em suas telas, preocupa-se em ocupar e dividir o espaço de modo a torná-lo expressivo. A cor ganha autonomia: predomina o vermelho. Além de pintar, desenha bastante com pastel: contraste entre o vaivém diagonal do bastão colorido e os quadrados de diferentes dimensões distribuídos assimetricamente no espaço.

3. THE WHITE PHASE. *He participated in the shows of Concrete Art in 1956 (SP) and 1957 (RJ), but only joined the neo-concrete movement beginning at the second show, in Rio de Janeiro, in 1960, not having signed the movement's founding manifesto. Nevertheless, he was perhaps the most radical painter among the neo-concrete artists. He reduced his paintings to a single red or yellow frieze on a white background. This frieze was enough for him to activate the space of the canvas, creating virtual squares and extremely subtle spatial relationships. He carried this further when he painted totally white canvases, the virtual squares resulting from a differentiated treatment of the pictorial material, as in Malevich. This was also the period in which he made various works in pastel in which he continued to research the square, chosen by the constructive artists of all periods as the archetype of pure form.*

If during the period of the Frente Group the color was still contained by the geometric form, which is what defines the space, in the neo-concrete works the space is constructed from the inside out. There is a softening of the geometry. What was once in the background is now in the foreground. Purely virtual spaces emerge. The white is both matter and "color": a pure, silent emanation.

4. THE BLUE PHASE. *This phase, spanning from 1964 to 1967, can be defined as abstract, although the figure is found on the canvases, in a latent way. Or, stating it better, there is a figurative, nearly impressionist atmosphere. The emphasis placed on blue accentuates the lyrical and musical character of this phase, marked by a certain nostalgia that is simultaneously sweet and involving. Like Milton Dacosta, Decio Vieira demonstrates his dissatisfaction with a totally rational art. But before deciding to experiment with the figure, he transited through abstraction, as though establishing a bridge between Mondrian and Antonio Bandeira, introducing a poetic or lyric note. The lines dissolve the volume and tension the space. The short, transparent, superimposed and interlaced brushstrokes sparkle, reflecting the iridescence light that shimmers all over the surface. Decio does not begin with the landscape, but arrives at it insofar as the brushstrokes suggest vegetation, the movements of water and clouds.*

5. THE SÃO CONRADO PHASE. *The figure only appears fully around 1973, three years after the artist took up residence in São Conrado. This phase has never been shown. It features landscapes and female nudes; the sea with the skyline of mountains in the background, and a precise female body resting horizontally in the landscape. As in the Dacostian depictions of Venus, the lines are clean, economical, without vacillations, and nearly cold.*

6. THE LOOSENING PHASE. *This phase includes works made approximately between 1978, the year when he moved back to Petrópolis, and 1983. It is a markedly experimental moment, with a visible influence from Sonia Delaunay. While the blue phase is abstract and has a nocturnal air, pervaded by the spirituality of the "blue riders" of Munich or the lament of the "blues" singers, this phase is diurnal and sunny, happy and vital. There is an exaltation of pure color, with semicircular and discontinuous shapes. The compositions grow in a spiral way, with waves of color that are interrupted to gain a new impulse. Color free of any descriptive function. Shape treated as pure rhythm.*

3. FASE BRANCA. Participa das mostras de Arte Concreta de 1956 (SP) e 1957 (RJ), mas só vai integrar o Neoconcretismo a partir da segunda mostra no Rio de Janeiro, em 1960, não tendo assinado o manifesto fundador do movimento. Apesar disso, talvez tenha sido o mais radical entre os pintores neoconcretos. Reduz suas pinturas a um único friso vermelho ou amarelo sobre um fundo branco. Basta-lhe este friso para ativar o espaço da tela, criando quadrados virtuais e sutilíssimas relações espaciais. Vai mais longe ao pintar telas totalmente brancas, os quadrados virtuais como resultado da diferenciação no tratamento da matéria pictórica, como em Malevich. Datam dessa época diversos pastéis nos quais continua pesquisando o quadrado, que os construtivos de todas as épocas elegeram como o arquétipo da forma pura.

Se à época do Grupo Frente a cor ainda estava contida pela forma geométrica, que é a que define o espaço, nas obras neoconcretas, o espaço é construído de dentro para fora. Há um abrandamento da geometria. O que era fundo vem a primeiro plano. Afloram espaços puramente virtuais. O branco é matéria e "cor": pura emanação silenciosa.

4. FASE AZUL. Esta fase, de 1964 a 1967, pode ser definida como abstrata, mas a figura se encontra nas telas, latente. Ou melhor, há uma atmosfera figurativa, quase impressionista. A ênfase posta no azul acentua o caráter lírico e musical dessa fase, marcada por certa nostalgia ao mesmo tempo doce e envolvente. Decio Vieira, como Milton Dacosta, demonstra sua insatisfação com uma arte totalmente racional. Mas antes que decidisse experimentar a figura, transitou pela abstração, como que estabelecendo uma ponte entre Mondrian e Antônio Bandeira, introduzindo uma nota poética ou lírica. As linhas dissolvem o volume e tencionam o espaço. As pinceladas curtas e transparentes se superpõem, se entrelaçam, faíscam e captam a luz que é irisada para toda a superfície. Decio não parte da paisagem, mas chega a ela a medida em que as pinceladas sugerem vegetação, movimentos de água, nuvens.

5. FASE DE SÃO CONRADO. A figura só aparece plenamente por volta de 1973, três anos depois do artista se instalar em São Conrado. Fase nunca exposta. Paisagens e nus femininos. O mar com o recorte das montanhas ao fundo e um preciso corpo feminino descansando na horizontal da paisagem. Como nas Vênus dacostianas, o traço é limpo, econômico, sem vacilações, quase frio.

6. FASE SOLAR. Reúne trabalhos realizados aproximadamente entre 1978, ano em que voltou a residir em Petrópolis, e 1983. É um momento marcadamente experimental, sendo visível a influência de Sonia Delaunay. Se a fase azul é abstrata e tem algo de noturno, absorvendo aquela espiritualidade dos "cavaleiros azuis" de Munique ou o lamento dos cantores de blues, esta fase é diurna e solar, alegre e vital. Exaltação da cor pura, formas semicirculares e descontínuas. As composições crescem de forma espiralada, como ondas de cor que se interrompem para ganhar novo impulso. Cor liberta de qualquer função descritiva. A forma encarada como ritmo puro.

7. THE BLACK PHASE: TRIANGULATIONS. *The nucleus of this phase are the 15 canvases shown at Galeria Nuchy, in 1981. In these paintings with extremely sensual matter the comparison with Volpi is inevitable, something that Decio did not shy away from. Nevertheless, as I wrote at that time, the two artists are very different in terms of the brushstrokes used to apply the tempera, providing a different vibration of color-material. Decio's preference for black, velvety hues is something very personal. Another difference is found in their thematic content. Volpi's artistic vocabulary is a synthesis of architectural and popular themes. Decio, on the contrary, orders his compositions exclusively on the basis of triangles.*

8. THE FINAL PHASE NEOCONSTRUCTIVISM. *In the last years of his life, Decio went back to the root of neo-concretism, though lending the works a new treatment. Egg tempera substitutes the former oil paint, imparting another sheen to the white canvases. The square reigns absolute as the ideal shape of the support while it is also used internally, in the construction of the visual structures. There is a curious tension between the persistence of the square as a support and surface (image) and the accentuated diagonal aspect of the structure, suggesting an instability that runs counter to Mondrian's neoplastic principles, which underlie the works of this phase. The grid – that is, the work's internal skeleton – persists in these canvases. But the lines are half-covered by small brushstrokes, as a way of softening or sensualizing the structure. The white-gray hues in confrontation with the pure or complementary colors that cover some squares create new virtual squares, and inside each of these there emerges the Malevichian form of the cross.*

From Minas Gerais in terms of his behavior, but from Rio de Janeiro as an artist (that is, his constructive painting is fundamentally lyrical and sensual) Decio Vieira is one of the greatest Brazilian artists, having produced a work of universal validity.

7. FASE NEGRA: TRIANGULAÇÕES. O núcleo desta fase são as 15 telas expostas na Galeria Nuchy, em 1981. Matéria sensualíssima. A comparação com Volpi é inevitável e Decio não se envergonha disso. Porém, como escrevi à época, outra é a maneira de pincelar a têmpera, propiciando uma vibração diferente da cor-matéria. Sua preferência pelos negros, que resultam aveludados, é algo muito pessoal. Também não devem ser confundidos os seus universos temáticos. O vocabulário plástico de Volpi é uma síntese de temas arquitetônicos e populares. Décio, ao contrário, arma suas composições exclusivamente a partir de triângulos.

8. FASE FINAL NEOCONSTRUTIVA. Nos últimos anos de sua vida, Decio retomou a raiz neoconcreta, mas dando às obras um tratamento novo. A têmpera a ovo substitui o óleo de antes, dando outro brilho às telas brancas. O quadrado reina absoluto tanto como forma ideal do suporte quanto internamente, na construção das estruturas visuais. Há uma curiosa tensão entre persistência do quadrado como suporte e superfície (imagem) e a diagonalidade acentuada da estrutura, sugerindo uma instabilidade que vai contra os princípios da neoplástica de Mondrian, subjacente nas obras dessa fase. Persiste nas telas a quadrícula, isto é, a ossatura interna da obra. Mas as linhas estão semicobertas por pinceladas miúdas, uma forma de amaciar ou sensualizar a estrutura. O branco-cinza em confronto com as cores puras ou complementares que cobrem alguns quadrados, criam novos quadrados virtuais e dentro de cada um deles emerge a forma malevichiana da cruz.

Mineiro como comportamento, carioca como artista (isto é, sua pintura construtiva é de fundo lírico e sensual), Decio Vieira é um dos maiores artistas brasileiros, tendo realizado uma obra de validez universal.

FREDERICO MORAIS
Historiador e crítico de arte
Historian and art critic

CRONOLOGIA

CHRONOLOGY

DV 13.1 • FRASCO COM PIGMENTO
ESPÓLIO DECIO VIEIRA

INK BOTTLE
DECIO VIEIRA

DV 13.2 • FRASCO COM PIGMENTO
ESPÓLIO DECIO VIEIRA

INK BOTTLE
DECIO VIEIRA

DV 13.3 • FRASCO COM PIGMENTO
ESPÓLIO DECIO VIEIRA

INK BOTTLE
DECIO VIEIRA

DV 13.4 • FRASCO COM PIGMENTO
ESPÓLIO DECIO VIEIRA

INK BOTTLE
DECIO VIEIRA

DV 13.5 • FRASCO COM PIGMENTO
ESPÓLIO DECIO VIEIRA

INK BOTTLE
DECIO VIEIRA

CHRONOLOGY

DECIO LUIZ MONTEIRO VIEIRA

1922. Decio Vieira is born in Petrópolis, on June 4. He was the second child of six. His parents were João Vieira Filho, a lawyer and Gabriela Monteiro Vieira.

1930. He finishes high school at the Municipal College of São Vicente de Paulo, in Petrópolis.

1948. He studies with Ivan Serpa (1923-1973) at the Modern Art Museum of Rio de Janeiro – (MAM Rio). At the same time he studied drawing and painting with the Austrian artist Axl von Leskoschek (1889 - 1975) in the course of Advertising Design and Graphic Arts at the Getulio Vargas Foundation, where he had drawing classes and also live model in his studio downtown, where he promoted discussions with other students and artists.

1950. He studies with Fayga Ostrower (1920-2001).

By the end of the 1950s he sets up his studio in a house at Djalma Ulrich Street, in Copacabana, which becomes a place of great cultural effervescence, frequented by artists linked to geometric abstraction, as well as writers and intellectuals, including Abraham Palatnik (1928), Aluísio Carvão (1920-2001), Bruno Giorgi (1905 -1993), Eduardo Sued (1925), Ferreira Gullar (1930), Milton Dacosta (1915-1988), Rubem Ludolf (1932-2010), Ivan Serpa, and especially Alfredo Volpi (1896 -1988), who was his guest in the studio when he came to Rio de Janeiro.

His studio in Copacabana was also open to musicians and jazz lovers, like the designer Goebel Weyne (1933), who often came to hear the discs arrived from abroad in the famous jam sessions promoted by Decio Vieira, an expert in jazz.

1951. Decio and Fayga Ostrower (1920-2001) create the company Interiores Modernos Tecidos Ltda [Modern Fabric Interiors Inc], specialized in fabrics for decoration, which ran until 1957.

Also in 1951, he was the director of the Petrópolis Fine Arts Association till 1952, an institution that promoted annual exhibitions at the Imperial Museum and art courses at the Crystal Palace in Petrópolis.

1953. He was the mastermind of the First National Exhibition of Abstract Art at Quitandinha Hotel in Petrópolis, with the support of Niomar Muniz Sodré (1916-2003), then director of the MAM Rio, and with the financial support of Petropolis Municipality.

In the same year, he moves from Petrópolis to Rio de Janeiro, to his parents home.

Between 1953 and 1954 he was a painting teacher at the MAM Rio courses.

1954. He participates in the creation of Frente Group and of all its exhibits till1959.

1960. He begins to participate in the Neo-concret exhibits.

1962. Decio Vieira collaborates with Volpi in four panels for the Companhia de Navegação.

CRONOLOGIA

DECIO LUIZ MONTEIRO VIEIRA

1922. Nasce, no dia 4 de junho, em Petrópolis (RJ). Foi o segundo dos seis filhos de João Vieira Filho e de Gabriela Monteiro Vieira.

1930. Termina o curso secundário no Colégio Municipal São Vicente de Paulo, em Petrópolis.

1948. Estuda com Ivan Serpa (1923-1973) no Museu de Arte Moderna do Rio de Janeiro (MAM Rio). Na mesma época, estuda desenho e pintura com o austríaco Axl von Leskoschek (1889-1975) no curso de Desenho de Propaganda e Artes Gráficas, da Fundação Getulio Vargas, e em seu ateliê na Glória, onde as aulas de desenho e modelo vivo incluíam debates com outros alunos e artistas.

1950. Estuda com Fayga Ostrower (1920-2001).

No final da década de 1950 instala seu ateliê em uma casa na Rua Djalma Ulrich, em Copacabana, que se torna local de grande efervescência cultural, frequentado por artistas ligados à abstração geométrica e informal, além de escritores e intelectuais, entre os quais: Abraham Palatnik (1928), Aluísio Carvão (1920-2001), Bruno Giorgi (1905-1993), Eduardo Sued (1925), Ferreira Gullar (1930), Milton Dacosta (1915-1988), Rubem Ludolf (1932 - 2010), Ivan Serpa, e, especialmente, Alfredo Volpi (1896 -1988). Seu ateliê estava aberto também a músicos e amantes do jazz, como o designer Goebel Weyne (1933), que assiduamente vinham ouvir os discos chegados do exterior nas famosas jam sessions promovidas por Decio Vieira, profundo conhecedor desse gênero musical.

1951. Constitui, junto com Fayga Ostrower, a empresa Interiores Modernos Tecidos Ltda., especializada em tecidos para decoração, que funcionou até 1957.

Ainda em 1951, passou a dirigir, até o ano seguinte, a Associação Petropolitana de Belas Artes, instituição que promoveu exposições anuais no Museu Imperial e cursos de arte no Palácio de Cristal, em Petrópolis.

1953. Acontece a I Exposição Nacional de Arte Abstrata, no Hotel Quitandinha, em Petrópolis, da qual Decio Vieira foi idealizador, obtendo o apoio de Niomar Muniz Sodré (1916-2003), então diretora do MAM Rio, e o patrocínio daquela cidade.

No mesmo ano, muda-se de Petrópolis para o Rio de Janeiro, cidade que já tinha o costume de frequentar e onde se instala junto com seus pais, em Copacabana.

Entre 1953 e 1954, também foi professor de pintura nos cursos do MAM Rio.

1954. Participou da fundação do Grupo Frente e, a partir de então, de todas as suas exposições até 1959.

1960. Passou a integrar as exposições do grupo Neoconcreto.

1962. Colaborou com Volpi em quatro painéis para a Companhia de Navegação Costeira.

1966. He was in Brasília to paint the Don Bosco panel in the Palace of the Arches, the Foreign Ministry headquarters, during a month. Volpi influenced the artistic production of Decio in many ways.

1968. He sells the Djalma Ulrich's house, and buys another one in Canoas road in São Conrado neighborhood, where he locates his new studio.

1970. He travels for the first time to Europe with his elder brother João José Vieira.

He marries Dulce Holzmeister and they move out to Aquarela do Brasil Street, also in São Conrado.

In the 1970s, he is back to MAM Rio painting lessons, invited by Frederico Morais, coordinator of the course, who was one of his production critics such as Mário Pedrosa.

1971. Decio and Dulce create an art school in their home in São Conrado, under the guidance of Ivan Serpa, aimed at children from Rocinha, which remained in operation until 1974.

1974. The artist travels again to Europe with Dulce. Together they would travel also to New York later.

1977. Decio and Dulce return to live in Petrópolis.

1980. They return to live in São Conrado' house where he remained until the end of his life.

1988. Decio Vieira dies on May, 31th as a result of a cardiac arrest.

INDIVIDUAL EXHIBITIONS

Copacabana Palace Hotel Gallery, Rio de Janeiro, October/November, 1966.

Nuchy Art Gallery (Inauguration exhibition), Rio de Janeiro, May/June, 1981.

Thomas Cohn Contemporary Art Gallery, Rio de Janeiro, March 24 to April 15, 1987.

COLLECTIVE EXHIBITIONS

XV Fine Arts National Exhibition. Fine Arts Museum (MNBA, in Portuguese), Rio de Janeiro, 1949.

XVI Fine Arts National Exhibition. Fine Arts Museum (MNBA, in Portuguese), Rio de Janeiro, 1950.

I Modern Art National Exhibition. Ministry of Education and Culture (Gustavo Capanema Palace), Rio de Janeiro, 1952. Acquisition prize.

I Abstract Art National Exhibition. Quitandinha Hotel, Petrópolis, 1953. Presentation by Edmundo Jorge. Petrópolis Municipality prize.

II São Paulo Modern Art Museum Biennale. Nations Pavilion and States Pavilion, São Paulo, December 13, 1953 to February 26, 1954.

I Frente Group Exhibition. Ibeu Gallery (Flamengo branch), Rio de Janeiro, 1954. Presentation by Ferreira Gullar.

III Modern Art National Exhibition (Black and White Exhibition). Ministry of Education and Culture (Gustavo Capanema Palace), Rio de Janeiro, May, 1954.

1966. Em mais uma colaboração com Volpi, esteve por um mês em Brasília para pintar o painel Dom Bosco no Palácio dos Arcos, sede do Itamaraty.

1968. Vende a casa da rua Djalma Ulrich e compra outra na Estrada das Canoas, em São Conrado, para onde transferiu seu ateliê.

1970. Viaja pela primeira vez, para a Europa, com seu irmão mais velho, João José Vieira.

Casa-se com Dulce Holzmeister e juntos vão morar na rua Aquarela do Brasil, em São Conrado.

Na década de 1970, voltou a lecionar pintura no MAM Rio, convidado pelo então coordenador, Frederico Morais, que, assim como Mário Pedrosa, foi um dos críticos que acompanharam sua produção.

1971. Sob a orientação de Ivan Serpa cria, com a participação de Dulce, uma escola de arte destinada às crianças da favela da Rocinha em sua casa, em São Conrado, que funcionou até 1974.

1974. Viaja mais uma vez para a Europa com Dulce. Também com a esposa, o artista viajaria pela primeira vez para Nova York posteriormente.

1977. Volta a viver em Petrópolis com sua esposa.

1980. Retorna para sua casa, em São Conrado, onde permanece até o final de sua vida.

1988. Faleceu no dia 31 de maio, no Rio de Janeiro, em consequência de uma parada cardíaca.

EXPOSIÇÕES INDIVIDUAIS

Galeria Copacabana Palace, Rio de Janeiro, outubro/novembro, 1966.

Nuchy Galeria de Arte (Exposição de inauguração), Rio de Janeiro, maio/junho, 1981.

Galeria Thomas Cohn Arte Contemporânea, Rio de Janeiro, 24 de março a 15 de abril, 1987.

EXPOSIÇÕES COLETIVAS

XV XV Salão Nacional de Belas Artes. Museu de Belas Artes, Rio de Janeiro, 1949.

XVI Salão Nacional de Belas Artes. Museu de Belas Artes, Rio de Janeiro, 1950.

I Salão Nacional de Arte Moderna. Ministério da Educação e Cultura (Palácio Gustavo Capanema), Rio de Janeiro, 1952. Prêmio de aquisição.

I Exposição Nacional de Arte Abstrata. Hotel Quitandinha, Petrópolis, Rio de Janeiro, 1953. Texto de apresentação Edmundo Jorge. Prêmio da Prefeitura Municipal de Petrópolis.

II Bienal do Museu de Arte Moderna de São Paulo. Pavilhão das Nações e Pavilhão dos Estados, São Paulo, 13 de dezembro, 1953 a 26 de fevereiro, 1954.

I Exposição do Grupo Frente. Galeria do Instituto Brasil Estados Unidos (Unidade Flamengo), Rio de Janeiro, 1954. Texto de apresentação Ferreira Gullar.

III Salão Nacional de Arte Moderna (Salão Preto e Branco). Ministério da Educação e Cultura (Palácio Gustavo Capanema), Rio de Janeiro, maio, 1954.

Brazilian Modern Painting. Buenos Aires, Argentina; Montevideo, Uruguay; Caracas, Venezuela, Santiago, Chile; 1954.

Artistes Brésiliens. Paris, France, May, 1955. Presented by Jayme Mauricio.

III São Paulo Modern Art Museum Biennale. Nations Pavilion and States Pavilion, São Paulo, July 2 to October 12, 1955.

II Frente Group Exhibition. MAM Rio, Rio de Janeiro, July, 1955. Presented by Mário Pedrosa.

Arts Primitifs et Modernes Brésiliens (Primitive and Modern Brazilian Art). Museé d`ethnographie, Neuchatel, Switzerland, 1955.

III Frente Group Exhibition. Itatiaia Country Club, Resende, March, 1956.

IV Frente Group Exhibition. Companhia Siderúrgica Nacional (National Steel Company), Volta Redonda, June, 1956.

I Concrete Art National Exhibition. MAM/SP, São Paulo, December, 1956. Ministry of Education and Culture (Gustavo Capanema Palace), Rio de Janeiro, February, 1957.

VII Modern Art National Exhibition, Rio de Janeiro, 1958

VIII Modern Art National Exhibition, Rio de Janeiro, 1959.

Ausstellung Brasilianicher Künstler (Brazilian artists exhibition) - Städtisches Museum, Leverkusen, Germany, November 27, 1959 to January 10, 1960. Kunsthaus, Munich, Germany, October 28 to November 27, 1960.

II Neoconcret Art Exhibition. Ministry of Education and Culture (Gustavo Capanema Palace), Rio de Janeiro, November/December, 1960.

Konkrete Kunst. 50 Jahre Entwicklung (Concret Art, 50 years). Zürcher Kunstgesellschaft, Zurich, Switzerland, June 8 to August 14, 1960. Presentation by Max Bill.

Art in Latin America today. Pan American Union, Washington, USA, 1960.

The Face and the art work. Ibeu Gallery, Rio de Janeiro, 1961. Marc Berkowitz idealization.

XIII Modern Art National Exhibition. Rio de Janeiro, 1964.

VI São Paulo International Biennale. São Paulo, October 1 to December 21, 1961.

Brazilian Art Today. Royal College of Arts, London, England, 1964. Presentation by Marc Berkowitz.

Decio Vieira and Rubem Ludolf. Ibeu Gallery, Rio de Janeiro, October, 1965.

VIII São Paulo Modern Art Museum Biennale. São Paulo, September 4 to November 28, 1965. Ministry of Foreign Affairs acquisition prize.

Pintura Moderna Brasileira. Buenos Aires, Argentina; Montevidéu, Uruguai; Caracas, Venezuela; Santiago, Chile, 1954.

Artistes Brésiliens. Paris, França, maio, 1955. Texto de apresentação Jayme Mauricio.

III Bienal do Museu de Arte Moderna de São Paulo. Pavilhão das Nações e Pavilhão dos Estados, São Paulo, 2 de julho a 12 de outubro, 1955.

II Exposição do Grupo Frente. Museu de Arte Moderna do Rio de Janeiro, Rio de Janeiro, julho, 1955. Texto de apresentação de Mário Pedrosa.

Arts Primitifs et Modernes Brésiliens (Artes primitivas e modernas brasileiras). Museé d`ethnographie, Neuchatel, Suíça, 1955.

III Exposição do Grupo Frente. Itatiaia Country Club, Resende, março, 1956.

IV Exposição do Grupo Frente. Companhia Siderúrgica Nacional, Volta Redonda, junho, 1956.

I Exposição Nacional de Arte Concreta. Museu de Arte Moderna de São Paulo. São Paulo, dezembro, 1956. Ministério da Educação e Cultura (Palácio Gustavo Capanema), Rio de Janeiro, fevereiro, 1957.

VII Salão Nacional de Arte Moderna, Rio de Janeiro, 1958.

VIII Salão Nacional de Arte Moderna, Rio de Janeiro, 1959.

Ausstellung Brasilianicher Künstler (Exposição de artistas brasileiros). Städtisches Museum, Leverkusen, Alemanha, 27 de novembro, 1959 a 10 de janeiro de 1960. Kunsthaus, Munique, Alemanha, 28 de outubro a 27 de novembro, 1960.

II Exposição de Arte Neoconcreta, Ministério da Educação e Cultura (Palácio Gustavo Capanema), Rio de Janeiro, novembro/dezembro, 1960.

Konkrete Kunst. 50 Jahre Entwicklung (Arte Concreta. 50 anos). Zürcher Kunstgesellschaft, Zurique, Suíça, 8 de junho a 14 de agosto, 1960. Texto de apresentação Max Bill.

Art in Latin America today (Arte na América Latina hoje). Pan American Union, Washington, EUA, 1960.

O Rosto e a Obra. Galeria Instituto Brasil-Estados Unidos, Rio de Janeiro, 1961. Idealização Marc Berkowitz.

XIII Salão Nacional de Arte Moderna, Rio de Janeiro, 1964.

VI Bienal Internacional de São Paulo. Museu de Arte Moderna de São Paulo, São Paulo, 1 de outubro a 21 de dezembro, 1961.

Brasilian Art Today (Arte brasileira hoje). Royal College of Arts, Londres, Inglaterra, 1964. Texto de apresentação Marc Berkowitz.

Decio Vieira e Rubem Ludolf. Galeria do Instituto Brasil-Estados Unidos, Rio de Janeiro, outubro, 1965.

VIII Bienal Internacional de São Paulo. São Paulo, 4 de setembro a 28 de novembro, 1965. Prêmio de aquisição do Ministério das Relações Exteriores.

Brazilian Modern Art. Vienna, Austria; Bonn, Germany; Brussels, Belgium, 1965.

IX São Paulo International Biennale. September 22, 1967 to January 8, 1968.

XVII Modern Art National Exhibition. MAM Rio, Rio de Janeiro, 1968.

Rio de Janeiro's painters. Documenta Gallery (Inauguration Exhibition), São Paulo, 1969.

Brazilian Constructive Project in Art: 1950-1962. MAM Rio; Pinacoteca do Estado de São Paulo (São Paulo State Pinacotheca), 1977. Curator Aracy Amaral.

Nuchy Art Gallery, Rio de Janeiro. December 14, 1981 to January 27, 1982.

Art exhibitions series in Rio de Janeiro. Presented and curated by Frederico Morais:
- *Neoconcretism 1959-1961.* Banerj Art Gallery, Rio de Janeiro, September/October, 1984. Pampulha Art Museum, Belo Horizonte, April/May, 1985. USP Contemporary Art Museum (São Paulo University), São Paulo, May/June, 1985. Guido Viaro Art Museum, Curitiba, July, 1985. Rio Grande do Sul Art Museum, Porto Alegre, August, 1985.

- *Frente Group 1954-1956.* Banerj Art Gallery, Rio de Janeiro, November, 1984. Pampulha Art Museum, Belo Horizonte, April/May, 1985. USP Contemporary Art Museum (São Paulo University), São Paulo, May/June, 1985. Guido Viaro Art Museum, Curitiba, July, 1985. Rio Grande do Sul Art Museum, Porto Alegre, August, 1985.

- *I Abstract Art Exhibition - Quitandinha Hotel, 1953.* Banerj Art Gallery, Rio de Janeiro, September/October, 1984. Pampulha Art Museum, Belo Horizonte, April/May, 1985. USP Contemporary Art Museum (São Paulo University), São Paulo, May/June, 1985. Guido Viaro Art Museum, Curitiba, July, 1985. Rio Grande do Sul Art Museum, Porto Alegre, August, 1985.

- *Axl Leskoschek and his students: Brazil/1940-1948.* Banerj Art Gallery, Rio de Janeiro, March, 1985. Modern Art Museum /São Paulo, 1985.

Rio of Colors Project. Wall Painting. Visual Art School of Parque Lage (EAV, in Portuguese), Rio de Janeiro, 1984. Organization by Marcus Lontra.

Art and its materials, Special room in Black and White Exhibition. III Modern Art National Exhibition. Rodrigo de Mello Franco de Andrade Gallery. Ministry of Education and Culture (Gustavo Capanema Palace), Rio de Janeiro, December 11, 1985 to January 15, 1986. Curated by Paulo Herkenhoff.

Rio: Constructivism. Pampulha Art Museum, Belo Horizonte; USP Contemporary Art Museum (São Paulo University), São Paulo, 1985.

XIX São Paulo International Biennale. In search of the essence: reduction elements in Brazilian art. São Paulo, October 2 to December 13, 1987. Curated by Sheila Leirner.

Geometric Abstraction 1 (Concretism/Neoconcretism). Funarte (National Arts Foundation), Rio de Janeiro. Curated by Ligia Canongia.

Arte Moderna Brasileira. Viena, Áustria; Bonn, Alemanha; Bruxelas, Bélgica, 1965.

IX Bienal Internacional de São Paulo. São Paulo, 22 de setembro de 1967 a 8 de janeiro, 1968.

17º Salão Nacional de Arte Moderna. Museu de Arte Moderna do Rio de Janeiro, Rio de Janeiro, 1968.

Pintores do Rio de Janeiro. Galeria Documenta, São Paulo, 1969.

Projeto Construtivo Brasileiro na Arte: 1950-1962. Museu de Arte Moderna do Rio de Janeiro; Pinacoteca do Estado de São Paulo, 1977. Curadoria Aracy Amaral.

Nuchy Galeria de Arte, Rio de Janeiro, 14 de dezembro, 1981 a 27 de janeiro, 1982.

Ciclo de Exposições sobre Arte no Rio de Janeiro. Curadoria e texto de apresentação Frederico Morais:

• Neoconcretismo 1959-1961. Galeria de Arte Banerj, Rio de Janeiro, setembro/outubro,1984. Museu de Arte da Pampulha, Belo Horizonte, abril/maio, 1985. Museu de Arte Contemporânea da USP, São Paulo, maio/junho,1985. Museu de Arte Guido Viaro, Curitiba, julho, 1985. Museu de Arte do Rio Grande do Sul, Porto Alegre, agosto, 1985.

• Grupo Frente 1954-1956. Galeria de Arte Banerj, Rio de Janeiro, novembro, 1984. Museu de Arte da Pampulha, Belo Horizonte, abril/maio, 1985. Museu de Arte Contemporânea da USP, São Paulo, maio/junho,1985. Museu de Arte Guido Viaro, Curitiba, julho, 1985. Museu de Arte do Rio Grande do Sul, Porto Alegre, agosto, 1985.

• I Exposição Nacional de Arte Abstrata/ Hotel Quitandinha 1953. Galeria de Arte Banerj, Rio de Janeiro, novembro, 1984. Museu de Arte da Pampulha, Belo Horizonte, abril/maio, 1985. Museu de Arte contemporânea da USP, São Paulo, maio/junho,1985. Museu de Arte Guido Viaro, Curitiba, julho, 1985. Museu de Arte do Rio Grande do Sul, Porto Alegre, agosto, 1985.

• Axl Leskoschek e seus Alunos: Brasil/1940-1948. Galeria de Arte Banerj. Rio de Janeiro, março, 1985. Museu de Arte Moderna de São Paulo, 1985.

Projeto Rio de Cor. Pintura no Muro. Escola de Artes Visuais Parque Lage, Rio de Janeiro, 1984. Organização Marcus Lontra.

A Arte e seus Materiais. Sala especial Salão Preto e Branco. III Salão Nacional de Arte Moderna. Galeria Rodrigo de Mello Franco de Andrade. Ministério da Educação e Cultura (Palácio Gustavo Capanema), Rio de Janeiro, 11 de dezembro, 1985 a 15 de janeiro, 1986. Curadoria Paulo Herkenhoff.

Rio: Vertente Construtiva. Museu de Arte de Belo Horizonte, Belo Horizonte; Museu de Arte Contemporânea da Universidade de São Paulo (USP), São Paulo, 1985

XIX Bienal Internacional de São Paulo. Em busca da essência: elementos de redução na arte brasileira. São Paulo, 2 de outubro a 13 de dezembro, 1987. Curadoria Sheila Leirner.

Abstração Geométrica 1 (Concretismo/Neoconcretismo), Funarte, Rio de Janeiro, 1987. Curadoria de Ligia Canongia.

INDIVIDUAL POSTHUMOUS EXHIBITIONS

Decio Vieira: summary of his career. Retrospective exhibition. Funarte/National Institute of Visual Arts. Rodrigo Mello Franco de Andrade Gallery, Rio de Janeiro, October 29 to November 20, 1992.

Geometric Investigations. Maria Antonia Cultural Center, São Paulo University, São Paulo, March 25 to May 23, 2010. Presented and curated by Felipe Scovino.

COLLECTIVE POSTHUMOUS EXHIBITIONS

Decio Vieira Tribute Exhibition. Villa Riso Gallery, Rio de Janeiro, August, 1988. Organized by Association of Residents and Friends of São Conrado.

1950s Litlle Grandeur. Neoconcretism 30th Anniversary. Cleide Wanderley Art Gabinet, Rio de Janeiro, May 31 to June 17, 1989. Presented and curated by Ligia Canongia.

Mário Pedrosa - Art, Revolution e Reflection. Banco do Brasil Cultural Center, Rio de Janeiro, 1990. Curated by Franklin Pedroso.

João Sattamini Collection: First on the Way to Niterói. Paço Imperial, Rio de Janeiro, 1992. Curated by Rubem Breitman.

Frente Group 40 years (1954-1994). Ibeu Gallery, Rio de Janeiro, October/November, 1994. Curated by Esther Emilio Carlos.

XXII São Paulo International Biennale. October 12 to December 11, 1994. Curated by Nelson Aguilar.

Desexp(l)os(ign)ição. Casa das Rosas, São Paulo, January/February, 1996.

Constructive Tendencies at USP Contemporary Art Museum (São Paulo University) Collection: construction, measure and proportion. Banco do Brasil Cultural Center, Rio de Janeiro, 1996. Curated by Lisbeth Rebolo.

Dimensions of Constructive Art in Brazil: Adolpho Leirner Collection. MAM/SP, 1998. MAM Rio, 1999. Curated by Aracy Amaral.

20th Century: Brazilian Art. José de Azeredo Perdigão Modern Art Center, Lisbon, Portugal, 2000. Curated by Nelson Aguilar and Franklin Pedroso.

Ibeu 60 years of Art. Ibeu Gallery. Rio de Janeiro, March, 2000; July, 2000.

Brazil + 500. Rediscovery Exhibition. Ciccillo Matarazzo Pavillion (Biennale Pavillion), April 25 to September 10, 2000. Calouste Gulbekian Foundation, Lisbon, Portugal, 2000. Curated by Nelson Aguilar.

When Brazil was modern: visual arts in Rio de Janeiro -1905 to 1960. Paço Imperial, Rio de Janeiro, December, 2000 to March, 2001. Curated by Frederico Morais.

EXPOSIÇÕES PÓSTUMAS INDIVIDUAIS

Decio Vieira: Resumo de uma Trajetória. Exposição Retrospectiva. Funarte/Inap. Galeria Rodrigo Mello Franco de Andrade, Rio de Janeiro, 29 de outubro a 20 de novembro, 1992.

Investigações Geométricas. Centro Cultural Maria Antonia, USP, São Paulo, 25 de março a 23 de maio, 2010. Curadoria e texto Felipe Scovino.

EXPOSIÇÕES PÓSTUMAS COLETIVAS

Exposição-Homenagem a Decio Vieira. Galeria Villa Riso, Rio de Janeiro, agosto, 1988. Organizada pela Associação de Moradores e Amigos de São Conrado.

Pequenas Grandezas dos Anos 50. Nos 30 anos do Neoconcretismo. Gabinete de Arte Cleide Wanderley, Rio de Janeiro, 31 de maio a 17 de junho, 1989. Curadoria e texto de apresentação de Ligia Canongia.

Mário Pedrosa - Arte, Revolução e Reflexão. Centro Cultural Banco do Brasil, Rio de Janeiro, 1990. Curadoria Franklin Pedroso.

1ª A Caminho de Niterói: Coleção João Sattamini. Paço Imperial, Rio de Janeiro, 1992. Curadoria Rubem Breitman.

Grupo Frente 40 anos (1954-1994). Galeria do Instituto Brasil-Estados Unidos, Rio de Janeiro, outubro/novembro, 1994. Curadoria Esther Emilio Carlos.

22a Bienal Internacional de São Paulo. São Paulo, 12 de outubro a 11 de dezembro, 1994. Curadoria Nelson Aguilar.

Desexp(l)os(ign)ição. Casa das Rosas, São Paulo, janeiro/fevereiro, 1996.

Tendências Construtivas no Acervo do MAC-USP: construção, medida e proporção. Centro Cultural Banco do Brasil, Rio de Janeiro, 1996. Curadoria Lisbeth Rebolo.

Arte Construtiva no Brasil: Coleção Adolpho Leirner. Museu de Arte Moderna de São Paulo, São Paulo, 1998. Museu de Arte Moderna do Rio de Janeiro, Rio de Janeiro, 1999. Curadoria Aracy Amaral.

Século XX: Arte do Brasil. Centro de Arte Moderna José de Azeredo Perdigão, Lisboa Portugal, 2000. Curadoria Nelson Aguilar e Franklin Pedroso.

Ibeu 60 Anos de Arte. Galeria do Instituto Brasil-Estados Unidos. Rio de Janeiro, março, 2000; julho, 2000.

Brasil + 500. Mostra do Redescobrimento. Pavilhão Ciccillo Matarazzo (Pavilhão da Bienal), 25 de abril a 10 de setembro, 2000. Fundação Calouste Gulbekian, Lisboa, Portugal, 2000. Curadoria geral Nelson Aguilar.

Quando o Brasil era Moderno: artes plásticas no Rio de Janeiro de 1905 a 1960. Paço Imperial, Rio de Janeiro, dezembro, 2000 a março, 2001. Curadoria geral Frederico Morais.

Light in Brazilian Art . Itaú Cultural, São Paulo, May/September, 2001. Curated by Paulo Herkenhoff.

Contemporary ways 1952-2002. Paço Imperial, Rio de Janeiro, 2002. Presented and curated by Lauro Cavalcanti.

Brazilian Art in Fadel Collection: from the modern restlessness to the autonomy of language. Banco do Brasil Cultural Center, Rio de Janeiro and São Paulo, 2002. Brasília, 2003. Curated by Paulo Herkenhoff.

Order x Freedom. Abstract Art in Modern Art Museum and Gilberto Chateaubriand Collection – MAM Rio, Rio de Janeiro, 2003.

Abstract Express. Imperial Museum, Petrópolis, March 12 to June 12, 2005. Curated by Sonia Salcedo Del Castilo, Neno Del Castilo and Rosana de Freitas.

Stroke. Tomie Ohtake Institute, São Paulo, August 10 to September 24, 2006. Curated by Paulo Herkenhoff.

Modern Art in Context: ABN AMRO Real Collection. MAM Rio, July/August, 2006; Banco Real Main Building, São Paulo, August/October, 2006; Banco Real Cultural Institute, Recife, October/November, 2006; Oscar Niemeyer Museum, Curitiba, November, 2006 to February, 2007. Curated by Fernando Cochiarale, Franz Manata and Luiz Antonio Ewbank.

Neoconcretism: 50 years. MAM Rio, April, 2009. Curated by Reynaldo Roels Jr.

Dimensions of Constructive Art in Brazil: The Adolpho Leirner Collection. Haus Konstruktiv, Zurich, Switzerland, October, 2009 to February, 2010.

Das Verlangen nach Form/Form's Desire. Neoconcretism und zeitgenössische Kunst aus Brasilien, Akademie der Künste, Berlin, Germany, September 3 to November 7, 2010.

Iberê Camargo and the cultural Brazilian scene. Iberê Camargo Foundation, Porto Alegre, June 10 to August 28, 2011. Curated by Fernando Cocchiarale.

Fadel Collection. Banco do Brasil Cultural Center Brasília, Brasília, 2012. Curated by Roberto Conduru.

Constructive Will. Rio Art Museum (MAR), Rio de Janeiro, 2012. Curated by Paulo Herkenhoff and Roberto Conduru.

Trajetória da Luz na Arte Brasileira. Itaú Cultural, São Paulo, maio/setembro, 2001. Curadoria Paulo Herkenhoff.

Caminhos do Contemporâneo 1952-2002. Paço Imperial, Rio de Janeiro, 2002. Curadoria e texto Lauro Cavalcanti.

Arte Brasileira na Coleção Fadel: da inquietação do moderno à autonomia da linguagem. Centro Cultural Banco do Brasil, Rio de Janeiro e São Paulo, 2002. Brasília, 2003. Curadoria Paulo Herkenhoff.

Ordem X Liberdade. Arte abstrata nas coleções do Museu de Arte Moderna e Gilberto Chateaubriand. Museu de Arte Moderna do Rio de Janeiro, Rio de Janeiro, 2003.

Expresso Abstrato. Museu Imperial, Petrópolis, 12 de março a 12 de junho, 2005. Curadoria Sonia Salcedo Del Castilo, Neno Del Castilo e Rosana de Freitas.

Pincelada. Instituto Tomie Ohtake. São Paulo, 10 de agosto a 24 de setembro, 2006. Curadoria Paulo Herkenhoff.

Arte Moderna em Contexto: Coleção ABN AMRO Real. Museu de Arte Moderna do Rio de Janeiro, Rio de Janeiro, julho/agosto, 2006; Edifício sede do Banco Real, São Paulo, agosto/outubro, 2006; Instituto Cultural Banco Real, Recife, outubro/novembro, 2006; Museu Oscar Niemeyer, Curitiba, novembro, 2006 a fevereiro, 2007. Curadoria Fernando Cochiarale, Franz Manata, Luiz Antonio Ewbank.

Neoconcretismo: 50 anos. Museu de Arte Moderna do Rio de Janeiro, Rio de Janeiro, abril, 2009. Curadoria Reynaldo Roels Jr.

Dimensions of Constructive Art in Brazil: The Adolpho Leirner Collection. Haus Konstruktiv, Zurique, Suíça, outubro, 2009 a fevereiro, 2010.

Das Verlangen nach Form/O Desejo da Forma. Neoconcretismo und zeitgenössische Kunst aus Brasilien. Akademie der Künste. Berlim, Alemanha, 3 de setembro a 7 de novembro, 2010.

Iberê Camargo e o ambiente cultural brasileiro. Fundação Iberê Camargo, Porto Alegre, 10 de junho a 28 de agosto, 2011. Curadoria Fernando Cocchiarale.

Coleção Fadel. Centro Cultural Banco do Brasil, Brasília, 2012. Curadoria Roberto Conduru.

Vontade Construtiva. Museu de Arte do Rio, Rio de Janeiro, 2012. Curadoria Paulo Herkenhoff e Roberto Conduru.

IZABELA PUCU
Pesquisadora e redatora
Researcher and writer

A center of excellence for quality education, Fundação Getulio Vargas (FGV) has been working to strengthen Brazil's economic, social and intellectual development for 70 years. FGV was originally founded to educate and train qualified management personnel for the public sector. Over time, the institution moved beyond the boundaries of education to a wider-ranging focus on the social and economic sciences, the law and mathematics. FGV's policy of fostering and encouraging the production and honing of ideas, data and information has made it one of Brazil's leading institutions.

FGV was Latin America's first institution to train graduates for both public and business administration. FGV is the only Brazilian higher education institution between the 100 World University ranking of the New York Times in 2013. It has been named Top Think Tank in Latin America and the Caribbean, and the University of Pennsylvania has ranked it one of the world's leading centers.

Research and knowledge applied to policymaking and business practices will be essential in tackling these challenges. Therefore, FGV's core mission includes contributing to innovation by, and the modernization of, Brazilian institutions, based on strong standards of excellence and quality.

Research and knowledge applied to policymaking and business practices will be essential in tackling these challenges. Therefore, FGV's core mission includes contributing to innovation by, and the modernization of, Brazilian institutions, based on strong standards of excellence and quality.

Living up to the high expectation created by such recognition is strong motivation for FGV to keep on developing and strengthening its academic excellence and its commitment to Brazilian society.

SOBRE A FGV
ABOUT FGV

A Fundação Getulio Vargas (FGV) é um centro de excelência em ensino, pesquisa e conhecimento aplicado, que dedica seus esforços ao desenvolvimento econômico, social e intelectual do país há 70 anos.

Inicialmente dedicada ao campo da administração pública, a FGV aos poucos expandiu seu foco de atuação, passando a abarcar as ciências sociais e econômicas, o direito e a matemática. A instituição extrapolou as fronteiras do ensino e avançou pelas áreas da pesquisa e da informação. Foi pioneira na produção e disseminação de informação qualificada sobre a economia brasileira não apenas para a sociedade, mas principalmente para os formuladores de políticas públicas.

A FGV foi a primeira instituição da América Latina a formar bacharéis em administração pública e de empresas. É a única instituição brasileira de ensino superior entre as 100 melhores do mundo, de acordo com o ranking divulgado pelo New York Times, em 2013. É considerada Top Think Tank da América Latina e Caribe e uma das principais do mundo.

A pesquisa e o notório conhecimento aplicados à formulação de políticas e práticas empresariais são importantes aliados no contínuo desenvolvimento socioeconômico do país. Assim, a FGV tem como um de seus pilares contribuir para a inovação, a modernização e o desenvolvimento institucional brasileiro, baseada em altos padrões de excelência e qualidade.

Corresponder à alta expectativa gerada por tais reconhecimentos é uma grande motivação para que a FGV continue desenvolvendo e fortalecendo sua excelência acadêmica e seu compromisso com a sociedade brasileira.

FGV

Primeiro Presidente Fundador
Luiz Simões Lopes

Presidente
Carlos Ivan Simonsen Leal

Vice-Presidentes
Sergio Franklin Quintella, Francisco Oswaldo Neves Dornelles
e Marcos Cintra Cavalcante de Albuquerque

CONSELHO DIRETOR

Presidente
Carlos Ivan Simonsen Leal

Vice-Presidentes
Sergio Franklin Quintella, Francisco Oswaldo Neves Dornelles e
Marcos Cintra Cavalcanti de Albuquerque

Vogais
Armando Klabin, Carlos Alberto Pires de Carvalho e Albuquerque, Ernane Galvêas,
José Luiz Miranda, Lindolpho de Carvalho Dias, Marcílio Marques Moreira
e Roberto Paulo Cezar de Andrade

Suplentes
Antonio Monteiro de Castro Filho, Cristiano Buarque Franco Neto,
Eduardo Baptista Vianna, Gilberto Duarte Prado, Jacob Palis Júnior,
José Ermírio de Moraes Neto e Marcelo José Basílio de Souza Marinho.

CONSELHO CURADOR

Presidente
Carlos Alberto Lenz César Protásio

Vice-Presidente
João Alfredo Dias Lins (Klabin Irmãos e Cia)

Vogais
Alexandre Koch Torres de Assis, Angélica Moreira da Silva (Federação Brasileira de Bancos), Ary Oswaldo Mattos Filho (EDESP/FGV), Carlos Alberto Lenz Cesar Protásio, Carlos Moacyr Gomes de Almeida, Eduardo M. Krieger, Fernando Pinheiro e Fernando Bomfiglio (Souza Cruz S/A), Heitor Chagas de Oliveira, Jaques Wagner (Estado da Bahia), João Alfredo Dias Lins (Klabin Irmãos & Cia), Leonardo André Paixão (IRB – Brasil Resseguros S.A.), Luiz Chor (Chozil Engenharia Ltda.), Marcelo Serfaty, Marcio João de Andrade Fortes, Orlando dos Santos Marques (Publicis Brasil Comunicação Ltda.), Pedro Henrique Mariani Bittencourt (Banco BBM S.A.), Raul Calfat (Votorantim Participações S.A.), Ronaldo Mendonça Vilela (Sindicato das Empresas de Seguros Privados, de Capitalização e de Resseguros no Estado do Rio de Janeiro e do Espírito Santo), Sandoval Carneiro Junior (DITV – Depto. Instituto de Tecnologia Vale) e Tarso Genro (Estado do Rio Grande do Sul).

Suplentes
Aldo Floris, José Carlos Schmidt Murta Ribeiro, Luiz Ildefonso Simões Lopes (Brookfield Brasil Ltda.), Luiz Roberto Nascimento Silva, Manoel Fernando Thompson Motta Filho, Roberto Castello Branco (Vale S.A.), Nilson Teixeira (Banco de Investimentos Crédit Suisse S.A.), Olavo Monteiro de Carvalho (Monteiro Aranha Participações S.A.), Patrick de Larragoiti Lucas (Sul América Companhia Nacional de Seguros), Rui Barreto (Café Solúvel Brasília S.A.), Sérgio Lins Andrade (Andrade Gutierrez S.A.) e Victório Carlos de Marchi (AMBEV).

DIRETORIA DAS ESCOLAS E INSTITUTOS

ESCOLA BRASILEIRA DE ADMINISTRAÇÃO PÚBLICA E EMPRESARIAL – EBAPE
Flávio Carvalho de Vasconcelos

ESCOLA DE ADMINISTRAÇÃO DE EMPRESAS DE SÃO PAULO – EAESP
Maria Tereza Fleury

ESCOLA DE POS-GRADUAÇÃO EM ECONOMIA - EPGE
Rubens Cysne

ESCOLA DE ECONOMIA DE SÃO PAULO - EESP
Yoshiaki Nakano

ESCOLA DE DIREITO DO RIO DE JANEIRO – DIREITO GV
Joaquim Falcão

ESCOLA DE DIREITO DE SÃO PAULO – EDESP
Oscar Vilhena

CENTRO DE PESQUISA E DOCUMENTAÇÃO DE HISTÓRIA CONTEMPORÂNEA DO BRASIL - CPDOC
Celso Castro

ESCOLA DE MATEMÁTICA APLICADA - EMAp
Maria Izabel Camacho

INSTITUTO BRASILEIRO DE ECONOMIA – IBRE
Luiz Guilherme Schymura de Oliveira

INSTITUTO DE DESENVOLVIMENTO EDUCACIONAL – IDE
Rubens Mario Alberto Wachholz

FGV PROJETOS
Cesar Cunha Campos

DIRETORIAS DAS UNIDADES DE APOIO

EDITORA
Marieta de Moraes Ferreira

DIRETORIA INTERNACIONAL – DINT
Bianor Scelza Cavalcanti

DIRETORIA DE INTEGRAÇÃO ACADÊMICA - DIA
Antonio Freitas

DIRETOR DE OPERAÇÕES DO RIO DE JANEIRO - DO
Mario Rocha Souza

DIRETORIA DE ANÁLISE DE POLÍTICAS PÚBLICAS - DAPP
Marco Aurélio Ruediger

DIRETORIA DE PLANEJAMENTO ESTRATÉGICO E INOVAÇÃO - DPEI
João Paulo Villela de Andrade

DIVISÃO DE COMUNICAÇÃO E MARKETING – DICOM
Marcos Henrique Facó

CENTRO DE ESTUDOS DE ENERGIA
Carlos Otávio de Vasconcellos Quintella

AGRADECIMENTOS

ACKNOWLEDGEMENTS

COLECIONADORES
COLLECTORS

AIRTON QUEIROZ

ALEXANDRE DACOSTA

ANTONIO CARLOS AZEVEDO

ANTONIO HOLZMEISTER OSWALDO CRUZ

BRUNO BAPTISTELLA

CACILDA E ROBERTO TEIXEIRA DA COSTA

CARLOS ROBERTO FLEXA RIBEIRO

CESAR E CORA CUNHA CAMPOS

CRISTIANA E JOÃO OSWALDO CRUZ

DULCE HOLZMEISTER

EUGÉNIO PACELLI

FRANCISCO PINHEIRO GUIMARÃES

GABRIELA LOBATO MARINS

GLAUCO CAMPELLO

HECILDA E SERGIO FADEL

HILZA LIVIA DINIZ RAMOS

JANICE VASSALLO

JOÃO SATTAMIN

JOSÉ MARCELO LORDELLO SILVA

JULIA E VASCO SECCO

JULIA FRANÇA DE PINHO

LUIS EDUARDO COSTA CARVALHO

MARCELO AZEREDO

MARCIA E EDUARDO DUVIVIER

MARCIA E LUIZ CHRYSOSTOMO DE OLIVEIRA

MARCIO GOBBI

MARCOS SOSKA

MARISA E ARTHUR PEIXOTO

MARTIN HOLZMEISTER

MARY ANN PEDROSA

MAX PERLINGEIRO

MÔNICA E JOSÉ LUIZ FRANÇA DE PINHO

NELSON DIZ

OLGA POLITZER

PATRICIA PHELPS DE CISNEROS

PEDRO FRANÇA DE PINHO

RONIE MESQUITA

SIDNEI GONZALEZ

SILVIO FROTA

TEREZA FRANÇA DE PINHO

THEREZA BRANDÃO TEIXEIRA

WALDIR GARCIA

FOTÓGRAFOS
PHOTOGRAPHERS

PAT KILGORE

AMÉRICO VERMELHO

FÁBIO GHIVELDER

GABI CARRERA

GREGG STANGER

JAIME ACIOLY

JOSÉ WAGNER

MARIA MANUELA LUNA GONZALEZ

PAULINHO MUNIZ

PAULO FERREIRA DA SILVA

PHOTO SINTESE FOTOGRAFIA

RICARDO RUTKAUSKA

ROMULO FIALDINI

STEVE GORTON PHOTOGRAPHY

TIAGO LUBAMBO

VICENTE DE MELLO

MUSEUS
MUSEUMS

ASSOCIAÇÃO CULTURAL "O MUNDO DE LYGIA CLARK"

BANCO ITAÚ / ITAÚ CULTURAL

COPACABANAN PALACE HOTEL

DALLAS MUSEUM OF ART

FUNDAÇÃO ATHOS BULCÃO

FUNDAÇÃO BIBLIOTECA NACIONAL

FUNDAÇÃO EDSON QUEIROZ

HOTEL QUITANDINHA

INSTITUTO FAYGA OSTROWER

MODERN ART MUSEUM - NEW YORK

MUSEU DE ARTE CONTEMPORÂNEA DE NITERÓI (MAC)

MUSEU DE ARTE DE SÃO PAULO

MUSEU DE ARTE DO RIO (MAR)

MUSEU DE ARTE MODERNA DO RIO (MAM-RIO)

MUSEU DE IMAGENS DO INCONSCIENTE

MUSEU NACIONAL DE BELAS ARTES

MUSEUM OF FINE ARTS HOUSTON

PATRICIA CISNEROS COLLECTION

PROJETO HELIO OITICICA

Este livro homenageia Decio Vieira, aluno do curso
de Desenho de Propaganda e de Artes Gráficas,
da Fundação Getulio Vargas, em 1946.

Organizado pela FGV Projetos em comemoração
aos setenta anos da Fundação Getulio Vargas.

Composto em Frutiger e Century Gothic
sobre papel Garda para capa e miolo.
Impresso pela Ipsis Gráfica e Editora.